本书的出版得到了路漫修远（北京）品牌管理顾问有限公司的资助

第七届、第八届中韩
刑事司法学术研讨会

论文集

主 编 卞建林 沈羲基 韩明官 | 副主编 陈卫东 叶 青

上海社会科学院出版社
SHANGHAI ACADEMY OF SOCIAL SCIENCES PRESS

序言一

呈现在读者面前的这本论文集系第七届、第八届中韩刑事司法研讨会的研讨成果。中韩刑事司法研讨会作为中韩两国刑事司法理论界与实务界的年度对话活动，迄今为止已经走过了八个年头，作为这项对话研讨活动的发起人之一，值此文集出版之际，我认为有必要简要回顾一下八年研讨的历程与主要收获。

2008 年，韩国东亚大学知名刑事法学家许一泰教授和我共同商议，认为中韩两国的刑事诉讼法学界应当具有一个定期交流的平台。中韩两国一衣带水，具有极为相似的传统文化和东亚法律文化。但作为东北亚重要的两个经济大国，多年来刑事诉讼方面的学术交流却缺少系统性与持续性，创办定期交流平台对于两国加深彼此间的法律文化交流具有重要的时代意义。第一届中韩刑事司法论坛在中国人民大学法学院召开，其后每年在韩国和中国交替举办。前六届论坛都由一位中方教授或者韩方教授牵头主办，中韩双方参与研讨的刑事诉讼法学同仁多自发参会，民间交流的色彩非常浓厚。伴随着双方交流时间的持续、研讨规模的扩大，自 2014 第七届论坛开始，中韩刑事司法论坛升级为两国刑事诉讼法学会之间的交流平台，论坛的发展迈入到一个新的阶段。升级后的年度论坛活动不仅能够统筹两国刑事诉讼法学会各自的资源与联系，还能够吸引更多的两国司法界人士参与讨论，理论与实践的结合在论坛举办过程中体现得更为突出。

自论坛成功举办以来，在中韩两国近百名刑事诉讼法学界与实务界人士的辛勤付出与鼎力支持下，论坛逐步形成了自己的特色，逐步发展成为两国刑事诉讼法学界高度评价与重视的一项年度交流盛会。论坛的主要特色可以概括为三个方面：一是研讨主题前沿，秉承弘扬学术的基本精神，每年都选取中韩两国刑事司法方面的重大课题进行集中研讨。历年研讨的成果都对中韩两国刑事立法与司法实践的完善发挥了直接的推动作用，并为其提供了充分的智力支持。二是坚持中韩两国学者之间的直接对话、有效交流。每年论坛的模式都是固定的，中韩双方先互相拟定若干题目，然后分别邀请中韩各一位学者专题撰文，文章经互译为中韩两个版本后提交给大会。在论坛研讨环节，也实行两国学者围绕同一主题的集中交流，确保对话的质量，避免形成各说各话的局面。三是坚持理论与实践的高度融合。刑事诉讼法学是一门实践性极强的部门法学，离开对程序运转实践的观察很难开展这一部门法学的研究。因此，中韩刑事司法论坛自创办之日起就邀请两国司法实务界人士参与研讨并参观访问两国司法实务部门，通过这两种方式，力图最大程度地体现理论与实践紧密结合的目标。

升级后的第七届和第八届论坛分别于 2014 年 7 月、2015 年 7 月在上海社会科学院和首尔韩国大检察厅举办(关于与会人员与研讨日程详见本书附录)。其中，第七届论坛的主题是“中韩刑事诉讼法修订与施行经验”，双方围绕着中国 2012 年新刑事诉讼法实施过程中不少热点难点问题进行了讨论，比如录音录像的地位、口供与沉默权问题、电子证据的取证与使用、未成年人特别程序、简易程序、全卷移送制度等。可以说这些问题都是 2012 年修订中国刑事诉讼法时的重点与难点问题。而在韩国，这些问题也是理论界与实务界多年来比较关注的话题，在司法处理上面临着与中国相似的情况。

第八届论坛的主题则紧紧围绕中共十八届四中全会决定中提出的“以审判为中心的诉讼制度改革”为主题展开。中韩两国学者围绕着研讨主题，从审判中心主义的理论要求、整体诉讼构造到审判中心主义下的法律解释，再到具体制度的构建进行了广泛而深入的交流。2007 年韩国大幅修改了其刑事诉讼法，调整了若干诉讼制度以适应审判中心主义的修法理念，比如将法庭审理中的讯问被告人环节由法庭调查的初期调至证据调查之后进行；再比如限制侦查讯问笔录的证明作用，建立侦查人员出庭作证制度；加强庭前证据开示与庭前准备程序等。这些课题的提出及其司法适用经验对于中国当下正在进行的以审判为中心的诉讼制度改革无疑具有很强的参考价值。中韩双方围绕着两国先后进行的这一相似的修法理念展开了颇具价值的讨论，从审判中心主义在日本的发端到引入韩国修法过程中，再到中国启动的类似司法改革措施，透过语词表述的差异，两国理论界人士深入讨论了审判中心主义理念所承载的公开审理、直接言词原则。对于这一问题的探讨，两国学者都高度关注卷宗的作用，审判为中心是否意味着起诉状一本主义？这个问题在当下的中韩两国都极易引起误解，在第八届论坛的研讨中，中韩双方的学者经过深入、细致的交流基本上厘清了相关误解，读者可以通过详细阅读会议论文来进一步了解不同学者所持的观点。

中韩双方围绕着审判为中心的交流也进一步揭示了此项改革可能面临的艰难进程，韩国以审判为中心理念下的修法在实施过程中遇到不少问题，读者可以从韩方教授的论文中找到相关细节。双方围绕这一问题的讨论提醒着两国理论界与实务界，应当对改革制度的设计进行更为系统全面的考量，对于改革的效果应做谨慎适度的预估，毕竟此项改革涉及诉讼构造与诉讼制度的系统性问题。

中韩两国虽为近邻并共享东亚传统历史文化，但由于近代以来特别是20世纪二战结束后，两国选择了不同的社会发展道路，移植了不同的法律制度，就刑事诉讼法而言，两国的基本诉讼构造、诉讼模式都有极大的不同。另一方面，伴随着世界各国刑事诉讼法发展进程的逐步趋同与相互影响，中韩两国在刑事诉讼法的不少制度设计上有了越来越多的共通之处。伴随着中韩刑事司法论坛的延续，中韩两国刑事诉讼法学者发现两国司法制度的差异并非想象中的那么大，近年来两国相似的刑事司法制度越来越多地出现在各自的刑事诉讼法中。比较典型的例子是讯问录音录像问题，自2006年起，我国最高人民检察院就率先在自侦案件讯问过程中全面推行同步录音录像，2012年刑事诉讼法肯定了司法实践的探索，正式在法律中确立了讯问录音录像制度。韩国在2007年修改刑事诉讼法的过程中也引入了讯问录音录像制度。两国刑事诉讼法都没有规定录音录像的功能，特别是能否作为证据使用，这一问题在两国的理论界与实务界都引发了热烈讨论。韩国大法院近期也作出判决否认了录音录像的独立证据地位，而中国关于录音录像性质的讨论还在继续之中。如果读者细致阅读本书中中韩学者关于这一问题的讨论，特别是关于赞同论与反对论的各自说理过程，相信对这一问题的理解会进一步深化。

再比如，中韩两国刑事诉讼法中的非法口供排除规则中都有“等非法方法”(在韩国称之为“其他方法”)的表述，对于如何解释其他非法方法事关刑事诉讼非法证据排除的范围。中韩两国学者围绕这一范围也进行了细致的讨论，比如对于威胁、引诱、欺骗的各自范围如何界定，目前看来韩国法院的判例法制度发挥了极强的解释作用，相比之下中国成文法式的司法解释在应对非法证据排除范围的多样性与细微性等规范对象特点时，显得比较吃力。在这一问题上，中韩刑事诉讼学界与实务界还有很大的交流空间。

寥寥数语期望能够帮助读者更为全面地了解中韩刑事司法年度论坛的发展历程，并对论坛讨论的主题作一整体概览。随着时代的发展，东北亚地区迎来了历史上难得的良好发展机遇，经济、政治、社会、文化等各方面都进入到快速发展阶段，无论从历史文化的传承延续还是从现阶段面临的共同发展机遇与挑战而言，中韩两国的法律交往及各种民间文化交流、教育互通往来都会继续扩大发展。期待着中韩刑事司法年度论坛这一交流平台能够伴随着中韩两国乃至东北亚地区的和谐稳定发展而逐步壮大，结出更多、更丰硕的学术交流成果。

陈卫东

2016 年 9 月 10 日

于北京中国人民大学法学院明德法学楼

序言二

中韩两国互为近邻，有着相似的传统思想、文化背景和历史遭遇。中韩两国曾经长期彼此隔绝，但自1992年8月24日建交以来，两国不仅在司法领域的合作日益频繁、执法部门之间的磋商和人员交流增多，而且两国法学院校、科研院所在法学研究、学术交流和人员互访方面也十分活跃，取得了不少学术合作成果。“中韩刑事司法研讨会”就是中韩刑事司法对话交流的硕果。2013年第六届学术年会在韩国首尔市的延世大学举办，我作为上海社会科学院副院长、法学研究所所长受邀参加。行前中国刑事诉讼法学研究会会长会议决定2014年第七届“中韩刑事司法研讨会”在中国上海举办，所以在会上由我代表中方以上海社会科学院法学研究所名义申请了2014年“中韩刑事司法研讨会”的承办任务。

承办会议获得了中国刑事诉讼法学研究会的大力支持，但要成功办好这次国际性会议对我和法学研究所同仁来讲仍然是一个很大的考验。上海社会科学院法学研究所是1959年8月在华东政法学院、上海财经学院、复旦大学法律系的基础上成立的，原名上海社会科学院政治法律研究所，1978年改为现名。现作为全国首批20家国家高端智库——上海社会科学院的二级所，下设有宪法研究室、民法研究室、刑法研究室、国际法研究室、诉讼法研究室、比较法研究室、《政治与法律》编辑部、生命法学研究中心、欧洲刑事法研究中心、环境资源法研究中心、政府法律事务研究中心以及办公室。法学研究所现有在职人员46人，具有高级专业技术职称的25人，具有海内外法学博士学位的30人，博士后6人。现有法学一级学科硕士授予权，与华东政法大学共有刑法学博士授予权，与山东大学共有法理学博士授予权。上海社会科学院法学研究所作为地方省级研究单位，一度是我国南方法学理论研究的重镇之一，潘念之、齐乃宽、周子亚、丘日庆、卢峻、徐开墅、浦增元等一大批有着深厚学术涵养、享誉中外的法学名家在此执教授业，为新中国培养了诸如顾肖荣、沈国明、刘华、吕国强等一大批法官、检察官、律师和法学研究者，也留下了诸如《国外法学知识译丛》、《民法大全》等一大批法学研究的精品力作。其中，一大批内部调研报告、法治专报得到党和国家领导人以及上海市党政人大主要领导的肯定性批示，为服务国家和地方经济社会法治发展与建设做出了一定的贡献。

上海社会科学院法学研究所承办的此届对话会恰逢“中韩刑事司法研讨会”的升格之际，由原先双方著名刑事诉讼法学教授牵头举办而改为由中国刑事诉讼法学研究会与韩国刑事诉讼法学会共同主办的交流平台。2013 年年会后，在中国刑事诉讼法学研究会的指导下，上海社会科学院法学研究所就着手进行有关的会务准备工作，向上海社会科学院院领导、国际交流处等职能部门报告有关事项，争取最大程度支持；同时，我也在不同的会议场合，向上海的法学理论界与司法实务界同仁提及会议，广泛宣传、广邀朋友。不仅如此，研讨会的筹备还得到了中国刑事诉讼法学研究会副会长、复旦大学谢佑平教授和华东政法大学法律学院留韩法学博士崔吉子教授分别在议题设计与论文翻译方面的倾力相助。同时，也得到了时任上海市普陀区人民检察院检察长杨恒进高级检察官的鼎力支持，使得韩国专家学者与中国检察官对话的愿望得以实现。

2014 年新年后不久，中国刑事诉讼法学研究会会长会议在上海举行，会议的一项重要议题就是讨论中韩会议的组织准备工作。我代表法学研究所向研究会报告了会议的筹备情况，卞建林会长、陈卫东常务副会长对会议的组织工作进行了肯定，并指示研究会秘书加强中韩两边的联系与沟通，为会议的成功举办提供帮助。

2014 年 7 月 3 日至 5 日，由中国刑事诉讼法学研究会主办、上海社会科学院法学研究所承办、华东政法大学诉讼法研究中心协办的第七届“中韩刑事司法研讨会”在上海顺利召开。中方代表包括来自中国政法大学、中国人民大学、复旦大学、中国社会科学院法学研究所、四川大学、中南财经政法大学等高校、科研机构学者，上海、江苏、安徽等地检察机关、法院以及律师协会等法律实务界人士；韩国代表则包括来自延世大学、东亚大学、梨花女子大学及韩国刑事政策研究院等高校、研究机构的专家，共计 70 多名中韩人士共同参与，成为中韩刑事诉讼法学界交流的又一次盛会。

我国的第一部《刑事诉讼法》颁布于 1979 年，此后于 1996 年进行了第一次修改。最新修改于 2012 年，它是在“随着经济社会的快速发展、民主法制建设的不断推进和人民群众司法需求的日益增长”的大背景下进行的，修改条文 90 多条，主要涉及扩充犯罪嫌疑人的诉讼权利、完善律师会见权阅卷权、强化侦查措施正当性、建立非法证据排除制度、证人出庭作证及其保护制度、扩大法律援助适用范围、完善审判程序与增设特殊程序等诸多内容。至 2014 年中期，我国新刑事诉讼法正式实施一年多，其中不乏许多立法、司法适用上的学术争议，其实施效果如何以及如何应对是学界非常关心的问题。韩国 2008 年实施了新的刑事诉讼法，至会前已超过 5 年，也存在不少立法与司法适用的困惑与争论，但是其对立法与实践冲突问题的应对已相当成熟。所以，双方鉴于共同感兴趣的议题与破解的信念，确定本届对话会以“中韩刑事诉讼法修订与施行经验”为主题，具体分设了“公民参与司法、法律帮助制度”、“口供问题及未成年人诉讼程序”、“强制措施与证据问题”、“起诉与审判程序”等四方面的议题，既是对中韩两国刑事司法实践的一次检视，更是对司法实践应对经验的一次交流。

“中韩刑事司法研讨会”是首次在上海举办。这次对话会的成功举办，对于加强上海刑事法学界、全国刑事法学界学者与韩国学者的交流是个非常难得的机会，也为扩大上海社会科学院法学研究所在上海、全国乃至东亚刑事诉讼法学领域的国际影响提供了助力。特别是，对于我所年青的刑事法学研究人员来讲，是一次难得的学术盛宴，开阔了视野，丰富了学养，增进了对韩国刑事诉讼法律制度的了解，也领略了韩国刑事诉讼法学权威教授的学术风采。

为展现第七届“中韩刑事司法研讨会”成果，在中国刑事诉讼法学研究会卞建林会长的指导下，我们将对话会的成果集结成册，同时也将次年在韩国举行的第八届对话会的优秀成果一起编辑，予以公开出版，为中韩两国刑事诉讼法学界的交流留下历史的印痕，也为中韩双方的同仁们留下可资研究与参考的文献。

是为序！

叶　青
2016 年 8 月

目　录

第七届中韩刑事司法学术研讨会论文集

第八届中韩刑事司法学术研讨会论文集

第七届中韩刑事司法学术研讨会论文集

论口供在中国刑事诉讼中的运用

卞建林*

口供,是中国刑事诉讼法明确规定的一种证据种类,也是司法实践中广泛运用的一种定案根据。本文拟对中国刑事诉讼立法有关口供的规定和司法实践中口供的运用情况作简略介绍和初步探讨。

一、口供的定义及特点

口供,在中国刑事诉讼法中称为犯罪嫌疑人、被告人供述和辩解,指犯罪嫌疑人、被告人在刑事诉讼过程中,就与案件有关的事实向公安司法人员所作的陈述。从内容上看,犯罪嫌疑人、被告人供述和辩解一般包含三个方面的内容:一是犯罪嫌疑人、被告人供述,即犯罪嫌疑人、被告人向公安司法机关承认自己犯有罪行和关于犯罪具体情况的陈述;二是犯罪嫌疑人、被告人的辩解,即犯罪嫌疑人、被告人否认自己实施犯罪行为,或者虽然承认自己实施了犯罪行为,但有依法不应追究刑事责任或者具有从轻、减轻或免除处罚等情况所作的申辩和解释;三是犯罪嫌疑人、被告人对他人共同犯罪事实的检举和揭发。明确犯罪嫌疑人、被告人供述和辩解具有上述三个方面的内容,目的在于纠正实践中往往将犯罪嫌疑人、被告人供述和辩解单纯理解为犯罪嫌疑人、被告人供认有罪的交代这种片面性的认识。

犯罪嫌疑人、被告人作为可能承担刑事责任的被追究对象,在刑事诉讼中处于特殊地位,由此决定犯罪嫌疑人、被告人供述和辩解具有以下特点:

第一,犯罪嫌疑人、被告人如实陈述对查明案情、准确认定案件事实有重要作用。犯罪嫌疑人、被告人是被公安司法机关立案追究刑事责任的人,其对自己是否实施以及如何实施犯罪行为最为清楚,如能坦白交代,如实供述,可以全面

---

* 卞建林:中国刑事诉讼法学研究会会长,中国政法大学诉讼法学研究院院长,教授、博导。

详尽地反映出作案的动机、目的和作案的手段、过程。共同犯罪的犯罪嫌疑人、被告人供述，还可以从各个侧面反映案件全貌。犯罪嫌疑人、被告人如实辩解，可以提供证明其无罪或者罪轻的证据或证据线索，有利于办案机关及时核查，避免冤枉无辜。

第二，犯罪嫌疑人、被告人供述和辩解有很大的虚假的可能性。有真有假，真真假假，是犯罪嫌疑人、被告人供述和辩解的又一特点。这是因为，犯罪嫌疑人、被告人作为刑事诉讼中被追究的对象，诉讼结果与其有切身的利害关系。在大多数情况下，犯罪嫌疑人、被告人为了逃避罪责，总是千方百计否认和抵赖罪行。此外，犯罪嫌疑人、被告人在审前往往处于被剥夺或限制人身自由的状态，如果办案人员存在逼供、诱供、指供等行为，更可能造成犯罪嫌疑人、被告人供述和辩解的内容失实。

第三，犯罪嫌疑人、被告人供述和辩解易有反复性。犯罪嫌疑人、被告人供述和辩解，除具有虚假的可能性外，还容易在诉讼的不同阶段受各种因素的影响出现反复，时供时翻，屡供屡翻，很不稳定。

二、关于口供的立法态度与实践背离

口供因其特殊性，历史上曾被奉为“证据之王”。中国古代便长期采取“无供不录案，罪从供定”“断狱必取输服供词”的办案模式。1979 年新中国成立后制定的第一部刑事诉讼法典，出于对“十年动乱”时期无法无天、冤狱遍野的沉痛反思，立法秉持“重证据、重调查研究、不轻信口供”的鲜明立场，明确规定：“只有被告人供述，没有其他证据的，不能认定被告人有罪和处以刑罚；没有被告人供述，证据充分确实的，可以认定被告人有罪和处以刑罚。”这一规定，历经 1996 年和 2012 年两次修法未有动摇，即便“从重从快”严打期间，立法也未就此作任何退步或让步。此外，鉴于口供的特殊性和复杂性，法律要求公安司法人员严格依照法定程序收集包括犯罪嫌疑人、被告人口供在内的各类证据，“严禁刑讯逼供和以威胁、引诱、欺骗以及其他非法的方法收集证据”。

尽管立法关于口供的立场非常明确，但坦率地讲，司法实践中却屡屡出现与立法精神的背离，重口供、轻信口供、偏信口供的现象十分普遍，“以供破案”、“依供找证”在很大程度上仍是中国侦查机关办理刑事案件的基本路径。办案人员往往将口供作为“突破口”，取得犯罪嫌疑人口供后再“按图索骥”，收集其他证据。从司法实践来看，办案人员错误对待口供的情况往往表现为：或者在观念上坚持“有罪推定”，产生犯罪嫌疑人有罪的先入为主，对口供偏信轻信，不能客观、全面收集证据，不重视有利于犯罪嫌疑人、被告人证据的收集和核查；或者在有罪证据不充分或证据之间不能相互印证、存在矛盾时，通过反复讯问，使用犯罪嫌疑人、被告人供述来解释、消除证据之间的矛盾；或者在犯罪嫌疑人、被告人翻供的情况下，不能正确对待犯罪嫌疑人、被告人翻供和无罪辩解，不去认真分析和核查翻供原因，而是简单使用犯罪嫌疑人、被告人在侦查期间的认罪供述、讯问笔录来坐实案件，作为认定被告人有罪的根据。应当指出，以非法方法甚至刑讯逼供获取口供，在口供反复、口供与其他证据存在矛盾或者其他有罪证据不充分时主要依赖口供作出有罪判决，极易导致冤假错案的发生，同时严重侵犯公民的合法权益，产生程序不公。

为了纠正司法人员的错误观念和实践中的错误做法，保障犯罪嫌疑人、被告人人权，防范冤错案件的发生，要努力做到以下几点：一是要全面认识口供。既要认识到口供的价值，更要警惕虚假口供的危害。二是要合法取得口供。要绝对禁止刑讯逼供，公安机关、人民检察院和人民法院一旦发现刑讯逼供取得的口供要坚决依法排除，不能作为有罪的定案根据。三是要加强对口供的审查。一方面要防范犯罪嫌疑人、被告人出于趋利避害而隐瞒事实真相或者编造谎言，另一方面更要防范犯罪嫌疑人、被告人因刑讯逼供而屈打成招。需要结合犯罪嫌疑人、被告人的自身情况和供述动机，重点审查口供取得的过程、口供是否前后一致、口供是否符合常理和口供是否存在矛盾等方面。四是要重视口供的补强。由于口供具有很高的虚假可能性，在运用口供认定案情时，必须有其他证据补强其证明力。

三、2012年刑诉法修改遏制非法取供的努力

中国立法机关于2012年3月对刑事诉讼法作了较大幅度的修改。此次修法，将“尊重和保障人权”明确为刑事诉讼法的任务，并在具体诉讼制度和程序方面加以体现和落实。其中，为遏制实践中长期存在的非法取供甚至刑讯逼供现象，立法修改采取了一系列切实可行的措施。具体来说，主要有以下内容：

第一，明确要求“审判人员、检察人员、侦查人员必须依照法定程序，收集能够证实犯罪嫌疑人、被告人有罪或者无罪、犯罪情节轻重的各种证据。严禁刑讯逼供和以威胁、引诱、欺骗以及其他非法方法收集证据”。为保证口供的自愿性，增加规定：“不得强迫任何人证实自己有罪。”（第50条）

第二，明确举证责任由控方承担，增加规定：“公诉案件中被告人有罪的举证责任由人民检察院承担，自诉案件中被告人有罪的责任由自诉人承担。”

第三，鉴于非法取供的行为大多发生在诉讼之初和法定羁押场所之外，增加规定：实施拘留或逮捕强制措施后，应当立即将被拘留人、被逮捕人送看守所羁押(第 83 条、第 91 条)；犯罪嫌疑人被送交看守所羁押以后，侦查人员对其进行讯问，应当在看守所内进行(第 116 条)。

第四，对讯问犯罪嫌疑人实行同步录音录像制度，增加规定：侦查人员在讯问犯罪嫌疑人的时候，可以对讯问过程进行录音或者录像；对于可能判处无期徒刑、死刑的案件或者其他重大犯罪案件，应当对讯问过程进行录音或者录像。(第 121 条)

第五，确立非法证据排除规则，增加规定：采用刑讯逼供等非法方法收集的犯罪嫌疑人、被告人供述和采用暴力、威胁等非法方法收集的证人证言、被害人陈述，应当予以排除。在侦查、审查起诉、审判时发现有应当排除的证据的，应当依法予以排除，不得作为起诉意见、起诉决定和判决的依据。(第 54 条)并且明确规定，在对证据收集的合法性进行法庭调查的过程中，人民检察院应当对收集证据的合法性加以证明。(第 57 条第 1 款)为查明证据是否合法收集，人民法院可以通知有关侦查人员或者其他人员出庭说明情况。(第 57 条第 2 款)经过法庭审理，确认或者不能排除存在本法第 54 条规定的以非法方法收集证据情形的，对有关证据应当予以排除。(第 58 条)

为保障新刑事诉讼法的准确实施，全面落实“重证据、不轻信口供”的立法要求，中国最高人民法院在《关于适用〈中华人民共和国刑事诉讼法〉的解释》中专门对被告人供述和辩解的审查、判断和运用作出详细规定。该解释第 83 条规定：“审查被告人供述和辩解，应当结合控辩双方提供的所有证据以及被告人的全部供述和辩解进行。被告人庭审中翻供，但不能合理说明翻供原因或者其辩解与全案证据矛盾，而其庭前供述与其他证据相互印证的，可以采信其庭前供述。被告人庭前供述和辩解存在反复，但庭审中供认，且与其他证据相互印证的，可以采信其庭审供述；被告人庭前供述和辩解存在反复，庭审中不供认，且无其他证据与庭前供述印证的，不得采信其庭前供述。”上述司法解释特别针对被告人庭前供述和辩解存在反复的情况，强调审判者要根据有无其他证据可以相互印证进而决定是否采信被告人口供。

目前，中国实施修改后的刑事诉讼法已逾一年半。总体上看，新法实施的情况良好。各级公安司法机关为新法的贯彻实施作出很大努力，办案人员的诉讼观念发生显著改变，法律修改后的各项规定得到切实遵守，立法采取的措施和取得的进步正在司法实践中发挥积极作用，犯罪嫌疑人、被告人的权益保障得到很大改善，非法取供特别是刑讯逼供的现象得到有效遏制。此外，在新刑事诉讼法的施行中，随着一系列刑事冤错案件的陆续披露和纠正，中国最高司法机关专门出台了关于防范刑事冤错案件的意见，特别是针对犯罪嫌疑人、被告人口供的收集、审查和运用，作出了更加明确、更加严格的规定。我们有理由相信，随着新刑事诉讼法的进一步贯彻落实，随着司法改革的进一步深化，随着法治建设的进一步加强，中国刑事诉讼制度将进一步迈向现代化和法治化，更加符合刑事司法的内在规律，更加符合国际刑事诉讼的发展潮流，更加注重对公民个人特别是犯罪嫌疑人、被告人合法权益的尊重和保障。

公民参与司法研究
——以刑事司法为例

陈卫东[*]

自从法制恢复重建以来，公民参与司法问题在一段时间内受到“冷遇”。肇始于20世纪90年代末的司法改革运动也主要是以构建职业化的法官（司法官）为目标。例如，最高人民法院的“一五”“二五”改革纲要都对塑造法官职业化进行了详细的规划。[①] 2004年，人民陪审制度从立法上[②]得到确认，公民参与司法问题由此再次进入人们的视野。不仅如此，实际上在此之前的2003年，检察系统已经悄然开始试行人民监督员制度。[③] 2008年之后，随着新一轮司法改革的启动，司法的民主化问题也被提上改革议程。[④] 党的十八大之后，新一轮司法改革也在酝酿。党的十八届三中全会发布了《中共中央关于全面深化改革若干重大问题的决定》，要求推进“法治中国”建设，其中的一项重要内容就是“健全司法权力运行机制”。而这一改革领域的一大举措就是“广泛实行人民陪审员、人民监督员制度，拓宽人民群众有序参与司法渠道”。因此，在新的形势下，研究推进

* 陈卫东：中国刑事诉讼法学研究会常务副会长，中国人民大学法学院教授、博导。

① 最高人民法院于1999年发布了《人民法院“一五”改革纲要》，从此走上了“法官职业化”的道路，强调法律职业共同体的建构；2005年最高人民法院发布了《人民法院“二五”改革纲要》，坚持了“法官职业化”道路。

② 2004年8月28日第十届全国人民代表大会常务委员会第十一次会议通过了《关于完善人民陪审员制度的决定》。

③ 为了加强外部监督，切实防止和纠正检察机关查办职务犯罪工作中执法不公的问题，根据宪法和法律关于一切国家机关必须倾听人民的意见、接受人民的监督的规定，最高人民检察院经报告全国人大常委会并经中央同意，从2003年9月起开展人民监督员制度试点工作。最高人民检察院于2003年10月15日发布了《关于人民检察院直接受理侦查案件实行人民监督员制度的规定（试行）》。

④ 当然，对于司法民主化还存在着不同的认识，也产生了一些讨论与分歧。参见贺卫方：《不走回头路》，《经济观察报》2008年7月12日；张千帆：《司法大众化是个伪命题》，《经济观察报》2008年7月26日；沈德咏：《关于司法大众化的几个问题》，《人民司法》2008年第19期；陈忠林：《中国法治应该怎样向前走》，《经济观察报》2008年7月19日。

公民有序参与司法是一项紧迫且极具实践意义的课题。

一、何为公民参与司法

(一) 为何采用“公民参与司法”

公民参与司法是近些年来提出的一个“概念”,传统上采用的是“依靠群众”原则。刑事诉讼法中第 6 条就明确规定了该项原则,并且该项原则历来是指导我国司法当然也包括刑事司法的一项重要原则。应当承认,司法中的依靠群众原则与“公民参与司法”在本质追求上是具有极大的相似性的。一般来讲,在通常的措辞之外另设新的术语必须具有理论或者实践的实益才具有其价值。那么用公民参与司法取代依靠群众原则的价值或者必要性何在?

首先,依靠群众原则是一个政治话语而非法律术语。特别是关于“群众”与“干部”、“群众”与“敌人”的分野更是显现出其浓厚的政治属性。依靠群众原则是党在长期的革命和实践经验的基础上提出的政治口号,并将其应用在作为政治生活组成部分的司法领域之中。因此,在我们国家很长的一段时间内,司法都呈现出“政治司法”①的特征,“人民司法”、“马锡五审判方式”等都是这种“政治司法”的表现。在构建现代法治国家的过程中,中国“政治司法”的特性正在褪去,司法正在回归其本来的面貌。在这种情况下,仍然将政治话语规定在法律之中并将之作为司法的指导原则本身就是不恰当的。

其次,“群众”内涵的界定影响参与的社会公众的范围。“群众”这一表述不仅具有浓厚的政治色彩,而且限制了参与的范围。“群众”一词在我们国家具有特定与特殊的含义,大致在两个层面上加以运用。第一层含义,“群众”与“人民”是同义词,也即“好人”。关于其内涵毛泽东有过经典的界定:“在建设社会主义的时期,一切赞成、拥护和参加社会主义建设事业的阶级、阶层和社会集团,都属于人民的范围;一切反抗社会主义革命和敌视、破坏社会主义建设事业的社会势力和社会集团,都是人民的敌人。”②第二层含义,“群众”指“未加入党团的人”,

---

① 我国有学者从主体、职能以及特点三个方面出发对“政治司法”作了界定,即以法院为主要主体,围绕“中心工作”的目标,以审理民、刑案件为主要职能,同时担负执行案件、指导人民调解委员会工作、参与社会治安综合治理、法纪宣教等职能,秉具初创性、继承性、阶级性、民主性、党性、程序次位性、依据非实在性等特点的具有一定专门性的活动。关于“政治司法”的具体分析阐述,请参见高其才、左炬、黄宇宁:《政治司法:1949—1961 年的华县人民法院》,法律出版社 2009 年版,第 37 页。

② 参见《关于正确处理人民内部矛盾的问题》,载《毛泽东选集》(第五卷),人民出版社 1977 年版,第 363—402 页。

"群众"与"党员","群众"与"干部"是相对应的概念。从这个角度来看,无论是采用"群众"的上述何种含义,都无法将"群众"与所有的国民联系起来。而"公民"则意指"具有一国国籍的人",不仅政治色彩淡化,而且更能够涵盖所有的国民。因此,采用"公民"表述更为恰当。而且,"群众"用语有违法律的平等关怀精神,与宪法规定的"法律面前人人平等原则"不相符。此外,"群众"也在解释上容易导致混乱,例如依靠群众是否意味着我们不用依靠干部或者不能依靠干部。①

第三,社会公众在"公民参与司法"与"依靠群众原则"中的地位与角色不同。"依靠群众"原则所表达的是"群众"是被"依靠"的对象,换言之,群众是被动地被吸收进司法过程之中的。实际上,从政治意义上来讲,"群众"不过是被"统战"的对象,其仅是"统战"的客体。这也就决定了政治上被"统战"的客体无法在司法上发挥"主体性"作用。与之不同的是,"公民参与司法"强调的是社会公众作为国家权力的享有者所具有的对司法活动的"主体性"参与,在这种参与中其处于积极能动者的角色。

因此,从上述方面来看,采用"公民参与司法"的概念较之"依靠群众原则"更为恰当。②

(二)公民参与司法的内涵

对于公民参与司法的界定影响公民参与司法的范围、形式。而对"参与"的解读又从根本上影响了对公民参与司法的理解,因此,这里主要对公民参与司法意义上"参与"的含义进行解读。

1. 何为"参与"

首先,参与主体的外部性。所谓参与主体的外部性,是指公民参与司法中参与的主体必须是与其参与的刑事追诉活动没有利害关系的主体。被告人,在其被追诉的刑事诉讼活动中是利益攸关者,显然其不是以外部公民的身份参与诉讼活动的。因此,在该诉讼活动中,其不属于参与的主体。与之相对应的,被告人的辩护人、法定代理人以及近亲属因为其与被告人之间存在着特定的利益关系,因而其对诉讼活动的参与也不属于公民参与司法的范畴。同理,被害人及其诉讼代理人、近亲属的参与也不属于公民参与司法的范畴。

---

① 参见谢佑平、张崇波:《应以"公民参与"取代刑事诉讼中的"依靠群众"原则》,《法学》2005 年第 7 期。

② 很多学者也都赞成应当以公民参与司法取代依靠群众原则。主要的代表有:谢佑平、张崇波:《应以"公民参与"取代刑事诉讼中的"依靠群众"原则》,《法学》2005 年第 7 期;郭道晖:《尊重公民的司法参与权》,《国家检察官学院学报》2009 年第 6 期;李奋飞:《刑事诉讼的公民参与》,载陈卫东主编:《公民参与司法研究》,中国法制出版社 2011 年版,第 169—178 页。

其次，参与客体的公共性。司法参与是一项权力，属于公民的参政权的重要组成部分，因此在本质上属于公权力。而公民参与司法在本质上参与的乃是国家公权力的运作，其参与的客体为公共性事务，对于私权力行使的参与并不属于公民参与司法的范畴。基于此种认识，上述被告人的辩护人、法定代理人以及近亲属的参与，被害人及其诉讼代理人、近亲属的参与因为其所参与的对象是私人事务，不具有公共性，所以从这个角度来讲，上述主体的参与也不属于公民参与司法的范畴。

第三，参与程度的实质性。

参与，从形式上来看会有很多种。公民旁听案件在一定程度也是一种"参与"，并且也有一定的积极价值。[①] 但是这种"参与"是否能够称得上参与司法中的"参与"？这就需要明确参与的程度，即何种意义上的参与才属于我们所说的公民参与司法意义上的"参与"。1969 年，雪莉·阿恩斯坦提出了市民参与阶梯理论，将公民参与根据参与程度由低至高分为八种类型，即：(1)操纵(manipulation)——无参与；(2)训导(therapy)——无参与；(3)告知(information)——表面参与；(4)咨询(consultation)——表面参与；(5)展示(placation)——高层次表面参与；(6)合作(partnership)——深度参与；(7)授权(delegated power)——深度参与；(8)公众控制(citizen control)——深度参与。[②] 在这些参与类型中，只有合作、授权与公众控制才可能称得上是实质性的参与。在其他的类型之中，参与者对权力运作的过程和最终的结果并不具备有效的影响。就司法领域而言，公民参与司法也必须具有有效性才可以称之为"参与"，即必须是符合"合作"、"授权"或者"公众控制"类型。因此，诸如旁听、专家咨询、专业人士的鉴定活动等都不属于本文所说的公民"参与"司法。此外，需要说明的是，在公众控制中，民众具有最终的决定权，但是这种决定权与公权力存在着相互制衡的可能性，也就是说民众的参与是可控的。如果当公众控制成为一种不受控制的参与，也即"民主的暴动"，那么在此情况下的参与也不属于本文意义上的公民"参与"司法。因此，像我国曾经某一时期盛行的群众审判也不是本文探

① 王敏远：《关于我国适用陪审团的若干思考》，载陈卫东主编：《公民参与司法》，中国法制出版社 2011 年版，第 456—460 页。

② 操纵，是指组织者按自己的目的和意图组织并操纵公民参与的过程；训导，是指组织者以公民参与的形式以达到组织者让公民支持自己的目的。这两个层次被称为无参与，主要是让公民接受教育。告知，是指组织者把信息通知参与者，使参与者了解情况；咨询，是指组织者提供信息，公开听取参与者的意见。这两种方式是单向的，公民确实可以获取一定的信息，但是缺少保证公民的意见被组织者采纳的手段。展示，是指把参与方案向公民展示并听取意见。这种方式虽然公民能提出意见，但是最终决定权仍掌握在组织者手中。合作，是指公民和组织者可以进行谈判，权力可以协调；授权和公众控制，是指公民也可以对某一事务有最后决定权。

讨的对象。

2. 由“公民”参与到“社会”参与

公民参与司法，是否意味着仅有“公民”才可以参与司法？应当承认，传统上的公民参与仅仅是公民个体的参与。但是随着社会的发展，各种公益性非政府组织得以发展，对社会公共事务的参与也更加广泛且深入。在很多国家和地区，非政府组织已经参与到司法领域并在其中发挥了重要作用。因此，从世界发展的趋势来看，公民参与司法不仅在传统领域仍旧持续发展，也逐步向其他领域扩展，已经呈现出“社会司法”的趋势。例如在美国，商业性组织已经参与到了保释、刑罚执行等领域。近年来，我国很多民间组织也参与到司法中，特别是在未成年人司法领域。[①] 因此，这种情况下，如果仍旧将参与的主体限制在“公民”个体上，显然不能够适应社会实践发展的需要。因此，应当实现由“公民”参与司法到“社会”参与司法的转变，参与司法的主体不仅局限于公民个人，也包括一些社会团体等组织。本文也是在此意义上使用“公民参与司法”概念的。

3. 由参与“司法”到参与整个诉讼活动

传统意义上，对公民参与司法的理解仅是在公民参与审判的意义上加以使用的。例如有学者就认为公民参与司法就是指参与审判，而不是其他的活动。[②] 国内的很多学者在研究公民参与司法时，也都是以参与审判为核心加以研究的。尽管在现代社会对于“司法”的含义有着非常严格的界定，不能随意扩大司法的内涵。这主要是出于职能意义上的考虑，特别是要维护司法的纯洁性。但是本文并不是要扩张“司法”的内涵，混淆司法与行政职能的差别。从公民对刑事诉讼活动参与的角度，公民参与的范围并不是局限于审判这一环节，而是从侦查、起诉一直到执行环节，都有公民参与的可能性。现实中，在这些不同的诉讼阶段，都有公民参与的实践。例如在我国，近些年来，人民监督员制度经过试点已经在全国得以推行；再比如，在执行阶段，社区矫正中已经将吸收社会的参与作为一项重要的内容。因此，从司法实践来看，将公民参与司法的范围仅仅局限于“审理和裁判”显然是不恰当的，也不利于推进公民参与整个诉讼活动的研究。因此，在本文中，对公民参与司法从宽泛的意义上加以使用，将之扩张至整个刑事诉讼活动。

---

① 参见宋英辉、上官春光、王贞会：《涉罪未成年人审前非羁押支持体系实证研究》，《政法论坛》2014 年第 1 期。

② 参见顾永忠：《关于公民参与司法的若干问题》，载陈卫东主编：《公民参与司法研究》，中国法制出版社 2011 年版，第 112—118 页。

（三）公民参与司法的类型

公民参与司法，从功能类型上来讲，可以划分为三种类型，即协助型、权力分享型与权力监督型。

1. 协助型

公民参与司法的第一种类型为协助型。所谓的协助型，顾名思义，即为协助公共权力的运作，公民的参与在某种意义上成为公共权力运作的重要组成部分。这种类型的参与在刑事诉讼活动中多有体现，例如侦查程序中的见证人的参与，国外保释活动中的社会团体参与，以及社区矫正中的公民、社会团体的参与。此外，公民的扭送活动，也可以视之为协助型的公民参与司法活动。

2. 权力分享型

第二种类型的公民参与司法形式为权力分享型。权力分享，可以在两层意义上使用。一层意义上是平行行使权力，即对于某项权力，两者都有权行使，两者之间并不冲突。例如，在侦查阶段，侦查机关可以行使侦查权限，私人侦探也可以行使侦查权限，两者都有权行使各自的侦查权限。另外，民事诉讼中的委托调解，也可以看做是此种类型。另一层意义上是共享权力，即两者共同分享一个权力。例如审判活动中的参与，在陪审团制之下，审判权被分为事实认定权和法律适用权，分别由公民和法官分享，也即整个审判权由两者共享；在参审制之下，审判权作为一个权力整体，乃是由公民和法官组成的一个完整的审判组织共同行使。权力分享型参与在功能意义上主要在于制衡权力的运作。这与权力监督型公民参与司法在功能上不同。

3. 权力监督型

第三种类型为权力监督型公民参与司法。显而易见，权力监督型公民参与司法以监督权力的运作为目标。这种类型的公民参与司法传统上并不是主流的参与形式，特别是与前两者相比而言。近些年来，出于对国家公权力的不信任以及权力—权力制约、监督机制的失灵，公民的监督权得到了空前的强调。与之相适应，也产生了以公民参与司法的形式对国家公权力加以监督的机制。这些机制主要以在侦查活动中的羁押巡视制度、起诉活动中的人民监督员制度为典型。

二、为何公民参与司法

（一）公民参与司法能够促进司法公正

司法公正是司法制度的核心和灵魂，也是法治的最终目标与价值取向。司法公正的要旨在于司法机关审理每个具体案件的程序是公正的，而且其就每个具体案件所作出的裁决是公正的。也就是说，司法公正既包括了实体意义上的公正，还包括了程序意义上的公正。无论从哪个角度来讲，公民参与都会促进司法公正的实现。

以刑事审判为例，从实体意义上而言，公民参与司法最为明显的公正价值在于有助于案件事实的认定和法律的适用。[①] 受制于成文法的局限性，法律通常授予法官自由裁量的权力或者说授予法官进行推定的权力，推定的重要依据就是生活经验法则。就职业法官而言，或许在法律知识、司法技能的完备方面而言具有优势，但是就生活经验法则而言，就不具有某些优势，甚或可能处于劣势。比如，法官与社会大众通常不是处于一个阶层，对较低阶层人民的生活的了解显然具有匮乏性。在这样的情况下，吸收公民参与司法就可以化解法官在生活经验上的匮乏。现代社会，纠纷类型多元化，纠纷也日益专业化，比如医疗纠纷、知识产权纠纷等，法官通常不具备相应的专业知识，对案件事实很难作出令双方当事人信服的认定。如果吸收具有专业知识的公民参与司法，就可以有效化解司法面临的专业性难题。从适用法律的角度而言，公民参与司法可以将民众的意见纳入到法庭中来，影响法官适用法律，从而制约法官的自由裁量权，使得法官能合理地适用法律，实现刑罚的公正性。

就程序公正而言，公民参与司法最重要的价值就在于保障司法的独立性，从而促进司法公正。在我国，司法中法官并不具有独立性，案件要由合议庭进行评议，对于疑难案件要由审委会讨论决定。实践中，案件还要受到庭长、院长的影响，司法行政化趋势明显。而且，有些案件还要受到行政权的干预。让公众参与司法，与职业法官进行司法相比，可以使司法活动不再受制于庭长、院长，也可以使之摆脱行政权的干预，从而保障司法的独立。司法独立了，司法公正也就有了制度保障。

（二）公民参与司法能够促进司法民主

纵观世界各国，司法民主始终是司法制度的重要组成部分。尽管职业化司法是一个不可避免的趋势，但是司法从来也没有与社会隔绝开来。我国也有学者指出，“法律活动之结果必须在一定的程度上反映社会的呼声，满足社会大多数人在特定时期的某些具体要求，即使这些具体要求有时过分或感情化”[②]。司

---

① 熊秋红：《司法公正与公民参与》，《法学研究》1999 年第 4 期。

② 苏力：《法治及其本土资源》，中国政法大学出版社 1996 年版，第 162 页。

法要求民主化，“没有民主化的司法是没有前途的司法”①。

公民参与司法不仅能体现司法民主，而且可以促进司法民主。公民参与司法是“以人民权制约司法权，从而使司法权保持其应有的人民性，是保障裁判公正的有效措施”②。比如，日本的检察审查会制度，它是为了应对检察官在刑事诉讼中检察权扩张的趋势，防止检察官的独断专行而设置的一项制度。通过这项制度，可以吸收普通公众参与检察工作，对检察官的不起诉决定是否恰当进行审查，并就检察业务的改进提出建议和劝告。它是普通公民参与司法的重要形式，因此，是一种民主的司法制度。③ 这样，通过公民参与就可以形成公民权对于检察权的制约、监督，防止检察权的恣意。

再比如，我国推行的人民陪审员制度。“实行陪审制度，就可把人民本身，或至少把一部分公民提到法官的地位。这实质上就是把领导社会的权力置于人民或这一部分公民之手。”④这种通过把一部分司法权交给社会公众的做法，就是司法民主的体现。实际上，我国的人民陪审员制度在制度设置最初，其最重要的一个目标就是实现司法民主化，让人民群众参与到司法中来。这也是我国人民当家作主的体现。从这种意义上讲，公民参与司法是促进了司法民主的实现。

在我国，司法的民主性是社会主义法制建设的重要组成部分，也是我国民主建设的重要组成部分。人民监督制度与人民陪审制度正是司法民主性的体现，只有坚持贯彻公民对司法各个领域的密切参与，才能更好地落实“司法为民”的社会主义司法理念。

（三）公民参与司法能够促进司法公信力的提升

有学者指出，司法公信力是指社会公众对司法制度和在该司法制度下的法官履行其审判职责的信心与信任的程度。⑤ 实际上，可以从更为广阔的意义上来理解司法公信力。其不仅包括了对法官审判的信心与信任程度，还包括了对侦查人员的侦查工作，检察人员的检察工作的信心与信任程度。本文正是在此种意义上进行理解的。

近年来，我国的司法公信力建设不足，司法公信力不彰，一些人不信任司法。从警民冲突不断，到被羁押人非正常死亡，到审判过程中民意的指责，再到判决

---

① 何兵：《司法民主化是个伪命题吗?》，《经济观察报》2008年8月25日。

② 王利明：《司法改革研究》，法律出版社2000年版，第390页。

③ 参见陈松林：《从司法民主性看人民监督员制度的正当性》，《法学研究》2010年第1期。

④ [法]托克维尔：《论美国的民主》，董果良译，商务印书馆1997年版，第314页。

⑤ 参见毕玉谦主编：《司法公信力研究》，中国法制出版社2009年版，第3页。

的执行难，上诉、申诉、上访案件数量居高不下，说明一些公民对于司法的不信任。其所以对司法不信任的一个重要原因就在于司法不透明。权力的运行处于一种封闭、神秘状态，不为公众所知晓，也就无法实现有效的监督。不受监督的权力导致腐败，绝对的权力导致绝对的腐败。这是毋庸置疑的事实。即使对于一些得到公正处理的案件，因为不透明，没有一个价值无涉的中立第三者的介入，也很难得到公众的信服。

而公民参与司法，就可以有效化解这个难题。公民的参与打破了这种封闭状态，使得权力的运行不再处于不受监督的状态，可以避免司法腐败的产生，促进司法廉洁，从而提升司法公信力。而且公民参与司法，使得同类人得到同类人的处理，基于同类人之间的信任，可以促成对司法处断的可接受性，并基于这种可接受性而促成公民对司法的信任。此外，对于参与司法的公民而言，能够"近距离地了解法律的运作状况，了解现行司法制度的缺陷，了解司法人员的执法状况，充分感受公正司法对于普通公民的重要性，培养对于国家法治建设的责任感"①，并将这种责任感向社会传递，传递的结果一方面促进了公民法治意识的提升，另一方面也使得社会大众更加了解司法，更加信任司法。

(四) 公民参与司法有助于整合社会资源，提升司法(执法)能力。

司法生于社会，虽然独立于社会，但是也必须依赖社会。如果没有整个社会的支持，司法也难以有效运行。这种支持不仅仅是外部行政性事务的支持，也包括对业务性活动的支持。近些年来，学术界和实务界更加关注公民对于业务性活动的支持。这是由于司法自身的特点所决定的。司法资源是有限的，司法能力也是有局限性的。例如在取保候审方面，公安机关由于案多人少等原因对被取保候审人通常难以给予有效的监督。在此方面，如果能够吸收被取保候审人所在的学校、基层组织或者其他社会公益组织的参与，显然会减轻公安机关的压力，也将提升取保候审的适用效果。再比如对监所的检察监督，现有的监督力量和监督能力以及监督效果都是值得怀疑的，而通过羁押巡视制度，既可以在一定程度上减少司法资源的投入，也可以将社会资源有效整合到司法之中，更为重要的是能够发挥现有机制难以做到的功能。这在整体意义上来看是对社会资源的整合，也是司法能力提升的表现。

① 熊秋红：《司法公正与公民参与》，《法学研究》1999年第4期。

三、公民参与司法的实践——以刑事司法为例

(一) 侦查阶段公民参与的现状

侦查权的独占性以及侦查活动的秘密性、安全性等特点决定了公民在侦查阶段的参与限度受到极大的限制。[①] 因此,除了举报之类的边缘参与行为之外,刑事诉讼中所体现的公民参与主要体现在见证人制度、扭送等方面。就见证人制度而言,实践中对其监督功能的强调并不明显,反而主要以协助功能为主。而扭送尽管在一定意义上可以视之为行使侦查权的行为,但究其目的而言,也是以协助侦查机关为主。因此,整体来看,这些侦查阶段的公民参与主要以发挥协助功能为主。换言之,侦查阶段缺少制约型或者监督型的公民参与途径。

侦查阶段的制约型公民参与主要以私人侦探为典型,也即实行侦查权的"双轨制"配置模式,私人也具备进行侦查的权限。但是,我国私人侦探在立法上未能够获得确立,法律不允许除公安机关、检察机关、法院以及律师之外的调查取证权。但在实践中,私人侦探的数量已经十分可观。截至 2007 年底,全国已经有超过 10 万个各种形式的私人侦探公司,但尚无一例"私人侦探社"注册成功。[②] 而各类私人侦探主要是以"调查中心""信息咨询"等名义开展活动。就私人侦探所活跃的领域来看,主要存在于民商事领域,对刑事领域的涉及并不多见。就司法实践来看,私人侦探执业不规范且存在着很大的风险,也存在着侵犯公民权利的情形。[③]

侦查阶段的另一个问题就是缺乏监督型的公民参与途径,这主要体现在未决羁押场所的公民参与方面。未决羁押场所,在我国又被称为看守所。在社会大众眼中,看守所一直是个完全封闭的场所,披着神秘的面纱。事实上也是如此,即使一些专家学者也很难深入了解看守所,更不用说公众参与了,透明性很差。随着云南"躲猫猫"事件的发生,一系列的看守所非正常死亡事件都被暴露出来,看守所问题日益受到重视。看守所也采取了相应的措施,规范执法,同时陆续向社会开放了一些看守所,允许公众参观。然而,我们在看到可喜的进步的

① 例如有学者指出,基于侦查秘密原则,公民参与侦查可以在侦查法律规范的制定与实施、侦查对象及被追诉人的权利待遇保障情况以及侦查结果的处理方式等方面发挥相应的作用,但对侦查行为、侦查进展,基于侦查秘密原则的需要,则不应当介入。参见程雷:《公民参与侦查:制度、实践与法理》,载陈卫东主编:《公民参与司法研究》,中国法制出版社 2011 年版,第 393 页。

② 参见黑丁、王丽英、范静:《中国私家侦探违法犯罪现状》,《检察风云》2011 年第 2 期。

③ 参见黑丁、王丽英、范静:《中国私家侦探违法犯罪现状》,《检察风云》2011 年第 2 期。

同时,也要注意到这种公民参与的有效性、规范性以及长久性问题。首先,在当前的改革思路之下,公民参与的程度较低,因为从参观的内容来看并没有实质性参与的内容,所参观的也只是一些基础设施建设、卫生条件,等等。其次,公民参与的有效性较差,一方面,公民仅仅是参观者,具有被动性,很难积极发挥作用;另一方面,当前的看守所开放也缺乏相应的事后意见反馈机制,无法形成对看守所的有效制约。① 此外,从制度化、规范化的角度来讲,当前的改革没有统一的制度规范,欠缺有效、可操作的运作机制,运动式治理色彩过重,公民的参与不具有可持续性。② 正是这些问题的存在,使得看守所开放的效果不容乐观。

(二) 检察运作过程中公民参与的现状

传统上,检察运作中的公民参与并没有作为一个问题提出。但是随着对检察权滥用的忧虑,一些国家开始探索公民参与来监督检察权的运用。例如,日本于近年仿效美国的大陪审团设置了检察审查会制度。在我国,检察机关不仅承担着诉讼监督职能,还承担着诉讼职能,比如自侦案件的侦查、提起公诉等职能,③检察机关不仅在公诉活动方面面临着权力滥用的质疑,其他方面的权力行使也面临着质疑。特别是检察机关作为法律监督机关,始终面临着监督者由谁来监督的问题。

公民在审查起诉阶段的参与形式,在我国体现为人民监督员制度④。人民监督员制度的诞生,是以 2003 年 8 月 29 日最高人民检察院在北京召开的人民监督员制度试点工作会议为标志的。而 7 年后的 2010 年,全国已经有 3 137 个检察院进行了该项试点,占各级检察院总数的 86.5%,先后选任人民监督员 3 万多人次。⑤ 作为检察机关推行的一项改革措施,人民监督员制度尚处在成长之中的"孩提"阶段。"对于一切事物,尤其是最艰难的事物,人们不应期望播种

① 以北京市为例,从北京市公布的看守所开放的有关文件中,我们发现参观者的参观往往涉及不到实质的内容,很多活动都受到限制,而且事后也缺乏有效的意见反馈机制,以座谈会的形式是很难取得有效效果的。

② 从全国范围来看,仅有北京市公布了看守所开放的规定,而且其效力位阶也比较低。

③ 陈卫东:《法律监督职能与诉讼职能的分离》,《法制日报》2011 年 2 月 23 日。

④ 当然,需要说明的是,人民监督员制度的作用范围并不限于审查起诉,其参与范围按照新出台的《关于推行人民监督员制度的实施意见》包括了 7 个方面:一是检察机关应当立案而不立案或不应当立案而立案;二是超期羁押或者犯罪嫌疑人不服检察机关延长羁押期限的决定;三是违法搜查、扣押、冻结或违法处理扣押、冻结款物;四是拟不起诉案件;五是拟撤销案件;六是应当给予刑事赔偿而不依法予以赔偿;七是检察人员在办案中有徇私舞弊、贪赃枉法、刑讯逼供、暴力取证等违法违纪情况。

⑤ 该数据引自最高人民检察院副检察长胡泽君在检察机关全面推行人民监督员制度电视电话会议上的讲话。

与收获同时进行，为了使它们逐渐成熟，必须有一个培育的过程。”[①]尽管对该项制度的实践效果“盖棺定论”还为时尚早，但从理论层面上剖析，它无疑巧妙地回应了“谁来监督监督者”的问题，即由作为国家主人的人民群众来监督检察机关行使职权。然而，对一项制度的评价不能只停留在理论层面上，还需要考察它在实践中的真实效应。“没有调查研究就没有发言权”，为了能够更深入地了解人民监督员制度，笔者选取最高人民检察院人民监督员办公室和 SH 省检察院人民监督员办公室作为调研合作单位，[②]通过个别访谈和调取数据两种实证研究方法，掌握了人民监督员制度在全国及 SH 省运行情况的基本信息。[③] 经过深入调研，笔者认为，经过 7 年多的尝试，当下的人民监督员制度恰恰走到了一个“十字路口”。

具体而言，实践中的人民监督员制度面临着以下问题：(1)人民监督员在民意代表性上的“先天不足”。目前的选任方式主要还是依赖“单位推荐，检察机关确认”的传统模式。在推荐单位中，党政机关、工青妇、辖区内的龙头企业(大多为国企甚至是央企)占据了人民监督员候选人的绝大部分席位。社会多元化已成为主流趋势，这些单位组织已经无法全面代表社会各个阶层。检察机关从这些单位组织中遴选人民监督员，能否具有广泛的民意代表性，是值得怀疑的。而对于人民监督员的选任，按照《关于推行人民监督员制度的实施意见》(简称《意见》)的规定[④]，县、市两级的人民监督员均由上一级人民检察院负责选任。显而易见，目前的选任工作是由检察机关自己掌控的。这种“内选”的机制自然不利于广泛的群众参与。(2)人民监督员的监督形式化。其一，人民监督员监督缺少必要的“手段武器”。实践中，人民监督员并不能直接接触案件材料，只能够向办案人员了解情况，而办案人员介绍情况一方面难免带有较强的主观色彩，另一方面，介绍案件情况也不全面。这样不仅导致人民监督员难以全面了解案件，而且可能误导人民监督员对于案件的认识。其二，监督不具有强制执行效力。按照现行规定，人民监督员对案件进行监督的表决结果和意见，应当报送检察长或检察委员会审查，检察委员会不同意人民监督员表决意见的，应当依法作出决定。

① [意]贝卡利亚：《论犯罪与刑罚》，中国法制出版社 2009 年版，卷首语。

② 最高人民检察院人民监督员办公室负责对全国范围内的人民监督员制度进行指导和管理，而 SH 省人民检察院人民监督员办公室则负责本省范围内的人民监督员制度运行。SH 省地处我国中部，经济发展在全国处于中游偏下的水平。

③ 关于人民监督员制度试点情况的具体分析与阐述，请参见陈卫东：《人民监督员制度的困境与出路》，《政法论坛》2012 年第 4 期。

④ 《意见》规定：省级以下人民检察院由上一级人民检察院组织选任；有条件的省、自治区、直辖市可以由省级人民检察院统一组织选任人民监督员。

检察委员会的决定与人民监督员表决意见不一致时，应当由人民监督员办公室向人民监督员作出说明。参加监督的多数人民监督员对检察委员会的决定有异议的，可以要求提请上一级人民检察院复核。上一级人民检察院应当及时复核并反馈结果，上一级人民检察院的决定，下级人民检察院应当执行。从规定来看，人民监督员的意见不具有强制执行的效力，仅仅是人民检察院作出意见的参考而已。尽管，现行规定对于人民监督员的意见提供了一定的救济途径，但是，这种救济途径仍旧是一种内部监督途径，并没有体现出人民监督员制度外部监督的特性。或许也正是由于此种原因，人民监督员并没有监督的主动性、积极性，并出现了对检察机关工作极高的认同率。

(三) 审判阶段公民参与司法的现状

审判阶段，公民参与的最为主要也最为典型的形式就是陪审制度。当代西方国家的陪审制度主要有两种模式，一种是以美国为代表的普通法系模式，一种是以法国为代表的大陆法系模式。[①] 普通法系模式又被称为陪审团模式，而大陆法系模式则又被称为参审制模式。这两种模式的陪审制度之间最主要的区别在于普通法系国家的陪审团与法官之间有明确的职能分工，陪审员只认定事实，法官则只负责适用法律；而大陆法系国家的陪审团与法官之间没有明确的职能分工，两者共同分享审判权。

在我国，2005 年全国人大常委会通过了《关于完善人民陪审员制度的决定》(简称《决定》)，这是我国历史上第一部关于人民陪审员制度的单行法律。按照《决定》的要求，法院审判社会影响较大的刑事、民事、行政案件，或者刑事案件被告人、民事案件原告或者被告、行政案件原告申请由人民陪审员参加合议庭审判的第一审案件，由人民陪审员和法官组成合议庭。人民陪审员依法参加人民法院的审判活动，除不得担任审判长外，同法官有同等权力。据此，我国的人民陪审员制度从实质上讲属于参审制模式，陪审员行使的也是审判权。

人民陪审员制度被赋予了极高的期待，希望借此加强司法的民主化，提升司法的透明度。但是这么多年以来的司法实践表明，现实与理想的差距是巨大的。司法实践中，人民陪审员制度实际上已经流于形式，成为一个陪衬，具体表现为陪审员很大程度上是“陪同审判”“陪而不审”：很多人民陪审员参加陪审是由于名誉感，而非出于社会责任感；人民陪审员参与案件审理的时间过短，庭前不认真了解案件的基本情况；在庭审过程中，绝大多数人民陪审员并不发言或者很少

---

① 参见何家弘：《陪审制度纵横论》，《法学家》1999 年第 3 期。

发言;在庭审后案件合议过程中,人民陪审员不参加或不认真参加案件的评议;人民陪审员不独立发表自己的意见或者不坚持自己的意见;等等。[①] 而且,陪审员的选任在实践中也被沦落为职业化运作,人民陪审员不定期遴选,任期过长,容易形成"陪审专业户""准法官"现象,不利于调动人民陪审员的积极性,致使人民陪审员缺乏代表人民的广泛性。同时,人民陪审员长期在法院"任职",也使得陪审员与法官成为利益共同体,被"体内化",丧失了客观中立性,也难以发挥有效的监督作用。此外,从更为微观的制度规范角度来讲,我国人民陪审员制度本身还存在着许多需要完善的地方。比如,在人民陪审员的选任上,是坚持大众化的选任路线还是走精英化的选任方式;在陪审员的培训方面重视不足,人民陪审员缺乏相应的知识、技能,不能够有效地参与到案件的审理过程中来;对陪审员的权利和责任的规定也不明确,与法官相比,在一些人身安全、获得经济补偿权以及违反纪律的法律责任等方面的规定上也有所欠缺[②],使得陪审员既可能走上"陪而不审"的极端,又可能走向"乱权"、"滥权"、"司法腐败"的极端。

正是因为人民陪审员制度在实践中运作效果不彰,特别是不能够有效吸纳社会意见,实践中很多地方都在探索如何缩短司法与民众之间距离的新的机制。例如,西安市中级人民法院在审理社会关注度极高的药家鑫案件时,就向旁听案件审理的人员发放调查问卷以征求意见,并将之作为裁判的参考。[③] 再比如,河南试点的"评审团"制度,在一些重大、复杂和敏感的案件中,从人大代表、政协委员、干部和群众中选取7—9人为代表参加庭审。庭审结束后,请他们对案件的定罪量刑是否适当发表意见,并将他们的意见作为合议庭裁判的重要参考。[④]

(四) 执行阶段公民参与的现状

在刑罚的执行方面,我国传统上侧重于"依靠人民群众"。例如管制这一刑罚执行方式,其最初设置的目的就是要将被判刑人放归社会,依靠群众对被判刑人进行教育改造。再比如缓刑,传统上也是需要有关的单位或者基层组织予以配合。但是随着传统社会形态的逐步消解,群众、单位和基层组织在协助社会控制方面的作用逐渐减弱。如果说传统上的社会公众对管制、缓刑的参加尚可以称之为"参与"的话,那么在现今的社会状况下仍将之称作为"参与"则是值得怀

① 陈克刚:《人民陪审员何以"陪而不审"》,《西南政法大学学报》2008年第5期。

② 张军、郝银钟主编:《刑事诉讼庭审程序专题研究》,中国人民大学出版社2005年版,第123页。

③ 参见《药家鑫案庭审现场发问卷　向旁听者征量刑意见》,见 http://www.legaldaily.com.cn/zbzk/content/2011-04/14/content_2598609.htm?node=25491。

④ 参见王红伟:《河南高院有了"陪审团"》,载《人民日报(海外版)》2009年10月。

疑的。或许是由于传统公民参与的失灵，2003年最高法、最高检、公安部、司法部联合下发了《关于开展社区矫正试点工作的通知》，2009年社区矫正试点工作面向全国推广，2010年8月，《刑法修正案（八）》明确规定对管制、缓刑和假释的犯罪分子依法实行社区矫正。

而就减刑、假释的决定而言，在现行的制度空间下，没有公民参与的余地。根据刑法的规定，减刑、假释由执行机关向中级以上人民法院提出减刑建议书，人民法院应当组成合议庭进行审理。在司法实践中，通常都是由职业法官组成的合议庭作出减刑、假释的裁定。

此外，就监所的管理而言，我国实行的是基本上封闭式的管理模式。近些年来看守所也在探索开放式的管理模式，但是监狱方面仍旧保持着传统的管理模式。

四、公民应如何参与司法——以刑事司法为例

（一）侦查阶段的公民参与

首先，私人侦探制度的合法化。

应当看到，私人侦探在提升辩护方的取证权，加强控辩平等方面具有积极意义。在美国，主流的观点认为，禁止被追诉人雇佣私人侦探不符合程序公正的基本要求。“因为刑事诉讼本质上是国家和罪犯之间的一场战争，在这场战争中，国家可以使用卧底打入到犯罪集团内部，而罪犯却不能派遣一个人打入到国家内部；公诉人有权使用大量的间谍、侦探和线人，而辩护方却无权雇佣任何人为其服务。”[①]这显然是不公平的。实际上，在我国这样一个以“权力本位”为典型特征的国家，私人侦探的合法化更为重要的意义在于制约国家公权力的运用。私人侦探打破了侦查机关在侦查活动方面一家独大的状态，能够反向促进侦查机关合法、规范地运用侦查权。而且，从客观效果上来看，私人侦探合法化也更能够实现被追诉人的合法权利。

当然，对于私人侦探的合法化，还必须探讨更为具体的制度设计与规范：(1)应当明确私人侦探以及私人侦探机构的准入资格和程序；(2)应当加强对私

---

① See Clarence Darrow, plea of Clarence Darrow , in his own defense to the Jury that exonerat ed him of the charge of bribery at his Los August , 1912, at, 15(1912). 转引自张泽涛：《私人侦探在刑事诉讼中的运用及其规范》，《法学家》2007年第6期。

人侦探的监督和管理；（3）在立法上应当明确私人侦探的权限范围和行使方式。[①]

其次，由看守所开放走向羁押巡视。

在2008年笔者曾经在吉林辽源试点了羁押场所独立巡视制度，经过试点发现，羁押巡视制度试验过程充分表明了该制度对于健全看守所的外来监督、增强看守所的透明度、提高被羁押人生活待遇以及法律权利保障水平等制度建设目标有积极功用。羁押巡视制度最为鲜明的优势在于能够将加强看守所外来监督、增进看守所透明度与传递看守所文明执法的积极信息两项功用完美地结合起来。同时羁押巡视制度具有较强的本土适应性，尽管羁押巡视制度是联合国《禁止酷刑公约任择议定书》中规定的一项国际性推广制度，经过试验，我们发现这些制度在我国具有较好的生长土壤与条件，容易为司法、执法人员所接受。[②]

笔者认为，鉴于羁押巡视制度作为一项完整的制度设计，既有国际上的经验，也有国内理论和实践上的论证与探索，未来看守所开放应当朝着羁押巡视制度的方向发展。因而，在具体的制度设计上，应当借鉴羁押巡视制度的做法，在以下几个方面加以完善：

1. 由看守所开放走向羁押巡视制度

由"看守所参观"走向"羁押巡视"，由"参观人员"走向"巡视人员"，表面来看虽然只有寥寥数字之差，但是意义却大不相同。当前推动的看守所开放，实际上仅仅是打破看守所神秘状态，加强看守所宣传的一种方式。其强调的是看守所的积极主动地位，而参观人员则处于被组织者的角色。而且，参观人员的称谓也仅仅是表明了看守所仅仅是向社会公众开放，监督的意味不强。而羁押巡视制度是以强化对羁押场所的监督为目的一种制度，[③]在本质上与看守所开放大相径庭。羁押巡视和巡视人员的称谓也与之相反，把看守所和参观人员的主客地位反转过来，摆正了巡视人员和羁押场所的地位，巡视人员处于主动的地位，是监督的主体，而看守所处于受体的地位，成为监督的对象。由此，确切地表明了看守所开放的实质，即强化对看守所的监督。这种理念上的转变，必将逐步影响公众的行为，进而提高看守所开放的效果。

---

① 关于私人侦探的规范化，可以参见张泽涛：《私人侦探在刑事诉讼中的运用及其规范》，《法学家》2007年第6期。

② 关于羁押场所巡视制度试点情况的具体阐述，可以参阅陈卫东：《羁押场所巡视制度研究报告》，《法学研究》2009年第6期。

③ ［英］Nicola Macbean：《让警察的工作更加透明：对羁押场所的监督》，程雷译，《法制日报》2008年1月7日。

2. 羁押巡视制度的具体构建

羁押巡视制度是通过看守所的工作机制加以运作的，看守所的工作机制实质上决定了看守所开放能否发挥实效。因而，要使羁押巡视制度发挥实效，其工作机制必须加以完善。其一，要确保羁押巡视的顺利开展，必须建立相应的工作机构，统一负责巡视人员的管理、技能的培训以及建议的转达等工作。而且，还必须保证该工作机构的独立性，使其能够避免看守所、侦查机关、检察机关的干预。其二，增强巡视人员的自主性。巡视人员在工作时间方面应该具有自主性，不能受制于看守所，在巡视过程中进行各种巡视事项也不受看守所等有关部门的不当干预。其三，加强巡视人员相关技能的培训，巡视人员大都为社会上的一般民众，法律知识不完备，也没有巡视的经验，若不进行事先的培训，巡视过程中可能抓不住重点，无的放矢，参观效果无法保障。其四，拓宽巡视人员的巡视范围和巡视方式。巡视不能仅仅局限于看守所的基础设施建设，也不能仅仅是了解相关法律、法规，应当更具有实质意义，把看守所采取羁押措施的合法性以及被羁押人诉讼权利是否受到尊重和保障也纳入到工作范围内。而且，巡视的方式也应当转变，不能仅仅是"看"基础设施，"听"介绍，还应当允许查阅羁押记录，与在押人员谈话。其五，巡视完毕后，还应当有一个意见反馈机制，将巡视人员提出的问题和建议反映到相关部门。当前看守所开放中由看守所组织召开座谈会的做法，相较而言，具有被动性，象征意义大于实质意义。为此，应当改被动为主动，由巡视人员统一制作工作报告，向有关部门提交。这些部门并不局限于看守所，还包括主管公安部门和人民检察院，因而可以通过有关主管部门来强化对看守所的监督。而且，对于巡视人员提出的问题和建议，看守所还应当及时将整改情况向巡视人员反馈。此外，对于严重的违法问题，还要向检察院、公安局报告，依法进行纠正，并追究相关人员的纪律或者法律责任，从而加强监督的力度。

（二）起诉阶段的公民参与

对于起诉阶段的公民参与，笔者认为应当进一步完善人民监督员制度，以更好地实现公民参与的目的。具体而言：

1. 选任方面实行独立选任委员会制度

首先，这样一个委员会必须实现真正意义上的独立运作，在建制方面不能对检察机关产生任何依附，无论是人事上还是财事上。其次，这样一个委员会的工作范畴不应只局限于选任环节，必须实现对人民监督员工作的全覆盖。原因有二：第一，这样一个委员会可以保证人民监督员的运行全过程都是独立的，可以排除检察机关以及其他公权力的干扰，保证公民权能够实质参与到检察工作中来，而不是“走过场”。第二，可以使人民监督员制度获得群众的信任。有了这样一个独立的委员会，群众就更容易相信人民监督员并不是检察机关的“附属品”，而获得了群众基础，人民监督员制度必将展现出旺盛的生机和活力。毫不夸张地讲，这样一个负责人民监督员制度全局性工作的独立委员会，是该制度实现“由内而外”转变的关键一步。

2. 扩大人民监督员的监督范围

纵观世界范围内公民参与司法的大潮流，笔者认为，人民监督员之监督范围扩大将是不可逆转的趋势。首先，目前作为监督的两类重点案件，即职务犯罪中的不起诉和拟撤销案件，立足点均在于保护被害人方面的利益，确切地讲是保护公共利益，而忽视了对犯罪嫌疑人的关切。而众所周知，在刑事诉讼文明发展史上，犯罪嫌疑人经历了由诉讼客体到诉讼主体的演变过程，犯罪嫌疑人的权利伴随诉讼地位的提升而逐渐扩张。在我国的审前程序中，作为公权力代表的检察机关，在与犯罪嫌疑人的力量对比中是处于压倒性优势地位的。尽管我国的刑事诉讼法不断对犯罪嫌疑人的权利保障加以关注和完善，对检察机关行使权力进行一定程度的规范和限制，但这种明显的优劣对比在短时间内是无法通过“补强—限制”的方式完全扭转的。而作为第三方的人民监督员如果能够介入，对检察机关的侦查和审查起诉进行监督，无疑有利于促使已经失去平衡的“杠杆”再次趋向稳定。由于普通民众的监督，也令检察机关恣意追诉的可能性大大降低了，这将是外部监督的一种必然效应。唯如此，人民监督员保障人权的价值才得以充分彰显，不枉其在诸多《人权白皮书》中被如此高频率地引用。

其次，目前的监督只局限于检察机关自侦案件的办理，对于普通案件的监督依然苍白无力。检察机关在普通刑事案件中承担着审查起诉之功能，其效用在于检验侦查质量，为审判工作打下基础。一旦发现侦查环节中的问题，检察机关就应及时予以纠正。而目前的司法实践证明，案件在侦查环节一旦出现了纰漏，很多时候检察机关都将错就错地把问题推向审判环节，并没有起到察举纠错之功能。这是公检法三机关之间“分工配合”宪法关系的一种自然导向，依靠三机关的自觉性去克服并不容易，如果人民监督员能够介入到普通刑事案件的审查起诉环节，不仅对于检察机关的工作是一种监督，也间接影响了公安机关的办案质量，对于发现、遏制刑讯逼供等非法侦查行为，也不无裨益。

再次，由于案件量的不断激增以及司法资源的有限性，在世界范围内，检察官获得越来越多的裁量权已经成为不争的事实。例如法国学者就认为，法国设置“适当追诉”制度、赋予检察官是否追诉的自由裁量权的重要原因之一，就是

“共和国检察官可以很容易地将为数不少的案件‘归档不究’，以利于司法迅速进展”。[①] 然而检察机关在行使类似权力之时，可能会一味追求诉讼经济而忽视了社会公共利益，有时甚至会滥用裁量权。而公民的监督可以对这种裁量权形成制约，代表公共利益否决不当的裁量决定，这也是日本检察审查会的基本运作思路。就人民监督员而言，滥用裁量权的危险不仅仅存在于职务犯罪案件中，普通刑事犯罪更有这样的危险。出于对公共利益的平等保护，人民监督员的监督范围理应扩展至普通刑事案件。

（三）审判阶段的公民参与

鉴于我国审判阶段公民参与的现状，未来可以采取“双轨制”的改革策略，即在普通的刑事案件中，根据案件的情况实行人民陪审员制度；而在一些重罪案件中实行陪审团制度。为此，则需要修改、完善人民陪审员制度并构建重罪案件陪审团制度。

1. 修改、完善人民陪审员制度

人民陪审员制度面临的主要问题是“陪而不审”问题，而该问题的核心在于人民陪审员的独立性不足。为此，应当在人民陪审员的选任、数量等方面加以改革。

其一，落实人民陪审员选任的随机性。“优秀的法律应当为主要法官配置一些随机而不是选举产生的陪审官，因为，在这种情况下，根据感情作出判断的无知，较之根据见解作出判断的学识要更可靠一些。”[②]在我国的司法实践中，仅有31.8%的基层人民法院的人民陪审员做到了随机抽取。而我国人民陪审员的职权指定选任模式已经严重影响到其独立自主性。未来，应当落实人民陪审员随机抽取的规定。此外，导致人民陪审员不能随机抽取的原因是人民陪审员的数量过少，为此，还应当扩大人民陪审员的规模。

其二，扩大人民陪审员的规模。合议庭中人民陪审员的数量与比例也是影响人民陪审员独立性的关键性因素之一。长期以来，人民陪审员在合议庭组织中数量少、比例低，属于合议庭组织中的少数派，司法实践中极容易成为“摆设”，难以发挥应有的作用。在实行陪审团制度的国家，由 12 名公民组成的陪审团认定案件事实，拥有认定与否定犯罪指控的权力。在此种制度安排中，陪审员的独

① [法]卡斯东·斯特法尼等：《法国刑事诉讼法精义》，罗结珍译，中国政法大学出版社 1999 年版，第 500 页。

② [意]贝卡利亚：《论犯罪与刑罚》，黄风译，中国大百科全书出版社 1993 年版，第 20 页。

立性是毋庸置疑的。在实行参审制的国家,为了保证陪审员能够独立发挥作用,在合议庭中一般陪审人数多于职业法官。例如在法国,重罪陪审法庭由1名主审法官、2名陪审法官和9名陪审员组成,显而易见,此种合议庭中的陪审员的独立性也非常高。因此,根据我国的司法实际,笔者认为应当在普通的刑事案件中扩大人民陪审员的规模,具体来说,可以参考日本裁判员制度关于认罪案件合议庭的设置,由1名法官和4名陪审员组成合议庭以确保陪审员的独立性。

2. 构建陪审团制度

基于我国司法实践的需要,在重罪案件中,可以考虑构建人民陪审团制度,由人民陪审团根据案件的事实来认定被追诉人是否有罪。陪审所承载的功能主要有三个,即在专业的司法过程中引入普通民众的判断,转移办案的责任以及给被告人获得同侪审判的权利。[①] 重罪案件往往属于社会公众争议意见比较大的案件,在案件处理方面法官也承担着非常大的压力与责任风险。在这类案件中,实行人民陪审团制度能够更好地实现上述三种功能。此外,重罪案件中实行人民陪审团制度的一个重要意义在于,在重罪案件中实行人民陪审团,也能够促进我国庭审程序的进一步完善,例如陪审团审判需要设计与运作精良的质证程序,非法证据排除规则也是依赖于该程序而得以实现的。[②]

(四) 执行阶段的公民参与

关于执行阶段的公民参与,笔者认为应当从三个方面加以改进,即社区矫正中吸纳公民的参与,在减刑、假释决定过程中构建公民听证机制,以及实行监狱的巡视制度。

1. 社区矫正与公民参与

在社区矫正中,公民的参与体现在决定以及执行的整个过程。其一,在决定前,需要对拟社区矫正的人进行人格调查。对此应当吸纳社会民众组成专门的调查机构,对犯罪人的犯罪背景、一贯表现等进行专门调查,并对其人身危险性和再犯的可能性进行评估,供法官裁决时参考。这一制度起源于美国的缓刑资格调查制度,在不少国家和地区已经得到广泛采用。[③] 其二,在社区矫正决定的作出过程中,也应当构建公民听证机制,确保公民的知情权与参与权。其三,在

---

① 参见魏晓娜:《解读“人民陪审团”》,载陈卫东主编:《公民参与司法研究》,中国法制出版社2011年版,第531—533页。

② 参见王敏远:《关于我国适用陪审团的若干思考》,载陈卫东主编:《公民参与司法研究》,中国法制出版社2011年版,第456—460页。

③ 参见冯卫国:《构建我国社区矫正制度的若干思考》,《广西政法管理干部学院学报》2003年第4期。

社区矫正的执行过程中，应当加强社会公众的参与，特别是一些公益性团体的参与。例如，在上海设立了新航社区服务总站，而在北京设立了阳光社区矫正服务中心。

2. 减刑、假释决定过程中的公民听证机制

现在的减刑、假释决定过程存在着诸多的弊端，其中最为重要的就是减刑、假释的行政性与非透明性。前者指的是减刑、假释的作出往往是采用单方决定的形式进行的，有违程序公正的要求；而后者则是指减刑、假释过程中权力因素过重，没有有效的吸纳社会公众的参与。对此，应当构建减刑、假释的公民听证机制，由公民组成的减刑、假释委员会来决定是否对被执行刑罚者减刑、假释。

3. 监狱的巡视制度

针对监狱的封闭式管理模式，笔者认为也应当根据社会发展的需要予以改变，实行开放式的管理模式。而且，应当仿效我国看守所方面所进行的改革，构建巡视制度，以加强看守所的透明性。

五、结语

公民参与司法，是司法工作本身的要求，也是破解当前我国司法公信力不足的有效途径，是我国司法体制改革的重要组成部分，也是实现我国社会主义民主法制建设、健全人民对司法监督机制的有效手段。奉行公民参与司法理念，能够保证司法的公正性、民主性与透明性，并有助于提升司法能力。当前，公民参与司法在各个阶段上都有体现。然而恰如贺卫方教授所言，当我们在进行制度构建的时候，往往侧重于体制的确立，在体制确立之后，“对于附着于大体制之中具体的，甚至相当细琐的配套制度的确立，却几乎被‘忘却了’”①，我们对公民参与司法缺乏更为微观、细致与全面的构建。鉴于当前公民参与司法的状况，应当在侦查、审查起诉、审判阶段进一步完善相应的制度，以确保公民的有效参与。

① 贺卫方：《中国司法制度中的两个问题》，《中国社会科学》1997 年第 6 期。

附条件不起诉的立法及适用

樊崇义*

附条件不起诉制度是中国刑事诉讼法 2012 年 3 月修订时新增设的一项制度。附条件不起诉是对一些符合起诉条件的轻罪案件，犯罪嫌疑人有悔罪表现的，检察机关决定暂不起诉并设定考验期对其进行监督考察，之后，再根据其表现决定是否最终起诉的制度。附条件不起诉制度发端于中国基层检察机关的自发探索，由于其取得了良好社会效果，这项制度被刑事诉讼立法吸收并逐步丰富完善。

一、附条件不起诉制度的立法过程

（一）个别检察机关开始探索、尝试

1992 年初，上海市长宁区人民检察院对涉嫌盗窃的一名 16 岁犯罪嫌疑人延期起诉，考察期为 3 个月，在考察期内，该犯罪嫌疑人表现良好，同年 5 月，长宁区人民检察院决定对其从宽处理，按照当时规定，实行“免予起诉”。检察机关后来将这一行为称为“诉前考察”，长宁区人民检察院因此也被认为是最早进行相关探索的检察机关。在这之后，全国其他一些地方也开始出现对未成年犯罪嫌疑人类似处理的情况。2000 年 12 月，湖北省武汉市江岸区人民检察院对两名 15 岁的初三学生实行暂缓起诉，并开展了暂缓起诉的改革试点。2001 年 5 月，河北省石家庄长安区人民检察院出台了《关于实施“社会服务令”暂行规定》，也开始探索对未成年犯罪嫌疑人实行暂缓起诉。

（二）较大范围内开始试点、推行

此后，由于附条件不起诉制度取得了良好的社会效果，这项制度在许多地区

---

* 樊崇义：中国刑事诉讼法学研究会顾问，中国政法大学教授、博导。

的检察机关得到推行。山东、河南及长春、抚顺、南京、上海不少省市的检察机关都制定了相应的规定，并开始进行较大规模的试点，这项制度一度呈现出遍地开花的趋势。据统计，全国有上百个基层检察机关开展过这项制度的试点工作。但由于缺乏统一的指引和规范，各地对这项制度的称谓各异，有的地方称之为附条件不起诉制度，有的地方称之为暂缓起诉制度，还有一些地方称之为暂缓不起诉制度，个别地方还称之为缓予起诉制度。制度的适用范围也不尽相同，多数地方将适用范围限定为未成年人犯罪案件，但也有不少地方将适用范围在未成年人犯罪案件的基础上不断扩大，开始适用于成年人犯罪案件、在校学生犯罪案件以及轻微刑事案件。

（三）试点工作开始转向慎重、停滞

随着探索和研究的不断深入，对于该项制度是否应当继续试点推行的问题，逐渐形成两种截然对立的观点。一种是"肯定"的观点，认为该项制度体现了先进的司法理念，有利于犯罪嫌疑人回归社会，而且，适用该项制度处理的人员和案件数量已有很多，社会效果良好，因此，继续推行该项制度是积极可行的。一种是"否定"或"谨慎"的观点，认为该项制度与现行的法律存在冲突，其合理性和正当性于法无据，是"违法实验"，应当禁止或谨慎推行。伴随着观点的纷争与对制度合法性的质疑，各地在司法实践中转持慎重或保守态度，不少地方的试点工作甚至一度停滞。

（四）附条件不起诉制度被提上立法日程

2008 年，新一轮深化司法体制和工作机制改革工作开始推动，设立附条件不起诉制度的意见也被吸收到深化司法体制和工作机制改革工作的范围之内，附条件不起诉制度被首次提上立法日程，有望在刑事诉讼法中得以明确规定。2011 年 8 月 30 日公布的刑事诉讼法修正案草案在未成年人刑事案件诉讼程序中专门对附条件不起诉制度作出了规定。对刑事诉讼法修正案草案征求意见的过程中，社会各界虽然对附条件不起诉制度相关条文的具体内容提出了不少修改意见和建议，但几乎一致赞同立法增设此项制度。

（五）附条件不起诉制度被立法吸收规定并逐步丰富完善

2012 年 3 月 14 日，刑事诉讼法修正案获得通过，附条件不起诉制度在刑事诉讼立法中被正式吸收确立，附条件不起诉制度被规定在第五编"特别程序"的第一章"未成年人刑事案件诉讼程序"中，共有 3 个条文的规定。2012 年 10 月，在附条件不起诉制度增设到刑事诉讼立法之后,《人民检察院刑事诉讼规则(试行)》正式修订出台,其中,对附条件不起诉制度的内容作了进一步的明确和细化,关于附条件不起诉制度的条文数量增加至 10 条。在刑事诉讼法和《人民检察院刑事诉讼规则(试行)》正式实施一年后,《人民检察院办理未成年人刑事案件的规定》出台,关于附条件不起诉制度的内容被进一步被拓展和丰富,附条件不起诉制度的条文数量也增至 22 条,附条件不起诉制度进一步得以补充和完善。

二、附条件不起诉制度法律条文的主要内容

刑事诉讼法及相关司法解释有关附条件不起诉制度法律条文的主要内容有:

(一)适用对象

对于犯罪时已满十四周岁不满十八周岁的未成年人。

(二)适用条件

符合下列条件的,检察机关可以作出附条件不起诉决定:(1)涉嫌刑法分则第四章(侵犯公民人身权利、民主权利罪)、第五章(侵犯财产罪)、第六章(妨害社会管理秩序罪)规定的犯罪;(2)根据具体犯罪事实、情节,可能被判处一年有期徒刑以下刑罚;(3)犯罪事实清楚,证据确实、充分,符合起诉条件;(4)具有悔罪表现。对于决定附条件不起诉可能激化矛盾或者引发不稳定因素的,检察机关应当慎重适用。

(三)听取意见

检察机关在作出附条件不起诉的决定以前,应当听取公安机关、被害人、未成年犯罪嫌疑人的法定代理人、辩护人的意见,并制作笔录附卷。被害人是未成年人的,还应当听取被害人的法定代理人、诉讼代理人的意见。公安机关或者被害人对附条件不起诉有异议或争议较大的案件,检察机关可以召集侦查人员、被害人及其法定代理人、诉讼代理人、未成年犯罪嫌疑人及其法定代理人、辩护人举行不公开听证会,充分听取各方的意见和理由。

(四)附条件不起诉的内部决定程序

适用附条件不起诉的审查意见,应当由办案人员在审查起诉期限届满十五

日前提出，并根据案件的具体情况拟定考验期限和考察方案，连同案件审查报告、社会调查报告等，经部门负责人审核，报检察长或者检察委员会决定。

（五）附条件不起诉决定书的送达

检察机关作出附条件不起诉的决定后，应当制作附条件不起诉决定书，并在三日以内送达公安机关、被害人或者其近亲属及其诉讼代理人、未成年犯罪嫌疑人及其法定代理人、辩护人。送达时，应当告知被害人或者其近亲属及其诉讼代理人，如果对附条件不起诉决定不服，可以自收到附条件不起诉决定书后七日以内向上一级检察机关申诉。

（六）附条件不起诉决定的宣布

检察机关应当当面向未成年犯罪嫌疑人及其法定代理人宣布附条件不起诉决定，告知考验期限、在考验期内应当遵守的规定和违反规定应负的法律责任，以及可以对附条件不起诉决定提出异议，并制作笔录附卷。

（七）附条件不起诉决定作出后犯罪嫌疑人被采取强制措施时的处理

未成年犯罪嫌疑人在押的，作出附条件不起诉决定后，检察机关应当作出释放或者变更强制措施的决定。

（八）公安机关要求复议、提请复核的处理程序

公安机关认为附条件不起诉决定有错误、要求复议的，检察机关未成年人刑事检察机构应当另行指定检察人员进行审查并提出审查意见，经部门负责人审核，报请检察长或者检察委员会决定。检察机关应当在收到要求复议意见书后的三十日以内作出复议决定，通知公安机关。上一级检察机关收到公安机关对附条件不起诉决定提请复核的意见书后，应当交由未成年人刑事检察机构办理。未成年人刑事检察机构应当指定检察人员进行审查并提出审查意见，经部门负责人审核，报请检察长或者检察委员会决定。上一级检察机关应当在收到提请复核意见书后的三十日以内作出决定，制作复核决定书送交提请复核的公安机关和下级检察机关。经复核改变下级检察机关附条件不起诉决定的，应当撤销下级检察机关作出的附条件不起诉决定、交由下级检察机关执行。

（九）被害人申诉的处理程序

被害人不服附条件不起诉决定，在收到附条件不起诉决定书后七日以内申诉的，由作出附条件不起诉决定的检察机关的上一级检察机关未成年人刑事检察机构另行指定检察人员审查后决定是否立案复查。被害人向作出附条件不起诉决定的检察机关提出申诉的，作出决定的检察机关应当将申诉材料连同案卷一并报送上一级检察机关受理。被害人不服附条件不起诉决定，在收到附条件不起诉决定书七日后提出申诉的，由作出附条件不起诉决定的检察机关未成年人刑事检察机构另行指定检察人员审查后决定是否立案复查。未成年人刑事检察机构复查后应当提出复查意见，报请检察长决定。复查决定书应当送达被害人、被附条件不起诉的未成年犯罪嫌疑人及其法定代理人和作出附条件不起诉决定的检察机关。上级检察机关经复查作出起诉决定的，应当撤销下级检察机关的附条件不起诉决定，由下级检察机关提起公诉，并将复查决定抄送移送审查起诉的公安机关。

（十）未成年犯罪嫌疑人有异议时的处理

未成年犯罪嫌疑人及其法定代理人对检察机关决定附条件不起诉有异议的，检察机关应当作出起诉的决定。

（十一）附条件不起诉决定书的备案程序

检察机关在作出附条件不起诉决定后，应当在十日内将附条件不起诉决定书报上级检察机关主管部门备案。上级检察机关认为下级检察机关作出的附条件不起诉决定不适当的，应当及时撤销下级检察机关作出的附条件不起诉决定，下级检察机关应当执行。

（十二）考验期的设置

检察机关决定附条件不起诉的，应当确定考验期。考验期为六个月以上一年以下，从检察机关作出附条件不起诉的决定之日起计算。考验期不计入案件审查起诉期限。考验期的长短应当与未成年犯罪嫌疑人所犯罪行的轻重、主观恶性的大小和人身危险性的大小、一贯表现及帮教条件等相适应，根据未成年犯罪嫌疑人在考验期的表现，可以在法定期限范围内适当缩短或者延长。

（十三）考验期内的监督、考察与帮教

在附条件不起诉的考验期内，检察机关应当对被附条件不起诉的未成年犯罪嫌疑人进行监督考察。未成年犯罪嫌疑人的监护人应当对未成年犯罪嫌疑人加强管教，配合检察机关做好监督考察工作。检察机关可以会同未成年犯罪嫌疑人的监护人、所在学校、单位、居住地的村民委员会、居民委员会、未成年人保护组织等的有关人员定期对未成年犯罪嫌疑人进行考察、教育，实施跟踪帮教。未成年犯罪嫌疑人经批准离开所居住的市、县或者迁居，作出附条件不起诉决定的检察机关可以要求迁入地的检察机关协助进行考察，并将考察结果函告作出附条件不起诉决定的检察机关。

（十四）考验期内犯罪嫌疑人应当遵守的义务规定

被附条件不起诉的未成年犯罪嫌疑人，应当遵守下列规定：(1)遵守法律法规，服从监督；(2)按照考察机关的规定报告自己的活动情况；(3)离开所居住的市、县或者迁居，应当报经考察机关批准；(4)按照考察机关的要求接受矫治和教育。检察机关可以要求被附条件不起诉的未成年犯罪嫌疑人接受下列矫治和教育：(1)完成戒瘾治疗、心理辅导或者其他适当的处遇措施；(2)向社区或者公益团体提供公益劳动；(3)不得进入特定场所，与特定的人员会见或者通信，从事特定的活动；(4)向被害人赔偿损失、赔礼道歉等；(5)接受相关教育；(6)遵守其他保护被害人安全以及预防再犯的禁止性规定。

（十五）考验期届满时的处理程序

考验期届满，办案人员应当制作附条件不起诉考察意见书，提出起诉或者不起诉的意见，经部门负责人审核，报请检察长决定。

（十六）最终处理决定的作出应当遵守的期限

检察机关应当在审查起诉期限内作出起诉或者不起诉的决定。作出附条件不起诉决定的案件，审查起诉期限自检察机关作出附条件不起诉决定之日起中止计算，自考验期限届满之日起或者检察机关作出撤销附条件不起诉决定之日起恢复计算。

（十七）附条件不起诉决定的撤销

被附条件不起诉的未成年犯罪嫌疑人，在考验期内有下列情形之一的，检察机关应当撤销附条件不起诉的决定，提起公诉：(1)实施新的犯罪的；(2)发现决定附条件不起诉以前还有其他犯罪需要追诉的；(3)违反治安管理规定，造成严重后果，或者多次违反治安管理规定的；(4)违反考察机关有关附条件不起诉的监督管理规定，造成严重后果，或者多次违反考察机关有关附条件不起诉的监督管理规定的。

（十八）考验期内出现新罪、漏罪的侦查分工

对于未成年犯罪嫌疑人在考验期内实施新的犯罪或者在决定附条件不起诉以前还有其他犯罪需要追诉的，检察机关应当移送侦查机关立案侦查。

（十九）不起诉决定的作出

被附条件不起诉的未成年犯罪嫌疑人在考验期内没有本规定第 46 条规定的情形，考验期满的，检察机关应当作出不起诉的决定。

（二十）不起诉决定宣布后的回访

对于附条件不起诉的案件，不起诉决定宣布后六个月内，办案人员可以对被不起诉的未成年人进行回访，巩固帮教效果，并做好相关记录。

（二十一）宣布不起诉决定时的教育仪式、释法说理及参与人范围

对经附条件不起诉考验期满不起诉的，在向被不起诉的未成年人及其法定代理人宣布不起诉决定书时，应当充分阐明不起诉的理由和法律依据，并结合社会调查，围绕犯罪行为对被害人、对本人及家庭、对社会等造成的危害，导致犯罪行为发生的原因及应当吸取的教训等，对被不起诉的未成年人开展必要的教育。如果侦查人员、合适成年人、辩护人、社工等参加有利于教育被不起诉未成年人的，经被不起诉的未成年人及其法定代理人同意，可以邀请他们参加，但要严格控制参与人范围。

以上 21 个方面详细、具体的规定，反映出刑事诉讼法及相关司法解释关于附条件不起诉制度的内容已经较为系统和完备。

三、附条件不起诉制度的适用

自 2013 年 1 月 1 日修改后的刑事诉讼法正式实施以来，附条件不起诉制度

在不少地方得到了积极的适用，在贯彻落实宽严相济刑事政策、实现对未成年犯罪嫌疑人特别保护、促进被害人和犯罪嫌疑人之间关系修复、加速犯罪嫌疑人正常回归社会等方面都取得了较为明显的成效。从公开的资料看，附条件不起诉制度收到了预期的效果。浙江省检察机关 2013 年第一季度，对未成年人犯罪嫌疑人适用附条件不起诉 29 人。江西省检察机关半年多对未成年人犯罪嫌疑人适用附条件不起诉 149 人。绝大部分作出附条件不起诉决定的案件，在考验期届满都作了最终的不起诉处理。撤销对犯罪嫌疑人的附条件不起诉决定并提起公诉的情况极为少见。

从实践情况看，由于刑事诉讼立法将适用附条件不起诉案件所涉嫌犯罪范围限定为刑法分则第四章（侵犯公民人身权利、民主权利罪）、第五章（侵犯财产罪）、第六章（妨害社会管理秩序罪）中规定的犯罪，实践中适用附条件不起诉案件所涉嫌的罪名就主要集中在盗窃罪、故意伤害罪、抢劫罪、抢夺罪等（刑法分则第四章规定的犯罪）、侵犯财产罪（刑法分则第五章规定的犯罪），以及寻衅滋事罪、聚众斗殴罪等（刑法分则第六章规定的犯罪）。换言之，实践中适用附条件不起诉的案件主要集中在侵犯财产类犯罪、以暴力为作案手段或是涉及暴力因素等有暴力性质类犯罪。

由于附条件不起诉制度被立法增设的时间较短，对附条件不起诉制度的认知和理解不可避免地存在欠缺，这就导致司法实践中有些地方对于附条件不起诉制度仍持谨慎保守的态度，适用附条件不起诉的案件数量仍然较低。而且，由于附条件不起诉制度的程序设置较为复杂，犯罪嫌疑人进入考验期后的帮教、监管等一系列工作又需要消耗较多的人力、物力等司法资源，一些地方检察机关的办案人员出于办案精力和劳动量的考虑，往往不愿意启动附条件不起诉程序。

附条件不起诉制度适用中也存在一些需要重视和解决的问题。其中，附条件不起诉与相对不起诉适用混淆的问题较为突出。如李某受成年人张某教唆多次扒窃价值 600 元财物一案，由于立法并没有清晰明确地规定附条件不起诉与相对不起诉的关系与区别，实践中便有应当对李某适用附条件不起诉以及应当对李某适用相对不起诉处理两种截然不同的分歧意见。一种意见认为，李某虽多次扒窃，但系受人教唆且投案自首，犯罪数额较小，并对违法所得予以返还，情节轻微，且系未成年人，应作出相对不起诉的决定；而另外一种意见认为，李某受教唆多次扒窃行为已构成刑法第 264 条规定的盗窃罪，可能会对其判处一年有期徒刑以下刑罚，但考虑其是未成年人，系受人教唆又有投案自首情节，犯罪情节较轻且有后悔表现，若直接对其作相对不起诉决定，该决定具有终局性，极有可能在未成年人的内心产生犯罪不需要接受处罚的错误认识，李某再次犯罪的可能性还很大,故应对其适用附条件不起诉的规定。

其他方面存在的典型的问题还有：对于外地户籍的未成年犯罪嫌疑人适用附条件不起诉比例要远低于本地户籍的未成年犯罪嫌疑人;帮教、监督和考察评估工作受制于财力、人力、物力等原因较难落实;等等。

中国未成年人刑事程序合适成年人在场研究

宋英辉*

合适成年人制度是指在讯问或者审判未成年犯罪嫌疑人、被告人时，由法定代理人或者其他适格的成年人在场，以维护未成年人的诉讼权利及其他合法权益的诉讼制度。“合适成年人”(Appropriate Adult)一词源于英国。根据英国1984年《警察与刑事证据法》及其执行守则C“警察拘留、对待及询问当事人执行守则”第11.14条的要求，警察在讯问未成年犯罪嫌疑人时，必须有合适的成年人到场。此后，这一制度为世界许多国家或地区的刑事立法所采纳。中国2012年修改后的刑事诉讼法合适成年人在场作为未成年人刑事程序的强制性要求。该制度在中国如何形成，法律规定的意图何在，适用中又有哪些争议，本文试做梳理。

一、合适成年人制度在中国的确立

中国1996年《刑事诉讼法》规定了讯问和审判未成年犯罪嫌疑人、被告人时可以通知法定代理人到场，但使用的是“可以”而非“应当”，意味着通知法定代理人到场并非是办案机关的法定义务，通知对象也仅限于未成年犯罪嫌疑人、被告人的法定代理人。为了解决刑事诉讼法的柔性规定给司法实践带来的问题，未成年人保护法和有关的司法解释对未成年人案件中通知法定代理人、监护人到场的规定作了进一步规定。《人民检察院办理未成年人刑事案件的规定》第10条规定：“讯问未成年犯罪嫌疑人，应当通知法定代理人到场，告知法定代理人依法享有的诉讼权利和应当履行的义务。”《公安机关办理未成年人违法犯罪案件的规定》第11条规定：“讯问违法犯罪的未成年人时，根据调查案件的需要，除有

---

* 宋英辉：中国刑事诉讼法学研究会副会长，北京师范大学刑事法律科学研究院副院长，教授、博导。

碍侦查或者无法通知的情形外，应当通知其家长或者监护人或者教师到场。"《公安机关办理刑事案件程序规定》第 182 条第 1 款规定："讯问未成年的犯罪嫌疑人，应当针对未成年人的身心特点，采取不同于成年人的方式；除有碍侦查或者无法通知的情形外，应当通知其家长、监护人或者教师到场。"2006 年修改的《未成年人保护法》第 56 条第 1 款规定："公安机关、人民检察院讯问未成年犯罪嫌疑人，询问未成年证人、被害人，应当通知监护人到场。"

尽管中国有关法律早就对"合适成年人到场"作了规定，但在实践中适用的情况并不理想。大量流动的未成年人涉嫌犯罪时，父母通常不在本地。即使办案机关已经通知，在侦查讯问不能拖延的情况下，父母通常也难以在讯问时在场。据 S 市少管所 2003 年对 103 名在押的未成年犯进行的一次问卷调查显示，除承办人员外没有人参与首次讯问的占 100%。① 即使在一些落实稍好的地方，公安机关也普遍只是在第一次对未成年犯罪嫌疑人的讯问中通知其家长或其他成年人到场，而在后续的讯问中则不再通知。②

为了切实保障未成年人的诉讼权利及其合法权益，中国部分地区积极探索合适成年人参与未成年人刑事诉讼的做法，取得了非常好的效果。2004 年上海长宁区检察院和昆明市盘龙区司法机关率先探索合适成年人在场机制。③ 其后，北京市海淀区、厦门市同安区等也陆续探索这一做法，并制定了相关规范性文件。各地探索合适成年人在场的基本内容是，在公安司法机关讯问和审判未成年犯罪嫌疑人、被告人时，其法定代理人无法到场的情况下，依法由办案机关通知其他适格的成年人到场，维护未成年人的诉讼权利及其他合法权益，并履行监督、沟通、抚慰和教育等具体职责。除此之外，昆明盘龙区还要求合适成年人在后续诉讼环节承担一定的社会调查和帮教职责。

2010 年 10 月中央综治委预防青少年违法犯罪工作领导小组、最高人民法院、最高人民检察院、公安部、司法部、共青团中央联合发布《关于进一步建立和完善办理未成年人刑事案件配套工作体系的若干意见》指出："法定代理人无法或不宜到场的，可以经未成年犯罪嫌疑人、被告人同意或按其意愿通知其他关系密切的亲属朋友、社会工作者、教师、律师等合适成年人到场。"

不过，至此合适成年人在场还不是一种强制性的制度。2012 年修改刑事诉

---

① 参见姚建龙：《英国适当成年人介入制度及其在中国的引入》，《中国刑事法杂志》2004 年第 4 期。

② 参见徐美君：《警察讯问和羁押期间未成年人待遇状况调查报告》，《青少年犯罪问题》2004 年第 1 期。

③ 昆明市盘龙区开展合适成年人参与试点以英国救助儿童会和盘龙区人民政府合作开展的"未成年人司法试点项目"为基础，经历了 2004 年 7 月至 2005 年 4 月的兼职合适成年人阶段和 2005 年 5 月以后的专职合适成年人阶段，现已移交盘龙区政府。

讼法，在吸取各地经验的基础上，将这一做法作为未成年人刑事程序中必需的一项法律制度。

二、2012 年修改后刑事诉讼法的规定及司法实践

根据 2012 年修改的《刑事诉讼法》第 270 条规定："在讯问和审判未成年犯罪嫌疑人、被告人的时候，应当通知未成年犯罪嫌疑人、被告人的法定代理人到场。无法通知、法定代理人不能到场或者法定代理人是共犯的，也可以通知未成年犯罪嫌疑人、被告人的其他成年亲属，所在学校、单位、居住地基层组织或者未成年人保护组织的代表到场，并将有关情况记录在案。到场的法定代理人可以代为行使未成年犯罪嫌疑人、被告人的诉讼权利。到场的法定代理人或者其他人员认为办案人员在讯问、审判中侵犯未成年人合法权益的，可以提出意见。讯问笔录、法庭笔录应当交给到场的法定代理人或者其他人员阅读或者向他宣读。询问未成年被害人、证人，同样适用以上规定。"

根据 2012 年修改的《刑事诉讼法》，《最高人民法院关于适用〈中华人民共和国刑事诉讼法〉的解释》、最高检察院《人民检察院刑事诉讼规则（试行）》、最高检察院《关于进一步加强未成年人刑事检察工作的决定》和公安部《规定》对合适成年人在场作出解释性规定，进一步细化了合适成年人履行职责的权利义务。包括：(1)到场的其他人员，除依法行使刑事诉讼法第 270 条第 2 款规定的权利外，经法庭同意，可以参与对未成年被告人的法庭教育等工作（最高法院《解释》）。(2)到场的法定代理人可以代为行使未成年犯罪嫌疑人的诉讼权利，行使时不得侵犯未成年犯罪嫌疑人的合法权益。到场的法定代理人或者其他人员认为办案人员在讯问中侵犯未成年犯罪嫌疑人合法权益的，可以提出意见。讯问笔录应当交由到场的法定代理人或者其他人员阅读或者向其宣读，并由其在笔录上签字、盖章或者捺指印确认（最高检察院《规则》）。(3)到场的法定代理人或者其他人员提出办案人员在讯问中侵犯未成年人合法权益的，公安机关应当认真核查，依法处理（公安部《规定》）。

在修改后的《刑事诉讼法》实施以后，许多地区对合适成年人的资格作出了要求，有的设立了专职合适成年人队伍。合适成年人在场贯穿于整个刑事诉讼过程。合适成年人有权进入羁押场所参与讯问，见证讯问过程；对讯问和审理中的违法、不当行为，有权予以劝阻；有权拒绝在讯问笔录、法庭笔录上签章；有权获得一定的工作补助和接受相关培训等。在一些地区，合适成年人除了在场维权、抚慰、沟通、参与不起诉或法庭教育活动外，还参与刑事和解、社会调查、跟踪

帮教。同时,合适成年人还要承担一定的义务,例如接到通知后及时到场;不得泄露案件及未成年人信息;不得干扰正常办案;以及特定情况下的出庭作证义务。

为了保证合适成年人到场,一些地区采取了以下措施:一是制定合适成年人名册,由办案机关从中选择,如上海市。二是在办案机关内设置社工工作站,从工作站内确定合适成年人参与案件,如北京市海淀区。三是将合适成年人的工作区域特定化,由固定的合适成年人负责特定的工作区域。在昆明、蒙自、大理等地,每个合适成年人负责1—2个派出所的案件,2—3个合适成年人组成一个互助工作小组。在每个派出所中都张贴有合适成年人及项目办工作人员的电话,以方便联系。

可以说,修改后的《刑事诉讼法》实施以来,合适成年人在场制度在多数地区取得了较好效果。但由于中国地域辽阔,各地发展不平衡,在部分地区受制于人员及经费制约,该制度尚未得到很好的执行。

三、合适成年人在场适用中有待研究的问题

由于《刑事诉讼法》第270条的规定较为原则,合适成年人在场制度在适用中有些问题存有不同认识,需要进一步研究。

第一,如何理解法定代理人不到场时“也可以通知”其他成年亲属,所在学校、单位、居住地基层组织或者未成年人保护组织的代表到场。在实践中,有的将“也可以通知”理解为可以通知,也可以不通知。其实,这是一种误读。考虑到未成年人身心尚未成熟,法律规定了合适成年人在场制度,目的是维护其合法权益。法律之所以规定在法定代理人不到场时“也可以通知”其他合适成年人到场,是因为法定代理人是维护未成年人权益的第一责任人,当需要维护未成年人权益时,应当首先通知其到场。只有在其不能到场或不宜到场时,才可以通知其他合适成年人到场。因此,保证合适成年人在场是办案机关的一项法定义务,具有强制性。

第二,未成年人保护组织的代表属于法定代理人还是合适成年人。实践中,对未成年人保护组织的代表属于法定代理人还是合适成年人认识不一。有的认为,根据《刑事诉讼法》第106条,法定代理人是指被代理人的父母、养父母、监护人和负有保护责任的机关、团体的代表,而未成年人保护组织属于负有保护责任的团体,其代表显然属于法定代理人。其实,《刑事诉讼法》第106条规定的法定代理人,是指负有保护责任的团体的代表已经法定程序被明确为法定代理人的

情况。如果未成年人保护组织的代表依据第270条在讯问、审判时在场，应为合适成年人。但两者也有重合的情况，即负有保护责任的团体的代表已经法定程序被明确为法定代理人的，如果讯问、审判时在场，其身份重合。

第三，合适成年人可否由未成年人的辩护律师担任。实践中做法不一。有的由辩护律师作为合适成年人在场，理由是辩护律师的监督能力更强，而且还有利于探索讯问时律师在场机制。有的则认为合适成年人与辩护律师的角色存在冲突，而且合适成年人可以由未成年人保护组织指派的代表担任，以未成年人保护组织的名义行事，辩护律师不符合这一要求。应当说，合适成年人与辩护律师产生的法律依据不同，两者权利义务不同，一般情况下，合适成年人不宜由未成年人的辩护律师担任。但是，如果其近亲属担任辩护律师的，可以作为合适成年人在场。

第四，共同犯罪同案多名未成年人可否均由同一名合适成年人在场。实践中，有的允许共同犯罪同案多名未成年人均由同一名合适成年人在场，主要理由是可以节约司法资源。但大部分地区不允许共同犯罪同案多名未成年人均由同一名合适成年人在场，主要理由是，合适成年人要维护未成年人利益，而同案未成年人之间存在利益冲突，而且侦查机关担心可能造成串供。从法律上讲，合适成年人不是辩护人，只要没有利益冲突和妨碍诉讼的可能，在分别讯问共同犯罪同案多名未成年人时，也可以由同一名合适成年人在场。

第五，同一未成年人在不同诉讼阶段的合适成年人是否保持同一。我们认为，如果对一个未成年人在不同阶段的多次讯问均由同一个合适成年人在场，多次和长时间的接触有助于双方信任关系的建立，这无疑有助于合适成年人作用的发挥。如在上海，要求侦查、起诉、审判和刑罚执行阶段，办案机关一般应当通知同一名合适成年人参与刑事诉讼。公安机关、人民检察院应当在提请批捕逮捕书、起诉意见书上列明本单位已选定的合适成年人姓名和联系方式。昆明盘龙区采用合适成年人与未成年人“一对一”的形式，严格要求合适成年人保持同一，而这种同一性也向后延伸至社会调查、风险评估和跟踪帮教等工作。

第六，是否要求由女性合适成年人担任女性未成年人的合适成年人。我们认为，由女性合适成年人担任女性未成年人的合适成年人，更有利于建立信赖关系和进行沟通、抚慰、维权。实践中，大部分地区对此作出了规定。如在昆明盘龙区，如果涉案未成年人是女性，必须由女性合适成年人到场；如果负责该派出所的是男性合适成年人，则需由互助工作小组中的女性合适成年人或其他女性合适成年人陪同前往。厦门市同安区则规定在讯问、询问女性未成年犯罪嫌疑人、被害人、证人时，应由女性合适成年人参与。

第七，未成年当事人拒绝法定代理人在场，可否由其他合适成年人替代。由于法定代理人是维护未成年人权益的第一责任人，所以，法律要求首先应当通知法定代理人到场。如果未成年当事人拒绝法定代理人在场，办案人员应当进行解释并做说服工作。经劝说后仍拒绝的，基于未成年人权益保护的角度，可以由其他合适成年人到场。

第八，在法定代理人不在场的情况下，未成年当事人拒绝法定代理人以外的合适成年人在场如何处理。根据法律规定的精神和国家亲权理论，此时仍应通知其他合适成年人到场，而不应依照未成年当事人的喜好决定是否由其他合适成年人在场。因为未成年人身心不成熟，其做出的判断和选择未必符合本身利益的维护。在法定代理人不到场的情况下，其他合适成年人到场，一定程度上体现了国家对未成年人权益保护的关切，是国家亲权的具体体现。

第九，法定代理人到场的，其他合适成年人能否到场。我们认为，由于法律将法定代理人作为维护未成年人权益的第一责任人，所以，从未成年人权益保护的角度考虑，如果当事人及其法定代理人同意，其他合适成年人也可以在场。

第十，讯问或询问未成年人时，既没有法定代理人到场，也没有其他合适成年人到场，侦查程序是否违法，获得的供述或陈述是否作为非法证据排除。在司法实践中，无法定代理人或合适成年人到场，是否影响供述或陈述笔录的证据能力，存在不同认识。我们认为，根据《刑事诉讼法》第 54 条、最高法院《解释》第 95 条、最高检察院《规则》第 65 条，非法证据排除，系指采取刑讯逼供、暴力、威胁等使人在肉体或精神遭受剧烈疼痛或极大痛苦的手段迫使供述人或陈述人违背自己意志所做供述、陈述的排除，在讯问或询问未成年人时，既没有法定代理人到场，也没有其他合适成年人到场，虽然程序违法，但供述或陈述本身还不属于非法证据排除规则要排除的证据。此种情况下，按照瑕疵证据对待似乎更符合立法精神。就是说，有关机关应进行补正或作出合理解释，审查机关在审查时应当更加慎重。如果不能对此进行补正或作出合理解释，不能担保其真实性，则该证据应当排除。

论新刑事诉讼法实施后的公诉变更问题

龙宗智*

检察机关起诉后，因特定缘由改变公诉，包括撤回起诉、更正（变更）起诉和追加、补充起诉，统称为公诉变更。[①] 公诉是审判的前提并决定审判的范围和对象，公诉变更制度的合理设置以及变更权的正当行使，无论对国家刑罚权的实现，还是对被告人的命运，都发生重要影响。在公诉变更问题上如何履行检察职能，也是对检察机关客观公正的一项重要检验。

一、现行公诉变更制度存在的问题

公诉变更制度，是我国刑事诉讼中一项有效用的法律制度。多年以来，由相关立法、司法解释与实践中惯行做法所构成的公诉变更制度，对于保障司法公正发挥了积极作用。但该项制度迄今不成熟、不完善，在制度构建上存在两个问题：

一是立法规范不足，法律基础欠缺。正确设置公诉变更制度，是实现刑事诉讼公正与效率的需要，因此，概览各国诉讼程序，普遍注意对控诉变更问题作出明确规定，以法制化的方式确认变更权，并提出限制条件，以利公诉变更权的正当行使和妥当操作。然而，遗憾的是，我国刑诉法对公诉变更缺乏具体规定。可以说，这是立法上存在的一个较为明显的疏漏。而且刑诉法实施 30 余年，这方

---

* 龙宗智：中国刑事诉讼法学研究会副会长，四川大学 985 工程法学创新平台首席科学家，四川大学法学院教授、博导。

① 撤回起诉，是起诉后，检察机关发现有不应当起诉或不适宜起诉的情形，撤回已经提起的公诉。更正（变更）起诉，是对原起诉书认定的部分事实，包括被告人的真实身份和其他犯罪构成要件事实以及适用法律和罪名进行变更。但此种变更，需受公诉事实同一性原则的限制，即被告同一、犯罪事实同一。追加、补充起诉，是提起公诉后，发现遗漏了被告，或发现新的犯罪，在原起诉的基础上，追加被告，或追加、补充原被告另犯的犯罪事实。

面的立法不仅未完善，反而更为欠缺，2012 年修改《刑事诉讼法》，对此项立法缺陷亦未见改进。

我国 1979 年刑诉法第 108 条规定，人民法院“对于不需要判刑的，可以要求人民检察院撤回起诉”。此规定在赋予法院要求撤诉权的同时，也为撤回起诉提供了法律依据。然而，1996 年修改《刑事诉讼法》，为了进一步贯彻控审分离原则，取消了法院要求撤诉以及退回补充侦查的规定，导致公诉变更的法律基础更加薄弱。2012 年《刑事诉讼法》修改，对公诉变更问题亦未作出明确规定。因此，现行法只能从补充侦查的有关规定中，推导出由于补充侦查新发现的事实和证据可能导致起诉的变更，从而曲折确认公诉变更权。然而，刑诉法未就变更权、变更时机、方式、变更限制和变更审查等程序问题作出具体规定，使公诉变更制度缺乏法律规范基础，难以避免操作中的随意性乃至执法冲突。

二是最高人民法院、最高人民检察院(简称“两高”)司法解释衔接与协调仍待解决，有关规定不完善。在动态的刑事诉讼过程中，公诉变更为行使公诉职能所必须，为此，最高人民检察院在《人民检察院刑事诉讼规则》制定及修订过程中，规定并力图完善公诉变更制度。2012 年《人民检察院刑事诉讼规则》第 458 条规定：“在人民法院宣告判决前，人民检察院发现被告人的真实身份或者犯罪事实与起诉书中叙述的身份或者指控犯罪事实不符的，或者事实、证据没有变化，但罪名、适用法律与起诉书不一致的，可以变更起诉；发现遗漏的同案犯罪嫌疑人或者罪行可以一并起诉和审理的，可以追加、补充起诉。”

第 459 条规定，在人民法院宣告判决前，人民检察院发现“不存在犯罪事实”、“犯罪事实并非被告人所为”等七种情形，可以撤回起诉。同时，该条款对撤回起诉后的诉讼行为及重新起诉的条件作出规定。此外，第 460、461 条，对人民法院建议人民检察院变更公诉后检察机关的应对，以及变更公诉的决定程序和决定形式作出了明确规定。

上述规定正是我国检察机关现行公诉变更制度的规范依据。同时，最高人民法院关于执行《刑事诉讼法》的司法解释第 242 条规定：“宣告判决前，人民检察院要求撤回起诉的，人民法院应当审查撤回起诉的理由，作出是否准许的裁定。”

“两高”规定都确认了公诉变更制度，但“两高”的规定却有不够对接和协调之处。而且有关规范欠缺，也给实践带来难题。根据最高检察院的规定，检察机关可以“决定”公诉变更包括撤回起诉，所用文书也是“决定书”。但根据最高法的司法解释，检察机关撤回起诉的决定应当经法院司法审查，通过审查撤诉理由，作出是否准许的决定。依此规定，检察机关撤回起诉的意见实际上只是一种建议。这就出现了一个问题：决定权在哪里？

最高检察院 2007 年发布的《关于公诉案件撤回起诉若干问题的指导意见》第 9 条规定："人民检察院决定撤回起诉的，应当制作《人民检察院撤回起诉决定书》，加盖院章后送达人民法院。人民法院要求书面说明撤回起诉理由的，人民检察院应当书面说明。对于人民法院认为人民检察院决定撤回起诉的理由不充分，不同意撤回起诉并决定继续审理的，人民检察院应当继续参与刑事诉讼，建议人民法院依法裁判。"这一规定，肯定了法院的司法审查权，实际上已经解决了"两高"规定不协调的问题。然而，2012 年刑诉法修改后，最高检察院修改《刑事诉讼规则》，吸纳了 2007 年文件的部分内容，却对第 9 条的规定未予采纳。看来其意旨在于强调检察机关撤回起诉的法律效力。然而，"解释冲突"随之产生并直接影响司法实践。这种冲突主要表现在：如果法院不同意检察机关撤回起诉，程序如何推进？

根据《刑事诉讼规则》，检察机关撤诉具有"决定"效力。因此，如在开庭之前或开庭过程中，检察机关撤回起诉，法院即使不允许，检察机关也可以根据《刑事诉讼规则》，不出庭或中止出庭支持公诉，此种情况下，法院将无法推进审判程序。检察机关的撤诉因此可能具有决定性作用。而只有在庭审终结后，法院审查撤诉决定，如不同意撤诉，才可能依法判决，终结该审级诉讼。但在实践中，几乎没有此种情况发生，这与下述问题有关。

另一个问题是法院进行司法审查的标准是什么，何种情况下，法院可以不准许撤回起诉，最高法院司法解释未作具体规定，实践中法院只能"酌情处理"。而由于检察机关撤诉权表现强势，而法院司法审查又缺乏明确标准和具体依据，实际上这种审查流于形式，以致各地几无法院不准许撤诉的案例。

二、公诉变更制度运行出现的弊端

由于立法规范欠缺，司法解释不完善，加之此种情况下执法本身的不严格，导致检察机关的公诉变更权尤其是撤诉权存在一定程度的滥用现象，实践中存在以下几个问题：

其一，撤回起诉与公诉的变更、追加和补充混淆，撤回起诉过于随意。① 有

① 最高人民检察院在 2007 年 2 月发布《关于公诉案件撤回起诉的指导意见》，承认司法实践中撤回起诉存在的问题，如"对撤回起诉法律意义认识不足，内部监督制约不够，撤诉随意性较大，诉了撤、撤了诉，甚至出现承办人不经本院检察长或检察委员会决定就自行决定将案件撤回起诉的情况"等。

的检察机关对本应通过变更、追加和补充起诉程序直接处理，或本应通过申请延期审理，补充侦查后变更公诉的案件，如发现被告人真实身份或犯罪事实与起诉书认定的不符，或遗漏了同案犯或罪行等，因考虑自身程序处置方便及办案时限宽松，决定撤回起诉，然后重新起诉，或经补充侦查和重新审查起诉后提起公诉。

其二，撤回起诉决定的应用对被告人权益兼顾不够。撤回起诉在实践中成为检察机关单方面的诉讼决定，被告人及其辩护人缺乏抗辩权，而法院司法审查的实质性不足，在一定程度上妨碍了被告人获得法院公正审理和裁判的权利。而且近年来，由于绩效考核制度的影响以及检察监督权的强势，法院对应当判决无罪的案件尽量不用无罪判决而改采建议检察机关撤诉等方式解决。① 如在二审，即使符合改判条件，二审法院常常也不改判，而是撤销原判发回重审，再通过原审法院建议检察机关撤诉。以改变、撤回起诉等方式处置本应做出无罪判决的案件，使被告命运的不确定性大大增加。而且可能增加被告讼累，提高司法成本。

其三，对公诉权作为国家权力的有限性认识不足，撤回起诉后对被告人权益保护不够。有的案件撤回起诉，本已显现原指控事实不构成犯罪，而侦查已基本穷尽，又缺乏新线索展开继续侦查，但检察机关或因不愿承认错误，或受侦查机关以及其他方面影响，不及时对案件做出不起诉决定。或尽量利用 30 天时间补充取证，再次起诉；或在 30 天内做出不起诉决定后，交侦查机关继续侦查，同时不解除对被告已采取的人身及财产的强制性措施。② 个别地方，甚至在因证据不足被迫撤回起诉后，在没有搜集到能够达到定罪标准的新证据的情况下，改变管辖重新起诉，以规避原受诉法院可能作出的无罪判决。

三、公诉变更的法律完善

完善公诉变更制度，首先应当完善立法。公诉提起，案件即与法院发生诉讼

---

① 根据高通《论无罪判决及其消解程序》一文的实证分析（《法制与社会发展》2013 年第 4 期），从2008—2011 年，法院每年判处罪犯人数少于检察机关提起公诉人数约 12%，即 10 万余人。据考察主要是以变更公诉、撤回起诉等方式消解人数差额。而同期无罪判决率极低，而且呈进一步下降趋势，如 2008 年 0.038%，2009 年 0.027%，2010 年 0.024%，2011 年 0.018%。

② 根据浙江省人民检察院公诉处的一份调研报告，撤诉后 38.6%的案件被重新起诉，32.63%的案件被退给侦查部门撤销案件，15.78%的案件被补充侦查，8.42%的案件被决定相对不起诉或者存疑不起诉，4.21%的案件尚未处理。亦即有将近一半的被告人被重新起诉或补充侦查，被告人的人身自由继续受到限制。参见陈云龙：《检察基础理论前沿问题研究》，中国检察出版社 2006 年版，第 112 页。2007 年最高检察院《关于公诉案件撤回起诉的指导意见》下发后，重新起诉或补充侦查案件比例下降，但上述撤诉后对被告权益保护不足的情况仍然存在。

系。法院因此而有审判责任。然而，在动态的诉讼过程中，变更公诉也是正常的现象，它是客观真实主义与司法公正原则的要求，也是检察官客观义务的体现。可以说，在限制条件下变更公诉，为各国刑事诉讼制度所认可。① 因此，我国公诉变更制度亟待立法完善。首先，这种制度完善为公诉变更提供法律依据，可以解决司法解释代行立法功能的尴尬。

根据立法法和人民检察院组织法，最高检的司法解释只能对检察工作中适用法律的问题作出解释，也就是说，此种解释具有内部约束力而缺乏外部约束力。然而，公诉变更涉及被追诉人实体权利与程序权利，还关系法院案件审理的范围、延续性及诉讼标的变更的正当性审查，因此，涉及大量"外部性问题"，以最高检司法解释对此项重要的法律制度作出创制性规定显然不妥。而且以司法解释代替立法，也会因规范位阶不高，约束力较弱，导致实践中权力行使不规范和权力滥用。

此外，立法完善，还可以解决"两高"司法解释的不对接乃至冲突问题。我国司法解释实行"二元体制"——"两高"各自制定分别对检察、审判工作有约束力的解释性程序规范，两种解释规范在法规范位阶上并无高低区别。但检察机关与法院在刑事程序中紧密衔接，规范不一致就不可避免地酿成司法冲突。此种情况，在目前"二元司法体制"之下，较为合理有效的解决方法是设置上位规范，即法检一体遵循的法律规范。这也使立法完善成为必需。

完善立法，首先应当明确公诉变更的形式，即公诉的更正、追加和撤回。使这三种诉权行使行为具有法律依据。

其次应当明确变更权行使的时间，我国台湾地区的公诉变更，根据其"刑事诉讼法"第 265 条及第 269 条，检察官只能在一审辩论终结前为之。因为一审言辞辩论终结后，法院就该案件之审理程序已终结。这一规定在审判中心主义诉讼构造之下较为合理。我国有的学者和实务工作者也曾提出类似建议。② 但笔者认为，在我国目前的司法体制之下，以确认现行的司法解释规定为宜，即法院"宣告判决前"。这是因为我国公、检、法三机关分工负责，互相配合、互相制约的

① 即使在强职权主义的德国，公诉提起后不能撤回，但检察官仍可以改变公诉意见，在法庭上要求法院作出无罪判决或与公诉书内容不一致的判决，其改变公诉内容的诉讼请求具有法律效力。

② 有论者指出，不规定庭审结束前为撤回起诉终止时间，导致大量应当判决无罪的案件以撤回起诉处理，被告命运的不确定性大大增加，而且还会不可避免地出现合议庭向控方私下通报判决意见的"违规泄密"问题，因此，"应当将撤诉提起的阶段限定在第一审法庭辩论终结前，根据公诉案件撤回起诉若干具体情形，分别作出不同规定，同时对撤诉的后果也作出相应的限定。既有利于维护法律的严肃性和司法的权威性，又充分保护被告人在刑事诉讼中的实体和程序权利"。引自王克生：《公诉案件撤回起诉的弊端及对策》，2014 年 4 月 27 日，见 http://www.ahbdls.com/display.asp?id=165。

体制，以及检察机关审判监督的制度，使审判中心主义以及以法院为构造顶点的三角式诉讼构造难以确立，在许多情况下，敦请检察机关在判决宣告前撤回起诉，是更为现实的保障被告人权利的司法选择。而且由于我国刑事诉讼司法权运行机制的“双重性”，除主持庭审裁判案件的合议庭外，还有较为隐形的权力作用机制，如院、庭长，审委会，乃至法院外的某些重要机构。庭审结束后，“隐形审判机制”可能才开始发生作用，因此，变更权不宜限于庭审结束前。此外，一些外国刑事诉讼法也将撤回起诉规定于判决宣告前，我们可以借鉴。如日本刑事诉讼法第 257 条规定：“公诉，可以在作出第一审判决前撤回。”韩国刑事诉讼法第 255 条规定：“第一审判决宣告之前，可以撤销公诉。”

不过，更正和追加起诉可以考虑限制更严格一些，如要求只能于一审庭审结束之前提出。以敦促检察机关及时行使公诉变更权，同时避免已经进行的庭审归于无效——浪费司法资源，增加当事人和其他诉讼参与人讼累。而从实践操作角度看，这种限制也不会有大的问题。[①]

再次，立法还应当明确公诉变更的效力。这主要是指撤回起诉的效力。一是撤回起诉是否需要法院审查批准；二是撤回起诉对被告人产生何种效力。这两个问题是相互关联的。笔者认为，如果撤回起诉只具有程序效力，即只能终止法院正进行的诉讼，而并不包含不起诉处分，那么，这种行为应当接受司法审查，看其是否损害了公民接受法院审理和裁判包括无罪判决的权利。然而，如果该撤回起诉同时具有实体确定力，即具有不起诉处分效力，那么，这种撤回起诉，可以直接作出，而不需法院审查批准。在我国台湾地区，根据“刑事诉讼法”第 270 条的规定，撤回起诉与不起诉处分有同一效力，以撤回书视为不起诉处分。由此使案件在法院之诉讼效力消灭，法院无权干涉检察官的撤回起诉。[②] 最高检《刑事诉讼规则》在 2012 年修改前，未明确撤回起诉对被告人的法律效力，只是规定：“撤回起诉后，没有新的事实或者新的证据不得再行起诉。”这使得以撤回起诉规避法院无罪判决，撤诉后长期不作不起诉处分，被告仍然处于被追诉程序，从而损害被告人正当权益的问题较为突出。[③] 2007 年 2 月最高检发布的《关于公诉案件撤回起诉的指导意见》第 11 条规定：“对于撤回起诉的案件，人民检察院应当在撤回起诉后七日内作出不起诉决定，或者书面说明理由将案卷退回侦

① 从实践情况看，极少有庭审结束后检察机关还更正起诉或追加起诉的案例。

② 黄东熊：《刑事诉讼法论》，三民书局 1991 年版，第 286—288 页；刘邦绣：《检察官职权行使之实务与理论》，五南图书出版公司 2008 年 10 月版，第 193 页。

③ 且由于重新起诉的证据标准不严格，易于启动重新起诉，这种诉权过于强大的情况，不利于刑事司法中的人权保障，也受到较为普遍的批评。

查机关(部门)处理,并提出重新侦查或者撤销案件的建议。”但2012年最高检修改《刑事诉讼规则》,则规定“人民检察院应当在撤回起诉后三十日以内作出不起诉决定”。由撤回起诉后无下文,到明确规定撤回后应当作出不起诉决定,这一变化无疑有利于保障当事人权益。但30日的犹豫期,其间检察机关又可能再次起诉,这对被告人正当权利保障仍然不利。因此,笔者建议借鉴台湾地区和其他一些国家的立法例,明确规定撤回起诉决定等同于不起诉处分,具有实体确定效力。这种规定,是防止滥用撤回起诉权的最好方式。不过,如果立法机关借用最高检现行《刑事诉讼规则》的规定,规定一个犹豫期,就应同时规定,对检察机关的撤回起诉决定,法院应当进行审查并决定是否准予。而且法律应当规定法院司法审查的标准,主要标准是看该决定是否损害被告人接受法院公正、及时审判的权利。同时,法律也应当确认被告人对此种撤回起诉的异议权。

再其次,考虑权利平衡,法律应当对撤回起诉案件准用刑事诉讼法第175、176条,允许侦查机关与被害人享有要求复议、提请复核,提出申诉或向人民法院直接起诉的权利。也应准用第177条,允许被告人对撤回起诉决定提出申诉。

四、公诉变更的制度微调与实践改善

除上述立法完善外,为履行客观义务,实现司法公正,检察机关在司法解释和实务操作方面,还应当注意以下问题:

在立法完善前,最高检察院司法解释应当确认2007年发布的《关于公诉案件撤回起诉若干问题的指导意见》第9条的规定,要求检察机关撤回起诉决定送达人民法院后,法院要求书面说明撤回起诉理由的,人民检察院应当书面说明。对于人民法院认为人民检察院决定撤回起诉的理由不充分,不同意撤回起诉并决定继续审理的,人民检察院应当继续参与刑事诉讼,建议人民法院依法裁判。由此确认并保障人民法院对不起诉决定实施司法审查,从而保障被告人合法权益及国家刑罚权的正当行使。

禁止以撤回起诉变相延长诉讼时间,配合变更起诉。凡不符合《刑事诉讼规则》确认的撤回起诉理由而撤回起诉,人民法院不应当准许;如撤回起诉虽然能够通过司法审查,但再次起诉时却没有法定理由,法院不应当受理。对违反最高检《刑事诉讼规则》所实施的公诉变更,上级检察机关不应当支持,发现后应当监督纠正。不过,解决这一问题更好的办法,是参照笔者前述立法建议,通过修改最高检刑事诉讼规则,明确规定检察机关撤回起诉决定同时具有不起诉处分效力。[①] 从而使撤回起诉决定既有程序终止又有实体确定效力。这一做法，更有利于体现检察官的客观义务。

在立法完善前，建议最高检修改司法解释，明确规定公诉更正与追加应限于一审庭审结束之前提出。理由已如前述立法完善意见所述。[②]

此外，最高人民法院亦应修改关于执行刑事诉讼法的司法解释第 242 条，明确对检察机关要求撤诉进行审查的理由和标准，同时规定法院审查时应当听取被告人及其辩护人的意见，如被告方坚持要求法院作出判决而且理由正当，法院应当不准许撤诉并依法作出判决。

---

① 不过，在形式上是否应当要求同时制作一份不起诉决定书送被告（该决定书送达时间为申诉与复议权启动时间），则可再议。有的学者认为撤回起诉与不起诉决定具有完全相同的诉讼效力，“因此撤回起诉后再作不起诉决定，意味着将两个完全相同的诉讼效力叠加在一起，属于没有必要的重复”。（张建伟：《论公诉之撤回及其效力》，载《国家检察官学院学报》2012 年第 4 期）然而，笔者认为只要确认撤回起诉的实体确定力，是否分别针对法院和当事人制作法律文书是一枝节问题。如考虑便于执行，也可以分别制作撤回起诉与不起诉决定书。

② 也有其他论者认为除公诉撤回外的其他公诉变更应当在庭审前提出。因为“庭审活动已经全部结束，如果允许再对指控内容进行修改，需要重新开庭，将严重影响诉讼效率”。引自杨建民：《公诉变更的制度构建与法律效力探讨》，载《人民检察》2007 年第 18 期。

我国未成年人刑事诉讼程序完善

王敏远*

引言

2012 年修改的刑事诉讼法增加了“特别程序”作为第五编，这尤为引人关注。该编的第一章“未成年人刑事诉讼程序”，针对未成年人刑事案件的特点，对办理未成年人刑事案件的方针、原则、相关诉讼环节的特别程序作出了特别规定。该章共有 11 条，所包括的内容，有的是对原刑事诉讼法已有的规定所作的修改，更多的则是新增加的内容。原刑事诉讼法就已有的内容，如第 270 条所规定的“对于未成年人犯罪案件，在讯问和审判时，应当通知犯罪嫌疑人、被告人的法定代理人到场”①，又如第 274 条所规定的“审判的时候被告人不满十八岁的案件，不公开审理”等。而修改及新增加的内容则较多，包括对未成年人刑事诉讼设置附条件不起诉制度、犯罪记录封存制度等。

“未成年人刑事诉讼程序”中的规定，不论是相对于原刑事诉讼法新增加的内容，还是修改的部分，多数内容与这些年来我国司法实务界关于未成年人刑事诉讼程序的实践相关，并注意吸收理论界关于未成年人刑事诉讼程序的许多研究成果，因此，可以说这是相关实践经验和理论探讨的结晶。例如，第 269 条规定，“对于未成年犯罪嫌疑人、被告人，应当严格限制适用逮捕措施”，与理论界的主流意见相契合。又如，第 268 条规定，“公安机关、人民检察院、人民法院办理未成年人刑事案件，根据情况可以对未成年犯罪嫌疑人、被告人的成长经历、犯罪原因、监护教育等情况进行调查”。该条规定既是对“未成年被告人个体情况

---

* 王敏远：中国刑事诉讼法学研究会副会长，中国社会科学院法学研究所研究员、博导。

① 该条规定是对现行刑事诉讼法第 14 条所规定的“对于不满十八岁的未成年人犯罪的案件，在讯问和审判时，可以通知犯罪嫌疑人、被告人的法定代理人到场”所进行的修改。

庭前调查”、少年司法的“两个延伸”(我国现有的少年法庭工作向前延伸、向后延伸)等少年法庭多年来的基本工作经验总结,与理论探讨的主流观点也完全相符。因此,不论是实务界还是理论界,对该章的内容普遍予以肯定。

然而,新刑事诉讼法关于“未成年人刑事诉讼程序”的规定,也存在着需要进一步研究的问题。这些问题,有的涉及未成年人刑事诉讼程序的原则,有的则与具体的规定相关。虽说这些需要研究的问题意味着该程序存在着进一步完善的内容,但因这些问题的特点有所不同,我们的研究也应有差异。有些规定虽然存在不尽如人意的地方,但却与客观条件相关,因而对完善的方案需要慎重考虑。如第 266 条第 2 款规定的“人民法院、人民检察院和公安机关办理未成年人刑事案件,应当……由熟悉未成年人身心特点的审判人员、检察人员、侦查人员进行”。该规定只是解决了办理未成年人刑事案件人员的专业化问题,而未明确规定人民法院、人民检察院和公安机关办理未成年人刑事案件应设置专门的机构。考虑到虽然已有许多地方的法院和检察院设置了办理未成年人刑事案件专门机构,但从全国的情况来看,普遍要求所有地方的公、检、法机关现在都设立专门的办理未成年人刑事案件的机构,存在着一定的困难。还有的问题则需要经过实践,根据实践情况才能予以进一步明确。如新增设的适用于未成年人的附条件不起诉制度,其中有的规定是否需要进一步完善,有待于实践的检验。另有些问题则主要是基于研究着眼点的差异而需要考虑予以进一步完善。本文所探讨的主要是这部分的问题。

本文将讨论的问题主要包括三个方面,即未成年人刑事诉讼程序的基本原则、应予补充的规定、关于未成年人刑事诉讼程序若干具体内容的修改。期望通过探讨推动我国关于未成年人刑事诉讼程序规定的完善。

一、未成年人刑事诉讼程序的基本原则

作为刑事诉讼程序中的特别程序,未成年人刑事诉讼程序的特殊性究竟何在,既是个理论问题,也是个实践问题,在此不宜全面展开论述。然而,未成年人刑事诉讼程序应当适用哪些原则,关系到未成年人刑事诉讼程序的设置和运行的基础,因此需要专门讨论。这不仅是因为“原则的要求具有更高程度的一般性”①,应当予以重视,而且新刑事诉讼法对此缺乏系统规定,因此需要进行探

① A. J. M. 米尔恩:《人的权利与人的多样性——人权哲学》,夏勇、张志铭译,中国大百科全书出版社 1995 年版,第 24 页。

讨。刑事诉讼法第263条规定的名称虽然是原则("对犯罪的未成年人,实行教育、感化、挽救的方针,坚持教育为主、惩罚为辅的原则"),但其作为未成年人刑事诉讼程序的原则明显是不完整的,并且因为针对的是"对犯罪的未成年人",而不是未成年的刑事被告人,因此,这主要是实体法意义上的原则。需要明确的是,刑事诉讼法虽然也可以规定实体法的内容,但就原则而言,首先应当确定的是未成年人刑事诉讼程序的原则。我认为,需要规定的适用于未成年人刑事诉讼程序的原则主要包括两个方面,一是刑事诉讼普遍适用的原则,二是仅适用于未成年人刑事诉讼程序的特定原则。

(一) 刑事诉讼普遍适用的原则

未成年人刑事诉讼程序作为刑事诉讼程序的特别程序,与普通程序一样,应当遵循现代刑事诉讼的基本原则。① 在我看来,未成年人刑事诉讼程序之所以特别,是因为基于未成年人的特点、应予特殊保护的需要,因此,现代刑事诉讼法律制度的旨在保障权益、规范职权的基本原则,同样应适用于未成年人诉讼程序。关于何为现代刑事诉讼中的基本原则,学界已有较多的讨论。② 在此,需要特别讨论的是其中的无罪推定原则。首先,由于该原则系现代刑事诉讼程序的基石,因而对建构我国的未成年人刑事诉讼程序具有特别重要的作用;其次,鉴于我国的刑事诉讼立法和司法实践尚未对此原则予以肯定,因此需要对此进一步讨论,以使该原则成为建构我国的未成年人刑事诉讼程序的基本原则。

之所以说我国的刑事诉讼立法尚未对此原则予以肯定,一方面是基于现行刑事诉讼法并未明确肯定无罪推定原则,另一方面则是因为相关权威解说也未肯定无罪推定原则。③ 从立法机关负责人那里得到的更明确的说法则是:"我们反对有罪推定,但也不是西方国家的那种无罪推定,而是实事求是地进行侦查,客观地收集有罪或无罪、罪轻或罪重的各种证据,在人民法院作出有罪判决以前,我们不称被告人是罪犯,但也不说他没有罪或者假定他无罪,如果假定他无罪,那么侦查机关对他进行侦查、采取强制措施就没有根据了。因此,我们的原

① 至于解决未成年人犯罪问题的非诉讼模式(如所谓的"福利模式"),所适用的原则确实不同于刑事诉讼,但这不是本文的讨论范围。

② 关于现代刑事诉讼基本原则的系统研究,有代表性的成果如谢佑平、万毅所著的《刑事诉讼原则:程序正义的基石》(法律出版社2002年版)。

③ 1979年制定刑事诉讼法之后,有关部门的领导对无罪推定持否定的态度,认为该原则与有罪推定相同,都不应肯定。参见1980年11月21日、12月10日张友渔、王汉斌答新华社记者问。1996年修改刑事诉讼法之后,有关领导对无罪推定的否定态度并未发生变化。参见《全国人大常委会法工委负责人答记者问》,《人民日报》1996年3月24日。

则是实事求是地进行侦查。”①

而学界关于无罪推定原则的认识现在比较一致，即不应简单地从认识论的角度看待该原则，而应从无罪推定原则的基本含义出发认识其价值。无罪推定原则的基本含义主要包括三个方面：第一，也是其最原始的含义，就是不能像对待罪犯那样对待被刑事追诉之人，因为他尚未被法院依法判决为有罪；第二，应当把被刑事追诉之人作为诉讼的主体来看待，而不是诉讼的客体，他应当享有一系列的诉讼权利；第三，证明被追诉之人为罪犯的责任在控方，被指控的人没有义务证明自己有罪。如果控方不能证明其有罪，那就应当对被告人作无罪处理。根据无罪推定原则的这些基本含义，显然没有理由像对待有罪推定那样将其作为唯心主义认识论的表现予以否定。

新刑事诉讼法虽然进一步明确了证明责任在控方，并且对被刑事追诉之人的诉讼主体地位予以进一步的强化和保障，但仍未明确肯定无罪推定原则。这个缺憾在未成年人刑事诉讼程序中应予以弥补。除了上述原因，其理由还在于，我国已经加入的关于未成年人的相关国际公约对此也有明确规定。例如，《联合国少年司法最低限度标准规则》第 7 条规定：“在诉讼的各个阶段，应保证基本程序方面的保障措施，诸如假定无罪、指控罪状通知本人的权利、保持沉默的权利、请律师的权利、要求父亲或母亲或监护人在场的权利、与证人对质的权利……”②而我国已经批准加入的联合国《儿童权利公约》(适用于未满 18 周岁者)第 40 条之 2 之 B 项规定：“所有被指称或指控触犯刑法的儿童至少应得到下列保证：在依法判定有罪之前应视为无罪……”③

由此可见，从遵守所加入的国际公约的角度来看，我国刑事诉讼法即使不能将无罪推定原则在总则中予以明确肯定，至少也应作为未成年人刑事诉讼程序的原则予以明确规定。④

---

① 胡康生、李福成主编，李淳、王尚新副主编：《中华人民共和国刑事诉讼法释义》，法律出版社 1996 年版，第 15 页。

② 该规则又称《北京规则》，这是由于该规则由 1984 年 5 月在北京召开的“青少年犯罪与司法”专题专家会议讨论、修改、定稿。《北京规则》在 1985 年 12 月召开的联合国第 40 届大会成为联合国正式文件。我国于 1985 年批准加入。《北京规则》指出，处理少年罪犯的程序在任何时候均应遵守适用于一般刑事被告的正当法律程序，进行公平合理的审判，保障少年被告在诉讼过程中应享有的权利。

③ 1990 年 8 月 29 日，中国常驻联合国大使代表中华人民共和国政府签署了《儿童权利公约》，中国成为第 105 个签约国；1991 年 12 月 29 日第七届全国人民代表大会常务委员会第 23 次会议决定批准中国加入《儿童权利公约》。

④ 当然，作为最佳方案，应在刑事诉讼法的总则中明确肯定无罪推定原则，这不仅是推进我国刑事诉讼制度进一步完善的需要，而且也与我国已经签署的《公民权利和政治权利公约》的要求相符。

（二）适用于未成年人刑事诉讼程序的特定原则

除了应确定现代刑事诉讼的基本原则，未成年人刑事诉讼程序还应根据其特殊的需要而确定特殊的原则。关于未成年人刑事诉讼程序的特殊原则，学界已经进行了深入的讨论，形成了许多不同的观点。其中，有代表性的观点主要分为两种。一种观点是将与未成年人犯罪相关的实体法原则和程序法原则统一设置，另一种观点则主要是从程序法的角度设置未成年人刑事诉讼程序的特殊原则。第一种观点目前在学界占据主导地位，如未成年人刑事诉讼程序的“六原则说”及与此类似的观点，就是我国学界关于未成年人刑事诉讼程序基本原则的主流学说。所谓“六原则说”，是指未成年人刑事诉讼程序应遵循六个基本原则，即：教育、感化、挽救原则；分案处理原则；保障未成年人依法享有的诉讼权利原则；审判不公开原则；全面调查原则；迅速简易原则。[①] 新刑事诉讼法关于未成年人刑事诉讼程序规定的内容，基本与此一致。[②]

从理论研究的角度来看，将未成年人犯罪相关的实体法原则和程序法原则统一研究，与“刑事一体化”的研究思路相契合，具有积极意义。然而，从刑事诉讼法的规定角度来看，以这种方式确定未成年人刑事诉讼程序的基本原则未必合适。由于未成年人刑事诉讼程序的基本原则大都适用于未成年人刑事诉讼程序的全过程，而将针对“犯罪的未成年人”的刑事实体法原则，即“教育、感化、挽救原则”作为未成年人刑事诉讼程序的基本原则，在有罪认定尚未经依法确定前就予以适用，易于导致刑事诉讼中的有罪推定，因而并不适宜。因此，即使“教育、感化、挽救原则”可以作为未成年人刑事诉讼程序的原则，也需要予以严格的限制（如仅适用于依法确定有罪之后的程序），不宜将其作为程序的基本原则予以规定。

我们认为，刑事诉讼法所规定的未成年人刑事诉讼程序的基本原则，应着眼于程序法的原则。学界已有人从程序法的角度，对未成年人刑事诉讼程序的基本原则进行了系统而深入的研究。例如，有学者认为，未成年人刑事诉讼程序的基本原则应当包括四个方面的内容，即：全面调查原则；分案处理原则；保障未成年犯罪嫌疑人、被告人诉讼权利原则；迅速简易原则。其中分案处理原则体现在三方面。其一，对未成年人适用强制措施将其与成年人分别

---

① 参见樊崇义主编：《刑事诉讼法》，中国政法大学出版社 2001 年版，第 351 页；宋英辉主编：《刑事诉讼法》，中国人民大学出版社 2007 年版，第 521 页。另有“五原则说”，与此类似。参见程荣斌主编：《刑事诉讼法》，中国人民大学出版社 1999 年版，第 579 页。

② 需要说明的是，这些内容除第 263 条的规定，大都未将其作为原则予以规定。

关押；其二，未成年人和成年人适用不同的诉讼程序，设立专门的未成年人办案机构和办案人员办理；其三，未成年人和成年人的生效判决执行分离。保障未成年犯罪嫌疑人、被告人诉讼权利原则，是指司法机关在刑事诉讼中对未成年犯罪嫌疑人、被告人的保护主要体现在权利的告知和保障未成年人诉讼权利的行使两个方面。[①] 这些原则，均应作为未成年人刑事诉讼程序的基本原则予以明确规定。

除了上述原则，我们认为，应当将对未成年人予以“特别帮助和保护原则”作为未成年人刑事诉讼程序的基本原则。未成年人刑事诉讼程序的许多规定已经体现了对未成年人的特别帮助和保护，但仍有必要将该原则予以明确规定，这将有助于司法实践强化对未成年人的保护。如果说相对于刑事诉讼中的职权机关，被刑事追诉之人显得过于弱势，那么，对其中的未成年人来说，其弱势地位更加突出，因此，需要对其予以“特别帮助和保护”，以维护其合法权益。所谓对未成年人予以“特别帮助和保护”，是指对其提供超过成年人的、适合未成年人需要的特殊帮助和保护。需要进一步说明的是，之所以对未成年人予以“特别帮助和保护”，一方面是基于未成年人刑事诉讼同样会出现冤假错案，[②]另一方面，则是因为未成年人在刑事诉讼中更易于受到不法侵害且在现行刑事诉讼制度中难以得到有效保护。[③]

对未成年人予以“特别帮助和保护原则”的含义是个需要进一步探讨的问题。在我看来，该原则的宗旨应是有效保障刑事诉讼中的未成年人的合法权益，尤其是被刑事追诉的未成年人的合法权益；该原则应适用于刑事诉讼的全过程；该原则要求对未成年人提供适合其需要的特别帮助和保护，主要是关于辩护律师的特别帮助、合适成年人的帮助以及从程序上对其提供的特别保护。这些问题将在下文进一步讨论。

---

① 参见温小洁：《我国未成年人刑事诉讼程序研究》，中国人民公安大学出版社 2003 年版，第 75—109 页。

② 例如，1999 年黑龙江黑河市未成年人张某被中级人民法院以故意杀人罪、盗窃罪判处无期徒刑，剥夺政治权利终身，而直到真凶在另一起案件中被抓获，张某才获得了自由(案件详情参见《羊城晚报》2000 年 11 月 7 日的报道)。又如，2005 年安徽巢湖 4 个年轻人(其中 3 人未成年)因涉嫌故意伤害经审讯“认罪”，后真凶落网才被释放(案件详情参见《南方周末》2006 年 4 月 20 日的报道)。

③ 例如，无辜少年王企(化名)只因与嫌疑犯重名，被新疆博乐市警方错误刑拘，随后被当地人民法院以抢劫罪判处有期徒刑两年。羁押期间，他被带到多个学校当众念忏悔信。不难想象，这对其造成了沉重的伤害。2009 年与其同名的主犯因抢劫案落网，其冤屈才得到澄清(案件详情参见《中国青年报》2010 年 12 月 20 日的报道)。

二、应予补充的关于未成年人刑事诉讼程序的规定

新刑事诉讼法关于未成年人刑事诉讼程序的特别规定，从内容来看，因为缺少了一些重要的部分，使其不能满足对未成年人予以“特别帮助和保护原则”的要求。在该章的内容还存在重要内容缺失的情况下，如果按照第276条的规定，“办理未成年人刑事案件，除本章已有规定的以外，按照本法的其他规定进行”，那将导致对未成年人帮助和保护不足的问题。为此，应当进一步研究以补充对未成年人的特别帮助和保护的规定。需要补充的重要内容包括辩护律师在场和设置系统的程序性法律后果这两个方面。

（一）辩护律师在场问题的特别规定

“辩护律师在场”是指辩护律师在犯罪嫌疑人、被告人接受讯问时有权在场。由于这项权利旨在保障被刑事追诉之人的合法权益，要求辩护律师在场的申请，也由被刑事追诉之人提出，因此，这项权利实际属于被刑事追诉之人的基本诉讼权利。主要的法治发达国家的刑事诉讼法大多对此予以肯定，并形成了较为完整的制度。

讯问时辩护律师在场制度，在未成年人刑事诉讼程序中具有极为重要的作用。首先，这项制度有助于使被刑事追诉的未成年人获得及时、有效的法律帮助。相对于成年人，被刑事追诉的未成年人更不知道如何维护自己的合法权益、如何行使诉讼权利，因此，讯问时辩护律师在场，可以为未成年人提供此时特别需要的法律帮助。其次，讯问时辩护律师在场制度可以更有效地预防刑讯逼供的发生。刑讯逼供主要发生在侦查讯问阶段，刑讯逼供与其他多数犯罪一样，大多是在见不得人的场合下发生的。如果辩护律师在场，将会更加有效地预防刑讯逼供，保护未成年人的合法权益。再次，讯问时辩护律师在场，有助于增强讯问程序的透明度、促进其规范化，对维护讯问程序的正当性和权威性，也有积极的意义。

按照我国刑事诉讼法的规定，在普通刑事案件中，被刑事追诉之人只是在第一次讯问（或被采取强制措施）之日起，才可以聘请辩护律师，而且并未规定其在讯问时律师有权在场。在普通刑事案件中普遍规定讯问时辩护律师在场，可能存在着各种可以解释或难以言说的困难，但是面对需要特别帮助和保护的未成年人，应当排除困难，规定讯问时辩护律师在场制度。当然，作为一项制度性的规定，讯问时辩护律师在场制度需要考虑逐渐完善的问题，以使实践有个适应过

程。例如，可以规定讯问时辩护律师在场的例外，即根据案件的特殊情况设立若干例外。例外主要是指一些特定的紧急情况，如需要解救人质的案件、需要立即查找危险品的案件等，由于情况紧急，讯问可以不必等待律师到场。但即使在这种情况下，也应及时通知其辩护律师。

需要说明的是，讯问时辩护律师在场制度价值的实现程度，依赖于其有效性程度，而程序的有效性则与程序性法律后果的设置存在有机的联系。

（二）程序法律后果的特别规定

关于违反刑事诉讼程序的程序法律后果问题，笔者曾撰文予以论述。其中，关于刑事程序法律后果的一般性论述的文章发表较早。该文对刑事程序法律后果的概念予以简要说明：刑事程序法律后果是指违反诉讼程序的行为及其结果在程序上不予认可，或予以否定或要求补正。根据该概念，刑事诉讼中的程序法律后果共有四种：否定违反诉讼程序的行为的效力，并使诉讼从违反诉讼程序的行为发生的那个阶段重新开始；否定违反诉讼程序的行为的效力，并否定因该行为所得到的诉讼结果；否定违反诉讼程序的行为及其结果，并使诉讼进入另一阶段；补正违反诉讼程序的行为，以使该行为得到纠正，最终符合程序法的要求。[①]

此后，笔者又对设置程序法律后果的原则进行了论述。在设置程序法律后果的六项原则中，关于完整性原则以及充分性原则需要在此说明。所谓完整性是指刑事程序法律后果的设置应当体系完整、种类齐全，以便于能够应对各种不同情况下的违反刑事诉讼法的行为。由于违反刑事诉讼法所规定的行为存在着轻重程度不同的情况，所造成的不同后果也存在着差异，因此，需要规定各种不同的刑事程序法律后果，以应对不同的违反刑事诉讼法规定的行为。所谓充分性，是指在设置刑事程序法律后果时，在对司法的实体公正产生影响的违反诉讼程序的行为予以关注的同时，对于司法的程序公正产生影响的违反诉讼程序的行为，也应予以关注，尤其是对严重的、常见的违反诉讼程序的行为，在设置程序法律后果时应充分关注，决不能有所遗漏。[②]

在此重复关于刑事程序法律后果的概念以及设置程序性法律后果的完整性原则和充分性原则，其意在于说明，这将是对未成年人刑事诉讼程序设置系统的刑事程序法律后果的基础。

---

① 参见拙文《违反刑事诉讼法的程序性法律后果》，《中国法学》1994 年第 5 期。

② 参见拙文《论设置刑事程序法律后果的原则》，《法学家》2007 年第 4 期。

如果说程序法律后果对于保障刑事诉讼程序的尊严具有不可或缺的作用，那么，对于未成年人刑事诉讼程序来说，设置程序法律后果的重要性更加突出，而我们在未成年人刑事诉讼程序的研究中，也应予以特别的关注。一方面，修正案关于未成年人刑事诉讼程序的专门规定，需要为其设置特别的程序法律后果，而修正案却缺乏这方面的规定；另一方面，基于办理未成年人刑事案件，除了本章的特别规定，还需要适用刑事诉讼法的其他规定，为有效保障未成年人的合法权益，在这些普遍适用的刑事诉讼法的规定中，也需要为未成年人设置特定的程序法律后果。

关于未成年人刑事诉讼程序的专门规定，需要为其设置特别的程序法律后果的情况，如第267条所规定的强制辩护，即“未成年犯罪嫌疑人、被告人没有委托辩护人的，人民法院、人民检察院、公安机关应当通知法律援助机构指派律师为其提供辩护”。这一规定对维护未成年人的合法权益所具有的积极意义无需赘言，然而，如何保障该规定得到严格遵守，却需要设置相应的程序法律后果。例如，对没有为未成年犯罪嫌疑人、被告人提供辩护律师的，就需要规定相应的侦查、起诉和审判无效。与此相同，对所规定的合适成年人在场制度，如果不因此设置相应的程序法律后果，其实际价值也将十分可疑。显然，只有规定合适成年人不在场的审讯无效，这样的程序法律后果才足以保障“合适成年人在场”制度的有效施行。

为使未成年人得到特别的帮助和保护，刑事诉讼法其他相关的、普遍适用的程序法律后果，也需要作出特别的规定。例如，可以考虑将刑事诉讼法第54条规定(采用刑讯逼供等非法方法收集的犯罪嫌疑人、被告人供述和采用暴力、威胁等非法方法收集的证人证言、被害人陈述，应当予以排除。违反法律规定收集物证、书证，严重影响司法公正的，不能补正或者作出合理说明的，对该证据应当予以排除)仅适用于成年人，对于未成年人，则应当设置更加严格、有效的程序法律后果。即在未成年人刑事诉讼中，关于非法证据的绝对排除，不应仅限于因刑讯逼供所获得的言词证据，还应当包括实物证据。如果说刑讯逼供的目的不仅在于获取认罪的口供，而且是为了得到案件线索、获得其他证据，那么，为了有效遏制刑讯逼供，就不仅需要绝对排除通过刑讯逼供而得到的言词证据，而且应当排除通过刑讯逼供而得到的实物证据。对未成年人刑讯逼供的，甚至应当考虑设置终止诉讼这种最严厉的程序法律后果。不论该未成年人实际是否实施了犯罪，对身心尚在发展、形成过程中的未成年人来说，刑讯逼供这种严重犯罪都会对其造成难以愈合的创伤，伴随其“成长”，后果十分严重。因此，需要设置特别的程序法律后果予以遏制。

三、未成年人刑事诉讼程序其他内容的修改

新刑事诉讼法对未成年人刑事诉讼程序所规定的具体内容，相对于原刑事诉讼法的规定，更有利于保障未成年人的合法权益。然而，对于有效保障未成年人的合法权益而言，该程序尚存在需要进一步研究完善的问题。

（一）关于合适成年人在场问题

合适成年人在场制度是未成年人刑事诉讼程序的重要组成部分，该项制度对于保障未成年人的合法权益具有特殊的积极意义。合适成年人是指未成年人所能信赖（通常是其法定代理人、近亲属或者其他可以信赖）的人。到场的法定代理人的职责不应仅限于“可以代为行使犯罪嫌疑人、被告人的诉讼权利”。[①]合适成年人审讯时在场的作用主要应包括两个方面：一是为被讯问的未成年人提供意见并观察审讯是否合法、适当；二是协助该未成年人与审讯人员沟通。[②]因此，合适成年人在审讯和审判过程中应当充当积极和重要的角色，而不是仅仅作为旁观者。由于未成年人与成年人相比，在刑事诉讼过程中更容易受到侵害，在未成年人接受讯问时，合适成年人在场有助于使其免遭侵害。合适成年人在场的另一个重要作用是防止公安、司法人员刑讯逼供、诱供等非法审讯，并且监督公安、司法人员的讯问行为等是否合法以及未成年人是否受到了妥善的对待。

合适成年人在场制度有两个问题需要特别关注。一是合适成年人在场的定位问题，二是合适成年人在场的效力问题。

合适成年人的在场对刑事诉讼中的职权机关履行职责也有其积极意义。例如，合适成年人在场有助于案件尽快、顺利解决，因为合适成年人在场的一个重要作用是稳定未成年人的情绪，协助未成年人与司法人员进行沟通，以使讯问顺利进行，使程序能够尽快、顺利进行；而且，在很多情况下，由于公安、司法人员通过讯问所获得的未成年犯罪嫌疑人、被告人的供述将作为定罪判刑的证据，而合适成年人的在场，能够使这些证据更加令人信服。然而，合适成年人在场制度的主旨并不在于职权机关，而应是有利于未成年人的权利保障。正是在这个意义

---

① 虽然刑事诉讼法第 270 条第 2 款还规定了“到场的法定代理人或者其他人员认为办案人员在讯问、审判中侵犯未成年人合法权益的，可以提出意见。讯问笔录、法庭笔录应当交给到场的法定代理人或者其他人员阅读或者向他宣读”，但这些规定与在场合适成年人应承担的职能仍有差距。

② 为被讯问的未成年人提供法律建议不应是合适成年人的职责，而应是辩护律师的责任。

上，合适成年人在场对审讯者来说，其需要往往处于“两可”状态，而对于被审讯的未成年人来说，则应是必不可少的。因此，合适成年人在场的定位问题，可以从两个方面予以认识：一方面，这是未成年人的权利，另一方面，这是为未成年人额外附加的权利。

基于合适成年人在场是未成年人的权利，我们在制度设置时就应当从权利保障的角度进行思考。因此，应当将选择哪个合适成年人到场的权利交给未成年人。现实中确实存在未成年人并不希望其法定代理人到场，而更愿意其老师或其他合适成年人到场的情况。因此，除非是本案的共犯，应当尊重未成年人选择具体的合适成年人到场的权利。而这是修正案忽视的问题。现有的规定只是从职权机关的立场作出了“无法通知、法定代理人不能到场或者法定代理人是共犯的，也可以通知其他合适成年人到场”的规定，完全无视未成年人对合适成年人的选择权。①

合适成年人在场作为未成年人额外附加的权利，本应是相对于辩护律师在场而言的。合适成年人在场和辩护律师在场是两项功能不同的制度，对保障未成年人合法权益而言，发挥着不同的作用，不应以其中的一项制度代替另一项制度。相对而言，审讯时辩护律师在场是个更为基本的权利，合适成年人在场则是在此基础上的“附加”的权利。

至于合适成年人在场的效力问题，更是一个需要完善规定的问题。关于这个问题，一方面应当进一步确定合适成年人在场的强制性，另一方面则应设定违反该强制规定的程序法律后果。

就进一步确定合适成年人在场的强制性而言，在法定代理人不能到场、不便到场，或被审讯的未成年人不愿其到场时，需要明确规定“应当通知”其他合适的成年人到场，而不应是“也可以通知”其他合适成年人到场，否则，合适成年人在场的强制性将难以得到保障。就设定违反该强制规定的程序法律后果来说，重要的是应规定：如果没有合适成年人到场，未成年犯罪嫌疑人的供述不得被作为定罪的根据。

（二）关于未成年人强制措施制度的特别设置问题

鉴于羁押对未成年人可能造成的种种不利影响，对其适用羁押措施应特别

① 为了真正发挥适当成年人在场制度的作用，对适当成年人的资格应严格要求。任何可能影响未成年人权益保障的人，如与警方有关联的人、未成年人拒绝的人、与案件有关联的人，等等，均不得充当适当成年人。为了确保未成年人被讯问时候都能够有适当成年人介入，一般都建立了较为完善的配套保障制度。例如英国建立了常备性的、随时待命的、专业化的适当成年人队伍。参见姚建龙：《再论适当成年人介入制度：比较研究的视角》，载北大法律信息网，2014 年 5 月 2 日访问。

慎重。因此,《北京规则》第13条规定:"审前拘留应仅作为万不得已的手段使用,而且时间尽可能短;如有可能,应采取其他替代办法,诸如密切监视、加强看管或安置在一个家庭或一个教育机关或环境内。"新刑事诉讼法对未成年人的羁押问题也作了特殊规定。第269条规定,对于未成年犯罪嫌疑人、被告人,应当严格限制适用逮捕措施。人民法院决定逮捕和人民检察院审查批准逮捕,应当讯问未成年犯罪嫌疑人、被告人。该条还规定:"对被拘留、逮捕和执行刑罚的未成年人与成年人应当分别关押、分别管理、分别教育。"

该条规定的宗旨应予肯定,但对其内容,则需要进一步研究,有的需要予以限制性解释,如"分别教育"的内容等,以免与无罪推定原则相悖;有的规定则需要补充、修改。

就需要补充、修改的内容来说,并不仅限于第269条规定的范围,诸如拘留等强制措施,也应一并设置特别的程序,以有利于减少羁押、维护未成年人的权益。

未成年犯罪嫌疑人的高捕率是我国刑事诉讼中的突出现象。[①] 为解决这个问题,最高人民检察院对于未成年人的批捕工作曾作出了一些特殊规定,但由于刑事诉讼法对于未成年人逮捕条件并无特殊的规定,而是套用与成年人相同的标准,使得对未成年人的"慎捕"难以落实。最高人民检察院于2006年颁布的《人民检察院办理未成年人刑事案件的规定》第12条规定,人民检察院审查批准逮捕未成年犯罪嫌疑人,应当根据未成年犯罪嫌疑人涉嫌犯罪的事实、主观恶性、有无监护与社会帮教条件等,综合衡量其社会危险性,确定是否有逮捕必要,慎用逮捕措施,可捕可不捕的不捕;该规定的第13条还列举了一些具体的不捕标准,例如初次犯罪、犯罪预备、有自首或者立功表现、属于已满14周岁不满16周岁的未成年人或者系在校学生的等,但这些规定对于减少对未成年人的逮捕实际作用十分有限,因为这些条件所导致的只是"可以"依法不予批捕逮捕,而非"应当"依法不予批准逮捕。

经验教训表明,如果只有法律的原则性规定,而无实质意义的具体条件的设计;如果只是规定了减少适用逮捕的条件,而未规定必须适用的要求,对未成年人慎用逮捕的目的很难实现。

关于未成年人羁押制度的完善,如果从有利于保障其权利的角度来看,需要做的事情还有很多。例如,羁押后通知家人的问题,就应予以特别的规定。刑事诉讼法所规定的"除无法通知或通知可能有碍侦查的情形以外,应当把羁押的原

① 参见陈贵荣:《对未成年犯罪嫌疑人适用逮捕措施的思考》,《青少年犯罪问题》2002年第4期。

因和执行的处所，在羁押后二十四小时以内通知被羁押人的家属”，对未成年人应予以特别的规定。即为了确保被羁押的未成年人的家人知道其被羁押的情况，不仅应当规定负责羁押的机关有义务通知其家人，不得以“有碍侦查”为由不通知，而且应当赋予被羁押的未成年人立即打电话通知其家人的权利，以避免羁押成为“秘密”。我以为，如果我国的刑事诉讼法不仅注重从职权机关的角度考虑如何有利于履行其职责并在此基础上考虑保障诉讼权利的问题，而且注重从权利人的角度考虑怎样才能有利于维护权利人自身权益的问题，刑事诉讼法的完善就为时不远了。

中国应当构建什么样的刑事法律援助制度*
——以适用范围的实证研讨为切入点

左卫民**

在某种程度上，刑事诉讼的历史，就是辩护权不断扩大的历史。① 辩护权行使状况得视作一国刑事诉讼文明程度的重要指针，已成为一种国际共识。② 然而，在我国刑事诉讼中，辩护权行使状况不容乐观，其重要体现便是辩护率包括委托辩护率一直较低。③ 那么，如何提高辩护率呢？不久前公布的全国人民代

* 对本文的写作，周维珩同学、马静华教授、刘方权教授提出了有益的修改意见，赵琦同学、罗文禄同学协助整理了文稿，周维珩同学、吕国凡同学还参加了前期调研，刘宁法官、陈明国法官、谌辉法官、古剑法官、易文法官、阎晓秋法官、严明法官、刘贵文主任、闵姗女士给予了调研方面的支持，在此一并致以谢意。此外，还需说明，本文的写作得到国家“九八五”工程四川大学社会矛盾与社会管理研究创新基地、四川大学中央高校基本科研业务费项目的支持，在此谨致谢意。

** 左卫民：中国刑事诉讼法学研究会副会长，四川大学法学院教授、博士生导师。

① [日]田口守一：《刑事诉讼法》，刘迪等译，法律出版社 2000 年版，第 89 页。

② 联合国先后制定了一系列涉及律师辩护的法律文件，如《世界人权宣言》和《公民权利和政治权利国际公约》等。《世界人权宣言》第 11 条规定：“凡受刑事指控者，在未经获得辩护上所需的一切保证的公开审判而依法证实有罪以前，有权被视为无罪。”《公民权利和政治权利国际公约》第 14 条第三款中规定“在判定对他提出的任何刑事指控时，人人完全平等地有资格享受以下的最低限度的保证：有相当时间和便利准备他的辩护并与他自己选择的律师联络”，“出席受审并亲自替自己辩护或经由他自己所选择的法律援助进行辩护；如果他没有法律援助，要通知他享有这种权利；在司法利益有此需要的案件中，为他指定法律援助，而在他没有足够能力偿付法律援助的案件中，不要他自己付费”。资料来源：联合国官方网站：http://www.un.org/zh/，访问时间：2011 年 10 月 8 日。

③ 关于我国辩护率的调查尽管有所差异，但大致均显示：各地律师辩护率大致在 20%—30%，其中还包括指定辩护的比例。中国政法大学刑事法律研究中心在海南省的调查报告显示，2002 年海南省基层法院审理的案件中，委托辩护率为 10%，指定辩护 3%。参见中国政法大学刑事法律研究中心赴海南调研组：《赴海南省关于审判公正问题的调研报告》，载《审判公正问题研究》，中国政法大学出版社 2004 年版；马明亮、张星水在北京海淀区法院的调研显示，2002 年海淀区法院适用简易程序审结1 614 件案件，涉案 1 925 人，其中只有 208 名被告人获得了辩护人的帮助，占总数的 10.8%，适用刑事普通程序审结的案件中，被告人有律师的案件大约占 20%。参见马明亮、张星水：《中国刑事法律援助的实证分析》，载《刑事辩护制度的实证考察》，北京大学出版社 2005 年版；马静华对西部某中心城市郊县 D 县 2007 年和 2008 年一审刑事案件的调研显示，在统计的 442 件审结刑事案件中，涉及 （转下页）

表大会《关于修改〈中华人民共和国刑事诉讼法〉的决定》(简称《决定》)对此作了回应,《决定》将原刑诉法第 34 条修改为:“犯罪嫌疑人、被告人可能被判处无期徒刑、死刑,没有委托辩护人的,人民法院、人民检察院和公安机关应当通知法律援助机构指派律师为其提供辩护。”该法条还规定:“犯罪嫌疑人、被告人是盲、聋、哑人,或者是尚未完全丧失辨认或者控制自己行为能力的精神病人,没有委托辩护人的,人民法院、人民检察院和公安机关应当通知法律援助机构指派律师为其提供辩护。”①毋庸置疑,立法者试图通过扩展法律援助来提高辩护率,这当然是应予肯定的进步。然而,究竟应当在多大范围内推行并构建当代中国的法律援助制度,仍值得探讨。笔者拟从实证研究视角入手,展开讨论,以就教于同仁。

一、法律援助:获得辩护的重要渠道

为正确评判《决定》的相关规定,有必要厘清我国刑事被告人法律援助的现状。

在立法层面,依据修改前刑事诉讼法第 34 条及《最高人民法院关于执行〈中华人民共和国刑事诉讼法〉若干问题的解释》第 37 条的相关规定,我国刑事法律援助的受援对象包括:(1)被告人是盲、聋、哑而没有委托辩护人的;(2)被告人是未成年人而没有委托辩护人的;(3)被告人可能被判处死刑而没有委托辩护人的。这三类人是法院必须指定辩护的援助对象。另外,对于被告没有委托辩护人而具有以下情形的,法院也可以为其指定辩护:(1)符合当地政府规定的经济困难标准的;(2)本人确实没有经济来源,其家庭经济状况无法查明的;(3)本人

(接上页)被告 659 人,147 名被告人有律师辩护,包括指定辩护 54 人、委托辩护 93 人,比例分别为 8.19%、14.12%,自行辩护 512 人,律师的总辩护率为 22.31%。参见马静华:《指定辩护律师作用之实证研究——以委托辩护为参照》,《现代法学》2010 年第 6 期;此外,最高法院领导指出:“除被告人自行辩护、人民团体或被告人单位推荐的人以及被告人的监护人、亲友辩护以外,律师出庭辩护率 2003 年为 22.35%,2007 年为 18.65%,其中,指定辩护占有辩护人案件的比例由 2003 年的 21.67%上升至 2007 年的 23.32%。”参见王胜俊:《最高人民法院关于加强刑事审判工作维护司法公正情况的报告》的附件《〈最高人民法院关于加强刑事审判工作维护司法公正情况的报告〉有关用语说明》,《全国人民代表大会常务委员会公报》2008 年第 7 期。

① 应当指出,此次修改明确将法律援助的阶段前伸到侦查阶段也是关于法律援助制度修改的亮点(《决定》规定“犯罪嫌疑人、被告人因经济困难或者其他原因没有委托辩护人的,本人及其近亲属可以向法律援助机构提出申请”),因为我们已经进行的研究表明:侦查阶段是对犯罪嫌疑人权利威胁最大的阶段。所以,除了援助对象范围扩大之外,援助阶段的延展也应该引起重视。但鉴于审判阶段的辩护在过程与结果上的终局性作用,加之审判阶段辩护尚未充分化的事实,本文着重论述审判阶段法律援助的适用范围问题。

确实无经济来源，其家属经过多次劝说仍不愿意为其承担辩护律师费用的；(4)具有外国国籍的；(5)共同犯罪案件中，其他被告人已委托辩护人的；(6)案件有重大社会影响的；(7)人民法院认为起诉意见和移送的案件证据材料可能影响正确定罪量刑的。国务院颁布的《法律援助条例》第 11 条在此基础上，又增加了公民可以向法律援助机构申请刑事法律援助的三类情况："(1)犯罪嫌疑人在被侦查机关第一次讯问后或者采取强制措施之日起，因经济困难没有聘请律师的；(2)公诉案件中的被害人及其法定代理人或者近亲属，自案件移送审查起诉之日起，因经济困难没有委托诉讼代理人的；(3)自诉案件的自诉人及其法定代理人，自案件被人民法院受理之日起，因经济困难没有委托诉讼代理人的。"

法律的生命在于实践。上述规则在司法实践中能否实现、如何运行，值得考察。基于此，笔者带领的课题组(简称课题组)于 2011 年 9—11 月对刑事法律援助相关问题尤其是与本文相关的问题，展开了初步的实证研究。调研方式包括数据收集、阅卷、访谈等。课题组首先对 2003—2009 年 7 年间中国刑事法律援助情况进行了观察，发现近年来刑事法律援助案件(人)的数量整体上不断增加，[①]案件以法院指定辩护为主，[②]法律援助率明显上升(见图 1)。[③]

① 需要说明的是，课题组通过访谈得知，法律援助机构对受援人开具指派函，并以此为案件统计标准。这就意味着受援人数即为案件数量。同时，尽管绝大多数受援助者为被告人，且主要于审判阶段接受援助，但也有 5%左右的刑事案件受援助者为被害人、自诉人。在 2003—2009 年全国刑事法律援助案件分别为 67 807 件、78 602 件、103 485 件、110 961 件、118 946 件、124 217 件、121 870 件，其中涉及被害人、自诉人法律援助案件分别为 4 746 件、6 288 件、4 077 件、3 993 件、6 116 件、5 337 件、6 849 件，平均比例为 5.37%。扣减受援人为自诉人、被害人的案件，2003—2009 年间受援刑事被告人案件分别为 63 061 件、72 314 件、99 408 件、106 968 件、112 830 件、118 880 件、115 021 件。我国刑事被告人的法律援助案件自 2003 年的 63 061 件，上升至 2009 年的 115 021 件，7 年中增长近 2 倍，平均增速为 11.22%。(数据来源：《全国历年法律援助数据图》，中国法律援助网：http://www.chinalegalaid.gov.cn，访问时间：2011 年 10 月 12 日。)

② 2009 年全国受援刑事被告人案件总数为 115 021 件，法院指定案件数为 100 425 件，占受援被告人案件总数的 87.3%，其中包括未成年人指定辩护案件为 58 045 件，可能被判处死刑案件为 21 523 件，盲聋哑人指定辩护案件为 4 576 件。该年刑事法律援助申请共计 26 629 件，申请并获得批准刑事案件数为 21 445 件，扣减受援人为自诉人、被害人的 6 894 件，申请并获得批准的被告人案件 14 596 件，占受援被告人案件总数的 12.7%。(相关数据来源：中国法律援助网：http://www.chinalegalaid.gov.cn/，访问时间：2011 年 10 月 12 日。)

③ 据统计，2003—2009 年全国各级法院审理一审、二审、再审刑事案件涉及被告人依次为 747 096 人、767 951 人、844 717 人、890 755 人、933 156 人、1 008 677 人、997 872 人；受援被告人依次为 63 061 人、72 314 人、99 408 人、106 968 人、112 830 人、118 880 人、115 021 人。据此计算，受援被告人占全部被告人比例即为本文(及本图)所指的法律援助率。因未见不同审判阶段法援案件比例，故在此不作区分。数据来源：《2003—2009 中国法律年鉴》，中国年鉴网络出版总库：http://acad.cnki.net，访问时间：2011 年 10 月 12 日；《全国历年法律援助数据图》，中国法律援助网：http://www.chinalegalaid.gov.cn，访问时间：2011 年 10 月 12 日。

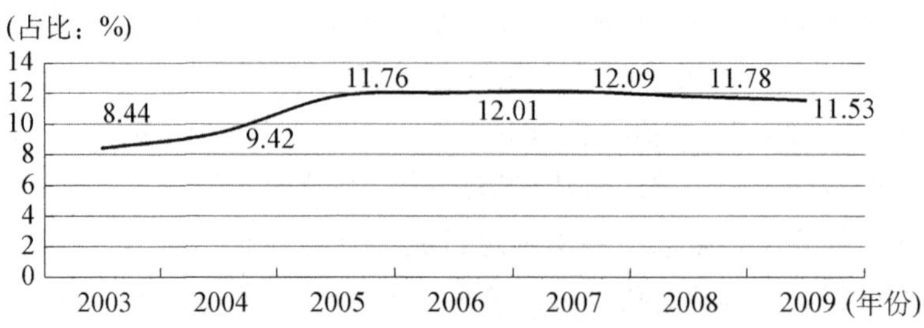

图1　2003—2009年中国刑事法律援助率趋势(法援案件比例)

鉴于全国性数据的粗糙、不准确，[①]整体的情况还需要通过地方性主要是中院、基层法院相关情况的具体调研来核实、印证甚至重新审视。[②] 为此，课题组主要对S省M市中级人民法院及其辖区内F区法院、S县法院进行了实证调研。[③] 同时，也部分考察了C市中级人民法院及其辖区内W区法院的情况予以

① 课题组借助《中国法律年鉴》及中国法律援助网等，尽可能查找、使用全国性数据，遗憾的是，找到的相关数据十分有限。据此也许可以推断部分相关的全国性数据未公开，或未予以统计。因此，选取一定规模的地方性数据也许更能真实地反映现状。尤其以科学研究的标准，由中立的研究者收集的数据，或许更具有价值。

② 需要说明：我国刑事法律援助受援对象主要包括犯罪嫌疑人、被告人是盲、聋、哑人或未成年人而没有委托辩护人的，可能被判处死刑而没有委托辩护人，以及因经济困难等原因没有委托辩护人的四类案件，根据我国法院管辖权的设定，这些法律援助案件主要存在于基层法院和中级法院，对基层法院和中院的考察，可以近乎全面地反映我国刑事法律援助的基本面貌。

③ M市位于中国西南S省，常住人口544.7万，2010年，M市实现GDP960.2亿元，完成财政总收入119.4亿元，人均GDP 20 811元，据M市法院统计数据显示，同期M市两级法院一审审结刑事案件1 820件，律师329人，据此可推断，M市一审刑事案件情况约39.8件/10万人，律师约6.09名/10万人。该年度，全国和S省人均GDP分别为29 748元和20 828元，全国人口13.7亿，同期全国各级法院一审审结刑事案件779 641件，拥有律师17万，据此推断全国一审刑事案件约56.9件/10万人，律师13.3名/10万人。无论是经济社会水平、案件数量，还是律师资源，M市在全国均居中等偏下水平，笔者选取M市进行考察具有一定的典型意义。同时，F区为M市市中区，2010年GDP达到307.66亿元，常住人口86.7万，人均GDP35 497元，位列S省县域经济十强县第四位，经济较为发达。S县位于M市东南部，距离M市中区57公里，属于种植业为主的农业县，2010年GDP为131.49亿元，常住人口104.2万，人均GDP11 619元，属于西部欠发达县域。选取这两个基层法院，可以反映中国较好的基层法院与较差的基层法院状况及其运作背景、生态。除我们自行调查的M市司法的有关数据外，相关数据主要来源：《人民法院工作年度报告(2010年)》，最高人民法院：http://www.court.gov.cn，访问时间：2011年11月8日；《2010年第六次全国人口普查主要数据公报(第1号)》，国家统计局：http://www.stats.gov.cn，访问时间：2011年11月8日；《M市2010年国民经济和社会发展统计公报》，《S县2010年国民经济和社会发展统计公报》，《2010S省县域经济十强出炉》，《M市2010年第六次全国人口普查主要数据公报》。(因未见F区2010年人均GDP，根据人民网公布的F区2010年GDP及第六次人口普查的主要数据，推算出F区人均GDP为35 497元左右。)

佐证。①

以 M 市为例，两级法院 2010 年一审共审结刑事案件 1 820 件。其中 M 中院一审 60 件，被告人 113 人；F 法院一审 351 件，被告人 517 人；S 法院一审 336 件，被告人 503 人。课题组分别查阅了 M 中院一审案件全部案卷（表 1），随机抽取 F 法院、S 法院约一半的一审案件案卷分别为 175 件、被告人 264 人，168 件、被告人 247 人（表 2），调查统计了有关辩护情况，以下是有关的数据：

表 1　2010 年 M 中院一审刑事案件辩护情况

<table>
<tr><td rowspan="2">项目
数值</td><td colspan="4">指定辩护</td><td rowspan="2">委托辩护</td><td rowspan="2">自行辩护</td></tr>
<tr><td>未成年人</td><td>残疾人</td><td>可能判处死刑</td><td>经济困难</td></tr>
<tr><td>人数(人)</td><td>17</td><td>8</td><td>21</td><td>29</td><td>29</td><td>9</td></tr>
<tr><td rowspan="2">比例</td><td>15.04%</td><td>7.08%</td><td>18.58%</td><td>25.66%</td><td rowspan="2">25.66%</td><td rowspan="2">7.96%</td></tr>
<tr><td colspan="4">66.62%</td></tr>
</table>

表 2　2010 年 F、S 法院一审刑事案件辩护情况

<table>
<tr><td colspan="2" rowspan="2">项目
数值</td><td colspan="3">指定辩护</td><td rowspan="2">委托辩护</td><td rowspan="2">自行辩护</td></tr>
<tr><td>未成年人</td><td>残疾人</td><td>经济困难</td></tr>
<tr><td rowspan="3">F</td><td>人数(人)</td><td>23</td><td>4</td><td>11</td><td>45</td><td>181</td></tr>
<tr><td rowspan="2">比例</td><td>8.71%</td><td>1.51%</td><td>4.17%</td><td rowspan="2">17.05%</td><td rowspan="2">68.56%</td></tr>
<tr><td colspan="3">14.39%</td></tr>
<tr><td rowspan="3">S</td><td>人数(人)</td><td>19</td><td>3</td><td>12</td><td>37</td><td>176</td></tr>
<tr><td rowspan="2">比例</td><td>7.69%</td><td>1.21%</td><td>4.86%</td><td rowspan="2">14.98%</td><td rowspan="2">71.26%</td></tr>
<tr><td colspan="3">13.76%</td></tr>
</table>

表 1 显示，在 M 市中院一审案件中，受援被告人 75 人，法援比例为 66.62%。除此之外，29 名被告人聘请律师委托辩护，比例为 22.66%，9 名被告自行辩护，比例为 7.96%。这表明律师辩护覆盖了绝大多数中院一审的刑事案

① C 市为中国西南中心城市，全国经济总量排名居于前十位左右。2010 年 C 市常住人口 1 404.76 万，GDP 为 5 551.3 亿元，地方财政一般预算收入 526.9 亿元，人均 GDP 为 48 310 元；W 区在 C 市辖区内各区县中经济最为发达，2010 年，常住人口为 108.38 万，GDP 为 464.36 亿元，财政总收入 88.56 亿元，人均 GDP 为 42 845 元。据 C 市法院统计数据显示，C 市中院 2010 年审结一审刑事案件 439 件，涉及被告人 524 人，W 区法院一审审结刑事案件 329 件，判处被告人 416 人。除有关司法数据外，其他数据来源：《2010 年 C 市国民经济和社会发展统计公报》，《2010 年 W 区国民经济和社会发展统计公报》，《C 市 2010 年第六次全国人口普查主要数据公报(第 2 号)》。

件，有点出人意料，但这似乎从某一角度显示了对于中国最为严重的绝大多数犯罪，审判中法治化与人权保障水平已达到一定程度。[①] 但是，基层法院的辩护情况与中院差异较大。F 法院 264 名被告人中 38 名被告人指定辩护，比例为 14.39%；45 名被告人委托辩护，比例为 17.05%；181 名自行辩护，比例为 68.56%。S 法院 247 名被告人中 34 名被告人指定辩护，比例为 13.76%；37 名被告人委托辩护，比例为 14.98%；176 名被告自行辩护，比例为 71.26%。显然，基层法院尤其中西部非发达城市基层法院，其刑事一审中高比例的自辩率似乎从另一角度显示了轻案、中案审判辩护中人权保障的有限性。还需要指出，课题组经实证调研发现，类似情况并不限于 M 市。在课题组对其他地区司法机关的初步调查中，统计数据也反映了相似情况。[②]

基于这些数据，我们可以发现若干或许有点令人意外的现象，其一是法律援助成为被告人获得辩护的重要甚至是主要手段，指定辩护比例已与委托辩护并驾齐驱，甚至有时高于委托辩护，这不仅在中级法院而且在基层法院，不仅在发达地区，而且在中等发达地区、欠发达地区的法院均可见到。对此，需要多说一句的是，长期以来，我们固有的印象是：鉴于法律援助范围的特定性，鉴于执业律师介入刑事诉讼的相对普遍性、历史性，执业律师似乎占据了刑事辩护、包括重要案件辩护的绝对地位。然而，上述事实与这一印象却大相径庭，个中原因值得探讨。[③] 其二是

① 不唯 M 市，课题组调研的 C 市情况也大致相似。C 市司法统计数据显示，2010 年，C 市中院一审审结刑事案件 439 件，涉及被告人 524 人，其中有律师参与的案件 423 件，计 489 人，比例为 93.32%。这包括：指定辩护被告人 336 人，比例为 64.12%；委托辩护被告人 153 人，比例为 29.20%。

② C 市 W 区法院统计数据显示，2010 年，W 区法院一审审结刑事案件 329 件，判处被告人 416 人，其中自行辩护的 184 件，计 232 人，比例为 65.77%，有律师辩护的 145 件，计 184 人，比例为 44.23%，这包括：受援被告人 89 人，比例为 21.39%，委托辩护被告人 95 人，比例为 22.84%。

③ 需要特别说明的是，2000 年，全国各级法院受理的第一审刑事案件中，被告人为农民、无业人员占全部被告人比例为 63.10%、19.10%；2003 年农民、无业人员比例为 60.12%、22.44%。（数据来源：《2001 中国法律年鉴》、《2004 中国法律年鉴》，中国年鉴网络出版总库：http://acad.cnki.net，访问时间：2011 年 10 月 12 日。）因未见 2010 年全国一审刑事被告人身份情况，课题组对 2010 年 F 区、S 县被告人户籍情况进行了初步的统计，分析发现，其中在 F 法院 264 名被告人中农村户籍 182 人，占68.94%，城镇户籍 82 人，占 31.06%，城镇户籍中无固定职业者（含下岗待业）43 人，占城镇人口比例的 52.44%；S 法院 247 名被告人中农村户籍 185 人，占 74.90%，城镇户籍 62 人，占 25.10%，城镇户籍中无固定职业者（含下岗待业）36 人，占城镇人口比例的 58.06%。根据全国一审刑事案件被告人身份情况及上述调研数据，结合中国当下的社会现状，我们似乎可以作出这样的推断：由于刑事一审被告人大部分为处于社会下层贫困人口，经济状态的数据似乎与是否聘请律师具有关联性。被告人可能并非不需要法律帮助（当然不能完全排除这种情况），更可能是其因经济困难而不能委托律师。对此，马静华在实证调研发现，被告人、律师均认为“经济困难”是造成被告人未聘请律师的主要原因。司法人员事实上也有类似看法，可以作为佐证。参见马静华：《刑事辩护率及其形成机制——以刑事一审为中心》，《四川大学学报（社会科学版）》2011 年第 6 期。

法律援助已成为严重犯罪尤其是可能判处无期徒刑或死刑案件的最主要甚至是压倒性的辩护方式，这由中院一审刑事案件辩护情况可以清晰见到。其三是法律援助率，尤其是基层法院的法律援助率呈现与区域经济、社会发展水平的关联性：越是发达越是比例高，从M市S县的13.76%到M市F区的14.39%，再到C市W区的21.39%即显示了这一趋势。此外，虽未展开充分调研但根据有关情况可以推断的是，法律援助率近十年来整体上不断上升。这种变化不仅体现在其刑事辩护率中的绝对数量、相对比例的不断上升，而且表现在其占全部刑事案件的比例也在上升之中（近十年的趋势可参见图1）。相应地，我们可以发现委托辩护的相对比例与绝对数量都呈下降或停滞趋势。对此，笔者以为这与国家重视法律援助制度建设，在观念方面不断强化，人力、财力等方面投入不断增加密切相关。当然，也与社会律师由于种种因素减少对刑事辩护的投入有关。

二、《决定》有限扩大了法律援助的范围

相较于以往规定，《决定》将可能判处无期徒刑的案件纳入法院指定辩护的范畴，同时还对应当承担刑事责任的精神病人提供指定辩护，扩大了法律援助的范围，值得肯定。从适用范围上看，我国现行《刑法》规定的452个罪名中，有98个罪名可适用无期徒刑，占总体罪名数的21.68%。刑法分则中除了渎职罪一章外，其他各章均有无期徒刑的规定，其中危害国家安全罪中有8个，危害公共安全罪中有17个，破坏社会主义市场经济秩序罪中有34个，侵犯公民人身权利、民主权利罪中有5个，侵犯财产罪中有4个，妨害社会管理秩序罪中有11个，危害国防利益罪中有3个，贪污贿赂罪中有4个，军人违反职责罪中有12个（见图2）。可见无期徒刑在刑罚体系中广泛分布，基本上各种类型的犯罪都可适用。同时，根据我国法律规定，无期徒刑在主体上没有特殊限制，凡是年满14周岁具有刑事责任能力的自然人均可适用。因此，无期徒刑在我国刑事立法上

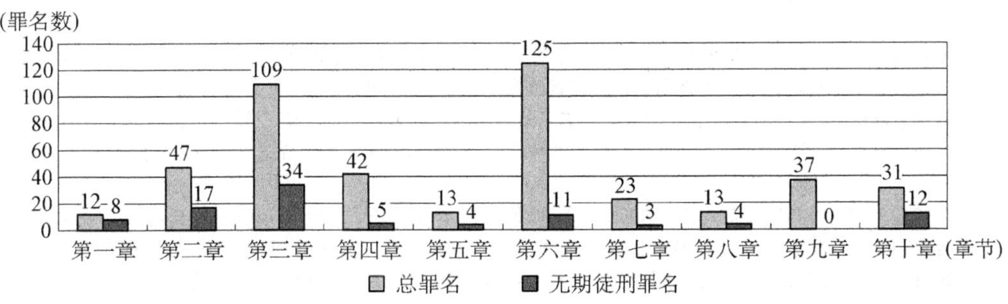

图2　无期徒刑罪名适用占分则罪名比重图

具有适用广泛性，这必然在司法实践中有所反映。鉴于无期徒刑严厉程度仅次于死刑，多适用于具有严重人身危险性或社会危害性的犯罪，并附加剥夺政治权利，《决定》中规定无期徒刑应指定辩护，从被告人的权利保障及维护司法公正的角度，是一进步。同样，应当负刑责的精神病人的犯罪及处理，这些年已成为社会关注的焦点，其权利保护也为社会所呼吁、重视，尽管事实上为数很少，但立法上将其作为法律援助的情形加以规定仍值得肯定。

但是，不可否认的是，通过实证研究，我们可以发现，《决定》实际带来的效果可能十分有限。这既是由于应当负刑事责任的精神病人甚少，从而可扩展适用法律援助的比例很低，当然更是由于无期徒刑案件中可扩展适用法律援助的比例也不高。

就前者而言，观察课题组调研的 M 市中级人民法院及 F 区法院的情况，M 市中院 2008—2010 三年期间一审仅审结 3 起应负刑事责任的精神病人犯罪案件，涉及 3 名被告人，其中委托辩护 2 人，比例为 66.67%，指定辩护 1 人，比例为 33.33%；F 区法院审结 2 起相关案件，涉及 2 名被告人，其中委托辩护 1 人，比例为 50%，指定辩护 1 人，比例为 50%。F 区法院法官告诉课题组，涉及被告人为精神病人的案件，没有委托律师的，法院一般会告知其申请法律援助，为其指定辩护，不会出现自行辩护的情况。课题组在 C 市的调研也反映了类似情况。[①]因此，规定应负刑事责任的精神病人的法律援助，由于其整体占全部刑事案件及被告人的比例甚低，且事实上大都已委托辩护或指定辩护。因条文改变而受益的被告人数量甚少。以 M 市中院为例，应负刑事责任的精神病人的辩护比率可能并未增加，只是原委托辩护者可能转为指定辩护（但也未必）。相应的，整体的辩护率不会增加，只是理论上指定辩护率可能增加 0.54%左右。[②]

对于后者，同样以 M 市中级人民法院为例，2008 年至 2010 年三年期间，该院一审审结 203 件刑事案件所涉及的 384 名被告人中，指定辩护 259 人，比例为 67.45%；委托辩护 92 人，比例为 23.96%；自行辩护 33 人，比例为 8.59%（见图

① 需要指出，关于应负刑事责任的精神病人犯罪案件及其辩护情况目前缺乏公开的全国性统计数据，故本文只能采取局部区域内的调研数据并据此推断。例如，在 C 市中院 2008 年至 2010 年三年间审结的刑事案件中，被告人为精神病人的共有 7 名，除 2 名经鉴定为完全无刑事责任能力人外，另外 5 名均为委托辩护；C 市 W 区法院三年间审结的刑事案件中，被告人为精神病人的有 2 名，委托辩护与指定辩护各 1 人。

② 2008—2010 年 M 市中院一审审结的 203 件刑事案件，涉及被告人 384 人，其中指定辩护 259 人，比例为 67.45%。若按照《决定》规定对尚未完全丧失辨认或者控制自己行为能力的精神病人进行指定辩护，且必须原委托辩护者转为指定辩护，实际上可能增加 2 人，指定辩护率也仅仅是由 67.45%提高到 67.97%，即将原有法律援助的范围扩大了 0.52%。

3)。而在被判处无期徒刑的35名被告人中,指定辩护14人,比例为40.0%;委托辩护20人,比例为57.1%;仅2009年有1人自行辩护,比例为2.9%(见图4)。① 所以,《决定》虽然将无期徒刑案件纳入法律援助体系,表面上确实扩大了法律援助范围,但由于无期徒刑案件事实上已有相当部分获得法律援助、相当部分自己聘请了律师且可以合理判断不会有太多的人改聘免费律师,实质上真正因为条文规定的适用范围扩大而受益的被告人数量不多。就M市中院而论,若予扩大,则三年期间无期徒刑被告人指定辩护比例实际上可能仅增加2.86%。②

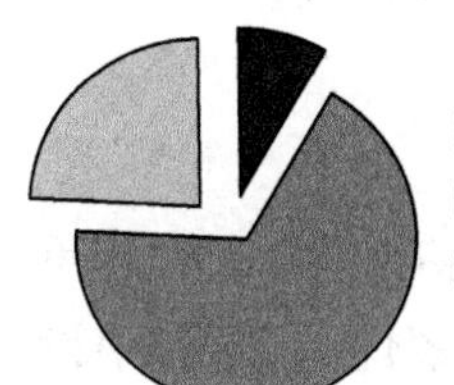

图3　2008—2010年M市中级法院一审刑事案件辩护情况

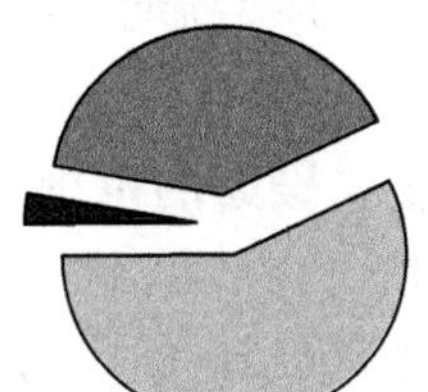

图4　2008—2010年M市中级法院一审判处无期徒刑案件辩护情况

总体而论,全部中院一审刑事案件的指定辩护比例也可能仅由67.45%增加到68.23%,即将原有法律援助的范围扩大了0.78%左右。③

综上,此次立法修改的条文表面上似乎在制度上有变化,但由于实践执行中应当负刑责的精神病人数量甚少,无期徒刑案件辩护率已相当高,因此,这一修改在事实上难以明显增加受援被告人数,意义当然有限。

---

① 类似的情况在较发达区域的C市也可见到。课题组对C市中院的调研发现,2008年至2010年,C市中院一审审结1 250件刑事案件中,对75名被告人作出判处无期徒刑判决,其中自行辩护有2人,比例为2.7%。

② 2008—2010年M市中院一审审结案件中,无期徒刑案件仅2009年有1人自行辩护,若为其指定辩护,无期徒刑被告人增加1人,指定辩护率较之前的40.00%(图4)上升至42.86%,增加2.86%。不唯如此,据课题组了解,C市法院刑事案件情况也大体如此。嗣后,课题组又对S省法律援助工作人员进行了访谈,工作人员告诉课题组,对于可能判处死刑的案件,司法实践中一般是法官进行初步阅卷后,根据情节轻重作出初步论断,决定是否为被告提供法律援助,但经过律师调查取证及辩护后,最终判处死刑的比例并不高。以S省2010年为例,刑事案件指定辩护5 491件,其中可能被判处死刑案件就有886件。M法院审判人员也告诉课题组,对于中院管辖的一审案件,法院一般会持审慎态度,由于案件绝对数量不高,对于没有委托辩护的被告人,法院会告知其享有辩护权,往往积极为其指定律师辩护。这进一步证实了笔者判断。

③ 同前注,若按照《决定》规定对应当负刑事责任的精神病人和无期徒刑案件进行指定辩护,实际上可能仅增加3人,指定辩护率可能仅提高到68.23%,较之修改前67.45%的指定辩护率,即将原有法律援助的范围扩大了0.78%。

三、如何改进刑事法律援助制度

基于上述分析,可以看出我国刑事辩护制度与法律援助制度的重要瓶颈之一,在于适用范围不宽以及与之相关的辩护率低下,此次立法对之改变甚微,怎么办?笔者以为,法律援助应视作为政府责任,成为国家为公民提供的公共服务。对于如何完善刑事法律援助制度,笔者认为未来应在肯定既有立法对法律援助范围的基础上,进一步提高刑事辩护率角度来扩展法律援助范围。

(一) 适当扩大法律援助的范围

笔者提出两个可供考虑的方案:对刑罚可能是10年以上有期徒刑的严重犯罪在一审中实行普遍的法律援助;或者针对普通程序审理的案件,在一审中设立普遍的法律援助。① 现分别论析:

一种方案是对于严重犯罪推行普遍的法律援助。这是指对于可能判处十年以上有期徒刑、无期徒刑、死刑案件都赋予被告人获得法律帮助的权利。因为这些案件的错判或误判,都会对被告人的人身自由及其他权利带来巨大影响,造成无可挽回的严重损失,出于对被告人权利保障和司法公正的考虑,应当实现普遍的法律援助。② 根据课题组对M法院的实证调研,2010年M市两级法院一审审结刑事案件1 740件,涉及被告人2 646人,其中判处十年以上有期徒刑125件,涉及被告人191人,占审结案件的7.2%。即使对191名被告人全部予以法律援助,依现有的刑事案件援助标准,全部成本支出也不过28万余元左右。③

---

① 当然,二审案件也应当适用法律援助,由于统计上的困难,我们在此无法计算,故未纳入讨论。但整体上基于10%左右的上诉率推断,相关案件的二审数据可能为一审的10%左右。故所使用的各项费用也会占一审援助费用的10%左右。

② 需要指出,根据法律年鉴统计标准,重刑为有期徒刑5年以上至死刑,在2009年占全部案件的比例为16.30%。统计上并无10年以上刑罚的案件数量与比例,本文对10年以上的重型案件只能通过具体调研而予以推断。数据来源:《2010年中国法律年鉴》,中国年鉴网络出版总库:http://acad.cnki.net,访问时间:2011年11月8日。

③ 根据中国法律援助网公布的《2009年全国法律援助工作统计分析》一文的介绍、分析,2009年全国法律援助机构办结各类法律援助案件545 894件,经费支出总额70 500.78万元。经费支出构成包括人员经费、基本公用经费和业务经费三项,分别为28 004.42万元、7 978.46万元和34 517.9万元(业务经费中办案补贴及支出为23 983.67万元,其他费用支出为10 534.23万元)。其中,人员经费、基本办公经费及业务经费中的其他费用(包括宣传费用支出和培训费用支出等)不区分案件类型,其平均支出约为853元/件,业务经费中的办案补贴及支出则按案件类型有所区分(在假定已结案件全部支付补贴的情况下,大致计算各类案件的平均补贴为:刑事案件634元,民事案件376元,行政案件697元),各项经费支出之和即为刑事法律援助案件成本。据此,可以推算出其平均成本为1 487元/件(人)。(转下页)

2010年M市GDP为960亿元，财政总收入119.40亿元，[①]律师事务所28家，律师工作人员329人，[②]无论是在人员配置抑或财政支持上，均完全有能力承担。以M市为参照来推算，全国每年一审判处10年以上有期徒刑的被告人可能仅为7.2万人左右，其成本也在我国财政可控范围内。[③]

另一种方案是针对普通程序审理的一审案件，设立普遍的法律援助。根据我国相关法律法规规定，普通程序审理的案件，多涉及犯罪情节较为严重、事实不清、证据不足或被告人不认罪案件，如果被告人不能有效地行使辩护权，其权利则极易受到损害。课题组对M市F区法院2010年审结的一审刑事案件进行了实证调研，2010年该法院一审结案351件，课题组随机抽取了F法院的175份案卷材料，对其中采取的审理方式进行了实证分析。其中涉及被告人264人，适用简易程序案件93件134人，普通程序简化审42件67人，普通程序案件40件63人。以下是相关数据(见表3)：

表3　M市F区法院2010年普通程序、简易程序、普通程序简化审案件分布

案件类型	简易程序案件	普通程序简化审案件	普通程序案件	总数
案件数量(件)	93	42	40	175
涉案人数(人)	134	67	63	264
所占比例	53.14%	24%	22.86%	100%

如表3所示，简易程序所占比例53.14%，普通程序简化审所占比例24%，

(接上页)所以，假定对M市法院审理的191名判处10年以上徒刑被告全部提供法律援助，以全国平均标准计，主要支出(不包括基建等固定资产的支出)可能在28万余元左右。数据来源与情况分析：《2009年全国法律援助工作统计分析》，中国法律援助网：http://www.chinalegalaid.gov.cn，访问时间：2011年10月12日。

① 数据来源：中华人民共和国国家统计局：《中国统计年鉴—2011》，中国统计出版社2011年版。

② 数据来源：M市律师协会。

③ 由于缺乏全国性数据，我们只能以局部地区的情况来作一个粗略的推断。M市判处10年以上有期徒刑案件占一审审结刑事案件的7.2%左右，以M市为参照，推测全国情况，2010年全国各级法院审结一审刑事案件涉及被告人1 006 420人，按7.2%来推测，一审判处10年以上徒刑的被告人可能为7.2万人左右。以2009年刑事法律援助案件主要成本(不包括基建等固定资产投入)大致在1 487元/件(人)来算，若法律援助这些案件的被告人，可能共计需要经费1.1亿元左右。鉴于2009年全国国内生产总值(GDP)335 353亿元，财政总收入68 477亿元，律师事务所15 888个，律师工作人员173 327名，同样，这也为我国财政与人力支出所可控。数据来源：《2010中国统计年鉴》、《2009中国法律年鉴》，中国年鉴网络出版总库：http://acad.cnki.net，访问时间：2011年11月11日。

普通程序审理的案件比例为22.86%。[①] 就全国的平均水平而言，普通程序审理的全部案件也应在20%—30%。[②] 以2010年为例，该年全国各级法院一审审结刑事案件779 641件，涉及被告人1 006 420人，即使对所有普通审理的刑事案件被告人提供普遍法律援助，法律援助案件的最高数量也仅在16万—23万件左右，约20万—30万人；由于其中1/4左右已有律师辩护，新增的可能需要享有免费律师辩护的数量大概在75%左右，受援被告人也不过15万—22万人，其成本也在财政支出的可控范围内。[③]

（二）加大法律援助的财政支持，提高刑事辩护率

要做到上述扩展，关键在于加强对法律援助的财政支持。法律援助作为一项政府职责已经在国际上得到了广泛的认同。我国政府也给予了积极回应。[④] 我国的《法律援助条例》第3条也规定“法律援助是政府的责任”，但同时《律师法》42条又将法律援助的义务附加给律师，其中规定：“律师、律师事务所应当按照国家规定履行法律援助义务，为受援人提供符合标准的法律服务，维护受援人的合法权益。”然而，由于种种因素包括以市场为导向的律师群体基于收益考量，不愿为被告人提供无偿法律帮助或难以提供有效的法律帮助，同时，社会律师参

---

① 课题组未能查到M市两级法院一审普通程序审理案件的确切数据，但通过对M市中院2008—2010年的案件分析发现：2008—2010年M市中院一审审结的203件刑事案件中，其中适用普通程序简易审的案件168件，比例为83%，结合表3中F区法院普通程序的适用比例，可以想到M市辖区内其他基层法院对于简易程序及普通程序简化审的适用率也不会低。

② 据有关调查，2003年实行普通程序简易审后，两种简易刑事程序共同处理的案件占全部刑事案件的60%—70%。参见左卫民等：《简易刑事程序研究》，法律出版社2005年版，第252页；此外，课题组还曾对S省S县法院2004年度审结的刑事案件抽样显示，普通程序审理的案件比例仅为10%。参见左卫民：《刑事诉讼的中国图景》，生活·读书·新知三联书店2010年版，第55页；同时，徐美君带领的课题组对上海某基层法院的调研也发现，2004年该院审结的743个刑事案件中，适用简化审158件，简易程序444件，普通程序141件，普通程序的适用比例仅为18.98%。参见徐美君：《刑事诉讼普通程序简化审实证研究》，《现代法学》2007年第3期；上海市检察院“刑事简易程序研究课题组”对基层检察院的调研发现，简易程序和普通程序简化审案件所占比例已经超过70%，适用普通程序案件比例为30%左右。参见“刑事简易程序研究”课题组：《刑事简易程序扩大适用问题研究》，《华东政法学院学报》2011年第3期。

③ 如前文，2009年刑事法律援助案件平均成本为1 487元/件(人)，若对此类案件被告人进行法律援助，其数量约为15—22万余人，需经费支出2.2—3.3亿元左右。

④ 我国法律援助经费自2000年始，一直处于增长态势，2000—2010年法律援助经费分别为1 941万元、5 206万元、8 444万元、16 456万元、24 577万元、28 052万元、37 028万元、52 533万元、68 349万元、75 760万元、100 600万元，平均增长率达46.07%。参见中国法律援助网：http://www.chinalegalaid.gov.cn，访问时间：2011年11月12日。

与刑事辩护"在雷区里工作"[①]的现实环境问题，也导致其辩护率包括委托辩护率一直较低，即便辩护也往往倾向于为有较强支付能力的案件当事人提供服务。笔者主持的"刑事一审程序实证研究与改革建言"课题组曾对刑事一审中律师辩护进行过实证研究，结果表明，我国辩护率低的最关键原因可能并非有关学者所言，是律师在刑事案件中面临的会见难、阅卷难、调查取证难等因素，至少笔者未见相关数据充分支持律师基于上述事由而拒绝为当事人提供普遍的辩护。我国刑事辩护率低的一个重要原因可能是大多数被告人由于经济贫困而无力聘请律师，[②]当然律师不热衷也是相关的重要原因。

怎么办？政府加大法律援助财政支持，或许是提高刑事辩护率的不二选择。2011 年国家财政年收入即将超过 10 万亿人民币，国家已具备足够的财政资源。以每年 100 万被告人为计算单位，即便在我国建立充分普适化的法律援助制度，同时借鉴域外英国刑事法律援助的相关做法，案件如果以政府购买社会律师服务的方式展开法律援助，[③]并以案件成本 2 000—3 000 元/件(人)计，[④]所需主要成本(不包括基建等固定资产投入等)约为 20 亿—30 亿元。这完全在我国现有财政支出的可控范围内。当然，参考美国模式，建立并推行普遍的公设刑事法律援助，律师事务所承担主要的刑事法律援助工作，甚至大多数刑事案件的辩护工作，也是可以考虑，且能为国家财政所承担(此方案较前一方案增加的投入主要是在基建等固定资产的投入方面)。

附带要指出的，我国律师制度虽已恢复 30 年，但目前我国仍有 210 个县没有律师，[⑤]较之 2004 年不降反升。但课题组试点发现，年轻法科生(以及高年级

---

① 刘思达:《割据的逻辑——中国法律服务市场的生态分析》，上海三联书店 2011 年版，第 181 页以下。

② 正如上面注释所提到的，2009 年 10 月，马静华对 D 县的实证调研发现，在被告人没有请律师辩护的原因中，"经济困难"成为一个关键因素。在总共 63 份针对被告人的有效问卷调查中，有 40 名选择"自己或家里人没有钱请律师"，比例为 63.5%。参见前引马静华文。

③ 近年来，社会律师在刑事法律援助方面一直起着主力军作用，以 2009 年为例，社会律师和法律援助机构工作人员办理刑事法律援助案件的比例分别为 64.7%和 35.3%。在中国既有的现行体制下，短期内建立普适性的公设辩护律师制度或很困难，参考英国刑事法律援助的相关做法，即政府购买律师服务的方式可能是一个选择。政府出钱招标，社会律师通过律师事务所进行竞标，政府对中标律师事务所给予 2 000—3 000 元/件补贴，并对办案质量进行监督、考评。不仅有利于降低办案成本，保证办案质量，也能够激发律师积极性，甚至能够在一定程度上缓解法科学生就业形势困难。相关数据来源：《2009 年全国法律援助工作统计分析》，中国法律援助网：http://www.chinalegalaid.gov.cn，访问时间：2011 年 11 月 18 日。

④ 尽管各地收费标准不同，但是 2 000 元一般是委托辩护律师在审判阶段的最低收费标准。

⑤ 中国政法大学知识产权中心主任徐家力：《中国律师 30 年增近 850 倍 仍有 210 个县无从业人员》(纪念《中华人民共和国律师暂行条例》颁布 30 周年座谈会发言摘要)，大洋网：http://www.dayoo.com，访问时间：2011 年 11 月 18 日。

在校生)、未取得律师执业证书的法律专业人员同样能够胜任刑事辩护工作。诸如基层法律服务人员、退休法官检察官等。从数量看,这些群体的人群数量远远超过律师,这些群体可以担当刑事法律援助的职责。基于中国的国情,笔者建议,在律师数量不足的地区可以将基层法律工作者等纳入刑事法律援助的队伍。

四、余论

笔者曾经主张,任何一项制度的改变必须从真实把握现实情况出发。在我国应当确立以实践为关注的中心对象,将中国的刑事诉讼实践,不管是立法实践还是司法实践作为关注的中心内容。刑诉法的修改也当如此。不仅如此,对于制度改革的后果也应在实证把握的基础之上去评判。那么从这样的角度来看,当下的刑事法律援助改革到底有什么后果,未来可能的改革到底会有什么后果都需要且可以通过实证研究进行把握。正是基于实证研究,笔者对现有的改革既作积极肯定的分析也说明其不足。也正是基于实证研究,笔者提出进一步扩大法律援助范围,并提高刑事辩护率的主张。期盼此次的修法和以后的修法各方能够共同努力,一同在实证研究的机制上推进改革。

案卷移送制度的恢复与庭前审查程序的完善

谢佑平*

2012年3月,我国《刑事诉讼法》完成了第二次修改,其中对案卷移送制度的恢复引起了诸多的关注和讨论。新刑诉法对案卷移送制度的重拾是进步抑或倒退,能否经得起历史的检验,对与其密切相关的庭前审查程序有怎样的影响?本文在回顾了我国公诉案件案卷移送方式的变革后,对在现有的刑事法治环境下恢复刑事案卷移送制度进行了理性的思考,并指出案卷移送的恢复为进一步改革和完善我国的刑事庭前审查程序提供了契机。

一、我国公诉案件案卷移送方式之嬗变

1979年的刑诉法充满了职权主义色彩,法院对提起公诉的案件进行实体审查和法官在审判活动中的主导地位,自然要求检察机关在起诉时将案卷材料和证据全部移送至法院。由于法官在庭审前已经对犯罪事实和证据进行过审查,对案件的争议焦点和相关情况有所了解,因此在后面的庭审中,能有效控制庭审进程和提高庭审效率。然而,“法官在审查公诉过程中所得出的有关案件可进入法庭审判的结论事实就等于法庭的有罪裁判结论,法庭审判事实上成为审查公诉结论的简单确认。同时,主持庭审的审判长很难保持中立的地位和态度,因为他在审查公诉活动中已对被告人有罪方面的充分性和合理性深信不疑”。① 因此,在对法官先入为主、庭审流于形式、混淆庭前审查和庭审任务、审判质量无法得到保证等质疑声中,1996年刑诉法的首次修改对公诉案件移送方式进行了重

---

* 谢佑平:中国刑事诉讼法学研究会副会长,复旦大学法学院教授、博导。

① 李奋飞:《从“复印件主义”走向“起诉状一本主义”——对我国刑事公诉方式改革的一种思考》,《国家检察官学院学报》2003年4月,第59页。

大变革，将 1979 年刑诉法的第 108 条修改为 1996 年刑诉法的第 150 条，规定："人民法院对提起公诉的案件进行审查后，对于起诉书中有明确的指控犯罪事实并且附有证据目录、证人名单和主要证据复印件或者照片的，应当决定开庭审判。"这一被戏称为"复印件主义"的公诉方式是介于"案卷移送主义"和"起诉状一本主义"之间的折中产物。显然，借鉴了英美法系的对抗制模式和大陆法系传统以及结合我国自身国情而颇具创新的"复印件主义"，其立法初衷是良好的，"一方面是为了排除法官的预断，避免先定后审，防止庭审走过场，以保障程序的公正性；另一方面，考虑到目前我国法官的整体素质、业务水平以及诉讼效率等问题，法律又不禁止法官庭前对主要证据的接触。"①

经过十多年的实践，由于缺乏相关制度的配套，起诉复印件主义并未达到当时的立法目的，其实施效果也不尽如人意。实务中，"检察院对大部分公诉案件实行的是全案移送的方式；对极少部分采行了复印件移送主义移送方式的案件，也往往会在开庭时或者开庭之后、合议之前移送全部案卷材料。"②因此，徒具形式意义的复印件主义不仅未能有效改变当时被视为案卷移送主义的弊端，而且还孳生了一些新的问题，主要表现为：未能彻底排除法官预断；限制了辩护律师的阅卷权；缺乏对公诉权的有效制约；为检察官在庭审过程中制造"突袭裁判"留下了空间；不利于节约司法资源、提高诉讼效益。正是复印件主义存在着种种问题，在 1996 年刑诉法实施期间，理论界再次呼吁对公诉案件的移送方式进行改革。"除了保留复印件移送主义的观点之外，相对于选择案卷移送主义，主张选择起诉状一本主义，并辅之相关的改进的观点一直占有上风。"③然而，刑诉法的再次修改并没有受到主流观点的影响，相反对 1996 年刑诉法的相关规定进行了较大改动，取消了起诉复印件主义，恢复了案卷移送主义。修改后的刑诉法第 172 条规定："人民检察院认为犯罪嫌疑人的犯罪事实已经查清，证据确实、充分，依法应当追究刑事责任的，应当作出起诉决定，按照审判管辖的规定，向人们法院提起公诉，并将案卷材料、证据移送人民法院。"同时，修改后的第 181 条删除了 1996 年刑诉法第 150 条"并且附有证据目录、证人名单和主要证据复印件或者照片"的规定，修改为"人民法院对提起公诉的案件进行审查后，对于起诉书有明确的指控犯罪事实的，应当决定开庭审判"。

---

① 王艳：《对复印件主义公诉方式的反思》，《国家检察官学院学报》2002 年 12 月，第 62 页。

② 仇晓敏：《刑事公诉方式：复印件移送主义、起诉状一本主义抑或全案移送主义》，《中国地质大学学报(社会科学版)》2007 年 5 月，第 73 页。

③ 仇晓敏：《论我国刑事公诉案件移送方式的弊端与选择》，《中国刑事法杂志》2006 年第 5 期，第 95—96 页。

刑诉法的再次修改重拾了案卷移送制度，这到底是立法的简单回归还是基于对司法实践的反思作出的更为理性的选择？笔者认为，立法机关在起诉一本主义和案卷移送主义之间经过权衡，恢复了案卷移送制度是对刑事审判发展规律的尊重，满足了刑事司法方面出现的新要求。

二、案卷移送制度的恢复要求改革庭前审查程序

在我国，刑事庭前审查程序指的是人民法院在开庭审理前，通过对检察机关移送起诉的案件材料进行审查，决定是否将案件交付人民法院开庭审判的一种诉讼活动。庭前审查程序与案卷移送方式关系密切，从广义上讲，案卷移送方式是庭前审查程序的内容之一。检察机关向法院提起公诉时，移送多少案卷材料一旦确定后，庭前审查如何进行将直接关系到设计案卷移送方式时所预期的目的能否达到。正如前文所述，2012 年刑诉法对案卷移送制度的恢复，其主要目的在于保障辩护方的阅卷权，有效制约公诉权的滥用，提高诉讼效率，节约诉讼资源等。然而，再次修改后的刑诉法塑造的庭前审查程序仍然过于简单化、形式化，不仅无法发挥庭前审查的功能，而且还会“稀释”甚至副作用于案卷移送制度所带来的“好处”。因此，案卷移送制度的恢复要求彻底改革庭前审查程序。

有学者在对世界法治国家的刑事诉讼庭前审查程序进行比较分析后，指出：刑事庭前审查是国家司法权运作的体现，是正式审判程序的预备、准备阶段。……科学的庭前审查程序必须遵循防止预断、明晰争议和促进效率三项原则，拥有过滤、分流、庭前准备和司法审查等基本功能。[①] 相比较，笔者认为，从影响案卷移送制度立法目的的实现的角度看，新刑诉法规定的庭前审查程序主要存在以下几方面的缺陷：

首先，庭前审查程序流于形式，难以形成对起诉的制约机制。虽然新刑诉法第 172 条规定了提起公诉的标准，以防止检察机关滥行起诉。但检察机关的起诉是否达到提起公诉的标准，法院如何进行审查？对此，新刑诉法缺乏相应的规定。一般来说，只要检察机关将案件起诉到了法院，法院就必须决定开庭审理。这样就使得大量可以通过庭前审查程序过滤在审判之外的案件一律进入开庭审理之后再行解决，不仅助长了检察机关滥行起诉的动因，而且增加了诉讼成本，难以针对不同案件作出不同的处理。案卷移送制度的恢复要求检察机关将全部

① 汪建成、杨雄：《比较法视野下的刑事庭前审查程序之改造》，《中国刑事法杂志》2002 年第 6 期，第 52—60 页。

案卷材料移送法院，以便法院在进行审查时能在全面了解案情的基础上，排除那些不应该起诉的案件，保障有些犯罪嫌疑人免受非法起诉之苦。然而，庭前审查程序的简单化和形式化并没有让案卷移送制度的设置目的得以实现。所有案卷材料到了法院后，仍旧采用形式审查，这实质上造成了庭前审查的虚无化，排除了国家司法权对追诉权的程序性监督和制约。

其次，庭前审查程序功能单一，影响审判质量和效率。“刑事庭前审查程序究竟应当承担何种诉讼功能并没有一个常规化标准，而是根据各国刑事诉讼的需要自行设定。但是，从两大法系的设计中可以看出，庭前审查程序所承载的功能都非单一化，而是多元化的。”①虽然，案卷移送制度的恢复给庭前审查程序功能的扩大提供了可能，比如，全案的移送为非法证据的排除创造了有利的条件。但是，我国刑诉法设计的庭前审查程序主要是为了解决审查公诉案件是否符合开庭条件，能否开庭的问题，对于非法证据的排除、达成和解协议该如何处理等问题并没有加以考虑，而这些问题的解决将会大大提高诉讼效率和审判质量。

第三，庭前审查程序过于简略，缺乏辩护方的参与。控诉与辩护是刑事诉讼中的两种基本权能，现代刑事诉讼机制要求实现控辩平等，以保障控辩双方展开有效的对抗，使诉讼活动真实、激烈地展开，保证案件客观公正地处理。“国外的庭前审查程序基本上都看作是一个独立的诉讼环节，均有控辩双方的参与，进行证据开示，听取双方意见，以平衡控辩双方的攻防力量。”②然而，按照我国的庭前审查程序，法院只需要根据刑诉法再次修改后的第 181 条的规定审查检察院移送的案卷即可，并不需要听取被告人的意见，排除了辩护方在庭前审查程序中的参与。案卷移送制度的恢复，充分保障了辩护方的阅卷权，加强了其能与控方展开平等对抗的权利。但是，庭前审查程序将辩护方排除在外的制度设计，显然削弱了对被告人程序性权利的保护。如果在案卷移送制度恢复的同时，增加辩护方在庭前审查程序中的参与性，将是对被告人权利更有力的保障。

第四，庭前审查程序无法达到排除法官预断的目的。案卷移送制度恢复后，随之产生的一个令人担心的问题便是法官预断的排除。在刑事案件中，当检察机关向法院全部移送案卷后，可能对法官造成预断的一个重要因素莫过于参加庭前审查的法官在接触了控方的卷宗证据后，又去参加庭审了。在现代刑诉法理念中，防止法官预断的形成早已成为程序公正的标准之一。世界刑法学会第

---

① 周欣：《论刑事庭前审查程序功能定位——兼评刑事诉讼法修正案（草案）第 171、180 条》，《中国人民公安大学学报（社会科学版）》2011 年第 6 期，第 12 页。

② 王宝娜、齐蕴博：《比较法视野下的刑事庭前审查程序改革》，《法制与社会》2007 年第 10 期，第 364 页。

十五届代表大会《关于刑事诉讼中的人权问题的决议》规定："为了使这种公正确实存在，必须严格区分起诉职能与审判职能，因此负责判决的法官必须是未参与预审的法官。"我国刑诉法的再次修改恢复了案卷移送，但由于没有规定庭前审查的法官与庭审法官相分离，为庭审法官的庭前预断和先入为主埋下了祸根。

三、我国庭前审查程序的完善

刑诉法的再次修改选择了案卷移送制度，但庭前审查程序却未进行相应的变动，这使得恢复案卷移送制度所期望获得的效果大大降低。可以预料的是，在新刑诉法正式实施后，全案移送的公诉方式与形式审查的庭前审查程序必将存在难以协调之处。因此，为充分发挥庭前审查程序在整个刑事诉讼过程中应有的作用，使其能更好地与案卷移送制度一起解决司法实践中广泛存在的问题，实现刑事诉讼所追求的公正与效率，有必要对我国的庭前审查程序进行改革和完善。

（一）刑事庭前审查程序应当是一个独立的诉讼程序

我国的庭前审查程序到底应该成为一个独立的诉讼阶段，还是仅仅作为附属于审判的一个步骤？笔者认为，这是一个首先需要解决的至关重要的问题。庭前审查程序在整个刑事诉讼程序中处于中间环节，上接公诉程序，下连庭审程序，应具有独特的法律定位。世界上的许多法治国家建立了不同形式的公诉审查机制，如法国的预审制度、德国的中间程序、英国的交付裁判制度、美国的治安法官预审制及大陪审团审查起诉制、意大利的初步开庭制度等。然而，与这些国家相比，我国刑诉法一直将庭前程序置于一个不被受重视的位置。再次修改后的庭前审查程序并不具有独立性，只是对提起的公诉有一个相对简单、粗糙的审查规定，不能称得上真正意义上的庭前审查程序，只能算是刑事审判程序的一个阶段而已。"由于立法者对庭前审查程序法律定位的失误，使其根本上没有成为衔接公诉与审判独立的中间环节，造成了刑事诉讼程序的断层，进而影响了整个诉讼机制的有效运转。"[①]因此，笔者认为，应当将庭前审查程序从审判阶段脱离出来，将其设置为一个完全独立的诉讼程序，这个程序应当有属于自己的开启方式、运行流程和终结处理过程，是一个不附属于审判程序而又能为审判程序更好

① 汪建成、杨雄：《比较法视野下的刑事庭前审查程序之改造》，《中国刑事法杂志》2002年第6期，第61页。

服务的独立程序。

（二）刑事庭前审查程序应当具有多元化功能

一个独立的刑事庭前审查程序应当具备怎样的诉讼功能才能更好地发挥其在刑事诉讼中的作用呢？各国在对庭前审查程序进行设计时，所赋予的功能不尽相同。美国的预审法官听证制度的主要任务是：进一步审查决定起诉的证据理由是否合理、合法；为控辩双方提供证据交换的平台；对是否羁押和保释进行司法审查等。加拿大司法部在讨论本国“初步听审”的改革时，指出初步听审的功能在于：初步听审是被告方为庭审作充分准备的最后方式；初步听审有助于所有当事人为了各自的利益为庭审作准备；一旦被告在初步听审中有机会听取证明其罪行的证据，其较有可能在庭审前就表示服罪；为被告方和检察机关讨论有罪答辩提供了一个较好的平台，从而使指控被减少且适用刑罚适当；初步听审后，被告方能决定接受一些证据并限定庭审中将争论问题的范围；初步听审并不会延误审判，事实上，有可能有助于提前审判的日期。[①] 随着我国司法环境不断发生变化，再次修改后的庭前审查程序功能过于简单，已经无法满足司法改革和诉讼需求。笔者认为，在现阶段，设立庭前审查程序的目的应当主要包括：一是对起诉案件进行审查，为法庭审理输送符合开庭条件的案件，将不符合审判条件的案件阻挡在审判之外；二是为法庭审理适用不同程序、分流案件、简化程序作必要的准备；三是对非法证据的认定与排除；四是为控辩双方提供一个信息交换平台，整理和明确讼争要点，为庭审顺利进行和高效开展服务。

（三）刑事庭前审查法官与庭审法官应当分离

在案卷移送制度恢复后，如果将庭前审查程序设计为实质性审查的话，最令人担心的是这将导致法官预断的形成，最终导致庭审形式化。这也可以说是我国庭前审查程序改革中的最大矛盾，即庭前审查程序功能的强化要求庭前审查程序的法官积极参与，充分审查，但由于我国庭前审查法官与庭审法官同一，法官过多了解案件就会形成对案件的预断。因此，建立庭前审查法官与庭审法官分离机制，在同一案件中担任了庭前审查的法官就不能担任该案的审判法官，也不能与庭审法官就案件情况交换意见或进行某种实质性的接触，以避免先入为主，形成预断，从而保证审判的公正进行。有学者认为，审查法官与审理法官不应分开，这是考虑到现有法官素质及我国长期司法实践中形成的习惯性做法。

---

① 江礼华，杨诚主编：《外国刑事诉讼制度探微》，法律出版社2000年版，第199页。

尽管对法官断案会产生一些先入为主的负面影响，但从总体来看，对于法官全面了解案件事实，主持、驾驭好法庭审理，充分发挥法庭审理功效，形成以庭审为中心的案件审判模式，还是有许多益处的。[①] 笔者认为，随着我国刑事司法改革的不断深入，我国庭审方式已经向抗辩式审判模式迈进了一大步，加强控辩双方的举证质证、交叉询问和平等对抗是未来刑事审判方式不可动摇的目标。要真正维护以审判为中心的诉讼体系，就需确保裁判者在判决形成之前不会接触到将影响其内心确信的信息，只有这样才能排除裁判者的预断，增加庭审的对抗性，使庭审走向实质化。另外，将庭前审查法官与庭审法官相分离，可使法官分工更加专业化、精细化，使庭审法官有更多的时间与精力去完成庭审，以利于审判的公平和公正。

（四）刑事庭前审查程序应由控辩审三方参与

从结构上而言，刑事诉讼形式上是控辩审三者的关系，是典型的“三方组合”：原、被告双方平等对抗，而法官作为审判者居中裁判，形成一个等腰三角形的几何结构，遵循控辩平等、控审分离和审判中立的基本理念。这样的诉讼理念应当贯穿于整个刑事诉讼过程。庭前审查程序作为刑事诉讼中衔接公诉与审判的一个独立程序，也应具备诉讼的基本结构，由控辩审三方共同组成和参与。在我国长期的刑事诉讼历程中，控辩双方根本就不平等，辩方处于明显的弱势地位，这是一个不争的事实。案卷移送制度恢复的一个主要目的就是解决辩方阅卷难的问题，如果能在庭前审查程序中引入辩方的参与，将进一步保障辩方的诉讼权利。因为，在庭前审查程序中引入适度的对抗机制，让控辩双方同时参与，不仅可以防止法官单独接触控方的材料、作出不利于被告人的庭前审查决定，而且可以明确诉讼争议焦点，辩方对不合理的证据可以提出异议，以维护自身的合法权益。

① 甄贞：《论刑事诉讼庭前审查程序的改革》，《法学家》2001年第2期。

科学构建中国证据法定形式的应然体系

刘万奇*

证据法定形式，在中国又被称为证据的种类，是现行法律使用专门的条款规定的承载证据内容的各种形式。中国历史上的法律文本和法律实务，都十分重视证据的法定形式。在当今世界法治较发达国家的立法和法律实践中，对证据的形式也有着不同样态的规制和体现。

任何证据都是由内容和形式构成的，证据所反映的有关案件情况的信息就是证据的内容，而承载有关案件情况信息的载体就是证据的形式。证据的形式又有证据的自然形式、证据的固定方式和证据的法定形式之别。所谓证据的自然形式或形态，就是证据内容所依附的原本状态下的各个具体物体、痕迹、文字、图画、符号、电子数据、自然人、自然人的表述等承载体。这些原本状态下的自然承载体，有的可以直接被提取、移动进入诉讼领域，有的则必须采取特定的方式加以固定才方便观察、移动、检验，进而才能发挥证明作用。记载证据自然形式或形态的照片、笔录、模型、镜像、录音、录像、绘图等就是证据的固定方式。证据的固定方式已不再是证据原来的自然形态，但它们反映证据原来的自然形态，并与证据原来的自然形态一起承载同样的证据内容。证据的固定方式没有属于自己的证据内容，它完全依附证据的自然形态，如果证据的固定方式本身有了不同于被它所固定的证据自然形态所承载的证据内容，那么，这个时候的证据固定方式就可能成为另外一种证据的自然形式了。证据的法定形式不同于证据的自然形式，它们是对证据自然形式的必要抽象和归纳。依据证据的自然形式有没有发挥证明作用的特定证明机理，对形形色色的证据自然形式或形态加以归纳、抽象和概括，就形成了证据法定形式及其体系。证据法定形式是以证据的自然形式为基础，所针对的是各个自然形态的具体证据。它们是凭借自身的证明机理

* 刘万奇：中国刑事诉讼法学研究会副会长，中国人民公安大学公安法治研究中心主任，中国人民公安大学法学院教授、博导。

而自然地表现为各种形式的。各个证据法定形式之间的区分，不是依据人为设定的划分标准，而是以每种证据自身结构、特质、形态及其由此形成的特殊证明机理自然区分的。它们构成证据这一抽象概念的各个具体形态。如同苹果、香蕉与水果概念的关系一样。而证据的理论分类，则是分别依据不同的标准，对证据所作的学理划分。它是一种人为的分类，其分类标准和方法都是人造的，其目的是揭示每一大类证据的本质属性和规律，从而给人们使用该类证据提供理论帮助。

证据法定形式的重要性是不应当被忽视的。证据法定形式至少具有四个方面的基本功能：证据法定形式是证据内容的合法载体；证据法定形式是证据规格的外在标准；证据法定形式是证据规则的规制对象；证据法定形式是证据审核的聚焦基点。

证据的法定形式是以证据的自然形态为基础，借助证据的固定方式，依据证据发挥证明作用的不同机理，采用立法的方式加以提炼、归纳所形成的证据法定种类。采用罗列证据法定形式的国家，不承认立法列举之外的证据法定种类，反映案件情况的证据内容，只有依附于法定的证据形式上，才具有形式上的合法性。针对证据法定形式是内容法定载体的功能，设计证据种类时就必须考虑其周延性，或者干脆采用开放式的表述方式，否则，就会遗漏有证据价值的材料，使其由于缺乏形式上的合法性而被排斥在证据法定种类之外。我国的证据立法注意到了这一点，2012 年我国《刑事诉讼法》、《民事诉讼法》修改对证据表述的改变和对证据种类的增加，使得我国的证据法定形式由原来封闭式的罗列，不动声色地变成了相对开放式的包容性规定，为今后立法增加证据法定形式预留了空间。现行的相关立法表明，在我国的立法者看来，截至《刑事诉讼法》、《民事诉讼法》修订时，法律的罗列已经穷尽了所有有着独立证明机理的证据种类，反映有关案件情况的证据内容尽可以体现在法律所列举的证据法定形式里。

以证明机理为依据而确定的各种证据法定形式，自身就蕴含着这样的成立前提，即每一种被确立的法定形式，其在发挥证明作用方面有着特定的渠道或角度，并且是行之有效的。否则，它们就不会被立法确定为某一种证据法定形式。这些行之有效的发挥证明作用的特定渠道或角度，恰好外化成特定证据法定形式的构成要素。行之有效的证明渠道或角度，再加上外化的构成要素，正是人们判断一个证据是否合格的主要指标。因此，一般地说，一个合格的证据法定形式，正是证据规格的外在标准。

完成法律对证据的调整，必须要有明确、统一、具体的证据指称。这也是任何法律调整实现的逻辑起点。法律实现对证据的调整也不例外。证据法定形式是立法在证据自然形态的基础上，依据证据的不同证明机理而确定的具体证据种类及称谓，由它来充当法律调整证据现象的指称是理所当然的。几乎所有的证据规则往往都在指向证据的法定形式，都是以证据的法定形式为受体、为指称来规制证据的收集和运用的。同时，法律规则调整证据的全部目的，就在于保障证据内容真实、有效、公平和令人信服地发挥证明作用，而证据的内容往往都是客观世界中的物质、状态、时空、痕迹、感受、印象、音像等，大多属于自然科学领域的东西，这些事物一般都遵循着自然规律运动，法律对它们往往无能为力，常常也无需调整。法律能够规制的就是证据的形式，法律要想调整证据的内容，通常也要通过对证据法定形式的规制来实现。在一般情况下，只有证据法定形式才可能成为法律规制的对象。

证据法定形式既是审查判断证据时所使用的工具，又是审查核实证据的着眼点和着力点。任何证据必须查证属实才能作为定案的根据，这是立法者、裁判者、控辩双方达成的共识，也是实现诉讼目的、追求诉讼价值目标的必然要求。审查判断证据的方法、途径、工具、对象和标准，是完成证据查证属实的基本要素。这一切基本要素都共同指向一个基点，即证据的法定形式。证据法定形式是依据证据发挥证明作用的机理相互区别而设立的证据个体，运用某一个或某几个证据的证明机理去审查、核实某个证据的证明机理是否真实、有效，发挥了怎样的以及多大的证明作用，是证据审查判断的基本过程。对证据的审查判断或对证据的查证属实，通常都是从上述证据法定形式框架下的某一个单个证据开始的。这种对证据的审查判断或对证据的查证属实的路径，本身就是以对证据法定形式的科学区分为前提的，所使用的查证工具，就是各证据法定形式之间差异的证明机理，没有证据法定形式的相互区分，就不能进行证据间的相互核实。不然，证据的查证属实就只能是程序上的，而无法达到实质上的，因而也无法落到实处。

“证据自然形态基础上的证明机理”是证据法定形式的设立标准。这是证据法定形式或证据法定种类确立和划分的内在依据，也应当是唯一的内在统一的依据。在理论上明确证据法定形式或证据法定种类的设立标准，是建立科学的证据法定形式体系的必要前提。所谓机理，是系统科学借用生物学的术语，是指为实现某一特定功能，一定的系统结构中各要素的内在工作方式以及诸要素在一定环境条件下相互联系、相互作用的运行规则和原理。具体而言，证据的证明机理也可以称作证据证明的内在方式，其指称的是某一证据形式发挥功能作用的内在机能，也可以理解成证据发挥证明作用的途径或角度。一种自然形态的具体证据，它凭借什么发挥了怎样的证明作用，也就是其产生证明作用的机理。

机理不同，证明角度或途径有异，当然就应分属不同的证据种类。完整地说，证明机理要由证据的自然形态、证据发挥证明作用的角度或途径和证明的目标三个要素组合而成。虽然证明机理是从证据发挥证明作用的途径或角度着眼的，但也离不开另外两个要素。证据自然形态是证明机理的基础，证明目标是证明机理的方向。在特定形态基础上，为达到特定目标，证据发挥证明作用的角度或途径才形成特定的证明机理。

以上述证明机理为标准或依据，我国法律规定的证据法定形式应当被重新审视和归纳。首先，保留物证、书证的独立设置，因为它们原本就是两种有着独立证明机理的证据。其次，设立人证，与物证、书证并列，将证人证言，犯罪嫌疑人、被告人的供述和辩解，被害人陈述，以及民事诉讼、行政诉讼和其他案件中的当事人陈述归入人证之中，并且增加见证人的见证作为人证的一种。分别用“证言”、“口供”、“陈述”、“见证”语词来表达。第三，保留鉴定意见的独立地位并与人证并列。鉴定意见与四种人证不同，它发挥证明作用的关键在于它的科学性，而不在于人的感知。第四，将《刑事诉讼法》规定的勘验、检查、辨认、侦查实验等笔录，《民事诉讼法》规定的勘验笔录，《行政诉讼法》规定的勘验笔录、现场笔录，合并称作“职权活动记录”。最后，将“视听资料”改为“音像资料”，继续保留其独立的证据地位。由于电子数据具有独立的证明机理，因此也有单列的必要。图如下：

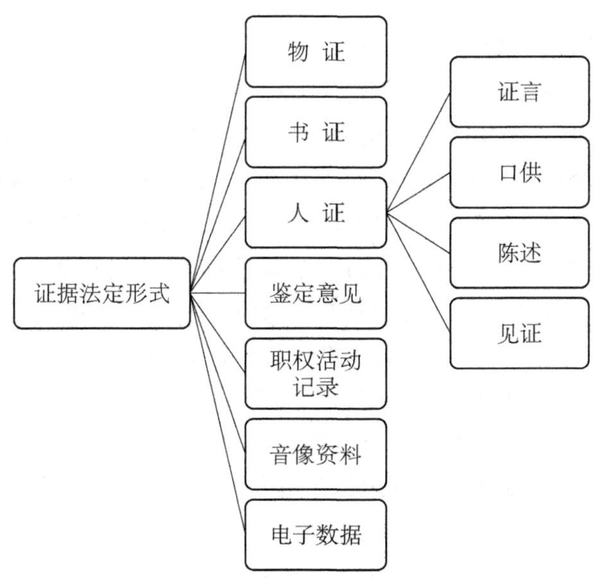

我国证据法定形式应然体系图

中国刑事法律援助制度的立法演变与实践发展

顾永忠[*]

法律援助制度在中国起步较晚，历史不长，但在近二十年来得到快速发展，取得了巨大成就。其中刑事法律援助制度伴随刑事诉讼制度的不断发展和完善，也有重要的发展，取得长足进步。本文仅就1949年中华人民共和国成立以来，刑事法律援助制度在立法上的演变及实践中的发展向与会的各位代表报告。

一、中国刑事法律援助制度的历史回顾

自中华人民共和国成立以来，中国法律援助制度包括刑事法律援助制度的建立与发展大致经历了三个阶段。

（一）第一阶段：萌芽

1954年9月，新中国第一部《宪法》和《人民法院组织法》正式颁行。其中，《宪法》第76条和《人民法院组织法》第7条明确规定："人民法院审理案件，除法律规定的特别情况外，一律公开进行。被告人有权获得辩护。被告人除自己行使辩护权外，可以委托律师为他辩护，可以由人民团体介绍的或者经人民法院许可的公民为他辩护，可以由被告人的近亲属、监护人为他辩护。人民法院认为必要的时候，也可以指定辩护人为他辩护。"于是，从1955年起，北京、上海、南京、武汉、沈阳等20多个城市开始试行律师制度。1956年1月司法部向国务院提出《关于建立律师工作的请示报告》，并于同年7月获得国务院正式批准。根据这项报告，当时计划凡30万人口以上的市和高、中级人民法院所在地的市、县在本年内都要建立法律顾问处。到第三个五年计划全国配备24 400名律师。[①] 由

---

* 顾永忠：中国刑事诉讼法研究会副会长、秘书长，中国政法大学诉讼法学研究副院长，教授、博导。

① 参见徐家力等著：《中国律师制度史》，中国政法大学出版社2000年版，第180—181页。

此可见，中国刑事法律援助起因于刑事诉讼中人民法院认为必要的时候为被告人指定辩护人的需要。但 1957 年以后，由于“左”倾思想的影响，律师制度以及刑事法律援助制度被废除。

1979 年 7 月，中国第一部《刑事诉讼法》获得通过，其中第 26 条规定，被告人除自己行使辩护权外，还可以委托律师、人民团体或者被告人所在单位推荐的人，或者经人民法院许可的公民；被告人的近亲属、监护人等为其辩护。不仅如此，第 27 条还明确规定：“公诉人出庭公诉的案件，被告人没有委托辩护人的，人民法院可以为他指定辩护人。被告人是聋、哑或者未成年人而没有委托辩护人的，人民法院应当为他指定辩护人。”于是，恢复重建 1957 年被“左”倾思想取消的律师制度及刑事法律援助制度被正式提上日程。

1980 年 8 月 26 日，立法机关制定通过《律师暂行条例》，标志着中国律师制度的正式恢复重建。其中，在规定“律师的主要业务”时指出，“接受刑事案件被告人的委托或者人民法院的指定，担任辩护人”，再次表明“律师接受人民法院的指定担任辩护人”是刑事法律援助制度产生的重要起因。

（二）第二阶段：建立

1993 年，经国务院批准，司法部提出并推行深化律师工作改革方案，与此同时，积极推动把刑事法律援助写入将要修订的《刑事诉讼法》和准备制定的第一部《律师法》中，并以此为契机逐步建立和实施法律援助制度。

1996 年 3 月，在加强刑事司法人权保障理念的指导下，立法机关对《刑事诉讼法》进行了第一次大修改，其中第 34 条专门就刑事法律援助制度作了集中规定：“公诉人出庭公诉的案件、被告人因经济困难或者其他原因没有委托辩护人的，人民法院可以指定承担法律援助义务的律师为其提供辩护。被告人是盲、聋、哑或者未成年人而没有委托辩护人的，人民法院应当指定承担法律援助义务的律师为其提供辩护。被告人可能判处死刑而没有委托辩护人的，人民法院应当指定承担法律援助义务的律师为其提供辩护。”该规定扩大了法定法律援助的对象，增加了对盲人被告人和可能判处死刑的被告人的法律援助；同时明确了提供法律援助的程序和主体，即应当由“人民法院指定承担法律援助义务的律师为其提供辩护”。

1996 年 5 月，我国第一部《律师法》被通过，其中专设“第六章　法律援助”，就法律援助的有关事项作出规定，其中第 41 条规定：“公民在赡养、工伤、刑事诉讼、请求国家赔偿和请求依法发给抚恤金等方面需要获得法律帮助，但是无力支付律师费用的，可以按照国家规定获得法律援助。”

1996 年 11 月，司法部召开了“全国首届法律援助理论研讨暨经验交流会”，全面总结建立和实施法律援助制度的意义，结合国情讨论中国特色法律援助制度的基本内容和特点。同年12月，作为指导、协调全国法律援助工作的职能机构，司法部法律援助中心正式成立。1997年3月中国法律援助基金会也获准正式成立。再加上当时已形成的法律援助工作基础及1993年后通过深化改革而带动起来的律师队伍的繁荣发展，新中国法律援助制度步入坦途。

(三) 第三阶段：快速发展

2003年7月，国务院发布《法律援助条例》。它从“总则”“法律援助的范围”“法律援助申请和审查”“法律援助实施”“法律责任”“附则”6个方面对我国法律援助制度的基本问题作了系统、明确的规定。其中明确“法律援助”的核心内容就是“符合本条例规定的公民，可以依照本条例获得法律咨询、代理、刑事辩护等无偿法律服务”。更重要的是，《条例》首次明确指出：“法律援助是政府的责任，县级以上人民政府应当采取积极措施推动法律援助工作，为法律援助提供财政支持，保障法律援助事业与经济、社会协调发展。”随着经济社会的快速发展，《法律援助条例》的发布、实施极大地推动了中国法律援助工作的快速发展。

二、中国刑事法律援助的发展状况

中国刑事法律援助的发展是包含在法律援助的整体发展之中的，因此，了解中国刑事法律援助的发展必须与中国法律援助的整体发展联系起来一并考察。

(一) 历年办理法律援助案件总数

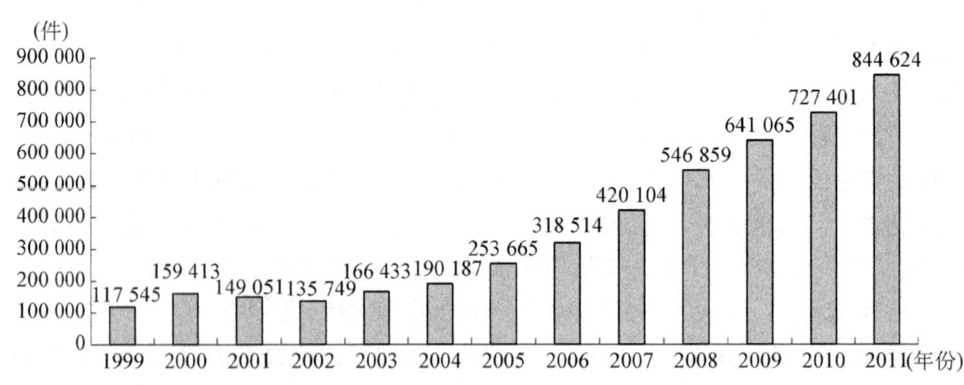

图1　历年全国法律援助机构办理案件总数(1999—2011年)①

① 以上数据参见《全国历年法律援助数据图》，中国法律援助网：http://www.chinalegalaid.gov.cn/China_legalaid/content/2010-08/27/content_2263187.htm?node=24953.

（二）历年办理的刑事案件数量及与民事、行政案件的比较

法律援助案件包括刑事、民事、行政三类案件。在已办理的法律援助案件中，三类案件所占的比例有所不同并不断变化，如图 2 所示：

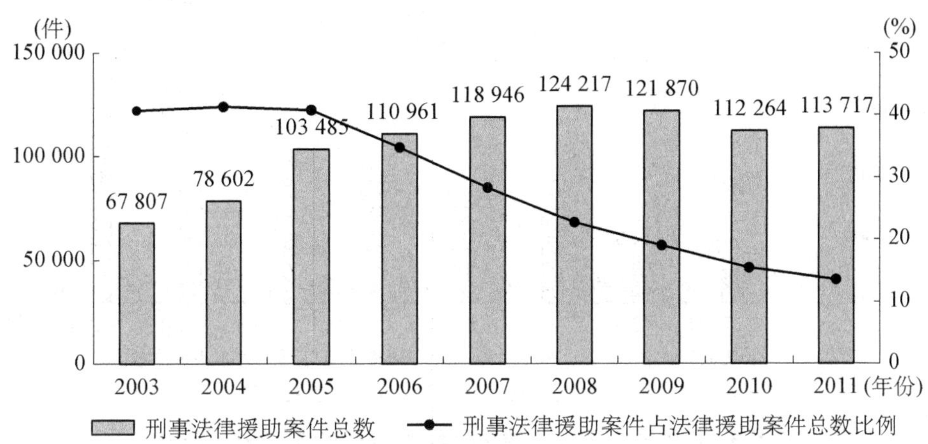

图 2　历年刑事法律援助案件总数(2003—2011 年)[①]

从绝对数看，2011 年全国法律援助机构共办理刑事法律援助案件 113 717 件，比 2003 年增长 40.38%。但从刑事法律援助案件在法律援助案件总数中的比重看，则呈递减趋势，从 2003 年的 40.7%逐年递减至 2011 年 13.5%，减幅达 27.8 个百分点。

相比之下，民事、行政法律援助案件总数呈逐年上升趋势(如图 3)，其中，2003 年至 2011 年，民事法律援助案件增幅达 7.6 倍，2011 年民事法律援助案件占全部法律援助案件总数的 86.1%。

（三）各类法律援助人员办理刑事法律援助案件情况

实践中，刑事法律援助案件由法律援助机构工作人员与社会律师办理，但社会律师办理的案件数多于法律援助机构工作人员。

如图 4 所示，2007—2009 年，社会律师办理刑事法律援助案件分别占全年刑事法律援助案件总数的 61.1%、63.3%、64.7%，呈逐年上升趋势。社会律师在刑事法律援助中发挥着重要作用。

① 以上数据参见《全国历年法律援助数据图》，中国法律援助网：http://www.chinalegalaid.gov.cn/China_legalaid/content/2010-08/27/content_2263187.htm?node=24953.

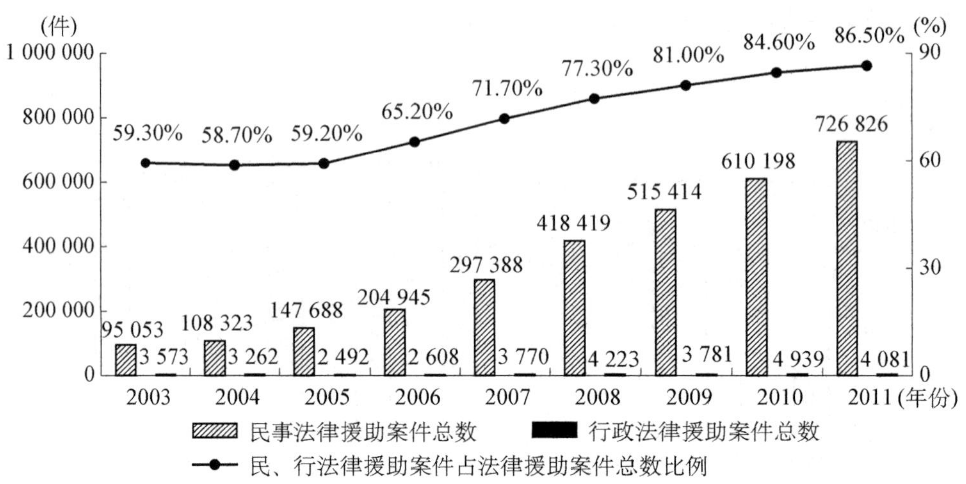

图 3　历年民事、行政法律援助案件总数(2003—2011 年)①

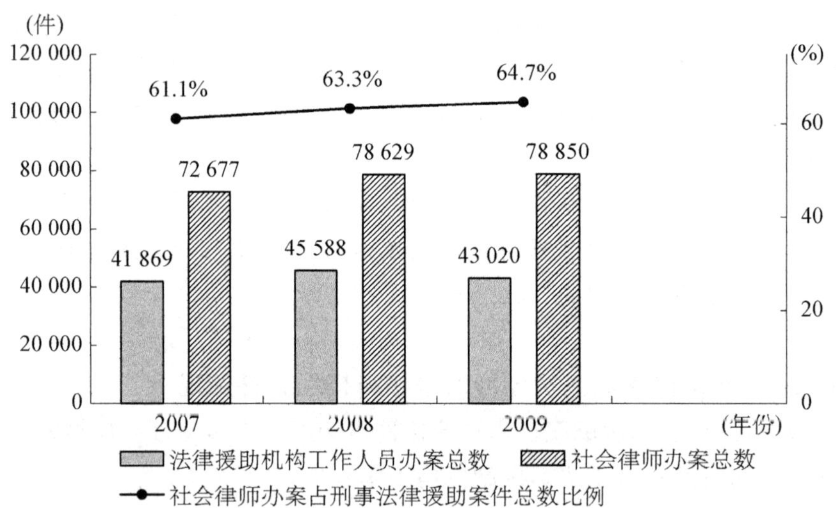

图 4　历年各类人员办理刑事法律援助案件总数(2007—2009 年)②

---

① 以上数据参见《历年全国法律援助统计分析》，中国法律援助网：http://www.chinalegalaid.gov.cn/China_legalaid/content/2010-08/27/content_2263187.htm?node=24953.

② 以上数据参见《历年全国法律援助统计分析》，中国法律援助网：http://www.chinalegalaid.gov.cn/China_legalaid/content/2010-08/27/content_2263187.htm?node=24953.

（四）刑事法律援助案件占法院一审刑事案件总数比例

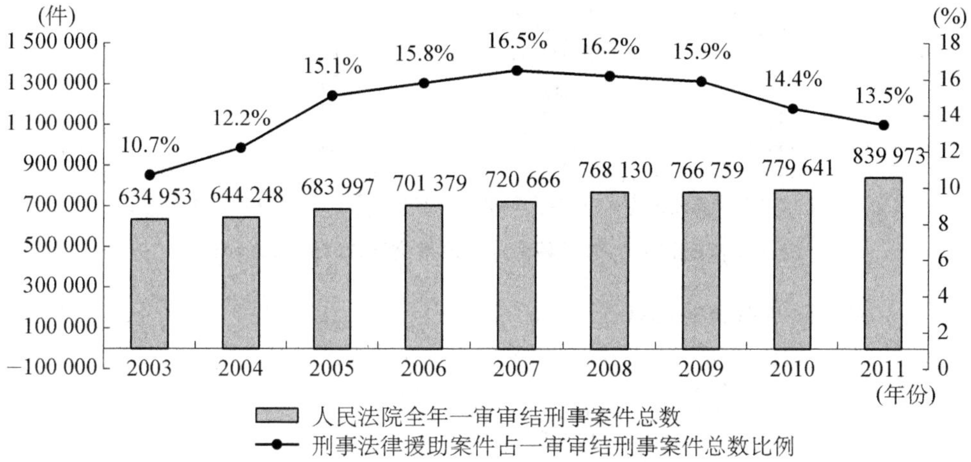

图 5　历年刑事法律援助案件占全年一审审结刑事案件比例(2003—2011 年)[①]

2003—2011 年，刑事法律援助案件占全国一审审结刑事案件平均比例为 14.5%。

（五）刑事案件中律师辩护率的情况

在中国，目前尚无刑事诉讼活动中律师参与辩护比例的官方统计资料。一般认为，在刑事案件中律师辩护率在 30%左右。对此我们通过查阅卷宗、收集相关资料等途径进行了专题调研。

1. 青海省海北州的情况

青海省海北州是一个面积 3.43 万平方公里、人口只有 28 万、以少数民族为主要居民的高原地区。2009 年至 2011 年，下辖四个基层法院共审结刑事案件 558 件，其中有律师辩护的案件 168 件，平均律师辩护率为 30.1%。在有律师辩护的案件中，个人聘请律师辩护的案件总数 142 件，占案件总数的 25.4%；当地法律援助机构办理 26 件，占案件总数的 4.7%。

① 以上人民法院一审审结刑事案件总数源自历年《中国法律年鉴》公布的数据。实际上，刑事法律援助案件所占的比例达不到平均 14.5%，因刑事法律援助案件是按一人一案统计的，而法院案件数是以起诉书或判决书为统计依据的，共同犯罪案件也统计为一案。

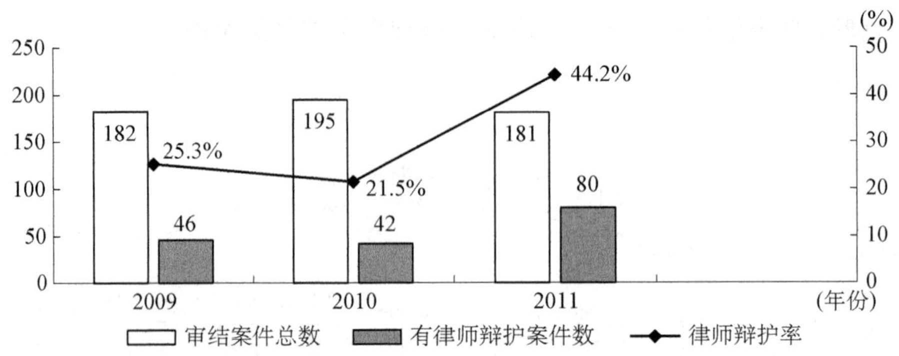

图 6 青海省海北州刑事案件辩护率统计(2009—2011 年)①

2. 黑龙江省密山市的情况

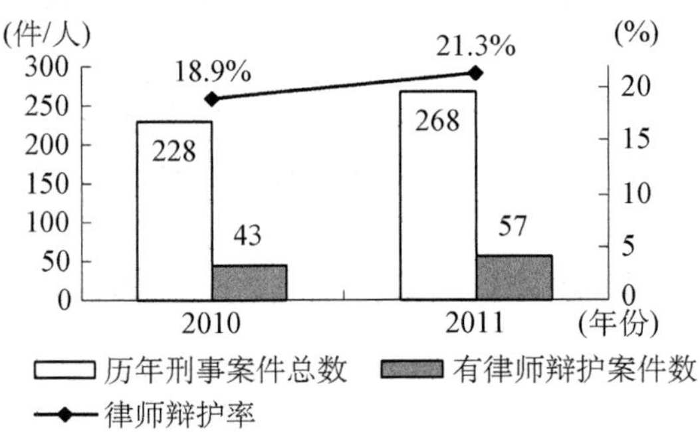

图 7 黑龙江省密山市刑事案件辩护率统计(2010—2011 年)②

黑龙江省密山市是靠近中俄边境地区以农业为主的县级市，人口 40 余万，面积 7 000 多平方公里。按被告人一人一案统计，2010—2011 年，共办理刑事案件 496 人/件，其中有律师辩护的案件 100 人/件，平均律师辩护率为 20.2%。在有律师辩护的案件中，个人聘请律师辩护案件总数为 56 人/件，占案件总数的 11.3%；当地法律援助机构办理 44 人/件，占案件总数的 8.9%。

3. 北京市某区的情况

图 8 为有关研究人员对北京市某区历年刑事案件律师参与辩护的统计，该区历年来平均律师辩护率为 31%。其中，除被告人个人聘请的律师及法律援助机构指派的律师外，还有部分案件为非律师辩护人办理的案件，其在 2005—2009 年历年所占的比例分别为：13.1%、4.2%、2.9%、1.3%、0.3%，但该部分

---

① 以上数据由青海省海北州中级人民法院提供。

② 以上数据系查阅该市法院判决书统计。

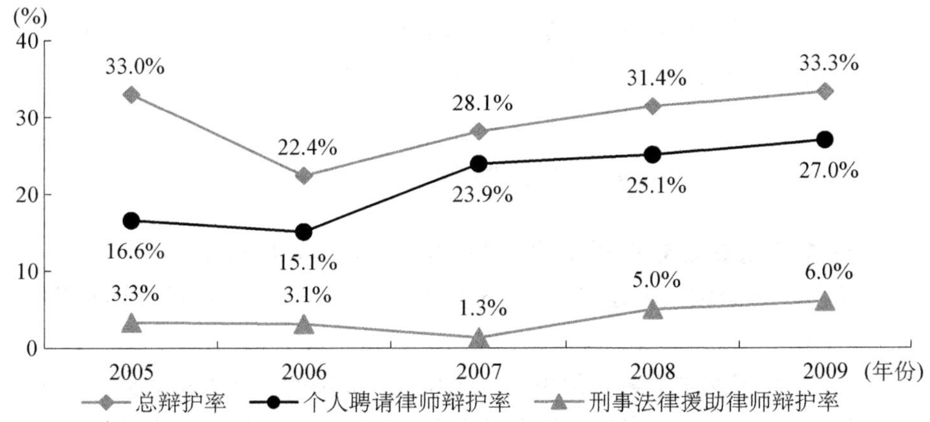

图 8　历年北京市某区基层法院刑事案件辩护率统计(2005—2009 年)①

数据未纳入上图中。

此外，我们还对上海市浦东新区法院、浙江省宁波市慈溪市、四川省眉山市东坡区、广东省佛山市顺德区、河南省郑州市金水区、陕西省西安市长安区、湖南省长沙市岳麓区、广东省深圳市盐田区、广西壮族自治区南宁市兴宁区等 9 个基层法院网站所公布的 2011—2012 年刑事判决书逐案进行统计(每个法院不少于 100 个案件)，各个法院有无律师辩护的案件及所占比例如下：

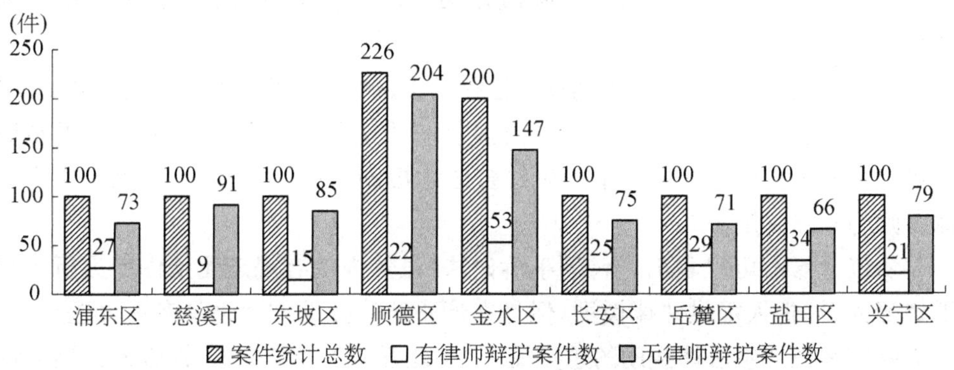

图 9　2012 年各地基层法院刑事案件律师辩护抽样统计②

以上各法院的律师辩护率分别为：27％、9％、15％、10％、26.5％、25％、29％、34％、21％。在总计 1 126 个案件中，只有 235 个案件有律师参与辩护，平

① 相关数据参见冀祥德：《中国刑事辩护若干问题调查分析》，《中国司法》2011 年第 7 期，第 29 页。

② 上述数据均来自对各法院网站公布的刑事判决书的统计。

均律师辩护率为20.8%。由于网上公布的判决书并不是各法院所审结的全部刑事案件，但在一定程度上也可反映出各法院刑事案件的律师辩护率。

三、中国刑事法律援助面临的机遇与展望

（一）刑事诉讼法修改后刑事法律援助面临的发展机遇

2012年3月全国人大通过的《刑事诉讼法》在刑事法律援助方面作出了以下重大修改：①

第一，扩大了法定刑事法律援助的范围：从原来的三种人扩大到五种人，即在原来未成年人、盲、聋、哑人以及可能判处死刑的人的基础上，又增加了"尚未完全丧失辨认或者控制自己行为能力的精神病人"和"可能被判处无期徒刑的人"。这五种人在刑事诉讼中，如果没有委托辩护人，公安、司法机关应当通知法律援助机构为他们指派辩护律师。

第二，提前了提供法律援助的诉讼阶段：从以前审判阶段才提供变为在侦查阶段和审查起诉阶段也提供法律援助，即以上五种人在侦查阶段和审查起诉阶段，如果没有委托辩护人，公安机关、检察机关也要依法为他们提供法律援助。

第三，改变了提供法律援助的方式：从以前由法院直接指定辩护律师改变为由公安机关、检察机关、人民法院通知法律援助机构为以上五种人指派律师辩护。

第四，正式建立了通过申请获得法律援助的制度：即以上五种人以外的"犯罪嫌疑人、被告人因经济困难或者其他原因没有委托辩护人的，本人及其近亲属可以向法律援助机构提出申请。对符合法律援助条件的，法律援助机构应当指派律师为其提供辩护"。

从以上修改可以看出，新《刑事诉讼法》虽然尚没有规定无条件地为所有犯罪嫌疑人、被告人提供法律援助，但是在刑事法律援助方面仍具有重大进步，一方面高度重视刑事法律援助的重点需求，保证五种犯罪嫌疑人、被告人在刑事诉讼的全过程只要没有委托辩护人，公安、检察机关及人民法院都应当通知法律援助机构为他们指派辩护律师，另一方面也务实地兼顾现阶段中国经济、社会发展的实际状况，明确规定以上五种人以外的人如因经济困难没有委托辩护人的，可以向法律援助机构申请获得律师辩护。这就最大限度地使那些需要法律援助的犯罪嫌疑人、被告人可以获得律师的无偿辩护，同时也完全符合联合国《公民权

---

① 关于这些修改见修改后的《刑事诉讼法》第34条、第267条。

利和政治权利国际公约》第14条关于“在司法利益有此需要的案件中,为他指定法律援助”的规定精神。

(二)对我国刑事法律援助的展望

上述规定的出台和实施,对于中国刑事法律援助制度的发展将是难得的机遇。但是,有机遇,就有挑战,机遇总是与挑战相伴。修改后的刑事诉讼法从多方面对刑事法律援助提供了重要的发展机遇,同时也从多方面对现行刑事法律援助制度提出了挑战:一是要求政府投入更多的法律援助经费;二是要求加强刑事法律援助的人力资源;三是要求加强对刑事法律援助案件办案质量的监督管理;四是要求法律援助机构与公安、检察机关在受理刑事法律案件过程中及时、有效地衔接。

2012年《刑事诉讼法》修改后刑事法律援助面临的新形势和新任务,促使我们必须对现行刑事法律援助制度进行不断完善,并朝着建设社会主义法治国家的日标不断发展。我们认为应当从以下几个方面完善刑事法律援助制度,继续推进法律援助事业向前发展。

1. 强化社会律师与法律援助机构律师并存的二元刑事法律援助工作机制

从以上所述有关内容可知,以往的刑事法律援助工作实际是由社会律师与法律援助机构的专职律师共同承担的。《刑事诉讼法》修改后,刑事法律援助案件数量大增,这种格局更要强化。一方面要组织动员更多的社会律师参与到刑事法律援助事业中,另一方面也要强化法律援助机构中参与刑事法律援助的力量。目前中国法律院校每年有数以万计的毕业生,他们中不少人已通过司法考试,取得律师执业资格。因此,可以吸收他们中的一部分人在刑事案件多发的地区以及没有律师的地方,建立公职辩护人制度,专门从事刑事法律援助工作。

2. 继续加大法律援助经费的投入,确保法律援助工作的正常运行

近十几年来全国法律援助经费的增长是跳跃式的,从1999年的2 758.06万元增加2011年的127 718.03万元,13年间增长了46倍,其中政府投入的资金比例达到126 186.57万元,占总额的98.8%,这是非常了不起的成就。但是,与日益增长的法律援助的总体需求来看,还是远远不够的。

我们认为,各级政府及有关领导要真正认识到法律援助事业是一项涉及社会和谐稳定、事关社会公平正义的大事,应当全力保证所需经费。至于实际财力方面,就整体而言,我国已成为世界第二大经济体,改革开放取得了巨大成就。法律援助所需经费,在国家现有财力面前可以说是区区小数。减少一些政府部门的三公支出,用于这项投入,不仅满足客观条件,具有可行性,而且会广受社会

欢迎。我们希望也相信政府完全能够解决这个问题。

3. 应当针对刑事法律援助工作的特殊性，采取特殊的扶持政策和保障措施

新《刑事诉讼法》实施后，刑事法律援助工作的地位更重要，任务更艰巨。我们认为，各级政府及所属司法行政机关对于刑事法律援助工作应当给予特殊扶持政策和保障措施，主要有以下三个方面：(1)在现有法律援助机构的基础上，根据需要和条件，在有的地方设立专门办理刑事案件的公设辩护人及相应的办公室；(2)在继续加大法律援助经费投入的大背景下，设立刑事法律援助专项经费，确保刑事法律援助工作正常运行；(3)加强对刑事辩护业务的培训，建立健全刑事法律援助案件质量监管制度。

以上是近期我们对完善中国刑事法律援助制度的思考和建议。而对于中国刑事法律援助制度的远期发展目标，我们的期望是：应当使刑事诉讼中自己没有能力聘请律师的犯罪嫌疑人、被告人都能获得法律援助，使《宪法》确立的“国家尊重和保障人权”的重要原则在刑事诉讼领域得以全面贯彻和体现，使每个人包括犯罪嫌疑人和被告人都能享受社会主义法治国家“法律面前人人平等”原则的法治阳光。让我们共同为实现这一宏伟、令人向往的发展目标不懈努力！

刑事证据开示制度的中国实践与中国问题

李建明*

证据开示、证据展示、证据交换是三个内涵基本相同的概念，都是指庭审前控辩双方或原被告双方知悉对方所持有的证据的一种制度安排。与民事诉讼法、行政诉讼法不同，中国刑事诉讼法以及有关刑事诉讼法实施问题的司法解释至今尚未使用证据开示、证据展示或者证据交换的概念。许多年来，尽管学术界介绍和讨论刑事证据开示制度的成果颇多，但目前在刑事诉讼法学和刑事诉讼证据法学的教科书中也还大多无证据开示的专门内容。② 然而，证据开示制度的实质，就是让控辩双方在庭审之前的诉讼阶段上提前相互知悉对方所持有的各种证据信息，其功能是促进双方平等对抗，防止审判中的证据突袭现象。其主要价值是保障被告人辩护权的有效行使，实现审判公正。以此观之，中国刑事诉讼中也有证据开示制度应该是不争的事实。学术研究、立法活动、司法实践都在致力于刑事证据开示制度的完善，正是这些努力，从一个方面推动着中国刑事诉讼现代化的进程。时至今日，我们需要继续探讨的问题不是要不要建立刑事证据开示制度，而是如何让现行的证据开示制度更好地实现它的应有价值，包括是否需要建立独立的专门的证据开示程序，控辩双方是否负有完全对等的证据开示义务，如果一方未提前开示证据，是否应当禁止其在庭审中出示未开示过的证据，如何防止根据对方开示的证据进行不合理的补充取证，等等。

---

* 李建明：中国刑事诉讼法学研究会常务理事，南京师范大学法学院副院长，教授、博导。

② 例如，由陈光中教授主编，法律出版社 2011 年出版的《证据法学》一书中，对民事、行政诉讼的证明过程有“证据交换”的专门阐述，但对刑事诉讼证明过程则无类似的内容，而在 2004 年由中国法制出版社出版的陈光中教授主编的《中华人民共和国刑事证据法专家拟制稿》中则在第二章“起诉程序”中专门有一节用 8 个条文规定证据展示的内容。

一、证据开示的法律规定与实践状况

“刑事证据开示制度是对抗制刑事诉讼中的一种重要制度”[①]，是英美法系司法实践的创举。在英美法系当事人主义诉讼模式和对抗制审判模式下，为了实现平等有效的对抗，特别是为了使被告人获得公正审判的权利，开庭审判前的证据开示制度就成为必要。然而，这一制度所具有的程序公正价值对于大陆法系国家同样具有重要意义，因而大陆法系国家的刑事诉讼法也有保障辩护方获得控方证据信息的制度。[②] 中国刑事诉讼的模式虽具有职权主义本质，但近二十年来的改革也吸收了对抗制刑事诉讼的一些优点，具有证据开示本质的制度在实践中不断发展完善。

1979 年的刑事诉讼法并未明文规定检察机关向法院提起公诉时必须将全部案卷材料移送审判法院，辩护方也不享有在审判前阶段上获得控方证据信息的权利，但提起公诉时公诉机关必须向法院移送全部案件材料却是实践公认并且一体遵行的规则。该法律第 29 条规定“辩护律师可以查阅本案材料，了解案情”，这一规定可以被理解为控方在庭审之前向辩护方开示证据的内容，因为证据到了法院，辩护人便可以知悉控方将要在法庭上出示的证据。只是根据当时的刑事诉讼法，开庭审判前向被告人送达起诉书副本只要不少于七天就算合法，而被告人又必须在收到起诉书副本后才可以委托辩护人。这样，辩护律师通过控方间接的证据开示获得控方证据信息的时间就已非常紧张，要针对控方的证据材料组织有效的辩护又将受到极大的限制。

案件材料全部移送法院，无法避免法官形成预断，甚至先定后审，导致开庭审理形式化。为克服这一弊端，1996 年刑事诉讼法修改后，法典将移送全部案卷材料改为向法院移送证据目录、证人名单和主要证据的复印件或者照片。同时规定，辩护律师自人民检察院对案件审查起诉之日起，可以查阅、摘抄、复制本案的诉讼文书、技术性鉴定材料。其他辩护人经人民检察院许可，也可以查阅、摘抄、复制上述材料。从证据开示的意义上说，这一修改有进有退。进步的是，在审查起诉阶段上辩护人就可以查阅侦查机关的起诉意见书（即所谓诉讼文书）和司法鉴定材料，从而可以较早知悉控方证据的部分信息；退步的是，辩护人在开庭前只能查阅、摘抄、复制非常有限的证据资料，而不像之前那样可以查阅、摘

① 孙长永：《刑事证据开示制度的价值新探》，《人民检察》2009 年第 8 期。

② 例如德国刑事诉讼法第 147 条规定了辩护人在整个诉讼过程中查阅案卷的权利。

抄、复制全部证据材料。法律并未明确规定“主要证据”的范围和内容，事实上公诉机关可以根据自己的理解和需要自主确定。于是，无法避免这样一种情形：在有些场合，公诉人把某个关键证据不作为主要证据复印并移送法院，以保证庭审时的主动。作为证据的双向开示，尽管法律没有规定，但 1998 年最高人民法院《关于执行〈中华人民共和国刑事诉讼法〉若干问题的解释》规定，法院应通知被告人、辩护人于开庭 5 日前提供将出庭或不出庭作证的证人、鉴定人的名单和拟宣读、出示的证据复印件、照片。辩护方提供这些证据后，法院将立即通知公诉机关查阅、复制辩护方提供的证据材料。最高法院的司法解释跨出了证据双向开示的改革步伐。

2012 年再次修订的刑事诉讼法一方面规定，在审查起诉阶段和审判阶段，辩护人都可以查阅和复制案卷材料；另一方面也规定，辩护人收集的有关犯罪嫌疑人不在犯罪现场、未达到刑事责任年龄、属于依法不负刑事责任的精神病人的证据，应当及时告知公安机关、人民检察院。此外，最高法院的司法解释保留了关于辩护方庭前提交证据的原有规定。根据 2012 年最高人民法院《关于适用〈中华人民共和国刑事诉讼法〉的解释》第 182 条规定，法院应通知当事人、法定代理人、辩护人、诉讼代理人在开庭 5 日前提供证人、鉴定人名单及拟当庭出示的证据。在审判前阶段辩护方就有向控方开示某些特定证据的义务，这是证据开示制度的重大发展，有助于及时终止对犯罪嫌疑人的错误追究。而及时向法院提供拟当庭出示的证据，公诉机关便可以及时在法院查阅、复制辩护方提供的证据，这同样具有辩方向控方开示证据的本质和功能。此外，2012 年修订的《刑事诉讼法》第 182 条还确立了庭前会议制度。依据最高人民法院《关于适用〈中华人民共和国刑事诉讼法〉的解释》第 184 条规定，在庭前会议上，审判人员可以向辩护方了解是否申请调取在侦查、审查起诉期间公安机关、人民检察院收集但未随案移送的证明被告人无罪、罪轻的证据材料、是否提供新的证据。庭前会议制度也包含了证据双向开示的内容，因为通过庭前会议，控辩双方可以从对方获得进一步的证据材料。

刑事诉讼法和最高司法机关的上述规定与英美法上的刑事证据开示制度仍有着很大的不同。换言之，中国不存在英美法意义上的刑事证据开示制度。但是，证据开示制度的本质不过是开庭审理前控辩双方彼此获得对方证据资料的一种程序安排而已，且其主要价值在于保障犯罪嫌疑人、被告人能够有效地行使辩护权。从这一意义上说，中国刑事诉讼法上一直有庭前让辩护方获得控方证据材料的制度，因而可以说，中国一直就有证据开示制度的存在。而且，经历刑事诉讼法的两次重大修改后，证据开示制度正由控方单向开示向控辩双方相互开示发展。还应当注意到，尽管立法上尚未使用证据开示的概念，但不少地方司法机关已经有许多证据双向开示的改革实践，一些地方的法院、检察院为此还单独或联合制定发布了有关证据开示的规范性文件，规定了庭前证据开示的具体办法。

二、现行证据开示制度尚需研究解决的问题

中国现行的刑事证据开示制度已经具备了这一制度应当具有的基本的价值与功能，在实践中已经发挥了极其重要的作用。但是，司法实践中存在的问题反映出这一制度尚有不足，进一步完善证据开示的程序规范成为理论研究的课题。

第一，控辩双向是否负有平等的证据开示义务。这里主要涉及的是证据开示范围的问题。通说认为，凡是拟在正式庭审中出示的证据都应当在庭前向对方开示。但是，不准备在庭审中出示的证据是否也在开示的范围之内，则有不同见解。实践中有些地方检察机关出于保证指控成立的需要，有时可能对证据进行筛选后再进行开示，其中不利于证明指控主张的证据不向辩护方开示。辩护方也同样存在类似的问题，不利于辩护主张的证据不向对方开示。进一步的问题是，如果不准备在庭审中出示的证据也在开示的范围之内，那么控辩双方是否都应当将所有有利于已方主张和不利于已方主张的证据向对方开示，换言之，控辩双方是否负有平等的开示义务？较为一致的认识是，应实行控辩双方不对等开示的原则。即检察机关负有全面开示的义务，应当全面开示证明被告人有罪或者无罪、犯罪情节轻重的各种证据，而无论这些证据是否准备在庭审中出示。但辩护方仅负有向控方开示拟在庭审中出示的证明被告人无罪、罪轻的证据的义务，不负有开示可能导致被告人遭受不利裁判的证据的义务。这是由刑事诉讼中的无罪推定原则和律师的职业道德所决定的，[①]同时因为被告人不负有“自证其罪”的义务，不应当令辩护方提供证明被告人有罪的证据。[②]

不过，如何才能保证检察机关向辩护方开示可能证明被告人无罪或者罪轻的证据，仍是一个难题。根据刑事诉讼法和司法解释的规定，无论是否举行庭前会议，辩护方都有权申请法庭向检察机关调取其收集但未随案移送的能够证明被告人无罪或者罪轻的证据。这样一种规定意味着公诉机关有可能隐匿对控诉

① 参见陈光中主编：《中华人民共和国刑事证据法专家拟制稿》(条文、释义与论证)，中国法制出版社2004年版，第442页。

② 参见顾卫平、石汉慈、许利飞：《我国刑事证据开示制度之重构》，《政治与法律》2002年第5期。

不利的证据。法律为辩护方提供了这样一种救济途径，但辩护方知悉控诉方持有这样的证据却非易事。为了解决这一难题，必须给检察机关设定明确的法律义务，即法律上明确规定检察机关负有向辩护方全面开示证据的义务，包括开示能够证明被告人无罪或者罪轻的证据的义务。检察机关在中国具有法律监督机关的地位，而非纯粹的公诉机关，为其设定这样一种义务具有充分的法理依据。同时，还需设定一定的法律后果以约束检察机关自觉履行这一义务。

第二，不履行开示证据的义务应产生何种法律后果。为防止法庭上的证据突袭现象，学者较多主张故意不开示的证据禁止在正式庭审中提出。例如，有学者认为："如果一方违反证据开示的规定，令对方因此而丧失对该证据予以核实和反驳的权利的，法庭根据情况可以考虑禁止违反诉讼义务的一方向法庭提出未经开示的证据。"①以禁止在正式庭审中提出未经开示的证据来制裁违反证据开示义务的行为，是英美法上证据开示制度的重要内容之一，有其合理性和可行性。不过，在我国，这样一种法律后果应该仅适用于控方，而不适用于辩护方。只要是能够证明被告人无罪或者罪轻的证据，即使辩护方在庭前故意不向控方开示，也应当允许其在庭审时提出。毕竟，维护被告人的合法权益，避免错误裁判比维护诉讼秩序和诉讼效率更为重要。如果因此影响了控方对于该证据进行及时有效的质证反驳，或者因此影响了审判活动的正常进行，那么，对辩护律师的这种故意行为可以责难甚至训诫，但不得以牺牲被告人合法权益作为制裁手段。对于控方则不然。如果是控诉证据，庭前控方故意不开示的，庭审中不得提出。其理与非法证据排除规则相似。同时，庭审时或庭审后一旦发现控方隐匿了证明被告人无罪或者罪轻的证据，不仅应当责令其及时提交，并重新恢复庭审调查等审理活动，而且法院在裁判文书中应当对其违反证据开示义务的行为作出明确的否定性评价。

第三，证据开示后是否可以补充取证，以对抗不利己方之证据。为克服证据开示产生的一方可能接触对方证人，影响证人如实作证或使证人改变证言的弊端，一些学者主张在法律上规定："证据展示后，法庭审判前，控辩双方均不得单方接触对方证人和鉴定人，辩护方未经人民检察院或者人民法院许可不得接触被害人或其近亲属。双方均不得从事有碍于审判顺利进行，或妨碍对方合法举证的证据调查活动。"（《中华人民共和国刑事证据法专家拟制稿》第 144 条）②然

---

① 成良文：《试论我国刑事诉讼中证据开示制度的建立》，《公安大学学报》2002 年第 3 期。

② 陈光中主编：《中华人民共和国刑事证据法专家拟制稿》（条文、释义与论证），中国法制出版社 2004 年版，第 449 页。

而，禁止接触对方证人，包括辩护方不得接触被害人及其近亲属，这只是问题的一个方面。另一方面的问题是，证据开示后，控辩双方是否还可以进行补充取证，例如向己方证人(包括被害人)重新取证。实践中控辩一方通过证据开示获悉对方重要的反证信息后，为了组织有效的应对，有时可能会补充取证，包括重新向证人收集证言等。这种做法在法律上无可厚非，但控方凭借其优势地位，有可能让有关的证人重新提供证言，改变先前的证言内容。相对而言，辩护方不具有检察机关或者侦查机关的地位优势，较难采取类似的对策。为此，应当对证据开示后控辩双方庭前补充取证加以必要的限制，即允许继续收集实物性证据，但不得再向已经提供过证言的任何证人、被害人重新调查取证，以防止威胁或者诱导证人、被害人改变证言或陈述。如果有必要，任何一方可以申请法庭通知该证人或被害人出庭作证。

三、刑事证据开示制度的模式选择

是否需要设立独立的专门的庭前证据开示程序，这仍是一个有必要讨论的问题。也有不少学者主张建立独立的专门的证据开示程序，以保证证据开示的有效进行。有的主张设立预审法官制度，在预审法官主持下控辩双方在指定的期日进行证据双向开示，[①]也有的主张由控辩一方向法院提出开示申请，法官同意后通知双方到场，然后由合议庭以外法官主持双方进行证据开示，[②]还有学者主张在法庭调查阶段，在被告人作无罪答辩时即否认指控事实时，征询双方是否进行证据开示，如一方或双方要求证据开示，则法官决定休庭择日主持证据开示或者当庭进行证据开示。[③] 一些地方检察机关或法院就审查起诉阶段的证据开示或庭前证据开示制定了开示的程式，包括双方填写证据交换清单，形成开示纪要，明确无争议与有争议的证据，开示后将开示过程的记录交给法庭，等等。所有这些主张和尝试，共同的特点就是在指定或约定的时间、地点在法官或者预审法官的主持下或控辩双方约定共同到场进行证据的双向开示，并形成开示记录。

证据开示制度能否实现其应有价值，发挥其应有功能，并不必然依赖于一个独立的开示程序。证据开示制度可以有不同模式，可以有不同的程序表现、程序构成，并不像刑事审判那样一定需要一个仪式性的开庭过程。我们只要在程序

---

① 参见成良文：《试论我国刑事诉讼中证据开示制度的建立》，《公安大学学报》2002 年第 3 期。

② 参见顾卫平、石汉慈、许利飞：《我国刑事证据开示制度之重构》，《政治与法律》2002 年第 5 期。

③ 参见马贵翔：《刑事证据开示的程序设计》，《政治与法律》2008 年第 5 期。

上保证辩护方能够无障碍地获得控方已经收集的全部证据，只要能够约束辩护方在审前阶段及时履行向侦查机关提供持有的犯罪嫌疑人不在犯罪现场、未达刑事责任年龄、属于依法不负刑事责任的精神病人等有助于及时终止错误追究的证据的义务，就能够实现证据开示制度的价值和功能。因此，我们可以将现行的辩护人阅卷制度、证据提交制度、申请调取控方证据制度等作为我国刑事证据开示制度的基本内容，通过在法律上进一步明确证据开示范围、违反开示义务的法律后果、证据开示后的禁止性行为等开示规则，使证据开示制度不断完善，而无需再建立一个独立的专门的证据开示程序。一种灵活便捷的证据开示制度较之于独立的专门的证据开示程序，更具有节约司法资源，方便控辩双方履行开示义务的优点。

中国2012年《刑事诉讼法修正案》对强制措施制度的重大修改与适用

叶　青*

在中国，强制措施是指公安机关、人民检察院和人民法院为了保证刑事诉讼的顺利进行，对犯罪嫌疑人、被告人依法采取的限制或剥夺其人身自由的各种强制方法。在现行法律框架下，这种强制方法的类型按对人身自由强制的力度由低到高排列是：拘传、取保候审、监视居住、拘留和逮捕五种。其中，拘传、取保候审和监视居住属限制人身自由型的非羁押强制措施，拘留和逮捕则属羁押型强制措施。

强制措施的功能在于保障刑事诉讼的顺利进行。具体而言，其功能主要体现在：一是防止犯罪嫌疑人、被告人逃避侦查和审判；二是防止和排除犯罪嫌疑人、被告人可能进行妨碍迅速查明案件的活动；三是防止犯罪嫌疑人、被告人发生自杀等意外事件。强制措施对于保障刑事诉讼活动的顺利进行具有重要作用。

一、2012年《刑事诉讼法修正案》对强制措施制度的重大修改

（一）对取保候审的修正

1. 进一步明确取保候审的适用条件，扩大适用范围

1996年《刑事诉讼法》没有考虑到在人身自由的限制程度、适用期限和对违反应当遵守的禁止性义务上的差别，对取保候审和监视居住这两种不同的强制措施规定了同样的适用条件，造成了适用对象的随意性。修改后的《刑事诉讼法》将取保候审的对象范围在原先法律规定的可能判处管制、拘役或者独立适用附加刑的，以及可能判处有期徒刑以上刑罚，采取取保候审不致发生社会危险性的犯罪嫌疑人和被告人的基础上，从人道主义和人文关怀出发，以减少不必要的

---

* 叶青：中国刑事诉讼法学研究会副会长，华东政法大学校长，教授、博导。

羁押，又扩大了两类人：一类是“患有严重疾病、生活不能自理，怀孕或者正在哺乳自己婴儿的妇女，采取取保候审不致发生社会危险性的”；二是“羁押期限届满，案件尚未办结，需要采取取保候审措施的人”。（《刑事诉讼法》第65条）

2. 加强了对监视居住对象的监管

为解决司法实践中“犯罪了，刚被抓起来就放回来，又没有事了”的现象，对被取保候审人应当遵守的禁止性义务除了增加“住址、工作单位和联系方式发生变动的，在24小时以内向执行机关报告”外，还对被取保候审人增加了诸如不得进入特定场所、从事特定活动、与特定的人会见或者通信等禁止性的规定，而且明确“对于违反取保候审规定，需要予以逮捕的，可以对犯罪嫌疑人、被告人先行拘留”。这些新规定，对于及时掌握被取保候审人的行踪，保证其及时到案和不干扰案件侦办很有必要。（《刑事诉讼法》第69条）

3. 明确取保候审保证金的确定、收取和退还程序

原先的法律因没有规定保证金的数额、收取和退回程序，实际执行中较为混乱。保证金数额的确定任意性很大，低的几百元、上千元，高的达几百万元甚至更多，且有的地方司法机关对即便没有违反取保候审规定的人，也不予退回保证金，把收取保证金作为了本单位创收的手段，严重侵蚀了司法公信力。修改后的法律则规定：“取保候审的决定机关应当综合考虑保证诉讼活动正常进行的需要，被取保候审人的社会危险性，案件的性质、情节，可能判处刑罚的轻重，被取保候审人的经济状况等情况，确定保证金的数额。”“提供保证金的人应当将保证金存入执行机关指定银行的专门账户。”（《刑事诉讼法》第70条）“犯罪嫌疑人、被告人在取保候审期间未违反规定的，取保候审结束的时候，凭解除取保候审的通知或者有关法律文书到银行领取退还的保证金。”（《刑事诉讼法》第71条）

（二）对监视居住的修正

长期以来，刑事诉讼法对监视居住与取保候审的适用条件作了趋同的规定。广大的基层侦查机关缺乏监视能力与配套技术设备，导致在现行法律规定下24小时不间断的监视，执行成本过高，几乎不可行，故“监视居住在实践中的适用率极低，可以用‘稀有’一词概括”①。为此，本次修法对监视居住制度作了如下重要的修正：

1. 明确监视居住的法律定位、适用范围和执行机关

针对原先法律由于对监视居住的适用条件、对象规定不明确，监视居住的居

① 左卫民：《现实与理想——关于中国刑事诉讼的思考》，北京大学出版社2013年版，第173页。

所不宜选定，警力不足等因素导致公安机关和检察机关很少适用，有的将监视居住异化为变相羁押。修改后的法律从刑事诉讼需要和公民人身权利保护的角度，对于监视居住措施进行重新定位，即将它作为逮捕的替代措施。人民法院、人民检察院和公安机关对符合逮捕条件，有下列情形之一的犯罪嫌疑人、被告人，可以监视居住：(1)患有严重疾病、生活不能自理的；(2)怀孕或者正在哺乳自己婴儿的妇女；(3)系生活不能自理的人的唯一扶养人；(4)因为案件的特殊情况或者正在办理案件的需要，采取监视居住措施更为适宜的；(5)羁押期限届满，案件尚未办结，需要采取监视居住措施的。此外，从尽量减少羁押的立法思想考虑，法律还规定："符合取保候审条件，但犯罪嫌疑人、被告人不能提出保证人，也不交纳保证金的，也可以监视居住。"(《刑事诉讼法》第 72 条)

2. 对指定监视居住的适用范围和对通知家属、检察院监督作了严格规定

一直以来，不少办案机关不论犯罪嫌疑人、被告人有没有固定住处，一律在"指定的居所"搞监视居住；有的还把指定监视居住的地点设在办案单位内部设立的"办案点"或者羁押场所，把指定监视居住完全变成了变相羁押，这是严重违背立法本意的做法。修改后的法律规定，监视居住应当在犯罪嫌疑人、被告人的住处执行；无固定住处的，可以在指定的居所执行。对于涉嫌危害国家安全犯罪、恐怖活动犯罪、特别重大贿赂犯罪，在住处执行可能有碍侦查的，经上一级人民检察院或者公安机关批准，也可以在指定的居所执行。但是，不得在羁押场所、专门的办案场所执行。同时还规定："指定居所监视居住的，除无法通知的以外，应当在执行监视居住后 24 小时以内，通知被监视居住人的家属。"被监视居住的犯罪嫌疑人、被告人委托辩护人，适用法律一般规定；人民检察院对指定居所监视居住的决定和执行是否合法实行监督。(《刑事诉讼法》第 73 条)最高人民检察院《刑事诉讼规则》对"指定的居所"的条件作了进一步的规定：一是具备正常的生活、休息条件；二是便于监视、管理；三是能够保证办案安全。(《最高检察院刑事诉讼规则》第 110 条第 4 款)。

3. 新增了对被监视居住人的监督手段

考虑到被监视居住的人绝大多数是本应逮捕但因特殊情况而未被逮捕者，其仍具有一定的社会危险性，有必要对这类人员加强居住的监控，新法在借鉴国外先进经验的基础上，规定了"执行机关可以采取电子监控、不定期检查等监视方法对被监视居住人进行监督；在侦查期间，可以对被监视居住的犯罪嫌疑人的通信进行监控"。(《刑事诉讼法》第 76 条)

4. 规定指定居所监视居住的期限可以折抵刑期

被判处管制的，监视居住一日折抵刑期一日；被判处拘役、有期徒刑的，监视

居住二日折抵一日。(《刑事诉讼法》第74条)由于指定居所与羁押场所(看守所)有本质的不同,且指定居所监视居住具有折抵刑期的法律后果,这种强制措施实际上已成为羁押的替代措施,从执行的形式上看经过修正后的指定居所监视居住更接近羁押型的强制措施。[①]

(三)对传唤、拘传的修正

对传唤、拘传的修正主要是为了解决刑事司法实践中长期存在的弊端,如重大案件的犯罪嫌疑人到案后因获取其口供时间短而变相动用行政法"询问查证"或"留置盘问"等手段,以及讯问时的疲劳战和变相拘禁,使被拘传人失去必要的休息时间。为此,对《刑事诉讼法》作了如下修正:

第一,只有案情特别重大、复杂的案件,需要采取拘留、逮捕措施的,传唤、拘传持续时间方可延长至24小时。

第二,不得以连续传唤、拘传的形式变相拘禁犯罪嫌疑人。

第三,传唤、拘传犯罪嫌疑人,应当保证犯罪嫌疑人的饮食和必要的休息时间。(《刑事诉讼法》第117条)

(四)对逮捕、拘留的修正

当今西方两大法系国家,逮捕与羁押在适用程序方面几乎都是明显分离的。从各国的立法情况来看,逮捕不过是以强制方式使犯罪嫌疑人到案的一种措施,它一般只会带来较短时间的人身监禁。然而,羁押在中国"既不是一种独立的强制措施,也不是一种惩罚性手段,而是拘留、逮捕后的剥夺人身自由的一种持续状态,这种持续状态没有独立的法律地位"。[②] 从大体上看,中国的刑事拘留在某些方面类似于西方国家法律中的紧急逮捕或者暂时逮捕。[③] 拘留与逮捕是中国刑事诉讼法明确规定的两种强制措施,其相同点在于使被适用者的人身自由处于羁押状态,最大的不同点则在于适用对象上的差异,拘留主要是针对现行犯和重大犯罪嫌疑犯,而逮捕是针对可能判处徒刑以上刑罚的犯罪嫌疑人、被告人。刑事拘留和逮捕的适用在刑事司法实践中已经达到较为普遍化的程度。

---

① 尽管立法者还是将指定居所监视居住放在整个监视居住措施中加以规定,但有学者称:"指定居所监视居住实际上已经成为有中国特色的第六种强制措施。"参见左卫民:《现实与理想——关于中国刑事诉讼的思考》,北京大学出版社2013年版,第178页。

② 周欣、王大为:《对中国刑事拘留、逮捕及其执行中存在的问题的思考》,载《中德强制措施研讨会论文集》,中国人民公安大学出版社2003年版。

③ 陈瑞华主编:《未决羁押制度的实证研究》,北京大学出版社2004年版,第6页。

"以捕代侦"、捕人过多致使羁押成为常态，且还存在超期羁押的现象，[①]为了贯彻我国一贯的"可捕可不捕的，坚决不捕"的少捕政策，最大限度地将羁押型强制措施的适用回归到理性的诉讼保全措施的定位上，刑事诉讼法对原先规定的拘留、逮捕的条件和适用程序作了如下修正：

第一，细化了逮捕条件中的"社会危险性"的判断标准。

即将逮捕分为三种情形：一是有证据证明有犯罪事实，可能判处徒刑以上刑罚，且具有实施新的犯罪、干扰诉讼、危害社会秩序等现实危险的；二是有证据证明有犯罪事实，可能判处 10 年以上重刑，或者可能判处徒刑以上刑罚，且有故意犯罪前科或者身份不明的；三是违反取保候审、监视居住规定，情节严重的。[②]

上述第一种情形又具体规定为：(1)可能实施新的犯罪的；(2)有危害国家安全、公共安全或者社会秩序的现实危险的；(3)可能毁灭、伪造证据，干扰证人作证或者串供的；(4)可能对被害人、举报人、控告人实施打击报复的；(5)企图自杀或者逃跑的。这些具体适用的情形得到了明文规定，无疑增强了实践的可操作性。(《刑事诉讼法》第 79 条)

第二，对检察院审查批捕讯问犯罪嫌疑人和听取律师意见作了明确规定。

即有下列情形之一的，应当讯问犯罪嫌疑人：一是对是否符合逮捕条件有疑问的；二是犯罪嫌疑人要求向检察人员当面陈述的；三是侦查活动可能有重大违法行为的。检察院审查批捕，可以询问证人等诉讼参与人，听取辩护律师的意见；辩护律师提出要求的，应当听取辩护律师的意见。(《刑事诉讼法》第

---

① 刑事拘留本应是一种短暂性的诉讼保障措施，而不应当对被适用者带来较长时间的人身自由的剥夺。这一点，在当初创设拘留措施时也得到确认的。如 1963 年最高人民法院给云南省高级人民法院并抄送各省、直辖市、自治区高级人民法院的《关于拘留和羁押问题的批复》中认为："拘留和羁押是有区别的，拘留是在未经批准逮捕以前，在法定条件下，又需要进行侦查的人犯采取的一种紧急措施。……羁押则是在人民法院决定逮捕或人民检察院批准逮捕并且实施逮捕以后把人犯羁押起来。"这一批复实际上承认了羁押是逮捕的继续，但拘留却不会导致较长时间的羁押。因为 1996 年，检察机关在调查新刑诉法落实情况时发现了广西玉林市农民谢洪武被超期羁压一案。1974 年 6 月 24 日，他被公安部门以私藏反动传单为由送入看守所被关押，后经 6 年查证，在 2002 年终将这一超期羁压 28 年的"四无案"(无卷宗、无判决、无罪名、无期限)事实查清，宣告无罪释放。由此引发了全国开展清理超期羁押专项整治活动。最高人民检察院、最高人民法院、公安部于 1998 年 10 月 19 日联合发布《关于严格执行刑事诉讼法关于对犯罪嫌疑人、被告人羁押期限规定坚决纠正超期羁押的通知》，《通知》要求当年年底对本机关超期羁押案件进行一次全面清理，逐案研究，依法作出处理。

② 2014 年 4 月 24 日第 12 届全国人民代表大会常务委员会第 8 次会议通过《关于〈中华人民共和国刑事诉讼法〉第 79 条第 3 款的解释》，对该款"违反取保候审、监视居住规定，情节严重的，可以逮捕"的规定，是否适用于可能判处徒刑以下刑罚的犯罪嫌疑人、被告人，解释如下：对于被取保候审、监视居住的可能判处徒刑以下刑罚的犯罪嫌疑人、被告人，违反取保候审、监视居住规定，严重影响诉讼活动正常进行的，可以予以逮捕。

86 条)

第三,明确拘留、逮捕后必须立即送看守所和通知家属。

司法实践中存在着侦查机关或侦查人员因怕麻烦或者怕妨碍侦查而拖延通知或者干脆不通知家属,以及即使有的犯罪嫌疑人的家属就在本地也不去通知的情况,致使不少家属因与犯罪嫌疑人突然失联而报警寻人,同时也不能正常行使委托律师提供辩护的权利,这显然不利于保护被拘留、逮捕人的合法权益。为此,修正后的法律规定,拘留后应当立即将被拘留人送看守所羁押,至迟不得超过 24 小时。除无法通知或者涉嫌危害国家安全犯罪、恐怖活动犯罪通知可能有碍侦查的情形以外,应当在拘留后 24 小时以内,通知被拘留人的家属。有碍侦查的情形消失以后,应当立即通知被拘留人的家属。(《刑事诉讼法》第 83 条)同时,又规定,逮捕后,应当立即将被逮捕人送看守所羁押。除无法通知的以外,应当在逮捕后 24 小时以内,通知被逮捕人的家属。新法对不通知家属的例外情形作出了严格限制,强化了对人权的保障。

第四,建立了对逮捕后在押人员羁押必要性的审查机制。

即犯罪嫌疑人、被告人被逮捕后,人民检察院仍应当对羁押的必要性进行审查。对于不需要继续羁押的,应当建议予以释放或者变更强制措施。这是对现行逮捕制度的一项重要改革,旨在强化人权保障,改变长期以来存在的一旦批捕,无人过问,一押到底的状况。其主要是通过检察院监所检察部门获取在押人员的信息,如所犯罪行的性质、情节是否严重,犯罪事实是否已经查清,本人对所犯罪行是否有坦白、自首、立功和悔罪情节,是否积极赔偿被害人,在本地有无固定住所及工作单位等,以此对其人身危险性程度作一综合评估后,决定是否有继续羁押的必要。检察院定期进行羁押必要性审查,既可依法律监督职能或者在侦查机关请求延长逮捕羁押期限时依职权主动而为,也可在犯罪嫌疑人、被告人及其家属或者辩护人向检察机关提出解除、变更羁押措施时被动进行。逮捕后羁押必要性审查的重点,主要在于评估有无继续危害社会的可能性、能否保障诉讼的顺利进行。

二、修正后的刑事强制措施制度的实施状况评析

修正后的各类刑事强制措施的实施情况,从总体上讲有以下几个明显的变化:一是辩护律师参与批捕程序的案例大大增加。为防止错捕、发现和纠正违法、准确适用逮捕措施,各地检察院在批准逮捕前均能听取律师意见;二是通过规范审查逮捕程序,增强了审查逮捕工作的诉讼性。严格依法开展讯问工作,有

的地方对一些受客观因素限制或案件事实清楚、证据比较充分拟不讯问的，也都能按照规定送达了听取犯罪嫌疑人意见书，由犯罪嫌疑人填写后及时收回审查并附卷；对未被拘留的犯罪嫌疑人进行讯问时，主动征求侦查部门意见，并做好办案安全风险评估工作，防止因讯问不当出现办案安全事故或妨碍诉讼；三是通过开展逮捕后羁押必要性审查，加强了逮捕后跟踪监督，逮捕率有所下降。在不批准逮捕的案件里，相对不捕的数量又有所上升，表明检察机关对“社会危险性”的把握开始更多地考虑个案因素，宽严相济的办案思路非常明显。从最高人民检察院 2014 年《工作报告》所反映的数据看：2013 年全国各级检察院对涉嫌犯罪但无逮捕必要的，决定不批捕 82 089 人，比 2012 年上升了 2.8%。[①] 值得注意的是，提请逮捕的数量在有些地方却有所上升，达到了 90%。究其原因，一方面是刑事拘留转捕率是公安机关重要的考核指标，[②]如果检察机关作出不批捕的决定，则会对公安机关产生不利的考核影响；另一方面则是公安机关对“社会危险性”的把握与检察机关存在较大的反差，他们认为检察机关对“社会危险性”的把握过严，不利于社会稳定和打击犯罪。这表明侦查机关在新法“以不捕为原则，以逮捕为例外”的批捕新模式下执法观念尚未完全转变到位。不过，笔者也发现，侦查机关偏爱适用逮捕还有一个现实的考虑，即取保候审和监视居住配套措施尚未建立，相关规定尚不明确，导致公安机关在决定适用非羁押性强制措施时顾虑重重。对于继续羁押必要性审查，从上海市人民检察院检察长向市人大所作的 2014 年《工作报告》中的统计数据[③]可以得出两个结论：(1)检察机关对羁押必要性审查非常积极，主动依职权启动审查的多；(2)继续羁押必要性审查对羁押的限制作用开始显现，修正不必要的逮捕，保障了被追诉人的合法权利。上海地区检察机关 2013 年上半年开始着手继续羁押必要性归口审查的试点工作，[④]变“侦查阶段由侦查监督部门审查，审判阶段由公诉部门审查”的多头分阶

---

① 参见最高人民检察院曹建明检察长在第十二届全国人民代表大会第二次会议上所作的《最高人民检察院工作报告》。

② 据笔者的调研情况看，刑事拘留转捕率达到 68%才算是合格，故有些地方的公安机关往往会在此合格线上追求更高的转捕率。当然，也有明显下降的例子，如江苏省苏州市吴中区公安机关 2013 年报捕人数比 2012 年下降了 40%，下降幅度接近了一半。

③ 上海市三级(市院、分院、区县院)人民检察院根据《刑事诉讼法》第 93 条、第 94 条依职权主动变更逮捕措施的占 87%。对轻微犯罪及初犯、偶犯、未成年人、老年人犯罪等案件依法体现慎捕政策，2013 年共不批准逮捕 4 390 人，同比上升 41.2%。

④ 上海市检察院制定了《上海检察机关关于羁押必要性审查工作的规定(试行)》等规范性文件，将社会危害性、人身危险性、诉讼可控性和羁押公正性作为羁押必要性综合考量内容，尝试采用公开审查模式、羁押必要性审查专业化等工作机制，在浦东、虹口、奉贤等区开展归口办理试点。

段审查模式为“监所检察部门归口审查”的统一审查模式，[①]以实现审查的高效性与公正性。除此之外，检察机关还在努力尝试在审查批捕、审查起诉以及继续羁押必要性审查环节引入公开听证（审）机制，对于案件事实清楚、证据收集到位的不起诉、附条件不起诉等案件实行公开审查；对是否具有社会危险性争议较大的审查逮捕、羁押必要性审查案件适当进行公开审查；对不起诉等在检察环节终结的诉讼案件进行公开宣告。为了保证听证程序的公正性，允许旁听，并邀请人大代表、政协委员、专家型人才等社会人士集中参与公开听证。四是公安司法人员尊重和保障人权的意识明显增强。由“重打击向重保护”转变、由“重实体向重程序”转变、由“重结果向重过程”转变、由“重配合向重制约”转变。提升办案的证据意识、程序意识、时限意识、人权意识、监督意识也已成为公安司法机关执法办案业务培训的主要内容。

但是，修正后的强制措施实施中也遇到了明显的问题，主要表现在：一是各地对逮捕条件的理解与执行上差异较大。如对“社会危险性条件”、“违反取保候审、监视居住规定的转捕情形”等的把握标准不一；二是羁押必要性审查的内容和标准不明确，羁押必要性审查监督保障机制不完备，致使法院和检察院对是否应当继续羁押产生认识分歧，法院对羁押必要性审查工作不配合；犯罪嫌疑人、被告人及其法定代理人、近亲属或者辩护人对审查后继续羁押的决定无救济权；捕后羁押必要性审查的期限没有明确规定，[②]各地做法不一致，有的地方是在捕后羁押 2 个月进行审查，有的地方是在捕后 3 个月进行审查；这也导致当事人及其近亲属和委托的辩护律师无法确定自己在何时有权提出捕后羁押必要性审查的申请，或是监督检察机关何时依法履行法定的审查义务；三是因执行成本太高，监视居住适用率几乎为零；四是轻刑不捕的观念没有完全确立，不少地方犯罪嫌疑人、被告人捕后被判拘役、管制、罚金等刑罚的占到 50%—60%左右；五是指定居所监视居住缺乏专门的执行场所，被监视居住对象的权利难以保障。

---

① 《人民检察院组织法》第 20 条规定：“最高人民检察院根据需要，设立若干检察厅和其他业务机构。地方各级人民检察院可以分别设立相应的检察处、科和其他业务机构”。为此，全国四级人民检察院现均设有：负责侦查监督与批捕的侦查监督厅（处、科）、负责审查起诉与出庭支持公诉的公诉厅（处、科）、负责羁押场所与刑罚执行场所监督的监所检察厅（处、科）、负责举报报案的控告检察厅（处、科）和负责侦办国家工作人员职务犯罪案件的反贪污贿赂总局（局）、负责侦办国家工作人员渎职侵权案件的渎职侵权检察厅（局、科）等内设机构。

② 定期复查或复审是对未决羁押司法救济的重要途径。如英国法规定，在暂时逮捕的情况下，在羁押的 6 小时后，必须由警察对被羁押的嫌疑人从其最初被羁押开始复查一次，然后这样的复查每隔 9 小时都要进行一次，发现不应羁押的，应立即释放。德国法规定，嫌疑人、被告人在被羁押满 3 个月后可以就羁押问题申请司法复查。参见《英国刑事诉讼法选编》（中国政法大学出版社 2001 年版）、《德国刑事诉讼法典》（中国政法大学出版社 1995 年版）。

由于此类案件数量较少，有的将旅馆、救助站等未设任何安全设施的公共场所临时充当执行场所，导致无法全程监控，无法保障被监视居住人的合法权益。辩护律师无法会见被指定居所监视居住的犯罪嫌疑人、被告人，且是否有通信权也不明确；六是“秘密拘捕”条款成为在实践中除法定的无法通知或者涉嫌危害国家安全犯罪、恐怖活动犯罪案件以外其他常规性犯罪案件的“口袋条款”，以此扩大了在拘捕后 24 小时以内可以不通知被拘捕人家属的适用情形之范围，这显然不利于对侦查权力的约束和对犯罪嫌疑人及其近亲属权利的保护。

三、刑事强制措施制度进一步完善的对策思考

第一，由全国人大法制工作委员会牵头最高法院、最高检察院和公安部、司法部等机关根据新刑事诉讼法实施一年以来所发现的法律适用问题，统一认识，通过制定统一的法律适用决定或修订相关司法解释予以明确。如有关捕后羁押必要性审查机制中的启动审查的时间、启动方式、审查标准、审查程序和救济方式；犯罪嫌疑人、被告人在被指定居所监视居住期间是否享有可不经执行机关批准与辩护律师会见和通信的权利以及其家属是否可以前去探望的权利；对“案情特别重大、复杂”的拘传持续时间超过 12 小时的适用情形，以及“必要的休息时间”的计量监督标准等现行《刑事诉讼法》所规定的还不明确的法条，应予以细化。

第二，严格逮捕条件的适用，设立“社会危险性”证明机制。对于大量的可能判处 10 年以下徒刑的案件，应当通过设立“社会危险性”的证明机制，由提请批捕的侦查机关负责提供证据及相关材料；对于无合理根据表明犯罪嫌疑人具备法定社会危险性的，应当作出不批捕的决定，以切实降低逮捕率。我国检察院的审查逮捕程序一直以来被人为地蒙上了神秘的色彩，呈现出非诉讼化的样态。负责审查逮捕的检察人员大都只是简单地说明是否逮捕的结果，语言简单、内容空洞、千案一理，而对于究竟是如何作出逮捕决定的，很少有充分的阐述。这一做法常常让当事人很难接受裁判结果，导致上访率及申诉案件的数量不断上升。所以，应当明确规定审查逮捕实行听证程序，确保控辩双方当事人及其辩护律师在公开、平等的程序中发表意见，使批捕决定的作出更具有诉讼化的特质。当然，其中也应当考虑将逮捕与羁押分离制度的设计。[①] 在当今法治国家的普遍

① 西南政法大学的徐静村教授早在 2005 年由他主持的《中国刑事诉讼法（第二次修正案）学者拟制稿及立法理由》一书中就已建议将强制措施设计为拘传、取保候审、逮捕（无证逮捕、有证逮捕）、羁押候审等四种。参见《中国刑事诉讼法（第二次修正案）学者拟制稿及立法理由》，法律出版社 2005 年 12 月版，第 42—67 页。

认知里，逮捕和羁押的内涵是完全不同的。逮捕是一种强制到案的措施，是指侦查机关为调查或指控犯罪案件而以强制方法迫使犯罪嫌疑人或者其他人到一定场所。逮捕后如果需要更长时间地关押犯罪嫌疑人，则必须将逮捕变更为羁押。羁押是指依法将逮捕的犯罪嫌疑人关押在指定场所以限制其人身自由的强制措施。羁押是一种可以较长时间剥夺犯罪嫌疑人人身自由的强制措施。故一般来看，逮捕可由检察官单方决定，而羁押必须遵守司法审查原则，实行法官保留，即由法官在听取控辩双方意见后决定。也正因为中国没有严格划分逮捕与羁押这两种不同的强制措施，才使得侦查办案时间与逮捕后羁押时间捆绑计算，法律没有明确规定具体的侦查期限。[①] 如《刑事诉讼法》第 154 条规定，对犯罪嫌疑人逮捕后的侦查羁押期限不得超过两个月。案情复杂、期限届满不能终结的案件，可以经上一级人民检察院批准延长一个月。这一条文也可以被解读为：如果该名犯罪嫌疑人在侦查阶段没有被采用逮捕措施而是被采用了取保候审或是监视居住措施的话，则该案的侦查期限则适用《刑事诉讼法》第 77 条的规定，即取保候审最长不得超过十二个月，监视居住最长不得超过六个月。而刑事司法实践中，采用逮捕措施的对象所犯的罪行和其人身危险性程度显然都是大于被采用取保候审或是监视居住的对象的，也即前者为重刑犯、后者一般为轻刑犯，这就又造成了另一个不合司法规律的办案现象，侦办轻刑犯的侦查期限可能远远多于重刑犯的侦查期限。故将逮捕与羁押相分离，构建以逮捕前置主义为基础的捕押分离制度，一来可以达到"纠错"的功能，防止逮捕的滥用，二来可以起到"分流"的功能，减少不必要的羁押，从而更好地发挥逮捕、羁押应有的作用，使逮捕与羁押两者的功能能紧密衔接。

第三，以诉讼价值为基础，以人权保障为目标，逐步完善相关配套机制以扩大非羁押措施的运用。对于那些不需要羁押但仍应受到一定控制的犯罪嫌疑人或被告人，可以采用遥控式的电子监控。这样使强制措施在限制羁押的情况下，

① 《俄罗斯联邦刑事诉讼法典》第 162 条第 1 款规定：刑事案件的侦查应在自提起刑事案件之日起的 2 个月期限内终结。第 4 款规定：本条第 1 款规定的期限可以由区、市检察长或同级的军事检察长以及他们的副职延长到 6 个月。第 5 款又规定：调查特别复杂的刑事案件，侦查期限可以由俄罗斯联邦主体检察长或同级的军事检察长延长到 12 个月。只有在特殊情况下，侦查的期限才能由俄罗斯联邦总检察长或副总检察长再延长。《俄罗斯联邦刑事诉讼法典》第 109 条对羁押的期限作了专条规定：在调查犯罪时羁押期不得超过 2 个月。如果不能在 2 个月的期限内结束侦查和没有根据变更或撤销强制处分，该期限可以由区法院或同级军事法院的法官依照本法典第 108 条规定的程序再延长 6 个月。只有对被指控实施特别严重的犯罪而且案情特别复杂并有根据选择这种强制处分时，才能由原法院的法官根据侦查员经俄罗斯联邦主体检察长或同级军事检察长的同意提出的申请予以再次延长到 12 个月。《韩国刑事诉讼法》第 92 条规定：羁押期间定为 2 个月。有特殊继续必要时，每一审级以两次为限，可以决定延长。延长的期间也定为 2 个月。

也不失去应有的控制功能，既符合人权保障思想，又便利刑事诉讼。修正后的《刑事诉讼法》第76条规定了执行机关对被监视居住的犯罪嫌疑人、被告人可以采取电子监控的监视方法，即便如此，实践中也很少运用。为防止"秘密拘捕"适用情形的"口袋化"，应当在法律上明确列举有碍侦查的具体情形，可以考虑列举为：一是主要定罪证据尚未固定，通知后可能被毁灭的；二是共同犯罪案件中尚有同案犯罪嫌疑人未到案，通知后可能逃逸的；三是即将搜查被拘捕者的住所或办公、经营场所的；四是即将对被拘捕者的家属采取强制措施的。明确这些规定后，也就是说并不是所有涉嫌危害国家安全犯罪和恐怖活动犯罪都一概不应当通知家属，而只能是在这些限制条件下方可不通知才是正当合理的。同时，应当考虑法律之所以要规定公民在被追诉犯罪过程中被检控方实施拘捕后应当履行及时通知其家属的义务，完全是因为：一是迅速获得律师帮助的权利之需，二是避免被追诉者家属因与其失联而可能导致的社会治安管理秩序的混乱之需。拘捕的执行机关在最短的时间内通知被拘捕者家属的义务是不可豁免的，除非被拘捕者坚决不愿意告知检控方其真实的身份与家属信息，或其无家属而无法通知。还可以借鉴德国法的规定，即在无法及时通知家属的情况下，应当通知由犯罪嫌疑人指定的其信赖的其他人，如其他亲属、朋友等。①

四、余论

刑事强制措施制度的存在是刑事诉讼的必然，也是刑事诉讼活动规律的体现，其适用正确与否，不仅仅关系到案件的进程，关系到案件的正确处理，而且是一个国家刑事诉讼是否民主和公正的重要表现，"其法律规定与现实性，被认为是一个国家的法律政策气氛与国家文化的'地震记录器'"②，所以，为了促进诉讼顺利而高效地运行，及时地追究和惩罚犯罪，更好地维护和保障公民人身自由权利，进一步改革和完善我国的刑事强制措施制度理所应当。我们在推进刑事法治建设的进程中，除了变革和完善现行制度，还必须注意培养公安司法人员的现代司法理念，相较于制度的变革，后者可能是一个更为深层次的、需要长期解决的问题。

---

① 《德国刑事诉讼法》第114条B项规定：(1)对逮捕事实、有关羁押期间的每一项新决定，应当不迟延地通知被捕人的亲属或者他信赖的人。由法官负责通知。(2)此外，在不影响侦查目的的前提下，应当给予被捕人本人机会，向亲属或者信赖人通知被捕事实。《日本刑事诉讼法》第79条也有类似规定：在已经羁押被告人的场合，被告人没有辩护人、法定代理人、保佐人、配偶、直系亲属及兄弟姐妹时，应当根据被告人的呈报，将羁押的情况通知其指定的一人。

② 张丽卿：《刑事诉讼法理论与应用》，三民书局1997年版，第227页。

中国刑事简易程序中的主要问题

熊秋红*

在刑事诉讼中采用简易、速决程序处理部分刑事案件已成为一种世界性的实践。程序繁简分立是从总体上提高诉讼效率的有效途径，为此，在许多国家都设有不同方式的简易、速决程序。从世界范围内来看，简易、速决程序大体上可分为一般的简易程序、简化诉讼环节、刑事处罚令程序和辩诉交易程序四种类型。1988 年意大利刑事诉讼法典设置了简易审判、依当事人的要求适用刑罚、快速审判、立即审判、处罚令程序等多种特别程序。在中国，刑事简易程序经历了从无到有且适用范围逐步扩大的过程。目前，中国的刑事简易程序仍处于变革之中。本文拟对中国刑事简易程序中的主要问题进行介绍和评析。

一、1996 年刑事诉讼法对简易程序的规定

中国 1979 年刑事诉讼法并没有关于简易程序的规定，1996 年修改刑事诉讼法时将“有利于提高诉讼效益”作为立法的指导思想之一，修改后的刑事诉讼法在完善普通审判程序的同时，增设了简易审判程序。该简易程序属一般的简易程序。简易程序相对于普通程序，作了一系列简化性规定，包括：由审判员一人独任审判，人民检察院可以不派员出席法庭，审理程序不受普通程序关于讯问被告人、询问证人和鉴定人、出示证据、法庭辩论程序规定的限制，审理期限相对缩短为二十天等。

在简易程序中，对被告人诉讼权利的保障包括以下几方面：第一，适用简易程序审理公诉案件，被告人可以就起诉书指控的犯罪进行陈述和辩护。人民检察院派员出席法庭的，经审判人员许可，被告人及其辩护人可以同公诉人互相辩论。第二，适用简易程序审理自诉案件，宣读起诉书后，经审判人员许可，被告人

* 熊秋红：中国刑事诉讼法学研究会常务理事，中国社会科学院法学研究所研究员。

及其辩护人可以同自诉人及其诉讼代理人互相辩论。第三，适用简易程序审理案件，在判决宣告前应当听取被告人的最后陈述意见。从以上规定看，在中国的刑事简易程序中对被告人诉讼权利的保障是较为充分的。

但是，简易程序设计中的不足之处也较为明显：其一是适用简易程序可以施加的量刑过高。根据《刑事诉讼法》的规定，简易程序适用于下列案件：(1)依法可能判处三年以下有期徒刑、拘役、管制、单处罚金的公诉案件，事实清楚、证据充分，人民检察院建议或者同意适用简易程序；(2)告诉才处理的案件；(3)被害人起诉的有证据证明的轻微刑事案件。其中所规定的“三年以下有期徒刑”的最高量刑明显高于一些国家的规定。从其他国家和地区的立法看，不少国家将适用简易程序可以施加的量刑限制在一年以下有期徒刑。如英国适用简易程序的要求为：治安法院依法所判处的刑罚，监禁最高不能超过六个月，罚金不能超过五千镑。日本简易程序的适用范围为依法可能判处五千元以下罚金及缓刑、没收或其他附加处分。德国刑事诉讼法典规定：“在简易程序中，不允许判处剥夺自由一年以上的刑罚或者科处矫正及保安处分。”法国对简易程序的适用仅限于违警罪，只能判处罚金刑。由于在简易程序中被告方的辩护活动受到较大制约，相应地增大了对被告人误判的风险。同一刑事案件，适用普通程序与适用简易程序可能得到不同的结果。加之缺乏为被告人指定辩护人(公诉人不出庭时)的保障，不利于保护被告人的利益。其二是没有赋予被告人选择依照普通程序进行审判的权利。对简易程序的选择，仅有来自法院和检察院的限制，不受被告人意志约束，这不利于保护那些认为自己无罪的被告人的利益。因为由简易程序的特点所决定，采用简易程序被告人很难获得无罪判决。其三是简易程序的规定过于简略，缺乏基本的可操作性。在实际执行中可能产生办案粗糙的问题，如对“简易”作片面理解，省略对被告人各项诉讼权利的告知和必要保障或者忽视对案件事实、证据的查证核实。

二、2012年刑事诉讼法对简易程序的规定

由于在司法实践中存在着“法院审判案件量大、法官人数不足”的问题，2003年最高人民法院、最高人民检察院和司法部出台司法解释规定了“普通程序简易审”，规定除死刑案件外，被告人对被指控的基本犯罪事实无异议并自愿认罪的公诉案件，可以实行普通程序简易审，对普通审判程序作了一些简化，但该规定缺乏法律依据。

2012年《刑事诉讼法》扩大了简易程序的适用范围。根据《刑事诉讼法》第

208 条的规定，基层人民法院管辖的案件，符合下列条件的，可以适用简易程序审判：(1)案件事实清楚、证据充分的；(2)被告人承认自己所犯罪行，对指控的犯罪事实没有异议的；(3)被告人对适用简易程序没有异议的。以上条件缺一不可，欠缺其中任何一个条件，都不能适用简易程序。考虑到一些案件的特殊情形，不宜适用简易程序，2012 年《刑事诉讼法》第 209 条规定："有下列情形之一的，不适用简易程序：(一)被告人是盲、聋、哑人，或者是尚未完全丧失辨认或者控制自己行为能力的精神病人的；(二)有重大社会影响的；(三)共同犯罪案件中部分被告人不认罪或者对适用简易程序有异议的；(四)其他不宜适用简易程序审理的。"

人民检察院在提起公诉的时候，可以建议人民法院适用简易程序。适用简易程序审理案件，审判人员应当询问被告人对指控的犯罪事实的意见，告知被告人适用简易程序审理的法律规定，确认被告人是否同意适用简易程序。只有被告人确实认罪并同意适用简易程序的，人民法院才可以适用简易程序审理该案件，即被告人作为诉讼一方当事人，作为审判结果的承担者，有权对选择何种程序审判表达自己的意见。过去在司法实践中超过 60%的适用简易程序审判的案件检察官不出庭，[①]法官代为宣读起诉书，出示证据，提出量刑建议，违反了"控审分离"的诉讼原则，因此，2012 年《刑事诉讼法》第 210 条第 2 款明确规定："适用简易程序审理公诉案件，人民检察院应当派员出席法庭。"

将适用简易程序的案件范围从"可能判处三年有期徒刑以下刑罚的案件"扩大到"基层人民法院管辖的案件"，意味着适用简易程序的范围已扩大到"可能判处二十五年有期徒刑以下刑罚的案件"。由于适用简易程序的量刑幅度过大，增加了法官准确量刑的难度，因此，刑事诉讼法对简易程序的审判组织和审理期限作了区分性规定，即适用简易程序审理案件，对可能判处 3 年有期徒刑以下刑罚的，可以组成合议庭进行审判，也可以由审判员一人独任审判；对可能判处的有期徒刑超过 3 年的，应当组成合议庭进行审判。适用简易程序审理案件，人民法院应当在受理后 20 日以内审结；对可能判处有期徒刑超过 3 年的，可以延长至 1 个半月。

根据《刑事诉讼法》第 215 条和最高人民法院《关于适用〈中华人民共和国刑事诉讼法〉的解释》第 298 条的有关规定，适用简易程序审理案件，在法庭审理过程中，有下列情形之一的，应当转为普通程序审理：(1)被告人的行为可能不构成犯罪的；(2)被告人可能不负刑事责任的；(3)被告人当庭对起诉指控的犯罪事

① 参见黄太云：《刑事诉讼法修改释义》，《人民检察》2012 年第 8 期。

实予以否认的；(4)案件事实不清、证据不足的；(5)不应当或者不宜适用简易程序的其他情形。转为普通程序审理的案件，审理期限应当从决定转为普通程序之日起计算。

在修改后的简易程序中，存在争议的主要问题是：法院在庭审过程中，认为被告人的行为可能不构成犯罪、被告人可能不负刑事责任或者起诉指控认为构成此罪、法院认为构成彼罪，是否应当转为按普通程序审理？笔者认为，适用简易程序并未剥夺法院认定被告人无罪、不负刑事责任或认定被告人构成他种犯罪的权利，法院对同一案件在适用法律上与起诉方存在不同认识，这是很正常的事情。如果起诉方或者被告方不服判决，可以依法提出抗诉或上诉，因为刑事诉讼法没有对适用简易程序所作出的判决的抗诉权和上诉权予以限制。如果转为按普通程序审理，起诉方或者被告方不服，仍可提出抗诉或上诉，这样，就大大地延长了诉讼周期，造成诉讼效率低下。因此，法院在庭审过程中，如认为被告人的行为可能不构成犯罪、被告人可能不负刑事责任或者起诉指控认为构成此罪、法院认为构成彼罪的，不应当转为按普通程序审理，而应当直接作出判决。

三、废止劳动教养制度对刑事简易程序的冲击

2013 年 12 月 28 日，第十二届全国人大常委会第六次会议正式通过了《关于废止有关劳动教养法律规定的决定》。废止劳教制度之后，为了加强对公民人身自由权的保护，过去由公安机关处理的一些案件将逐渐转由法院进行处理，这无疑会大大加重法院的负担。转处的这部分案件可称为治安案件，在性质和特点上与一般的刑事案件有别，因此需要增设专门的治安法庭，采用相对快速、简易的方式加以处理，以提高司法效率。

一些学者建议，在基层法院增设治安法庭，和刑庭、民庭、行政庭一样，是法院的一个审判业务部门。治安法庭的管辖范围主要包括废止劳教制度后转处的案件，可能被处以行政拘留的案件，以及包括醉驾、扒窃等在内的轻微刑事案件。审理治安案件的程序应着力于高效快捷，以便于解决大量的治安案件，同时遵循权力监督制约、律师介入、证据规则、救济程序等各项正当程序规则，保障治安案件得到公正处理。

2012 年《刑事诉讼法》修改扩大了简易程序的适用范围。根据新的刑事诉讼法，适用简易程序的案件，最高可能判处二十五年有期徒刑。适用这样的简易程序，法官、检察官乐见其成，因为被告人认罪，所以没有无罪辩护；司法实践中，适用简易程序审判的案件几乎没有无罪判决，适用简易程序几乎就等于认定被

告人有罪。要保障适用简易程序的正当性，被告人认罪的自愿性和获得律师帮助的权利必须得到保障，目前此方面的保障明显不足。

从犯罪嫌疑人、被告人认罪的自愿性来看，修改后的刑诉法一方面规定“不得强迫任何人证实自己有罪”，另一方面却保留了“犯罪嫌疑人对于侦查人员的讯问，应当如实回答”的规定，没有赋予犯罪嫌疑人以沉默权。相应地，在排除非法口供的问题上，未能强调“任意性”标准，而是规定了“合法性”标准，只是一种最低限度的排除。① 中国刑事司法中对于口供的高度依赖以及立法对于这种司法惯性的迁就，使得刑事司法具有某种纠问式色彩，导致了被追诉人的高认罪率。相关实证研究表明，犯罪嫌疑人在侦查阶段的认罪情况呈现出两个极为显著的特点：第一，整体认罪率极高，达 98.91%；第二，初次讯问中的认罪率也非常高，达 87.93%。② 在目前的司法实践中，律师在犯罪嫌疑人被第一次讯问之后，才能介入刑事诉讼，犯罪嫌疑人在既无沉默权、也无律师帮助的情况下，面对刑事追诉的压力（不排除刑讯逼供的可能性），很可能作出有罪供述，而该供述是导致被告人最终被判有罪的重要证据。③

从律师辩护率来看，调研表明，近年来全国刑事案件律师参与的比例不足 30%，有的省甚至仅为 12%。全国律师现已超过 22 万人，但 2010 年人均办理刑事案件不足 3 件，有些省甚至不到 1 件，且其中还包括法律援助案件。④ 在北京，这一比例似乎更低，全国人大代表、北京市人民检察院检察长慕平在 2012 年的全国两会上称：“一年 2 万件刑事案件，有律师代理的不到 500 件，只占2.5%，其中很多还是政府指定律师辩护的。”⑤我国著名刑诉法学家陈光中教授指出：“辩护制度是否完善是一个国家民主法治发展水平的重要标志。毫不夸张地说，我国的辩护制度正濒临严重危机，刑事案件的律师辩护率不断下滑，现仅为 25%左右，这就是明证。”⑥在大多数的案件中，没有律师协助被告人作出是否同意适用简易程序的选择，加大了对被告人不利的风险。

---

① 参见熊秋红：《刑事证据制度发展中的阶段性进步——刑事证据两个规定评析》，《证据科学》2010 年第 5 期。

② 参见刘方权：《认真对待讯问——基于实证的考察》，《中国刑事法杂志》2007 年第 5 期。

③ 参见梁洪：《广西：职务犯罪案有罪判决率 100%》，《检察日报》2011 年 7 月 21 日；林中明：《上海检察机关查办贪污贿赂保持深入健康发展态势　有罪判决率达到 100%》，《上海人大月刊》2006 年第 2 期；刘先才：《县检察院公诉案件有罪判决率达 100%》，《芜湖日报》2011 年 2 月 21 日；甘敏、黄毅国：《去年公诉案有罪判决率 99.9%》，《法治快报》2010 年 1 月 25 日；等等。

④ 朱磊：《于宁委员：建议提高刑案律师参与率》，《法制日报》2013 年 3 月 11 日。

⑤ 参见慕平：《两万刑诉案　律师仅代理 2.5%》，《新京报》2012 年 3 月 9 日。

⑥ 陈光中：《李庄漏罪与辩护人妨害作证罪之立法修改》，载陈光中主编：《刑事司法论坛》第 4 辑，中国人民公安大学出版社 2011 年版，第 215 页。

新的简易程序去掉了可能判有期徒刑 3 年以上与 3 年以下的区分，采取美国式的做法，以被告人认罪为前提，导致简易程序适用的刑罚跨度范围极大。在简易程序的具体设计上，可能判有期徒刑 3 年以上与 3 年以下的案件，仅在审判组织和审理期限上有所区分，在简易程序的具体操作上则基本一致，在司法实践中易导致“简易程序并不简易”的问题。如果将废止劳教后分流的轻微刑事案件也纳入其中，采用完全相同的程序处理——如检察官必须出席简易审判，显然不太合适。因此，一些学者建议未来可以考虑借鉴意大利的做法，设立多种特别程序，使得简易、速决程序的设计进一步层次化、科学化，使其能够更好地兼顾公正与效率两大诉讼目标。

四、关于在部分地区开展刑事案件速裁程序试点的决定

为进一步完善刑事诉讼程序，合理配置司法资源，提高审理刑事案件的质量和效率，维护当事人的合法权益，2014 年 6 月 27 日十二届全国人大常委会第九次会议审议通过了最高人民法院、最高人民检察院提请审议的《关于授权在部分地区开展刑事案件速裁程序试点工作的决定》，开创了在司法领域进行立法授权试点改革的先河。

开展刑事案件速裁程序试点工作，回应了两方面的需求：一方面，随着醉驾、扒窃等入刑，犯罪的门槛降低，犯罪圈扩大，导致轻微刑事案件增长迅速。据统计，《刑法修正案八》颁布以来，全国法院判处一年以下有期徒刑的刑事案件占到了 43%，其中以盗窃罪和危险驾驶罪为基本形态。[①] 统一适用刑事诉讼法规定的简易程序，导致轻罪案件繁琐审理，司法资源浪费现象突出，司法实践中“案多人少”的矛盾突出。另一方面，废止劳教制度之后，对于过去的劳动教养案件进行分流处理，其中一部分作为刑事案件处理，导致犯罪圈进一步扩大，这部分轻微犯罪案件需要通过速裁程序进行处理。

刑事案件速裁程序试点工作授权在北京、天津、上海、重庆、沈阳、大连、南京、杭州、福州、厦门、济南、青岛、郑州、武汉、长沙、广州、深圳、西安等 18 个城市开展。适用的案件范围为：事实清楚，证据充分，被告人自愿认罪，当事人对适用法律没有争议的危险驾驶、交通肇事、盗窃、诈骗、抢夺、伤害、寻衅滋事等情节较轻，依法可能判处一年以下有期徒刑、拘役、管制的案件，或者依法单处罚金的

① 参见《全国人大常委会表决通过刑事案件速裁程序试点》，中国广播网，http://www.china.cnr.cn/ygxw/201406/t20140627_515741033.shtml，2014 年 6 月 28 日访问。

案件。刑事案件速裁程序进一步简化了刑事诉讼法规定的相关诉讼程序。在简化庭审程序方面，适用速裁程序的案件，拟对开庭通知时间不作限制，法官当庭确认被告人自愿认罪、对适用法律没有争议、同意适用速裁程序的，可不进行法庭调查、法庭辩论，并适当缩短办案期限，但必须听取被告人的最后陈述。

在增加不公开审理情形方面，适用速裁程序的案件，人民法院要充分尊重、保护被告人获得公开审判的权利；同时，对于被告人以名誉保护、信息安全等正当理由申请不公开审理，公诉机关没有异议的，经人民法院院长批准，可以不公开审理；在保障犯罪嫌疑人、被告人合法权益方面，拟在法院、看守所建立法律援助值班律师制度，犯罪嫌疑人、被告人申请提供法律帮助的，应当为其指派法律援助值班律师，保证认罪的自愿性，确保其充分了解适用速裁程序的法律后果。适用速裁程序的犯罪嫌疑人、被告人，符合取保候审、监视居住条件的，应当取保候审、监视居住。根据中国《刑事诉讼法》的规定，对于轻罪案件，也可适用拘留、逮捕等羁押性强制措施，导致司法实践中出现了“关押多久判多少刑期”的现象，侵犯了被告人的合法权益。适用刑事速裁程序的案件，强调对被追诉人采用非羁押性强制措施，有助于减少“实报实销”现象，有利于实现轻罪轻刑，罪责刑相适应。

试点办法由最高人民法院、最高人民检察院制定，报全国人民代表大会常务委员会备案。试点期限为两年。最高人民法院、最高人民检察院应当就试点情况向全国人民代表大会常务委员会作出中期报告。试点期满后，对实践证明可行的，应当修改完善有关法律；对实践证明不宜调整的，恢复施行有关法律规定。

五、结语

为了提高诉讼效率，同时也为了使被告人尽早脱离诉讼，在刑事诉讼中采用简易、速决程序处理部分案件已成为一种世界性的实践。简易、速决程序相对于普通程序而言，最大的特点是定案证据不再受到以直接、言词原则为基础的审判方式的检验，有些甚至不再开庭审查，这必然使被告人的一些诉讼权利无法行使或无法充分行使。采用简易、速决程序，意味着减损部分的程序正义，这是为了提高诉讼效率所付出的代价。中国通过 1996 年的《刑事诉讼法》修改，增设了简易程序，但该程序存在可以施加的量刑过高、没有赋予被告人以选择权以及简易程序的规定过于简略等不足。为了应对“法院审判案件量大、法官人数不足”的现状，2012 年的《刑事诉讼法》的修改将简易程序的适用范围扩大到可能判处二十五年有期徒刑以下刑罚、被告人认罪且同意适用简易程序的案件。由于被告人认罪的自愿性和获得律师帮助的权利保障不足，导致简易程序的扩大适用潜藏着对被告人不利的风险，可能影响刑事案件的公正审理。2013 年末劳动教养制度的废除对于现行一体化的刑事简易程序设计造成了冲击，催生了通过刑事速裁程序处理原来的部分治安案件的需求；另一方面，醉驾、扒窃等入刑，导致轻微刑事案件激增，客观上要求法院通过速裁程序处理新增的轻微刑事案件。在此背景下，立法机关授权司法机关进行刑事案件速裁程序试点，以有序推进轻微刑事案件快速办理机制的改革。刑事简易程序的设计要遵循公正与效率相平衡的原则，而平衡点的寻找与确定则是其中的关键，中国的刑事简易程序尚处于不断摸索和逐步完善的过程之中。

电子证据的若干问题

沈羲基*

一、问题的提出

笔者认为电子证据是指英文中出现的"digital evidence"或"electronic evidence"等证据。从2000年起，电子证据作为证据出现在民事事件和刑事事件中的频率正在逐步增加，因此在搜查或者裁判中存在许多争议点。

韩国目前施行的是从2008年1月1日起大幅修订的刑事诉讼法，但无论是刑诉法修订前还是修订后，关于电子证据的收集或者证据的调查方法方面，法律都无特别的规定。在2008年刑诉法的修订准备阶段，因为其他领域存在更大的法律争议，所以来不及深刻反映关于电子证据的各项问题。但在施行新刑诉法没多久后，便出现了电子证据问题大爆发的情况。随着信息时代的急速发展，大家虽已产生了电子证据的收集与证据的调查方法需要更全面的规律这一共鸣，但对于其具体的规定方法却还进行着激烈的争论。由于此种现况，所以当电子证据的收集以及证据的调查方法出现实务上的争议时，首先韩国的下级审判法院有权对其进行解释以解决实务争议，最终再由韩国的大法院以判例的形式作出有权解释，弥补性地解决实务上的争议。所以到现今，韩国有效的电子证据法制可以说是由韩国的几个大法院的判决构成的。

这篇论文对比了从20世纪90年代后期开始形成的韩国大法院关于与电子证据相关联的判决的论证方式与美国联邦证据法（Federal Rules of Evidence；以下简称"FRE"）的论证方式，用比较的观点分析评论，最后提出对将来的展望。

* 沈羲基，韩国延世大学法学专门大学院教授。

二、信息储存媒介的扣押和令状主义的强化

2008 年韩国大法院宣告了如下判决(2008 도 2245),即搜查机关需要紧急逮捕嫌疑人时,无令状便可搜索扣押的对象范围限于紧急逮捕的事由与犯罪事实相关联的证据物。依着将此判决的依据扩张到“对物的一般性强制处分”这样一个通用的法理中去的方向,韩国在 2011 年修订了刑诉法。但是在电子证据的领域该如何具体化实践此法理却成了问题,因为毕竟电子证据本身并不是有体物。

嫌疑人企图消灭证据时,搜查机关可为了证据保全而不可避免地对物进行强制处分,例如搜索、扣押、查验。但是犯罪嫌疑事实是依据电子情报的形态所反映的,扣押搜索的对象并非其有体物本身,而是储存在有体物内部的信息,因此有人提出了“对无体信息这样一个物的强制处分是否可能”的疑问。而韩国大法院的论证是以如下论证为前提的:

“虽然最终会成为证据资料的是电子信息,但保存此电子信息的信息储存媒介是能够成为搜索、扣押、查验的对象的有体物。”

以 2011 年宣告的大法院判决(2009 모 1190)为契机,刑事诉讼法以及刑事诉讼规则新增或者修订了如下关于电子证据的内容。这是将已经发生的急迫的实务上的争议点,试图以回顾性、明示性的态度进行条文化,但却不是以一个全面性、将来性的态度,试图将以后可能发生的争议条文化的办法。当时新增的刑事诉讼法和刑事诉讼规则的内容大概和以下 2011 年宣告的大法院判决的内容相同。

(一) 对储存信息媒介这一物品的强制处分的范围

对信息储存媒介的搜索、扣押、查验的范围,原则上应限制在搜查令等令状上记载的与犯罪事实相关联的事由内。尤其是当第三者所有、管理、占有计算机时,或者强制处分此计算机可能会对与事件毫无关联的第三者造成莫大的损害时,搜索、扣押、查验的范围必须限制在最小范围内(刑事诉讼法第 219 条准用的刑事诉讼法第 120 条第 1 款)。若是想把搜索、扣押的范围缩小到最小限度,必然需要“计算机相关专家”(以下简称为“相关专家”)的协助。所以搜查机关有必要确保或者培养“相关专家”。运营在警察厅旗下的 Computer 犯罪搜查队、Cyber 犯罪搜查队,大检察厅的 DFC(digital forensic center)便是出于上述需要而成立的机构。

（二）打印·文档复制原则

搜查机关搜索、扣押、查验信息储存媒介的最终理由是为了将储存在信息储存媒介中的无体情报通过电脑驱动、书面体现装置、打印机制（Mechanism）等方式将它们显现出来作为搜查资料使用，并在提起公诉后作为被告人的有罪证据向法庭提出。因此扣押的目标物是电脑专用语言、系统，此外如果出现与它类似的信息储存媒介，则应遵守"规定信息的记忆范围，在此范围内打印或者复制以及提出"这一原则（刑事诉讼法第 106 条第 3 款，第 219 条）。法院或者搜查机关根据刑诉法第 106 条第 3 款得到的信息，要根据个人信息保护法第 2 条第 3 款，向该信息主体无迟延地告知此类事实（刑诉法第 106 条第 4 款，第 219 条）。

（三）可扣押信息储存媒介的例外情况

只有不可能在规定范围内打印或者复制时，或者明显不可能达到扣押的目的时，才能将信息储存媒介进行扣押（刑诉法第 106 条第 3 款，第 219 条）。

（四）扣押信息储存媒介的必要措施

搜查机关将信息储存媒介移交到事务所后，可搜索出根据令状记载的与犯罪事实关联的电子情报，并将该电子情报以文书的方式打印或者复制。而这一过程同样包含在全面性地执行扣押、搜索令状的范围内。所以，此时的打印、复制的对象仍然限定在与犯罪事实相关联的部分内。

（五）打印、复制与犯罪嫌疑事实无关联部分的违法性

在不存在任何特殊情况的前提下，违反令状主义便会造成执行的违法性。

（六）其他执行顺序的合法要件

在搜查的全部过程中，搜查机关要保证被扣押、搜索的当事人或者其辩护人的持续参与权，禁止在被扣押、搜索的当事人不在场的情况下对信息储存媒介进行阅览、复制，并且要在电子信息目录的生成与交付过程中，保证扣押、搜索的对象即信息储存媒介内的电子信息不受任何歪曲或损毁或滥用，且不被其他人复制粘贴。只有在符合此种情况下进行的搜查过程才具有合法性。

三、什么是电子证据的真实性以及其证明方法

2013 年 7 月宣告的判决（俗称旺载山事件）中包含了两个方面的内容。第

一，提出了电子证据的真实性这一概念和证明方法；第二，适用电子证据和传闻规则。此判决虽然不是第一次针对上述两点作出论证，但却比在那之后宣告的任何判决都要明确地体现出大法院对上述两个争议点的论证态度。

（一）FRE 提出的关于证据的真实性的概念

FRE 的“证据的真实性(authenticity)”是在“所有证据在调查之前首先应该证明此证据就是提出者主张的彼证据(to be genuine)”这一思想的基础上设定的。无论是“证据的真实性”还是“提出最优良证据的原则(the best evidence rule)”，都与哪些证据是传闻证据这一角度大相径庭。与此相反，在现行法第 312 条、第 313 条中出现的“真正成立”这一概念只包含了一部分“证据的真实性”的概念，或者说完全没有包含“证据的真实性”的概念，从而可以看出现行法中出现的概念是一种狭隘的概念。

从常识的角度看，能够在法庭上提出的书面证据必须是未经伪造、变造、假造的，不能是因为保管不妥当而引起的受污染的证据，且必须是与其本来的状态保持统一性的证据物，此时称之为保管连锁(chain of custody)，只有证明了上述几点才能在法庭中作为证据使用。证明上述意义中的“真实性”是“哪些证据可以作为证据使用”的前提条件。就连传闻证据在证明其例外要件(刑诉法第 311—316 条)或传闻规则的排除适用(刑诉法第 318 条第 1 款)之前，都要先具备“真实性”这一要件。

在分析证明能力之前，要先具备证据的真实性，因此证据的真实性是一种证据能力的问题。

（二）旺载山判决事件与真实性问题

在旺载山判决(2013 도 2511)事件中，被告人主张在审判阶段检察官提出的证据是搜查机关伪造出来的，而这一主张等于提出了关于证据的真实性的问题。针对被告人提出的问题，如果检察官适用传闻的例外要件适用或者传闻规则的排除适用进行举证，则完全属于东问西答。最后法院认定了“信息储存媒介从扣押时刻开始到打印文件为止并未出现任何变更(后续陈述狭义与广义的完整性)”这一事实。

如果刑诉法第 318 条第 1 款的“真实”这一概念可以参考美国证据法总论与 FRE 的基础概念之一的“证据的真实性”这一概念是再好不过的，而旺载山的判决恰恰是顺着这个方向衍伸出来的一种认识的转换。

(三) 电子证据真实性的证明方法

以一心会判决(2007도7257)为契机,学者们共同提出若要保证电子证据的真实性,则原件、复印件或者打印件之间必须保持"同一性(identity)、完整性(integrity)、可靠性(reliability)"这一理论。旺载山判决基本上遵循了一心会判决的思想,但相较于一心会判决又有其值得瞩目的地方。

第一,一心会判决只提出了"应当保证信息储存媒介的原件从被扣押到将其打印,不可进行任何变更"这一阐述,但旺载山判决使用了"完整性"这一术语,作者认为可将其视作"广义的完整性"的概念。

第二,旺载山判决明确指出一心会判决未曾提出过的"完整性的证明方法"。在电子证据领域,多数会出现提供不出原件或者提供原件非常困难的情况,所以用硬件拷贝(hard-copy)或者映像化(imaging)方式来代替原件本身是常用方法。因此除了起初"狭义的完整性"这一要件之外,还需根据法理学(forensic science)的观点要求同一件和可靠性。笔者建议可将狭义的完整性,法理学观点中的同一性、可靠性并称为"广义的完整性"。

具有上述内容的完整性,有别于传统证据领域所重视的"保管连锁"(chain of custudy, COC)概念,有别于文书所重视的"提出最优良证据(原件)原则",它具有电子证据固有的特性,因此多少可以看作是一种特别运用的概念。

(四) 对于完整性的肯定与否定

在旺载山判决中,针对被告人D的查探、收集国家机密的嫌疑,无论是第一审还是抗诉审还是大法院,全都肯定了检察官提出的证据的完整性。但针对被告人D2的对于赞扬、鼓舞敌人嫌疑的MP3文件形式的证据,无论是第一审还是抗诉审,大法院都否定了证据的完整性。大法院根据"扣押、搜索后,储存的MP3文件有连接的痕迹,并且根据当时负责扣押、搜索的国家情报员的证词也无法明确指出是否进行了文件的连接处理"这一理由,指出"信息储存媒介原件在输出时是否进行变更已无从得知"这一事实,并表示"上述文件不可作为证据使用",最后将这一部分的公诉事实宣告为无罪。

(五) 电子证据的真实性(完整性)的证明方法的多样性

旺载山判决作出"电子证据的真实性的证明方法并不单一,它具有多样性"的判决,这一立场恰好与FRE有着相似性。这并非是电子证据特有的属性,而是与"证据的一般真实性的证明方法"通用的事项。FRE针对"真实性的证明方法"提出了多达10余种的证明办法,而除了这10余种方法以外,还明确指出可采用多样的办法证明证据的真实性。

四、可适用传闻规则的电子文件与不可适用传闻规则的电子文件

以下笔者罗列出可适用传闻规则的电子文件和不可适用传闻规则的电子文件,并分析其理由,检验其是否符合判例的一贯性。关于这个问题已经确立的判例理论有:"对于其记载内容的真实性可适用传闻规则,但针对非文件内容的真实性(将通敌表现物储存在电脑硬盘中,以保管的方式持有通敌表现物)时,记载这种内容的文件的存在,其存在本身可直接作为证据,因此不可适用传闻规则。"[大法院 1999. 9. 3. 宣告 99도2317 判决]这样的证明方式基本上与 FRE 的立场相符合。

(一) 被判断成不可适用传闻规则的案例

1. 储存在电脑硬盘中的文件作为有通敌嫌疑的有罪证据被提出的案例【大法院 1999. 9. 3. 宣告 99도2318 判决】

D 作为持有通敌表现物的嫌疑人(违反《国家保安法》)被提起公诉,而作为有罪证据被提出的物品为存有通敌表现物的电脑硬盘。在本案中,大法院作出如下判决:"作为证据所提出的不是文件内容的真实性,而是文件的存在本身这一行为,因此只要经过了合法的检验手续,便可认定电脑硬盘的证据能力。"

2. 一心会判决【大法院 2007. 12. 13. 宣告 2007도7257 判决】

在需要证明查探、收集国家机密的事实的案例中,大法院作出了如下判决:"针对这部分的公诉事实所提出的输出文件等证据,观察其内容与需要证明的事实关系时可以看出,文件上记载的内容是否真实并不是问题,而作为内容的文字信息它的存在本身是可以作为证据的,所以原审不可适用传闻规则这一判决属正当判决,予以承认。"并驳回了上诉。

3. 将发送到被害人的手机上的文字信息作为有罪证据提出的案例【大法院 2008. 11. 13. 宣告 2006도2556 判决】

D 是一个将可以诱发恐怖感或不安感的文字信息反复发送到被害人的手机中的犯罪嫌疑人,因他的行为违反了《情报通信网利用促进法》第 65 条第 1 款第 3 项被起诉。D 反复地将写有"时刻注视着你的恶行"这样的文字发送到对方的手机中,而本案中这样的文字到底是不是传闻与否成了问题,而对于这一点,大法院作出了如下判决:

"针对犯罪嫌疑人通过信息通信网络,将会诱发恐怖感或不安感的文字反复

发送给对方这一公诉事实，如果把储存在被害人的手机当中的文字信息作为证据使用，那么那些文字信息只能成为犯罪的直接手段，若它不符合可以代替经验者的陈述这一要求，则不能适用刑诉法第310条之2中规定的传闻规则。”

“文字信息是犯罪的直接手段”是指文字信息传达的是其是构成法律要件（犯罪构成要件）的法律事实（an operative legal fact），并不是嫌疑人主张（assertion）的思想。“构成犯罪要件的法律事实”是指将经常使用的用语，即“语言的行动（verbal acts）”或者“行动中关于语言的部分（verbal parts of an act）表现出某种效果。简单来说是指某种发言带来了某种法律效果（例如胁迫、名誉损毁、要约、承诺等）。

如果以FRE的视角解决这个问题，那么可以使用哪些证明方法呢？

若想以FRE的角度解决这个问题，首先我们要分析在文字信息中是否主张了某种意图（intended assertion）。

这里出现的主张（assertion）是指，FRE以实用主义的角度出发分析：①是否存在某种事实；②原陈述者（declarant）；③是否以传达信息（a transfer of information）为目标；④是否有意识地（communicative）产生某种意图（intend）。如果没有这种意义上的主张，那么就没必要将它看作传闻证据并剥夺其证据能力。这里出现的信息是一种无论谁向原陈述者提出他传达的信息是“真”（true）还是“假”（false）的疑问时，原陈述者都可以回答出究竟“是”或“否”的“经验的认知”（personal knowledge，personal experience）的对象。

举例说明，当原陈述的性质是质问（question）或者命令（directive）时，又或原陈述是构成一个契约（contract）的要约（offer）、承诺（consent）、拒绝（disagreement）的发言（utterance）时，此陈述并不含有信息传达的意味，更不是一种主张，因此对其没有适用传闻规则的必要。相反，如果原陈述是“D用刀把V砍了”或“那天下雨了”等明显带有传达信息意味的语句时，可看作是一种主张。FRE的立法者在立法时，有意识地将适用于传闻规则的陈述范围缩小到比由判例法发展而来的英国普通法（common law）更小的范围内。

从此观点出发，在大法院2008.11.13.宣告2006도2556判决中，我们可以简单说明一下不能适用传闻规则的理由。文字信息在本案中是一个问题点，因本案中的文字信息没有任何主张，所以没有适用传闻规则的必要。相反，我们可以得出一个反论。本案中的文字信息是以语言为手段表现出来的，若它不是陈述或者主张，那么它是什么呢？

它虽然看似陈述，但其本质并不是陈述，或许我们可以将其视作法律行动（verbal act），或者是构成犯罪构成要件的法律事实（operative legal fact），那么它就极有可能不是陈述或主张了。

韩国学界在规定传闻的概念时，态度与FRE一样，秉承着“若强调主张的意味，那么在将来可能被提起的案件中，区别传闻和非传闻会变得容易一些”。正是因为之前并未过多强调主张的意味，因此在大法院2008.11.13.宣告2006도2556判决中我们很难找到适合的论证方法。

4. 旺载山判决

被告人D因有“与反国家团体成员有文件往来，并以通信方式从反国家团体获得指令，查探、收集国家机密”的嫌疑，后被起诉。被作为有罪证据提出的是储存在信息储存媒介中的文字信息以及输出文件，而此文件的作者便是被告人D。D在法庭中并未承认打印文件的真实性(刑诉法第313条第1款)。如果打印文件属于传闻，那么法院就不能将其作为证据使用，如果打印文件属于非传闻，那么D在法庭中只要一天不认可打印文件的真实性，此种诉讼行为便是没有意义的诉讼行为。针对被告人的抗辩，抗诉审提出：“收到指令后查探、收集到的国家机密，无论是以文件的形式存在，还是以方便提供的物品形式存在，文件内容的真实性都不是问题，而文件的内容其存在本身是可以作为证据的，因此针对上述公诉事实，不能适用传闻规则，应当认定该输出文件的证据能力。”而大法院对上述抗诉审的判决也予以了承认。那么接下来，我们再以FRE方式的论证方法分析一下本案。

因为收到指令并且查探、收集了国家机密的行为不含有主张的成分，所以最基本地可得出它采用的不是传闻证据的论证方法。除此之外，文件内容存在本身属于“语言的行动”(verbal act)，而并非语言或者陈述，因此没有必要把它当成传闻证据。又或制作包含这样的内容的文件或者持有包含这样的内容的文件属于构成犯罪要件的法律事实，因此它不是陈述或主张，而是行动，所以也可据此得出，其没有必要被认定成传闻证据。

(二) 被判断成可适用传闻法则的案例

记载着文档文件的内存卡事件，即大法院2007.7.26.宣告2007도3219判决属于这种情况。被告人通过W2运营的Internet chatting site，认识了一位身份不详的女性，并以一次韩币23万元的代价与其进行了性交易，因此种行为违反了性交易规定，后被起诉。在韩国，性交易属违法行为。本案中，因卖淫女子以卖淫为业，并将那些与其进行过性交易的男子的ID和电话号码、性交易方式都记录在了便利贴纸上，最后由她自己或者W2雇佣的其他女职员将这些信息记录在文件内，而后做成了Memory-card。而这些文件是否具有证据能力成了

本案的关键。在文件中出现的与D有关的记载事项被标为“23—1,普通”。检察官主张这句话的意思代表“性交易一次,收入23万”,而D认为这种打印文件属于传闻证据。下面我们以FRE的角度进行一下论证。

以“性交易一次,收入23万元”的形式储存的文档含有①某种事实,本案中即为性交易存在与否的事实;②原陈述者;③以传达信息(a transfer of information)为目标,具有assert的意义;④有意识地达到自己意图,因此它属于传闻,所以应适用传闻规则。但该文件是出于营业需要而制作的普通文书(刑诉法第315条之2),属于传闻规则的例外,所以具有证据能力。

五、传闻证据作为直接证据使用时能否作为对间接事实的情景证据(肯定)

在旺载山事件中潜入、逃出、会和这三点属于要证事实,针对这三点抗诉审作出了有罪判决,同时指出被告人电脑中存有朝鲜工作人员发送给他的电子文件这一事实是构成有罪认定的间接事实证据的一种。

被告人甲:“希望2011年的会面能够在1月30日到2月1日之间与O在北京进行。”

被告人提出了上诉。大法院作出了如下判决:“当某种陈述作为犯罪事实的直接证据被使用时,就算此种陈述属于传闻证据,但作出了此种陈述本身或者把此种陈述作为与陈述的真实性无关联的间接事实的情景证据使用时,陈述并不必须是传闻证据(参照大法院2000.2.25.宣告99도1252判决)”。随后,以被告人的电脑中存有含上述内容的文件以及本案与文件记载内容的真实性并无关联,而文件的存在属于为了证明这部分的公诉事实的间接事实为理由,认为没有必要适用传闻规则,并驳回了被告人的上诉。

此判决的论点为:证据是否为传闻证据是由其与要证事实的相对关系所决定的,因此此论证与FRE的论证是有着相似性的。

六、结语

第一,韩国民事诉讼法学中存在着“真正成立”的用语,而刑事诉讼法中也有此种表现(刑诉法第312条,第313条),这是在提出书面证据时所形成的法理。但在提出非书面证据时,例如电子证据时,以现代民事、刑事诉讼法中有关于书面证据的法理来解决电子证据问题是一种错误的认识。笔者所指的非书面证据主要是指电子证据和录音录像带中的音频信息。在韩国，关于非书面证据并没有完善的理论与判例体系。由于国内的法律状态如此，如果不引用美国证据法中普遍使用的“证据的真实性”这一概念，那么在处理已经喷涌而出的案件以及将来也会喷涌而出的案件时，我们就无法作出合理的论证。20世纪90年代后半期，韩国的法院开始借用FRE的论证方式，正是出于这样的背景与考量。

第二，20世纪80年代后半期以来，在韩国的实务裁判中关于传闻规则的解释与适用一度趋向于FRE的立场。与此同时，学界一方存在着设定一个韩国特有的、有别于搜查机关在搜查阶段制作的调查报告能否真正成立这一概念的，即“证据的一般真实性”的概念。但是在证明“证据的一般真实性”领域设立一个韩国特有的概念，会引起全球范围内的意思疏通问题，因此学界认为此举不可取。

第三，这篇论文比较了从20世纪90年代后期开始形成的韩国大法院关于电子证据相关联的判决的论证方式与FRE的论证方式，从而可以看出韩国的大法院大体上忠实地沿袭了FRE的论证方式，而这种趋势在将来的一段时间内应该不会产生太大的变化。

韩国刑事程序中自白[①]的证据地位

许一泰*

一、序论

在韩国的刑事诉讼程序中，自白作为证据的一种，能否称之为证据之王？韩国为了防止犯罪嫌疑人或被告人被迫坦白，从制度的层面上都采取了哪些措施？对这些提问，从结论上而言，在韩国的刑事程序中，虽然自白对认定被告人的有罪确实具有重要的意义，但不能称其为证据之王。韩国通过法律手段，严格防止被迫坦白等违法现象的发生。

自白，是亲自体验犯罪现场的人对自己体验过的事实进行的陈述，又是一种对自己不利的陈述。基于人的自我防御的本能，他所进行的对自己不利的陈述，其内容真实的可能性较大。再者，自白与物证结合，可以重构整个犯罪事实，并且在侦查和公判过程中，自白不仅可以证明罪犯与被告人的同一性，还可以证明具体的犯罪形态与犯罪动机及犯罪故意等。在这一方面，自白具有重要的作用。

但自白并非以真实性为前提，不能排除虚假陈述。在日本殖民统治时期，搜查机关为了获取犯罪嫌疑人的自白，任意践踏和侵犯韩国的人权。通过这些惨痛的历史事实，韩国更加懂得了如何保障犯罪嫌疑人的人权、如何通过法律手段防止刑讯逼供的发生。1954 年制定刑事诉讼法正是反映了这一历史背景。该刑事诉讼法，其一是否定逼供的证据能力（刑事诉讼法第 309 条），其二是限制对被告人不利的自白的证据能力（刑事诉讼法第 310 条）。

从上述的内容中可见，虽然韩国刑事诉讼一开始就限制了自白作为证据使

① 译注：韩国刑事诉讼法中的“自白”类似于我国刑事诉讼中的“坦白”，但为了更好地体现韩国刑事诉讼法的特点，采取直译的方法。

* 许一泰：韩国东亚大学校法学专门大学院教授。

用的能力，但自从摆脱日本殖民统治的60年以来，搜查机关采取拷问、暴力、胁迫等手段而获得虚假自白事实的仍有不少。因此，目前还不能排除根据虚假自白得到证据的可能性。当然也不能否认我们为了实现民主化社会，克服独裁专制政权，遵守法定程序不断努力走向法治社会的努力。直到2007年，这种努力终于得到了回报。在2007年修改的刑事诉讼法中，第308条之二明确规定“不能使用不依合法程序得到的证据”。

因此，在韩国现行刑事诉讼法中，排除缺乏任意性的自白的证据能力，即使出于犯罪嫌疑人或被告人的自愿，如果违背合法程序，取得的自白同样不具有证据能力。该自白确实出于犯罪嫌疑人或被告人的自愿，并根据合法程序取得，法官也觉得其具有可信性，但如果该自白是对被告人不利的唯一证据，那么就不能作为有罪证据来使用。

二、自白的范围与证据地位

（一）自白的概念

韩国宪法第12条第7项[①]明文规定自白的概念。《刑事诉讼法》第309条关于自白排除法则、第310条关于自白补强法则、第308条之二关于违法收集证据排除及第286条之二关于简易公判程序中都在使用自白这一概念。

有些学者把自白的概念理解为“犯罪事实或者对其本质部分的承认”或者“是一种认定自己刑事责任的陈述”。大多数学者主张自白是被告人或者犯罪嫌疑人承认犯罪事实的全部或一部分的陈述，他们认为此种意义上的自白是对陈述者本人不利的一种陈述。自白既然是承认自己的犯罪事实的一种陈述，那么根据此种观点，自白不仅包括被告人或者犯罪嫌疑人认定犯罪事实的全部或者主要部分的陈述，应当还包含了他对刑事责任部分的认定以及他所主张的正当化的事由、免责事由。

笔者认为，自白的概念意义在于，它可以决定自白排除法则和自白补强法则的适用范围。韩国的刑事诉讼法不仅在自白上要求其具备任意性，还在一般的陈述上也要求有一定的任意性(刑事诉讼法第317条第一项)，基于这一点，没有合理的理由去限制自白的概念。因此，犯罪嫌疑人或者被告人所述的其认定犯罪构成要件的事实部分和他所主张的违法性阻却事由及责任阻却事由也应当被视为自白。大法院也认为“对前科所述的事实应当区分于严格意义上的犯罪事

① 韩国的法条条文顺序与中国的法条条文顺序不一致。即，条、项、号。

实，就按照被告人的自白也能认定该部分的内容。"这种判决可以看出，犯罪嫌疑人或者被告人所述的内容尽管不是犯罪事实本身，如果其所陈述的是对自己不利的内容，那么该种陈述也视为自白。

（二）自白的主体与形式

分清自白主体的法律上地位实际上也没有什么太大的意义。原因在于，不管是被告人的自白、犯罪嫌疑人的自白还是证人的自白，也不管陈述的形式是书面还是口头，向法官还是在侦查机关面前所进行的陈述，都不影响自白的成立。记载于日记、备忘录、手册、商业账本等，其内容只要是认定犯罪事实的，都视为自白。

与此相反，我国判例认为，记载于商业账本、航海日志、门诊病例、流水账等与认定犯罪事实不相关的基于业务上所记载的内容，即使其记载的内容事后符合控诉案件事实，也不视为自白。

笔者认为，自白是认定犯罪事实的全部或者部分内容，其形式上不仅可以以口头形式进行，也可以以书面记载的形式进行。不管在哪里向谁面前进行，只要其内容对自己不利，那么就不影响自白的成立。因此，被告人案发之前所记载的与犯罪事实相关的内容，也应当视为自白。在这一点上，被告人案发之前所记载的业务明细，如果包含了控诉案件的事实，那么应当视为自白。

三、自白排除法则

（一）自白排除法则的意义

韩国宪法第 12 条第七项明确规定，缺乏任意性的自白不能作为有罪的根据，该宪法上的内容具体反映在刑事诉讼法第三百零九条。自白排除法则是指在被告人的"自白"当中缺乏任意性的自白的证据能力而予以排除的证据法则。

（二）自白排除法则的理论依据

虽然宪法和刑事诉讼法明文规定缺乏任意性的自白不能作为证据使用，但其理论依据不尽相同。之前的大法院判例一向都是采用虚伪排除说，1980 年以后，开始出现违法排除说，但从 20 世纪 90 年代开始，大法官之间出现微妙的立场之差。即，侦查机关不告知被告人的沉默权的情况下，在讯问被告人的时候得到的自白属于违法收集的证据，即便被告人的陈述具有任意性，也要否认该自白的证据能力。从该大法院的判决内容可以看出，侦查机关不告知被告人的沉默权下所进行的询问中得到的自白，是属于重大违法，其证据能力是按照刑事诉讼法第308条之二(违法收集证据的排除)予以排除的，而并非适用309条(自白排除法则)排除该自白证据能力。但到了最近，大法院又采取人权拥护说和虚伪排除说折中的立场。

笔者赞同违法排除说。原因在于，违法排除说提出了自白排除法则的客观性适用标准，并为其提供统一的解释原理。因为自白排除法则与违法收集证据排除法则都体现了宪法上合法程序原则，自白排除法则是体现宪法内容的特殊规则。

(三) 自白排除法则的适用范围

那么如何确定自白排除法则的适用范围？韩国《刑事诉讼法》第309条规定，被告人的自白是在严刑、暴力、胁迫、不正当的身体拘束、欺罔或者适用其他方法的情况下所进行的，并且有合理的理由说明其缺乏任意性的话，那么不能把它作为有罪证据使用。问题在于如何界定"适用其他方法所进行的，并且有合理的理由说明其缺乏任意性"的自白的范围，根据大法院的判例，该条文中侵犯被告人自由陈述的违法事由，原则上以预示事由来看待，这是一种文理解释，所以"其他方法"样式各种各样。

1. 通过拷问、暴力、威胁、长期羁押等不正当手段获得的自白

通过拷问或暴力得到的自白自然不能作为证据。即使被告人没有被直接拷问，但使其目睹(或者听闻)其他被告人受到拷问后获得的自白也不应该被作为证据。大法院判决"非自愿的心理状态一直持续到检察官调查阶段，在这一情况下，犯罪嫌疑人在检察官面前所作的自白也无自愿性"。警察局里对被告人进行调查的警官将被告人带到检察官面前，这一过程一般被视为保持了非自愿的心理状态。但是，如这一过程对检察官的搜查(侦查)本身并没有产生影响，就不能视为自白是非自愿的。由此不难看出，即使检察官的讯问嫌疑人笔录是被警察移送的当天制作的，但不能仅凭这一点，就认定为嫌疑人的坦白是非自愿的，这就是大法院所采取的立场。

通过羁押获得的自白是指羁押的理由合法，但羁押时间无理由地被延长的情况下的自白，应将其与羁押本身即为非法的非法羁押中取得的自白相区别。但两者事实上均是在羁押状态下获得的，都不能被当作证据，这点是相同的。

2. 通过欺骗等方法获得的可疑的自白

(1) 通过欺骗获取的自白因获取自白的过程是非法的，所以也不能作为证据。欺骗的范围既包括事实问题(例如：同伙已经自白了)，也包括法律问题(例

如，欺骗说即使自白了，其陈述也不会在审判过程中作为证据使用）。关于欺骗的程度，利用错误是不够的，应该有能够谴责调查机关询问方法不当的骗术。例如，欺骗说共犯已经自白了，或欺骗说有人在犯罪现场看到嫌疑人，或欺骗说嫌疑人没有通过测谎检测，发现了新证据等。但简单的错误或伦理矛盾在通常的审问方法中是被允许的。并且对事实或证据情况保持沉默，虽然有些奸猾但不属于欺骗。

（2）通过约定获取的自白，其审问方法违背了公平这一文明国家的基本原理，所以也不能作为证据。这里的约定应是有利益的、能够影响自白的，如许诺为其提供香烟或咖啡等日常供给则不包含在约定范围内。但是，这里（甲）的约定内容不仅仅包括与刑事处罚相关的内容（例如，起诉、不起诉、刑罚轻重、人身释放等），还包括家人保护等一般的、世俗的利益（例如：许诺对兴奋剂中毒者进行兴奋剂注射或许诺让其与家人相见等）。但约定应是具体的特殊的，只是对事实进行单纯叙述的一般约定不包括在其中。这里（乙）许诺利益的一方有实现约定内容的权限，或此约定会对持权者有一定的影响，这两种情况是包含在其中的。

韩国大法院判定："发现一些证据后，嫌疑人答应自白的这一约定，如是在检察官的强迫或上级的要求下实现的，或是通过不起诉或减轻刑罚等利益作为交换条件实现的，将不被承认，这样的自白即约定下的自白，不能判定其为随意性的自白。"间接地表达了应将"通过不起诉或减轻刑罚等利益交换"获取的自白排除在外的立场。

（3）《刑事诉讼法》第 309 条不仅否定了定型性的自白事由排除，还否定了"如有充分理由怀疑进行的不是随意陈述时"的自白作为证据的法律效力，对能够扩大自白排除法则适用范围的非定型性自白排除事由也进行了规定。依据案例，检察院否定了被告人在 30 个小时没睡觉的情况下作出的自白。另外，虽然将诱导审问说成强制有些牵强，根据情况不同，也可能对随意性产生影响，应将强硬的审问及长时间持续调查的程度与其他情况综合起来，来判断自白是否具有作为证据的资格。

（四）供认排除法则的证明等问题

1. 因果关系要点

针对受到刑讯、暴行、威胁、人身强制的不当长期化等任意性影响的事由与被告人的（非自愿性）供认之间，虽然存在是否需要因果关系的对立见解，但大法院认为："非自愿而存在疑点的供认中，因为因果关系的存在是推定的，所以欲将其作为有罪证据的话，须积极地认定该因果关系不存在。”因此，虽然要求因果关系的存在，但只是作为一种推定。

2. 自愿性举证责任及证明

最近，大法院判定：“自愿性中有争议的情况下，并非由被告人证明存疑的具体合理的事实，而是由检察人员证明解决。”因此，在被告供认的自愿性问题上有争议时，自愿性受到其他影响的事由的存在与否应直接由检察人员负正面举证责任。通过这种态度变化，大大减少了被告人的证明负担。

关于自愿性的证明问题上，大法院采用了自由证明说的观点，判定认为，“在被告人陈述的自愿性存在争议的情况下，法院通过认定其适当的方法及调查结果，自愿性获得心证的话，则可以作为证据使用，”或者，“供认的自愿性可以通过调查报告的形式内容、陈述者的身份、社会地位、学历、智力程度及其他方面综合自由判断。”

（五）供认排除法则的效果

1. 证据能力的绝对排除

有自愿性存疑事由的供认没有证明能力（宪法第 12 条第 7 项前段，刑事诉讼法第 309 条）。对于非自愿的供认的证明能力的限制上，因为是绝对性的，所以当然不能成为针对被告人否认陈述的证明力衰减的弹劾证据，另外即使被告人同意也不可能具有证明能力。这里，如果法院以此种供认为证据作出有罪判决的话，便与宪法第 12 条第 7 项、刑事诉讼法第 309 条、307 条（某些情况下）相抵触，并因违反法令而成为相对的抗诉理由（刑诉法第 361 条之五第一号）及上诉理由（刑诉法第 383 条第一号）。

2. 派生证据的证明能力：依据非自愿供认收集的证据的证据能力

在据对被告人刑讯获得的供认而掌握尸体或者犯罪凶器的所在并将其挖掘出的情况下，是否可以否定该尸体或凶器的证据能力的问题上，所谓“毒树的果实理论”是否能得到认定尚有争论，但以前的判例中认为没收的锤子、黄绿色制服和野战夹克等依据无证据能力的被告人供认而获得的物品无证据能力。

最新判例认定“侦查机关抑制违法侦查最具效果的对应措施不仅是首次证据，二次证据也在证据中被排除”，即便采纳毒树的果实理论，“没有侵害合法程序的实际内容，排除证据能力的话，反而在违法刑事司法正义的例外情况下，可以作为有罪证据使用”。而判断二次证据的证据能力时，“首次及二次证据收集间的稀释或断绝因果关系为中心，二次证据收集相关的所有方面都应加以全面、综合考虑”，这提供了只在二次证据中使用的追加判断基准。

四、违法收集证据供认的排除原则

（一）供认排除原则及关系

阐明了违法收集证据排除的韩国刑事诉讼法第308条之二，并不局限于否定没收的有体物的证据能力。同条明确提出适用对象为“未按合法程序收集的证据”，可成为证据对象的所有没收物。因此，不仅有体物，陈述证据也包含其中。然而，陈述证据中，被告人的供认在宪法上具有特殊的地位。即，宪法阐明：“认定为在刑讯等方式下非基于自我意愿而作出的供认，不能作为有罪证据。”为了使这种宪法规定能够具体化，《刑事诉讼法》第309条再次规定了供认排除法则。依据该供认排除法则排除的只是供认其本身。

此处，《刑事诉讼法》第308条之二的违法收集证据排除法则和同法第309条的供认排除法则间的先后作用关系问题是有待考究的。但是供认排除法则是以宪法的角度认定的证据法则，而违法收集证据排除法则则是刑事诉讼法的立场出发认定的原则。从这一点上看出供认排除法则与违法收集证据排除法则具有特殊关系。因此，不能确保自愿性的供认证据依据《刑事诉讼法》第309条须排除证据能力。

（二）内容

1. 自白记录等的证据能力问题

（1）并不是自白自己，而是对作为记载自白媒介的证据资料能适用违法收集证据法则，特别是在不法逮捕的情形下，嫌疑人的审问记录适用《刑事诉讼法》第308条的2款的余地更大。

（2）《刑事诉讼法》第312条与在侦查机关面前的记录有关，“适法程序和方式”作为证据能力的要件，如果记录做成过程违反该条则可以排除其作为证据的能力。所以，韩国大法院对侦查机关审问嫌疑人时未提前告知陈述抗否权而做成的嫌疑人审问记录，适用《刑事诉讼法》第308条2款违法搜集证据排除规定，否认其证据能力。即刑事诉讼法保障嫌疑人的陈述抗否权与宪法保障刑事上不能强迫自证其罪正好一致，所以对侦查机关未提前告知嫌疑人陈述抗否权情况下作成的嫌疑人陈述为违法搜集的证据，即使陈述是在任意性认定的情形下，判例也是对它否认的。可以得出，这既是和《刑事诉讼法》第312条专门法条的例外规定有关，也是与宪法基本权密切关联的。

2. 参与人陈述的证据能力

宪法上，对自白排除法则优先适用者的地位认定情形下，对不是被告人的陈述有重要意义。例如，对被告人方面的证人接触权不当限制，此时取得的证人的证言根据违法搜集证据排除法则，排除证据能力。

与这关联，韩国宪法裁判所认为："现代的裁判程序目标之一是为了在这个过程中，避免给相对方造成预测不到的打击。如果在证人证言以前，只有一方当事人独占与他接触而限制相对方的接触，证人并不知道哪些内容作为证言，如果不能对证人的证言作准备防御的话，结果使当事人给相对方造成预测不到的打击的危险是显而易见的，这也与宪法第 12 条第 2 项后段规定的适法程序原则相违背。"

大法院判例也否认违法地限制和辩护人接见交流情况下、取得的嫌疑人的自白的证据能力，赞成排除有罪证据的能力。

五、自白补强法则(刑事诉讼法第 310 条)

(一) 补强证据法则的意义

自白是直接经历犯罪现场者的陈述，对自己不利的事实点的认定。较多情况下，它是作为有罪判断强有力的证据资料。但是，没有客观的证据，只有自白对犯罪事实认定的话，一方面助长侧重自白的侦查习惯，另一方面会带来侵犯人权的弊端，还有一方面会增加引起虚假自白误判危险性。因此，对为了慎重自白作为有罪资料的适用，采取了自白的补强法则。即韩国宪法第 12 条第 7 项后段明示："只有被告人的自白是对他不利的、唯一的证据时，不能作为有罪的证据或者不能依此为理由处罚。"韩国刑事诉讼法第 310 条也再次、反复明示。

法官即使确认该被告人的有罪立证，这种确认以对被告人不利的自白为唯一的依据，没有其他客观的补强证据的话，即使保证了自白的任意性和依适法程序取得，也不能作为有罪和处罚的依据。韩国宪法和刑事诉讼法对自白补强法则的阐明，是为了防止自白强要，刑事程序上最大的意义就是禁止反人权的侦查。

(二) 补强法则的必要性

1. 虚假自白的排除

在侦查过程中，为了规避侦查官发现与犯罪事实关联性的其他案件，有虚假陈述犯罪事实的情形，相反，为了积极回应侦查官的好意而虚假陈述犯罪事实的情形也有，还有立即被释放或者想使对自己的侦查终结而作的自白，亦有即使对辩明无罪毫无意义的绝望状态下有可能虚假陈述的自白，除此之外，嫌疑人等人的记忆不确定或者审问过程中侦查官的表现不适当的情形，等等，多种原因导致虚假自白的可能性如今还在。

自白补强法则正是对有虚假介入余地的自白，要求作为补强证据强化对实体的真实检验，以此达到防止误判的目的。

2. 偏重自白的侦查管制

要求自白补充证据是为了防止出现侦查机关习惯性的强行逼供行为，并促进科学侦查。也可以说其宗旨是防止由于偏重自白而在刑事程序中可能出现的人权侵害。

六、结论

韩国宪法第 103 条阐明："法官依据宪法和法律，秉持良心独立审判。"但是，韩国刑事诉讼法的原则是，法官即便秉持法律和良心进行审判，为了认定有罪，也必须立足于证据主义(刑事诉讼法第 307 条)和由法官自由裁定证据证明力的自由心证主义。因此，自白可以当作是有罪判决的确切证据。也因此，在过去，韩国也把自白看作是"证据之王"，为了迫使嫌犯自白，刑讯逼供在法律层面上一直被容许。

不过，如前所述，现今自白已不再是"证据之王"。因为依据宪法和刑事诉讼法，可以认为，自白的证据效力正以多种方式被限制。即便如此，自白仍被认作是比其他证据独特的存在。因为嫌疑人或被告的自白在相关案件的侦讯和审判过程中有着现实的地位或作用，不可谓不重要。即，刑事诉讼法上被告的自白，可以作为有罪证据使用，也可当作是认定所控诉犯罪事实的直接证据。此外，自白相当于陈述证据，原当事人被告于公审法庭陈述之言辞视为原始证据。因此，侦讯机关为了取得自白，对嫌疑人或被告往往会倾向于不择手段地采取强力的、不人道的方式。这样一来，极易导致对被告的人权侵害。

因此，认定犯罪事实的证据，比起可变的陈述(自白)，客观性的物证及相应的科学搜证结果会更有价值，这是毋庸置疑的。但是有时仅凭后者难以确定事实关系，而且最重要的是要将陈述证据和物证一起考虑以确定正确的事实关系。所以侦查机关为了掌握真相，在取得陈述证据的过程中不得不依赖自白，而考虑到法院和刑事程序进行的效率问题，传统上也不得不偏好自白。

当然，在这里，自白如果是真实的话，是能够成为"证据之王"的。但如果是侦查机关以强行手段获取虚假自白，那自白就会成为“证据的魔王”。在现实中，不管在怎样的原因下形成的自白，在任何时候都含有与真实不符的危险性。这样的虚假自白远离真实，并且成为人权侵害产生的源泉。

由于这些原因，《刑事诉讼法》第 309 条要求，有合理的理由怀疑自白为任意所为，即撤销自白的证据效力。同时，如果对其任意性有争论，排除被告，令检察官负责举证说明以消除其任意性之疑点，且要求检察官之举证说明无合理性怀疑或为确信之程度。此外，即使被告认可虚假自白，也不能使其恢复证据效力，且不得使之用作弹劾证据。

另一方面，因为自白有任意性，即便赋予其证据效力，也不是当然地认证自白的真实性和可靠性。判例要说明自白有证明力，其立脚点必须合理地探究“其自白的陈述内容本身是否具有客观合理性”、“其自白的动机或理由，以及实现自白的经过是怎样的”、“自白以外的间接证据之中，是否存在与自白抵触或矛盾的”等问题。上述自白的可靠性要件虽然不是基于明示的法律，但是最高法院为了严格判断自白的证明力，正在要求法官就自白的可靠性如何判断的问题，应该更加慎重仔细地探讨。

进一步来说，“即使被告任意作出的自白具有证据效力，法官基于具有可靠性的自白得出有罪的心证，如果没有补充证据，仍然不能认定有罪”，依据这样的“自白补充法则”，形成了自由心证主义的例外，进而建立对自白的双重、三重的彻底管制制度。

修订刑事诉讼法中的被害人保护制度的内容和运营实态

赵均锡*

一、刑事诉讼法中的被害人保护的规定的变迁

我国刑事诉讼法的构造中虽然加入了职权主义的要素，但是从根本上讲仍属于当事人主义性质。当事人主义刑事构造中，当事人是检察官和被告人。①所以，犯罪被害人作为裁判程序中的证人、调查程序中的告诉人，虽然被认可具有一定的权利，但是原则上在刑事程序中是诉讼第三人的性质。

刑事诉讼法在还完全没有被害人保护意识的 1954 年 9 月 23 日制定而成(第 341 号法律)，刑事诉讼法中仅仅规定了被害人具有①告诉(刑诉法第 223 条)②案件终结前(刑诉法第 134 条、第 135 条、第 219 条)或者判决宣告前(刑诉法第 333 条第 1 款、第 2 款)接受返还的被收押赃物权利。此外，提起告诉的被害人有接收检察官作出的有关调查终结处理的通知(刑诉法第 258 条第一款)，请求告知作出不起诉处理的理由(刑诉法第 259 条)，对检察官作出的不起诉处理提出裁定申请(刑诉法第 260 条)②的权利。

刑事诉讼法中与被害人相关的规定直到 1987 年刑事诉讼法的修订为止，33 年间没有任何变动。但是按照 1987 年 10 月 29 日修订的宪法中新增加的“刑事被害人依据法律规定，在有关案件的裁判程序中可以作出陈述”(宪法第 27 条第

---

* 赵均锡：梨花女子大学校法学专门大学院教授。

① 宪法裁判所做出了可以认为我国刑事诉讼法的构造基本上采取的是当事人主意构造的判决。(宪法裁判所，1995.11.30.宣告 92 宪 ma 44 决定)。

② 1973 年 1 月 25 日通过刑事诉讼法的修改，裁定申请的对象犯罪增加了公务员的职权滥用(刑法第 123 条)，非法逮捕・监禁(刑法第 124 条)，暴行・苛酷行为(刑法第 125 条)。

5 款)的内容[①],1987 年 11 月 28 日刑事诉讼法修订之后,认可了被害人陈述权,被害人可以申请以证人的身份对相关事件陈述意见。当时,对此类证人的讯问方式由裁判长确定(刑诉法第 161 条之 2 第 4 款)。

之后,随着政治社会整体的民主化,1995 年 12 月 29 日刑事诉讼法的修订(1997 年 1 月 1 日实行)改善了逮捕和拘束二元化的人身拘束制度。当时,为了推行刑罚权的正当行使同时还新增了保护被害人和证人的规定。即,规定在被害人或其亲族被加害,或者存在被加害的忧虑时的必要性保释的例外事由(刑诉法第 95 条第 6 号),保释或者拘束执行停止的取消事由(刑诉法第 102 条第 2 款,第 4 号),交纳保证金的附条件被害人释放的例外事由(刑诉法第 214 条之第 5 款第 2 号)。

20 世纪 90 年代中期之后,性暴力犯罪、家庭暴力犯罪等犯罪的被害人在刑事程序上的权利渐渐扩大,[②]形成了被害人的保护和支援制度。[③] 随着被害人保护的推进,2005 年司法制度改革推进委员会通过了被害人保护法案的决议并送付法务部,以此为基础 2007 年 6 月 1 日对被害人保护等内容进行了刑事诉讼法全面修改(2008 年 1 月 1 日实行)。修改的刑事诉讼法引进了公判中心主义的法庭审理程序,强化了当事人主义诉讼构造,[④]同时也显著地强化了被害人的刑事程序上的地位。具体的,修订刑事诉讼法新增了关于信赖关系者陪同(刑诉法第 163 条之 2,第 221 条第 3 款)、利用录像等中介装置等讯问(刑诉法第 165 条之 2)、向被告人通知公判进行状况等(刑诉法第 259 条之 2)、被害人陈述的不公开(刑诉法第 294 条之 3)、被害人的纪录阅览誊写(刑诉法第 294 条之 4)的规定的同时,强化了被害人陈述权(刑诉法第 294 条之 2,第 294 条之 3),扩大了裁定申请的范围(刑诉法第 260 条)。

下文将对 2007 年修订刑事诉讼法上的被害人保护制度的内容分为搜查程序和裁判程序进行考察,对实际上是如何运行以及运行实态进行检验,然后讨论为了充实被害人保护应该从哪一点进行改善,有没有引入其他制度的必要性。

---

① 修改的宪法中增加了关于因犯罪行为对被害人救助的相关规定(宪法第 30 条),1987 年制定了犯罪被害人救助法,该法于 2010 年 5 月 14 日犯罪被害人保护法的全部修改之后废止。

② 依照 1990 年特定强力犯罪的处罚相关特例法,1994 年关于性暴力犯罪的处罚和被害者保护等法律,1997 年关于家庭暴力犯罪的处罚等特例法,1999 年特定犯罪申告者等保护法,2000 年关于青少年性保护法律,2004 年关于性买卖斡旋等行为的处罚法律的顺序制定而成。

③ 因为 2003 年 9 月犯罪被害人支援中心最初设立的契机从法务部和检察厅为了犯罪被害人的号胡实行的全国实行的结果,2005 年 12 月可以成为犯罪被害人权利保护的权利章典的犯罪被害人保护法制定而成。

④ 大法院 2009. 10. 22. 宣告 2009du7436 全体和议制判决。

二、搜查程序

(一) 调查时信赖关系者的陪同

信赖关系者的陪同是在被害人接受搜查机关的调查时为了维持被害人的心理安定、防止精神上的二次伤害而确定的制度。

信赖关系者的陪同最初是对性暴力犯罪的被害人适用(关于性暴力犯罪的处罚等特例法第 34 条第 1、2 款)①,2007 年刑事诉讼法修订之后扩大到一般犯罪的被害人。即,检察官或者司法警察官在调查被害人时,要考虑被害人的年龄、身心状态及其他情况,认为被害人有可能会感到显著的不安或者紧张时,依职权或者根据被害人及法定代理人的申请,可以使有信赖关系的人陪同被害人(刑诉法第 221 条第 3 款,第 163 条之 2 第 1 款)。还有,被害人未满 13 岁,或者因身体上或精神上的障碍对事物的辨别或者意识决定能力薄弱时,除了对搜查造成干扰等不得已的情况,都应该让信赖关系者陪同(刑诉法第 221 条第 2 款,第 163 条之 2 第 2 款)。这里被害人是指被犯罪影响的被害人本人,可以陪同被害人的具有信赖关系的人是指被害人的直系亲属、兄弟姐妹、配偶、家属、同居人,保护设施和教育设施的保护或者教育负责人等有助于被害人心理上的安定和顺利地表达的人(检察事件事物规则第 12 条之 3 第 1 款,关于检察官对司法警察官吏搜查指挥和司法警察的搜查准则的规定第 23 条第 1 款)。

同时,为了程序的顺利实施,禁止陪同的信赖关系者作出妨碍调查或者被害人的陈述,或者对被害人的陈述施加不当的影响的行为。

(二) 向被害人通知搜查结果等

向被害人通知关于搜查等程序的情报自然是对被害人知情权的满足,同时对于防止二次伤害也非常重要。

检察官在犯罪被害人或其法定代理人(包括被害人死亡时的被害人配偶、直系亲属、兄弟姐妹)(下文中简称被害人)提出申请时应当迅速通知其该案件有无提起公诉,公判的日期、场所,裁判结果,犯罪嫌疑人、被告人的拘束或释放等相关事实(刑诉法第 259 条之 2)。

---

① 之后对于性买卖被害人(关于性买卖斡旋等行为的处罚法律第 8 条第 1・2 款),老人虐待事件的被害人老人(老人福祉法第 39 条之 8 第 2・3 款),儿童虐待事件的被害人儿童(儿童服制法第 28 条第 2・3 款)也认可。

具体的，检察官在被害人申请或者认为有必要通知的情况下，通过书面、口头、电话短信传送等方式向被害人或者辩护人通知事件处理结果、公判开始、裁判结果、拘禁状况、释放、保护观察执行状况（关于犯罪被害者保护和支援指针[①]第 4 章）。最近，通过刑事司法网站（Korea Information System of Criminal Justice, KICS）[②]向被害人公告事件的搜查进行情况。[③] 为了保护被害人，在检察官的努力下，被害人通知也是呈每年大量增加的趋势，2013 年事件处理结果、公判结果、裁判结果等通知件数相比于前一年度增加了 46%。[④] 但是从现在被害人通知等情报的提供机关和附属相互独立，相互之间无法良好的联系协力的事实上看的话，存在准备系统的被害人情报提供综合系统的必要。[⑤]

表 1　被害人通知现况[⑥]　　单位：件

年度	检察院被害人通知	检察院通知意思确认	释放通知（被害人支援负责人）
2010	45 301	29 003	521
2011	59 276	31 919	629
2012	81 029	31 269	938
2013	118 438	51 375	2 901

（三）裁定申请

裁定申请制度不仅仅是采取了起诉独占主义和起诉便宜主义的我国限制检察官不当公诉权的手段，还是对于期待相关事件得到正当处理的被害人的权利的保护制度。2007 年刑事诉讼法修订前，只有关于公务员的职权滥用（刑法第 123 条）、非法逮捕监禁（刑法第 124 条）、暴行苛酷（刑法第 125 条）的告诉，告发人才可以提起裁定申请，这使得制度本来的功能不能完全发挥。本次修订不但

① 大检例规第 559 号 2011.2.15。

② 搜查、裁判和执行等刑事程序的所有过程同步于网页上的一个数据库。它是一个可以连接刑事程序的全过程的刑事司法情报系统（http://www.kics.go.kr）。

③ 首先关于杀人、强盗、性犯罪，放火、重伤罪等强力犯罪的情报的提供范围将渐渐扩大。

④ 法务部：《关于犯罪被害人保护・支援的第二次基本计划（2012—2016）——2014 年度实行计划》，第 16 页。

⑤ 张珪远：《搜查机关的犯罪被害者情报提供制度发展方案》，《被害者学研究》第 20 卷第 1 号（韩国被害者学会创立 20 周年记念特辑号）（2012），第 78 页。

⑥ 大检察厅统计。

对检察官的不起诉处理进行牵制，而且为了强化被害人保护①，扩大了裁定申请的对象范围，使所有犯罪行动的告诉人可以提起裁定申请(刑诉法第260条)。

即，以告诉权人身份提起告诉的人和公务员的职权滥用(刑法第123条)、非法逮捕监禁(刑法第124条)、暴行苛酷行为(刑法第125条)、被疑事实公表(刑法第126条)的告发人，收到检察官作出的不提起公诉的通知时，可以向管辖该检察官的所属地方检察厅所在地的高等法院提出裁定申请(刑诉法第260条第1款)，原则上要通过抗告的形式(刑诉法第260条第2款)。并且废止了之前的公诉维持律师制度，变更为裁定法院在作出提起公诉决定时，检察官就提起公诉，如同一般事件一样作出公判维持。

刑事诉讼法修订之后大大扩大了裁定申请，根据裁定申请制度，每年裁定申请的人数中约有1%②的被害人得到了权利救济。虽然也有预算问题等不可回避的一面，不起诉的事件当中检察官将公诉维持的情况下对公诉维持多少可能产生疏忽，③在裁定申请容忍事件时存在向允许被害人参加的方向进行立法改善的必要。

表2　裁定申请接受和容忍现况④　　单位：名

年份	2009	2010	2011	2012	2013
法院接受	12 143	14 854	14 129	15 828	16 952
容忍决定	110	208	139	131	115

三、裁判程序

(一) 作证时信赖关系人的陪同

被害人作为证人作证时允许信赖关系人的陪同。即犯罪被害人作为证人被讯问时，要考虑证人的年龄、身心状态及其他情况，认为证人有可能感觉到显著的

① 大法院也在2003年12月司法改革委员会的报告书中被害人保护的主题中提出，将裁定申请作为被害人告诉时权利保护制度的一种(大法院：《现行制度的问题点和改革的基本方向》,《司法改革委员会资料集(III)》,司法改革委员会2004年，第173—181页)。

② 2009—2013年裁定申请的79,906人中容忍了703名的裁定申请(容忍率0.95%)。

③ 根据大法院的设问调查，58.3%的法官和33.4%的律师认为“检察官的公诉维持不诚实”，62.3%的法官和55.7%的律师认为有恢复公诉维持律师制度的必要(法院行政院：《修订刑事诉讼法成果分析(2011)》,第173　174页)。

④ 法务部统计。

不安或者紧张时，依职权或者根据被害人、法定代理人、检察官的申请，可以让与被害人有信赖关系的人陪同(刑诉法第 163 条之 2 第 1 款)，未满 13 岁的被害人等特定的情况下没有不得已事由应该使信赖关系人陪同(刑诉法第 163 条之 2 第 2 款)。

信赖关系人是指被害人的配偶、直系亲属、兄弟姐妹、家属、同居人、律师、雇用人以及可以帮助被害人心理安定和顺利表达的人(刑事诉讼规则第 84 条之 3 第 1 款)。最初，信赖关系人没有列举律师，在增加了律师之后，虽然是限制性的，被害人可以从律师那里得到心理层面上的帮助。还有，虽然被害人限制在“犯罪行为的被害人本人”，具体案件中，对被害人的遗嘱作证时，如果认可陪同的必要性的话，存在对此允许方向进行改善的必要。

信赖关系人的陪同制度因为还没有充分地宣传，被评价为没有得到积极地利用，和其他被害人保护制度一样，需要更加切实地对制度进行宣传。

表 3　信赖关系人的陪同现况(2010. 1. 1. —2010. 6. 30.)[①]　　单位：名

事件类型	被害人陪同	被告人陪同(刑诉法第 276 条之 2)	合计
抗诉	4	6	10
和议	76	15	91
单独	24	33	57

(二) 依据录像等中介方式讯问

依据录像等中介装置对证人进行讯问是指，作为可以缓解对证人施加的心理上的压迫感和防止名誉侵害的制度，通过阻断被告人或者旁听人等的视线以及打破法庭这个场所上的限制，确保安全的环境的讯问方式。违反儿童福祉法的犯罪的被害人，儿童青年的性保护相关法律中规定的犯罪对象的青少年或被害人，因为犯罪的性质、证人的年龄、心理的状态、与被告人的关系以及此外其他情况，被认为和被告人等面对面陈述时可能因为心理上的负担而显著地失去精神平衡的，可以依据录像等中介装置通过中介设施讯问或者设置遮蔽设施等之后讯问(刑诉法第 165 条之 2)。

这个制度通过科学技术上的方法同时达到了防止对被害人的二次伤害和保障了被告人方的反对讯问权的两个目的，准用范围也由原来的性暴力犯罪的被

① 法院行政处：《修订刑事诉讼法成果分析》，第 115 页。

害人扩大到一般犯罪的被害人。虽然存在该制度限制了被告人的防御权的批判,事实上也确实限制了被告人的当面对质权,但是因为保障反对讯问权本身而没有造成特别的问题。[①]

(三) 裁判陈述权

《宪法》第27条第5款规定:"刑事被害人根据法律规定在相关事件的裁判程序中可以进行陈述。"因此,旧《刑事诉讼法》第249条之2作出了当被害人提出申请时,法院可以将其作为证人进行审问给予其对相关事件陈述意见的机会的规定。但是在公判程序或者搜查程序中,认为被害人已经充分陈述没有必要再次陈述时,被害人的陈述权被限制到几乎不能使用,对此存在改善的必要。

鉴于此,修订刑事诉讼法中,不仅被害人,法定代理人也可以申请陈述权,在被害人死亡的情况下扩大到配偶、直系亲属、兄弟姐妹,陈述权的范围也被扩大到使得被害人在搜查程序中已经充分地陈述的情况下也可以进行陈述(刑诉法第294条之2第1款)。并且,因为规定了在对被害人进行讯问时应当给予被害人陈述关于被害的程度和结果、对被告人的处罚的意见及其他与事件相关意见的机会,明确了被害人在法庭上可以陈述的内容(刑诉法第294条之2第2款)。因此,相比于以前,裁判陈述权正在渐渐被活用,当然,在实际上还存在不足。

虽然宪法规定意见陈述权是被害人的基本权利之一,但是被害人依旧不是程序的参加者而是以证据方法的证人的身份进行陈述。从这一点看,这个制度还没有充分地反映出宪法的精神,存在改善的必要。

表4 被害人的陈述申请现况(2010.9.1.—2010.9.30.)[②]　　单位:件

案件类型	申请件数	处理件数			
		讯问	不讯问	其他	合计
抗诉	7	5	0	2	7
和议	73	64	9	0	73
单独	226	219	5	2	226
合计(比率)	306	299(94.1%)	14(4.6%)	4(1.3%)	306(100%)

① 法院行政处:《刑事诉讼法修订法律解说》,第105页;法务部:《修订刑事诉讼法》,第76页。

② 法院行政处:《修订刑事诉讼法成果分析》,第169页。

(四) 被害人证言的公开

将被害人作为证人进行讯问的过程中存在侵害被害人私生活的秘密或者身边的安全的危险，这种心理上的负担也会限制被害人的陈述。考虑到这一点，修订刑事诉讼法规定将被害人作为证人讯问时，为了被害人私生活秘密和身边保护，根据被害人、法定代理人、检察官的申请，认为有必要的时候可以决定不公开审理(刑诉法第 294 条之 3 第 1 款)。

被害人证言不公开制度比较多地被使用，实际上根据大法院的调查，可以发现证言的不公开有助于被害人自由地陈述(法官 28.6%，检察官 39%，律师 28%)。不仅有助于保护被害人私生活秘密(法官 19.9%，检察官 17.6%，律师 28%)和保护其自身(法官 11.6%，检察官 12.5%，律师 20.2%)，还有助于证人的出席(检察官 17.6%，律师 15.6%)。[①]

表 5 被害人的证言不公开现状(2010.9.1. — 2010.9.30.)[②] 单位：件

案件类别	被害人陈述实施件数	不公开件数	公开件数
抗诉	93	9	84
和议	175	68	107
单独	615	10	605
合计(比率)	883(100%)	87(9.9%)	796(90.1%)

(五) 被害人的诉讼记录的阅览誊写

被害人有接收提供的情报的权利，其中之一是记录的阅览誊写请求权。搜查和裁判记录的阅览誊写权以及获得程序进程相关的情报，就是将来为了恢复损失的资料也可以获得，从这一点来看是重要的权利。对于搜查中或者不起诉的记录、公诉提起后证据提出前的记录中被害人本人的陈述书类和本人提出的书类资料的全部或者部分，可以申请阅览誊写(《大检察厅关于事件记录阅览誊写工作处理指针》第 3 条第 1 款、第 4 条第 1 款)，裁判确定的诉讼记录可以阅览誊写(刑诉法第 59 条之 2 第 1 款)，刑事诉讼法修订增加了对裁判中的记录的阅览誊写权。

① 法院行政处：《修订刑事诉讼法成果分析》，第 154 页。

② 法院行政处：《修订刑事诉讼法成果分析》，第 169 页。

即，诉讼中案件的被害人（包含被害人死亡或者身心有重大障碍时其配偶、直系亲属和兄弟姐妹），被害人本人的法定代理人以及接受到他们委托的被害人的配偶、直系亲属、兄弟姐妹、律师可以向裁判长申请阅览誊写诉讼记录（刑诉法第 294 条之 4 第 1 款）。裁判长认为因救济被害人等的权利所需要或者有其他正当事由时，在考虑犯罪的性质、审理的情况、其他事项之后可以许可阅览誊写（刑诉法第 294 条之 4 第 3 款）。裁判长在许可誊写时，可以限制所誊写的诉讼记录的使用目的或者附加适当的条件（诉讼法第 294 条之 4 第 4 款）。而且，阅览誊写记录人在使用通过阅览誊写而获知的事项时，不能危害关系人的名誉或生活的安定，或者妨碍搜查和裁判。

被害人阅览誊写记录的申请呈每年增加的趋势，2009 年的情况阅览誊写申请的许可率达到了 92.4%。

表 6　被害人的记录阅览誊写现况[①]　（单位：件）

2008 年					2009 年				
申请	处理			未结	申请	处理			未结
	许可	不许	驳回			许可	不许	驳回	
6 415	5 728	544	37	105	9 281	8 357	660	27	237

四、向后课题

至此，对因 2007 年刑事诉讼法的修订而得到认可或者强化的被害人保护制度的内容及其运行情况、改善方案本文进行了考察。通过刑事诉讼法的修订，可以改善被害人政策缺乏的刑事司法现实，是非常令人鼓舞的事。[②] 提高了对被害人的关注，此举获得了非常积极的评价。[③] 但是，上文的制度中并没有将犯罪被害人作为刑事程序的当事人或主体，或者赋予被害人参加人这样的诉讼上特别的地位，从这一点看来，可以认为以上制度还在过渡期，尚未完成改革。

将来，被害人可以作为独立的参加人出席刑事裁判，除了对公判检察官权利

① 法院行政处：《修订刑事诉讼法成果分析》，第 167 页。

② 宋广燮：《犯罪被害者保护的现况和刑事司法体制内的被害者保护方案》，公平第 82 号（2004. 12），韩国法学院，第 112 页。

③ 白承旻：《关于修订刑事诉讼法上的犯罪被害人的研究》，《法曹》第 617 券（2008. 2），法曹协会，第 221 页。

的行事进行意见陈诉、证人讯问、被告人讯问、对于实施或法律适用进行意见陈述之外，有必要引进可以提出证据申请等被害人参加制度。[①] 而且，在刑事程序中引进能够帮助被害人的被害人律师制度，为了因为经济情况等特定的事由而无法选任律师的被害人，有必要将国选律师制度扩大到适用于所有犯罪。[②]

此外，从被害人的损害恢复再进一步，在加害者承认责任和进行反省的前提下通过相互和解达成最终的解决，使得能够实践恢复的司法理念的和解调停制度在刑事程序的所有阶段中能够实施，有必要将此在刑事诉讼法中反映出来。

① 赵均锡：《刑事裁判程序中的犯罪被害人参加制度的导入方案》，《被害人学研究》第18卷第1号(2010)，韩国被害者学会，第5—29页。

② 2011年9月15日对于儿童、青年对象性犯罪被害人（《关于儿童、青年的刑事保护的法律》第30条第1款）(2012年3月16日实行)导入被害人国选律师制度以来，2012年12月18日对于所有性暴力犯罪的被害人（《关于性暴力犯罪的处罚等特例法》第27条第1款）(2013年6月9日实行)、2014年1月28日对于儿童虐待犯罪的被害人（《关于儿童虐待犯罪的处罚等特例法》第16条）(2014年9月29日施行)相继导入实行被害人国选律师制度。

关于修订刑事诉讼法中对拒绝陈述权的范围和课题的研究

吴庆植*

一、修订刑事诉讼法中拒绝陈述权的意义

刑事诉讼法上的拒绝陈述权来源于英美的拒绝作出自己负罪陈述的特权，是嫌疑人或被告人在调查阶段或在公判阶段拒绝对调查机关或法院的讯问进行陈述的权利。拒绝作出自己负罪陈述的特权不仅包括嫌疑人或被告人的拒绝陈述权，也包括证人拒绝作证的权利。①

刑事程序中被害人和被告人的陈述包括表示参加的陈述和作为证据的陈述。表示参加的陈述以保护被害人和加强其地位为目的，与被害人保护相关立法一脉相承，对加害者的重罚主义有预防犯罪的效果，但因为对被害人没有显著的效果而被学界批评。②

作为证据的陈述大致分为逮捕前对嫌疑人的讯问和逮捕后的讯问和被告人讯问。③ 最近的刑事诉讼法修订给刑事程序中的判决程序和证据法带来很多变化，其中包括对被告人讯问顺序的改变。法律修订前对被告人的讯问在证据调查前阶段进行，而法律修订后改在证据调查之后进行。但同时作为例外情况，在证据调查过程中如果获得裁判长的批准也可以对被告人进行讯问。虽然围绕对被告人讯问有一定的争议，但都不得对其在刑事程序中作为证据重要因素的事

---

* 吴庆植：韩国江陵原州大学法学教授。

① 参考 신대철, 피고인의 진술거부권, 사회과학논총, 전주대학교 사회과학연구소 1996,第 306 页。

② 회복적 사법의 영향에 따른 피해자학의 등장으로 재조명되었다 (参考 박광민, 피해자참가제도의 바람직한 도입방안, 선진 형사사법제도 입법 공청회 자료집,第 89 页)。

③ 审问时未作出一定的决定，听取利害关系人的意见与陈述的程序；讯问，尤其被告人讯问是问被告人犯罪事实相关问题并听取答辩，确认事实关系的程序。

实予以否认。

裁判长、检察机关、辩护人，围绕不久之前韩明淑前总理的判决中的被告人讯问有过很多争议。而且在检察机关和相关当事人之间，对裁判长的诉讼指挥权的问题也有诸多争议。即被告人主张拒绝对检察机关的讯问进行陈述，而裁判长却试图剥夺检察机关的讯问权。依此为据，被告人的拒绝陈述权被解释为包括了可以根本上排斥检察机关的讯问行为的权利。之后经过讨论，检察机关的讯问权和被告人的拒绝陈述权为互相分离的单独的权力(权利)，因此检察机关被允许进行个别讯问。

但在其过程中，裁判长向检察机关要求事前提交对被告人的讯问事项，并将其提供给被告人及其辩护人阅览后将辩护人提出异议的事项予以删除，最后允许检察机关仅对剩下的事项(即辩护人没有提出意义的事项)向被告人进行质问。

对此，要看同一论旨能否适用于以下情形。即是否对被害人根据法庭陈述权的陈述行为认可行使拒绝陈述权的问题，如果认可的话检察机关必须在讯问中仔细陈述，而对保护被告人利益的辩护人讯问中不予认可拒绝陈述权或要看能否调整个别讯问事项。

以下重点研究被告人讯问相关的刑事程序中对被告人的拒绝陈述权的范围与解释，以及刑事程序中被告人和被害人作出的作为证据的陈述的效果。

二、刑事诉讼程序中陈述的范围和诉讼法的价值

(一) 被告人拒绝陈述权中陈述的范围

宪法上规定的拒绝陈述权[①]以禁止使用刑罚或其他制裁强制进行陈述为本质内容。根据现行刑事诉讼法，嫌疑人或被告人对调查机关或在判决中不承担陈述义务，同时有权对个别讯问拒绝陈述或保持沉默。[②] 但拒绝陈述权的范围仅限于陈述。从而，对指纹和足迹的采取、对身体的测定、拍照或体检不适用拒绝陈述权，同时根据道路交通法，对饮酒测定也不适用拒绝陈述权。[③] 拒绝陈述权的适用不限于口头陈述，对书面陈述亦可适用拒绝陈述权。因此嫌疑人有权

---

① 《宪法》第 12 条第 2 款规定:“所有公民不得受到拷问，刑事上不得被强制作出对自己不利的陈述。”

② 《刑事诉讼法》第 289 条、第 200 条第 2 款。

③ 宪裁裁判所决定 1997.3.27,96hengal1。

拒绝提交调查机关要求的书面陈述。①

对拒绝陈述权中陈述的范围，通说认为不仅包括认定刑事责任的犯罪事实或间接事实，也包括案件线索的事实。② 被告人有权不予陈述或对个别讯问拒绝陈述，且不限于对自己不利的陈述。③ 这是通说主张的刑事诉讼法的规定对宪法上拒绝陈述权范围的扩大解释。④ 这区别于证人行使拒绝作证权仅限于对自己不利的证言的情形。这是因为如果将被告人与证人平等对待，要求被告人对自己没有不利情形的事项负担陈述义务，有悖于承认被告人作为当事人的地位并保障辩护权的立法宗旨。⑤

对何种程度的虚假陈述可视为拒绝陈述权没有明文规定，对此有一定解释空间。一般情况下，拒绝陈述权的范围仅为拒绝作出陈述，以下讨论积极的虚假陈述是否包含在拒绝陈述权的范围之内。首先，认可被告人行使作为防御权之一的拒绝陈述权时，为了将裁判引向对自己有利的方向可能作出一定的虚假陈述；其次，如果绝对禁止虚假陈述，被告人只能作出真实的陈述，如果真实的陈述对自己不利时被告人需要判断是否拒绝陈述，从而会动摇被告人作为诉讼当事人的地位；最后，根据现行刑法，如果宣誓的证人作出虚假陈述可以伪证罪予以处罚，但被告人不像证人作宣誓，因此不得作为伪证罪的处罚对象。这样一来，没有司法妨害罪等罪名的韩国刑法不得因被告人作出虚假陈述而予以处罚。如果这不是立法缺陷，只能理解为容忍一定程度的虚假陈述的法律体系。大法院的立场也可以解释为：如果不能达到积极地隐瞒真相的发现或误导法院的程度的虚假陈述，可包含在拒绝陈述权的范围之内。⑥ 改判决虽然没有明确指出积极隐瞒真相发现的虚假陈述、单纯的虚假陈述和误导法院的虚假陈述的界限，但其宗旨是视拒绝陈述权的范围大于单纯的默认。

与此相反，少数说⑦主张将被告人的拒绝陈述权解释为禁止强制进行不利

---

① 이재상, 신형사소송법 2007，第 114 页。

② 이재상，上载书，第 115 页。

③ 刑事诉讼法第 283 条之 2。

④ 신동운, 형사소송법, 제 4 판 2007, 619면; 이재상，前载书，第 115 页。

⑤ 이재상，前载书，115면; 서일교, 형사소송법, 1979, 254면 。

⑥ 大法院 2001. 3. 9. 2001do192（刑法第 51 条第 4 款）规定的量刑的条件之一的罪行后情形中可举刑事诉讼程序中被告人的态度或行为为例，所有公民有权不被强制作出刑事上对自己不利的陈述（宪法第 12 条第 2 款），刑事诉讼程序中被告人根据其防御权对犯罪事实拒绝陈述或作出虚假陈述。此时将单纯否定犯罪事实视为不反省或不后悔罪行的责难因素，并当作加重量刑条件的行为，从结果上等于强制被告人供认的行为，是不被允许的。但被告人的态度或行为超过被保障的防御权的范围，即使已有明确客观证据，还积极隐瞒真相的发现或误导法院的企图，可视为加重量刑的条件）。

⑦ 신대철，前载论文，第 310 页。

陈述，如果不是不利陈述，为发现真相不得行使拒绝陈述权。但普通市民难以判断有利或不利的陈述，即使认为是有利的陈述从结果上也可能会导致不利结果。因此不管是有利陈述还是不利陈述，都有必要保障被告人的拒绝陈述权。

（二）被告人拒绝陈述权中陈述的诉讼价值

在刑事诉讼中作为当事人的被告人的陈述是发现实体真相的重要因素，同时也具有证据能力。从结构上分析，陈述在诉讼法上的价值如下：

在公判过程中，陈述是被告人发现实体真相的权利，也是保障防御权的消极义务。因此为了自己的利益拒绝陈述必须受到保障。尤其被告人是与法院、检察机关一起进行诉讼的诉讼主体，同时又是实体当事人，被赋予防御检察机关攻击的防御权。其防御权之一就是拒绝陈述权。但被告人受到罪犯之嫌，在刑事程序中不仅是当事人，同时作为证据方也具有价值。而被害人的法庭陈述权和参与刑事程序的权利也得到保障。尤其被告人的上述权利从被告人在刑事程序中作为审问的当事人而非证人时，从被告人处获得的无任意性的证据和违背适当程序的证据，不得作为证据使用的历史变迁而确定。从而被告人可作为检查身体的对象，而且当被告人的陈述具有任意性并确定符合适当程序时即可认定为证据，成为刑事程序中的重要因素。其中，适当程序是指拒绝陈述权的告知和公判庭对拒绝陈述的权利保障。①

经过历史上各种案件，现行法规定被告人为自然人时不予规定法律上和事实上的陈述义务，或者不得以其他方法强制取得陈述证据。为了尊重被告人的人权，将被告人的人权优先于发现实体真相的利益。如上，不予规定陈述义务的被告人权利称之为拒绝陈述权或沉默权。

三、被告人拒绝陈述权告知的过程

（一）告知嫌疑人、被告人拒绝陈述权的沿革

1. 比较法检讨

大陆的职权主义诉讼中被告人不仅通过证据，甚至通过肉体上、心理上的方法被强制作出有罪陈述。1532 年卡罗利娜法典在严格条件下允许进行拷问。有罪陈述强制的做法一直持续到启蒙时期改革的刑事诉讼，之后实行否定强制陈述义务的原则，但强制陈述义务并未完全消失。当时讯问程序中最终的一环

① 2007 年修订刑事诉讼法中加强了被害人的法庭陈述权（刑诉法第 294 条之 2、第 294 条之 3）。

是有罪陈述，且该供认可通过拷问强制作出。因此，可将该过程视为拒绝陈述权的保障和被告人人权保障的沿革。

虽然有些学者主张发现实体真相时被告人并无法律义务陈述真相，但至少应承担伦理上的义务，并在德国也有学者主张陈述真相是法定义务。但通说认为由于缺乏强制手段保证陈述真相，因此陈述真相并非法定义务。①

日本旧法规定与德国同一种被告人审问制度，②但通说认为日本法解释上认可陈述义务。③ 其解释主张根据拒绝陈述权不听取陈述作出的判决④对被告人不利。⑤ 日本义务地规定诚实履行诉讼上权利，⑥因此原则上具有陈述真相的义务。⑦

12—13 世纪英国也对政治犯和宗教犯实施了残酷的拷问。为对抗这种人权侵害，拒绝有罪陈述权利很早已被认可。之后美国在人权宣言中制定并保障了拒绝陈述权，其反映了美国殖民时期清教徒精神相关思想，并在大法院对 Miranda 判决前后确立了拒绝陈述权及其告知。⑧

2. Miranda 判决之前

到 1960 年初，美国法律界普遍否认在警察讯问过程中行使拒绝陈述对自己不利的陈述的权利。Miranda 判决之前，州法院决定采取嫌疑人供认为证据与否以整体讯问事项是否具有强制性为惯例。即美国联邦大法院根据重视供认信用性的普通法原则，只排除有虚伪供认之忧的无任意性的供认。之后根据修订《宪法》第 4 条，比起虚伪排除更加重视适当程序，于 1943 年 McNabb 判决⑨和 1957 年 Mallory 判决⑩后又经过数个判决，在 1966 年作出 Miranda 判决。

3. Miranda 判决之后

被告人被没有告知享有不被强制作出有罪陈述的权利时，其陈述不得作为

---

① 参考 Binding，Die WahrheitspflichtimProzesse，DJZ 163(1909)；Henkel，Strafverfahrensrecht，1953 年，第 226 页；Beling，DeutschesReichsstrafprozessrecht，1928 年，第 310 页。

② 旧日本刑事诉讼法第 133 条至第 139 条。

③ 小野清一郎：《刑事訴訟法講義》，1933 年，第 318 页；团藤重光：《旧刑事訴訟法綱要》，1943 年，第 415 页；牧野英一：《刑事訴訟法》，1942 年，第 291 页对此持有反对意见。

④ 《旧日本刑事诉讼法》第 366 条。

⑤ 小野清一郎：《刑事诉讼法讲义》，1933 年，第 318 页。

⑥ 《刑事诉讼法》第 1 条。

⑦ 鴨良弼：《刑事手續と信義則》、《法學新報》，第 66 卷第 5 号 1(1959)，第 41 页。

⑧ Miranda 判决［Miranda v. Arizona，384 U. S. 436(1966)］后美国确立了拒绝陈述权告知制度（오경식，미국형사소송법개요，2007 年，第 70 页）。

⑨ 未将被捕者即使送到裁判长面前而通过非法拘禁取得的供认的证据能力予以否认的判决(McNabb v. U. S. 318 U. S. 332(1943))。

⑩ 排除逮捕后未送到裁判长面前而通过拘禁 30 小时后取得的供认的判决(McNabb v. U. S. 318 U. S. 332(1943))。

证据使用的判决作出以后,大部分州政府公安局根据其判决宗旨制作了Miranda警告文,并要求调查人员读给被逮捕或被讯问人员听。该判决作出后虽然有罪犯无罪释放或增加调查难度的忧虑,但事实上因Miranda告知中断供认或违法取得供认而宣告无罪的案件不到1%。①

(二) 被害人的法庭陈述权与被害人、被告人的拒绝陈述权的关系

被害人法庭陈述权以询问证人的形式出现。对证人不利时能否行使拒绝作证权有多种见解。证人的陈述对被害人(证人)不利时能否拒绝回答质问?回答对被害人法庭陈述权有利的询问,或者拒绝或事前告知将拒绝回答对不利的质问或被告人的辩护人的质问时,询问证人程序没有任何法律问题?这种刑事程序可能存在?

对检察机关或裁判长的询问,法律上规定可适用拒绝陈述权,且也可以事前告知检察机关拒绝陈述的意思后拒绝回答检察机关的质问。但对拒绝陈述权是否包含检察机关的询问权的问题,上述韩明淑前总理案件中已提到是不包含询问权在内的。

四、拒绝陈述权的内容

(一) 法律根据

《宪法》第12条第2项规定刑事案件中不应被强制作出对自己不利的陈述。该宪法条文为刑事诉讼法第289条与200条第2项中规定的拒绝陈述权提供了理论基础。即不得强制任何人作出对自己不利的陈述。该拒绝陈述权分为两个方面。其一是被害人或参考人作为证人,其二是被告人(嫌疑人)拒绝对讯问作出陈述。

前者意味着对个别不利询问拒绝作出具体陈述(不利证据的提交)的权利,是为了自己有罪时排除陈述。与被害人不同,该权利对被告人的适用范围更加广泛。未规定证人适格时被告人对裁判长和检察机关的讯问可行使默认权,而在规定证人适格的美国被告人被讯问时有权拒绝证人本身,此时不管讯问内容对被告人有利或不利,被告人有权拒绝作出所有陈述。但不得在不利的讯问事项选择部分予以陈述或拒绝陈述。证人一般承担先宣誓后陈述的法律义务。已

① 参考 최영승, 피의자신문에 있어서 적법절차의 법리에 관한 연구, 경희대 박사학위논문, 2003, 111页。

宣誓的有证人资格的被告人承担陈述真相义务，如作出虚假陈述需承担刑事责任。

为何仅对被告人认可如此广泛的权利？这是因为被告人受到犯罪嫌疑且已被起诉，因此对被告人讯问原则上是对其不利的。其宗旨是在当事人主义的诉讼结构下起诉者承担发现实体真相的义务，而保障被告人作为诉讼当事人对自己不利的事项[①]予以拒绝的权利。但如果坚持严格的当事人主义，裁判长的讯问权和质问事项的调整制度不宜同时使用。

默认权是为被告人设置的权利，被告人有权放弃。英美法中认可被告人的证人适格，因此被告人主动作证意味着放弃默认权。此时被告人必须承担对讯问的陈述义务。当被告人主动放弃默认权，宣誓后成为证人时承担对该犯罪相关事项的陈述义务。此时如果像证人一样拒绝陈述时将受到制裁，并对虚假陈述承担伪证责任。

韩国刑事程序中被告人为当事人，不得兼任作为第三人的证人之职。尤其是被告人对个别质问像狗拒绝陈述的权利。并可以中断已经开始的陈述。

（二）放弃拒绝陈述权的效果

嫌疑人或被告人行使拒绝陈述权时通常通过拒绝陈述的意思表示的方法来行使。意思表示可通过多种方法作出，其中包括单纯的手势。[②] 但拒绝陈述权的放弃行使也可以由嫌疑人或被告人来自由决定。对此，存在着拒绝陈述权可以放弃行使的观点[③]和作为宪法上的权利不得放弃行使的观点[④]，然而将拒绝陈述权视为宪法上规定的公民基本权利的话，不得放弃其行使权更为妥当。

（三）拒绝陈述权与供认法则的关系

1. 绪

区分拒绝陈述权保障问题和供认法则，尤其是无任意性的供认，排除问题难度非常大。《宪法》第 12 条第 2 款和《刑事诉讼法》第 289 条、第 200 条第 2 款、第 148 条、第 149 条规定了证人的拒绝作证权等。法律体系应调节发现实体真相原则和适当程序原则来限制国家刑罚权。尤其是供认的任意性原则规定的以

---

① 现实中难以区分有利和不利事项，程序上如果强制说明不利事项等于强制作出不利陈述。因此应解释对所有讯问认可拒绝陈述权。

② 백형구, 진술거부권의 보장, 사법행정 ,1993.1,第 81 页。

③ 백형구, 신체계 형사소송법, 한국사법행정학회 ,1998,第 624 页。

④ 배종대/이상돈, 형사소송법, 홍문사 ,2006,第 108 页。

不当方法取得的供认或无任意性的供认不得成为有罪认定的证据的供认法则，对保障公民基本人权作出了历史性的贡献。

供认排除法则可分为无任意性供认包含虚假成分的可能性大，并阻碍真相的发现，从而否定其证据能力的虚假排除说；对无任意性供认认可证据能力，将助长拷问等人权侵害，且增大强制作出不利陈述的危险性，因此从保障人权的角度要求供认任意性的人权拥护说；供认排除法则并不是为了排除虚假供认或保障默认权等人权保障制度，而是将其视为为了在供认采取过程中保障适当程序的实践证据法原则的违法排除说；以及《刑事诉讼法》第 309 条将排除证据能力的依据不限定在虚伪排除说、人权拥护说、违法排除说之一，而是以上所有可成为供认排除法则根据的折衷说。[①] 判例则采取虚伪排除说的立场。[②] 但最近大法院判决以为了防止误判的可能性和侵害基本人权为由，否定了无任意性供认的证据能力，采取折衷说的立场。[③]

笔者认为，供认排除法则的客观适用标准、统一的解释原理、存在程序上违法仍期待任意性供认与刑事诉讼法第 309 条的解释并非一致，且有任意性但不当取得的供认不得视为供认，因此根据虚假排除说解释供认排除法则更妥恰当。[④] 然而根据虚假排除说，对表明拒绝陈述权和供认排除法则之间关系，也分为予以区分的主张和不予区分的主张。

2. 区别说

拒绝陈述权是 17 世纪末以供认的任意性法则是虚假排除的角度对抗宗教裁判中强制审问程序、从 18 世纪末到 19 世纪根据普通法确立的证据法则。供认排除法则具有人权保障和虚假排除的理念，但拒绝陈述权比起虚假排除更以禁止强制陈述为目的，与供认排除法则相反，仅对嫌疑人或被告人适用。供认排除法则以任意性为重点，而拒绝陈述权作为讯问方法相关原则，并不通过告知拒绝陈述权自动推定供认的任意性。同时不得以不告知拒绝陈述权唯有否定供认的任意性。因此两者之间具有区别。尤其从人权拥护说角度区分两者。理由如下：

首先，两者从历史上有根本差异。拒绝陈述权在 17 世纪末已确立，但供认的任意性法则从 18 世纪末才开始确立。其次，拒绝陈述权不仅适用于刑事程

---

① 参考 이재상，前载书，第 512—515 页。

② 大法院 1977.4.26，77do210.

③ 大法院 1999.1.29，98do3584；大法院 2000.1.21，99do4940.

④ 参考 이재상，前载书，第 517 页。

序，也适用于民事、行政、其他国家机关程序中。再次，供认并非强制手段，并排除于根据约定和欺诈作出的供认，但拒绝陈述权通常以强制为本质内容，因此供认法则的范围更为广泛。又再次，供认是承认犯罪的主要部分，但拒绝陈述权至少涉及追认有罪的证据上，因此其范围更具包括性。最后，两者对强制的定义不同。拒绝陈述权中禁止的强制为法律上的强制，即陈述义务的强制，但供认中的强制似乎为事实上的强制，即拷问、威胁等。

3. 非区别说

虽然拒绝陈述权和供认排除法则有不同的渊源。但排除无任意性供认的供认法则以违反适当程序（而不是虚假排除）为根据，现行法上的供认排除法则与拒绝陈述权同时适用于被告人和嫌疑人，且供认排除法则是证据法的一种，而拒绝陈述权符合《刑事诉讼法》第 309 条，因此拒绝陈述权和供认排除法则是无需区分的同一类证据法则。

4. 结语

拒绝陈述权是不得被强制作出对自己不利的陈述的权利，供认排除法则是证据法则的一种，两者一直被区分开来，但如果根据违法排除说解释供认法则时，拒绝陈述权和供认排除法则之间就没有区分的意义。① 即不把供认排除法则视为虚假排除或保障拒绝陈述权的手段，而视为供认获得过程中适当程序保障手段的违法排除说的立场看，拒绝陈述权和供认排除法则均为限制国家的违法行为，从而保障嫌疑人、被告人的合法地位的适当程序的过程的共同点。因此没必要从本质上把两者区分开来。即从保障适当程序的角度出发，两者可相互补充形成整体，因此支持没必要区分两者的观点。

（四）讯问权和拒绝陈述权的关系

1. 讯问权的法律意义

公判中对被告人的讯问是为了听取被告人的陈述。被告人的陈述在裁判过程中具有被告人的主张或意见和证据两种功能。这两种功能虽然可以分离，但实务中却很难分离。② 被告人讯问具有的功能在裁判过程中可用来判断有罪与量刑。

---

① 진계호, 형사소송법상 진술거부권과 문제점의 검토, 비교법학(전주대 비교법학연구소) 제5집(2005), 54면.

② 比如以受贿罪被起诉的被告人承认从行贿人收钱的事实或陈述无代价时，承认从行贿人收钱的陈述是承认对公诉事实一部分的主张，与此同时作为供认可称为证据就属这一类事例（이완규, 피고인신문과 진술거부권 그리고 재판심리, 법조, 통권 제647권（2010，8），107 页）。

根据被告人陈述具有的功能，被告人地位可解释如下：被告人陈述在裁判过程中具有主张或意见的功能时被告人的地位是诉讼主体的地位，而具有证据的功能时被告人的地位是证据方法的地位。从而被告人讯问同时具有证据调查的一面。[①]

2. 职权主义下的讯问权

在职权主义诉讼结构中，被告人讯问制度是为发现实体真相而赋予裁判长的权力。过去职权主义时代对被告人讯问可行使强制陈述权，从而拷问也作为其手段允许使用。但后来因有侵犯人权的弊端而废止真实宣誓义务和陈述义务。但保留了为保障裁判长发现实体真相和被告人陈述的讯问权，对讯问必须受忍，同时又实行对陈述可以拒绝的拒绝陈述权制度。即职权主义诉讼结构下的被告人讯问制度同时具有陈述的主张功能和证据功能。

3. 当事人主义下的讯问权

18 世纪之前，大陆法职权主义时代有被告人讯问和其他形式的裁判长质问制度。但由审判员进行事实判断的裁判制度中，被告人对裁判长的质问进行陈述有很大可能提供对被告人不利的信息，而拒绝陈述将有利于被告人，并且随着辩护人劝告被告人拒绝陈述或代替被告人答辩的方式确立，到 18 世纪之后被告人质问制度也渐渐消失踪影。[②]

4. 韩国讯问制度的历史

韩国经过日占统治期解放后，以 1954 年制定刑事诉讼法以及 1961 年修订开始，经过 2003 年开始的司法改革委员会变化成现行制度。[③] 实务中围绕现行制度中的讯问制度有诸多意见，并在最近的韩明淑前总理裁判中，围绕被告人的拒绝陈述权的范围和检察机关的讯问权等问题有诸多争议。其中对被告人行使拒绝陈述权时是否认可检察机关的讯问权的问题也有争议，但大多数对该问题取积极的态度。[④]

在实务中需要讯问时，根据旧《刑事诉讼法》第 66 条的规定，应事前将讯问事项书面书提交给法院。在讯问证人或讯问被告人时作为管理普遍实施。而这

---

① 参考 이완규 ，前载论文，第 109 页(注 2)。

② 参考 이완규 ，前载论文，112 页(美国联邦大法院判决中也主张，站在证言台上在他人面前说明被告人自己的可疑行为或被起诉的犯罪事实时，被告人常常因慌张或混乱加重众人对自己的偏见或有罪印象。因此如果被告人不愿意的话可以不作任何陈述(Wilson v. United States, 149 U. S. 60)。

③ 详细内容参考 이완규 ，前载论文，第 116—132 页。

④ 이완규 ，前载论文，第 133 页：신양균, 피고인의 진술거부구너 행사와 피고인신문, 정암 정성진 박사 고희기념논문집, 2010, 592면 .(本篇论文作者主张“在现行法下难以否认难以理解为排除检察机关讯问权本身的宗旨”)。

种事前提交讯问事项书面内容的做法有悖于口头主义裁判审理原则的不当惯例。即在口头主义裁判审理中，证人或被告人按照事前准备好的剧本上的质问进行简单回答。因此无法取得真正的陈述。实施口头主义的美国、英国、法国、德国也没有检察机关或辩护人事前向法院提交讯问事项的做法。[①]

现行修订刑事诉讼法明文规定口头主义。据此修订刑事诉讼规则修改了原有的讯问事项提交相关规定，原则上禁止事前提交讯问事项，只在例外情况下可要求提交讯问事项。即修订法律规定裁判长认为防止被害人、证人的身份信息公开、泄露或者保护被害人、证人的安全所需要时，可以命令请求讯问证人者事前提交记载讯问事项的书面材料。一般情况下没有必要事前提交讯问事项书面材料，裁判长要求事前提交书面材料的也属于不当行为。[②]

5. 作为被告人的陈述与作为证人的陈述

刑事程序中把被告人作为被告人的陈述与作为证人的陈述区分的话，前者同时具有作为主张的功能和作为证据的功能，因此可以行使拒绝陈述权；后者则作为证据方法与作为诉讼主体的陈述功能相分离，负有真实陈述义务且不得行使拒绝陈述权。前者是职权主义下的诉讼结构，而后者是当事人主义下的诉讼结构。

五、选择性拒绝陈述的法理问题

（一）绪

讯问制度中选择性拒绝陈述权是指嫌疑人、被告人根据讯问人选择性的拒绝作出陈述的权利。被告人的陈述同时具有作为主张的功能与作为证据的功能。从而作为主张的陈述只考虑主张或意见的陈述而不得作为判断事实的证据，因此只对检察机关的讯问拒绝陈述并无不当之处。[③]

但如果陈述是用于判断事实的根据资料即作为证据时，只拒绝对检察机关的讯问作出陈述将导致被告人只提交对自己有利的证据，并剥夺检察机关对此反驳的机会的情况。在职权主义下法院主导被告人讯问，被告人行使拒绝陈述

---

① 이완규，前载论文，第137页（相反，日本刑事诉讼规则第106条规定向法院提交记载讯问证人相关事项或证人证言的事项。这与韩国旧刑事诉讼规则第66条规定相同）。

② 이완규，前载论文，第142—144页（之后大法院起草了可以命令事前提交和修订提交的修正案，但检察机关的反对最终折衷案采取了废除讯问事项事前提交制度，仅在例外情形下允许事前提交的方案，并成为现行刑事诉讼规则第66条）。

③ 이완규，前载论文，第148页。

权是对法院讯问的拒绝。接受裁判长讯问后，对检察机关的讯问拒绝陈述时，裁判长可以根据职权讯问检察机关的讯问内容，因此只对检察机关的讯问拒绝陈述无任何意义。[①]

在当事人主义法制下被告人作为证据方法的证人作出陈述时不得对检察机关的反对讯问或以弹劾为目的的讯问拒绝作出陈述。如果作出虚假陈述时承担伪证责任，将不予承认其选择性拒绝陈述权。

（二）现行法下选择性拒绝陈述权的可能性

现行刑事诉讼法混合于职权主义和当事人主义要素。从职权主义立场上裁判长可以讯问检察机关的讯问事项，从当事人主义立场上裁判长可以认可或拒绝对检察机关的讯问事项作出陈述。根据上述韩国刑事诉讼法理念，职权主义裁判运用和当事人主义裁判运用不明确，因此根据裁判长不同裁判方式和证据方法两种形态均有可能出现，且也有可能出现不同形态的裁判，从而引起一定混乱。因此有必要进行统一的规制、保障公正的裁判和审理。其解决方式比起根据大法院判例，更应当通过立法法律修订来规制。

六、结论

国家的成立及王权的强化与国家刑罚权相互补充已有悠久历史。历史上行使国家刑罚权的目的比起保障公民的自由和权利，更是为了保障绝对权力，因此历史上人权一直被忽略。为了改变这种情况，启蒙时期之后，保障个人的自由和人权的努力通过对制度和惯例的改善、法律的修订等多方面体现。尤其为了限制国家刑罚权，刑法和刑事诉讼法经过不断的努力和斗争，到20世纪已收获瞩目的成就。韩国自从制定刑事诉讼法以后经过数次修订，最终也具备了保障人权的先进国法律体系。

现行法上被告人讯问制度中检察机关和辩护人的讯问权是单独的一项权利，被告人行使拒绝陈述权并不排除或限制讯问权的行使。而且为了讯问被告人，向法院提交事前询问事项的行为并不存在相关法律依据。裁判长修改讯问事项的行为有滥用讯问权之嫌，为保证公正的裁判必须予以修改。同理，在现行法律下根据进行裁判的裁判长的不同，审理方式和证据法则变化的现状也必须予以修改。

---

① 이완규，前载论文，第149页。

韩国刑事诉讼中案卷笔录裁判的弱化与审判中心主义的强化

车东彦*

一、引言

近代刑事诉讼法是自法国大革命后，通过摒弃中世纪纠问式诉讼模式发展而来的。但在日本殖民统治时期，纠问式诉讼模式的要素曾被大量引入韩国，而此类要素是否仍有存留，存有疑义。

过去，韩国的实务界和学术界都把通过“正当程序”探索“实体真实”作为刑事诉讼的目标，而现在则倾向于认为正当程序与实体真实无任何关联。笔者认为此观点会导致重正当程序、轻实体真实，或重实体真实、轻正当程序的后果，应予纠正。

“案卷笔录中心主义”有利于探索实体真实、快速实现正义，“正当程序”则有利于实现刑事诉讼程序中的人权保障。日本的殖民统治给韩国法学界带来过巨大的创伤。因此，除去日本殖民统治留下的痕迹，将上述两种观点相融合，寻求一种可以兼容人权保障和刑事诉讼程序的模式成为韩国法学界的迫切要求。对此，笔者认为，应将核心放在如何客观对待、研究英美法系中的刑事诉讼程序和如何正确理解 2005 年司法改革中所提及的概念及其载体——现行刑事诉讼法之上。

二、审判中心主义的误区及理想的审判中心主义模式

“审判中心主义”一语因使用立场的不同，具有多种含义。该术语一般被理

---

* 车东彦：(韩国)和友律师事务所律师，法学博士。

解为是摒弃以案卷笔录为中心的搜查和审判。然而其核心概念——审判中的弹劾要素未被理解，反而存在与此相冲突的错误认知，即，审判庭作为非公诉人，可以对证据进行任意裁判。上述观点与序言中提到的在摒弃纠问式诉讼模式过程中出现的近代刑事诉讼法的核心概念——审判中心主义存有差异。

审判中心主义的核心是当事人主义诉讼模式(Adversary System)，该模式的关键在于，当事人可以在法庭上利用证据进行辩论。因此需要对法庭上的证据资格进行限制。根据证据资格，可将证据分为三类：①具有证明能力的合法证据(admissible evidence)；②仅用于弹劾的非合法证据，弹劾证据(impeachment evidence)；③无法成为证据的证据(evidence without voluntariness)。第二类证据在例外情况下可转换成第一类证据，第三类证据在任何情况下都不得被作为证据使用。

1960 年后，美国曾就程序法原理展开过激烈的讨论，但其仍是为树立审判中心主义基本原则而进行的一场基础性讨论。那么有必要回归到最初的问题，即摒弃纠问式诉讼模式，是否就意味着应忽略实体真实?

对此，可以从 Walter Raleigh 的传闻证据规则中找寻答案。传闻证据规则是审判中心主义的核心，被作为探索实体真实的一种手段，其目的并不仅仅在于保障刑事诉讼程序中的人权。传闻证据规则及其他各种程序规则是在 1960 年美国人权保护热潮时期得到强化的，其目的是防止当时严重缺乏知识的黑人蒙冤被判死刑或长期徒刑，故其最终目的是探索实体真实。因此，目前韩国国内有关司法改革的各种讨论应当在探索实体真实的大前提下展开，而禁止使用侦查机关搜集的证据尚不符合国际上审判中心主义模式的标准。

何为理想化的审判中心主义模式? 对此可参考先进国家的司法改革。该问题并不难解，世界各国也经常讨论刑事诉讼程序改革的问题，参考先进国家的司法改革可以解决当前韩国面临的一部分难题。国际社会通过设立专门用于起诉独裁者的海牙国际刑事法院(ICC)等方式努力开展刑事诉讼法程序的改革。在当前情形下，坚持发展韩国原有的刑事诉讼制度很有可能落后于世界的步伐。

先进国的判断标准不仅在于 GDP，更在于该国的人权保护程度和犯罪打击效果。故构建能被其他国家认可的司法制度甚为重要。审判中心主义主要包括如下几个要素：第一，所有的证据都在法庭进行辩论；第二，所有的证据资格分为如前所述三种；第三，由中立的审判庭对证据进行客观评价。目前对审判中心主义的争论主要基于对上述三种要素的不同理解，并最终因立场的不同导致审判中心主义的目标也发生变化。

三、案卷中心主义的摒弃与审判中心主义的关系

为实现真正的审判中心主义，应当采取何种措施？笔者认为，应当废止广泛运用于侦查阶段和审判阶段的案卷笔录。笔者一直积极主张先废止检察机关的案卷笔录，但即使站在审判中心主义的立场，案卷笔录的废除仍存有一些困难。有些人甚至提出英美国家也在使用案卷的主张，但此主张颇为荒谬，仅属个例。

何谓案卷笔录？侦查阶段的案卷笔录只要具有证明力就被视为"会说话的证人"。即案卷笔录如同虚拟被告人，可以在法庭上"发言"。世界上其他国家均不如此适用。在韩国，案卷笔录的存在实为日本殖民统治的残骸。欧洲国家也存在以案卷笔录命名的文件，但其使用方法已经转变为审判中心主义的方式。

在英美法中，采用问答形式制作的案卷笔录具有其自身意义。辩护律师可以在法庭上行使反对询问权，向制作案卷笔录的警察针对制作情况进行提问。该做法具有重要意义：首先，如果出庭作证的警察不具有相应的法律专业素质，不能对辩护律师的反对询问作出答辩，其就无法成为司法警察；其次，如果通过律师的反对询问发现警察制作了虚假的案卷笔录，该警察会以制作虚假国家机关公文罪被定罪处罚，如其不承认制作虚假案卷笔录的事实，则可能以伪证罪定罪处罚。

案卷笔录的制作是韩国国家侦查机关公信力弱的关键所在。无论检察机关还是公安机关，均通过制作案卷笔录进行侦查，因此，除了证明力以外，两者的侦查方式没有任何差异。相较于实际的侦查，二者更关注如何制作好案卷笔录。日本殖民统治时期的"制造案卷"的做法延续至今。在进入起诉阶段后，负责制作相关案卷笔录的侦查人员不再承担任何责任，无需到法庭提供相关制作情况的证言，也无需在法庭上回答辩护律师的反对询问，只须离开侦查现场即可。

更为荒谬的是，即使案卷笔录记载着在侦查机关作出的陈述，当案卷笔录的证明力不被认可时，所陈述的既往事实也将不被认可。笔者以为，正确的做法应当是，先把真实情况告知法庭，在法庭承认所陈述的既往事实后，再判定陈述内容能否成为证据。

法院使用的庭审笔录也存在问题。随着各种记录工具的发达，录音被运用于现在的庭审中，但录音内容只被视为一种参考，只有庭审笔录才是庭审过程的正当记载。然而，此种做法有欠妥当。笔者认为，应当像英美国家一样，如实记录庭审中发生的所有事情，这也是审判中心主义的要求。

检察机关和公安机关之间争论不休的侦查指挥权问题也与案卷笔录的使用

相关。

如果负责执行侦查的警察有义务对自己调查的内容出庭作证，其将不会任意侦查或不服从检察机关的指挥。以美国为例，虽然立法上对检察机关和公安机关之间侦查指挥权的规定不完备，但任何警察都不会任意侦查。美国会对进行侦查的警察的资格进行严格限制，故很少出现与韩国类似的现象。

那么，上文屡次提到的，警察出庭作证的理由是什么？主要是为了在法庭上对被告人在侦查机关坦白的内容作证。韩国没有英美法系的被告人宣誓制度，但检察官可以讯问被告人。在被告人否认其在侦查机关坦白的内容时，控辩双方就犯罪嫌疑人讯问笔录的认可所展开的辩论便不具备任何意义。此时，如果将司法警察作为证人传唤到法庭，由辩护律师对其提问，如发现当时有刑讯逼供或者胁迫等情况，对该证据进行弹劾，才能有效解决此问题。

如上就是英美国家审判中心主义制度的核心内容。事实上，韩国为实现审判中心主义制度已经做好了立法上的准备，即大法院判例通过在排除适用的《刑事诉讼法》第 316 条第 1 项后面加入括号规定，为传唤在侦查阶段对犯罪嫌疑人进行调查的警察或侦查人员到法庭作证提供了合法根据。

让人难以理解的是，原则上，为弹劾侦查机关制作的案卷笔录，应当传唤警察出庭作证，但大法院在拥护审判中心主义制度的立场上，反以案卷笔录的证明力问题为由，继续坚持不能传唤警察作为证人出庭作证的立场。法院的各种诉讼规定亦如此。

韩国刑事诉讼法体系中，赋予公安机关案卷笔录作成权，这一制度已让人感到羞愧，但在已设置立法措施的情形下，将公安机关案卷笔录的性质降低为单纯的问答笔录，仅依犯罪嫌疑人在公安机关做陈述的既定事实，阻碍在法庭通过抗辩得到认可的努力，实在让人无语。

公民在侦查阶段所陈述的内容和做陈述的既定事实只有在案卷笔录被认可时存在，不被认可时不存在，此种观点值得商榷。既定事实在犯罪嫌疑人被刑讯逼供或胁迫的情形下，由于丧失了任意性（voluntariness），会被视为没有发生。因为在被刑讯逼供或胁迫的情况下做出的陈述并非出于自己的意志。此时，丧失任意性的情形应当如实呈现给法庭，相关侦查人员也应当受到处罚。如此，才是审判中心主义，也是法治主义。

证据法上使用的认可（authentication）和任意性（voluntariness）是两个完全不同的概念，韩国刑事诉讼法也将两者明确区分。但在案卷笔录中心主义模式下，二者的边界较为模糊。即案卷笔录得到认可，既定事实视为发生，案卷笔录不被认可，既定事实视为没有发生。

此观点也被运用于弹劾证据的处理上。不被认可的证据在具备任意性的条件下可以成为弹劾证据是世界上普遍的做法。但韩国通说是,不被认可的证据也不能成为弹劾证据。在案卷笔录中心主义制度下,此现状很难得到改变。

上文涉及一个大前提,即实体真实的探索和人权保障程序不是相互排斥的概念,而是相互融合的。在投入了大量的人力和其他资源进行侦查后所搜集的犯罪嫌疑人的陈述,如仅因为辩护律师的否认而成为没有发生过的事实,未免欠妥。这不仅不利于实体真实的探索,也不利于犯罪嫌疑人人权的保护。公安机关之所以强烈要求侦查权独立便是因为公安机关和检察机关的双重调查严重侵害了公民的人权。即使犯罪嫌疑人在公安机关坦白罪行并受到过拘留,在起诉阶段,检察机关仍然需要对其再一次进行调查。

在英美国家的实践中,普遍做法是,检察机关在接触犯罪嫌疑人之前对其提起公诉。因为司法警察已经进行过侦查,一旦发现公安机关调查的内容存在问题,负责侦查的警察会被要求出庭作证。如果在庭审过程中发现制作了虚假的案卷笔录,该警察将会被起诉并受到处罚。因此,司法警察一旦介入侦查活动,其必须恪尽职守,履行好自己的职责。

为减轻案卷笔录制作错误时的负担,英美国家引入了录音和录像的记录方式。警察的法庭证言一方面是对被告人坦白内容的作证,另一方面也是为了降低自己做伪证和制作虚假国家机关公文的风险。录像也是解决此一问题的一种有效方式。在录像时进行讯问的警察需要出庭对录像部分进行作证并接受辩护律师的反对询问。

虽然有诸多影响审判中心主义制度的因素,但笔者认为,韩国普遍采用的案卷笔录中心主义制度严重危害了审判中心主义制度的根基。先进国家中很少有一个审判庭一天审理多种案件,或每种案件审理一部分的现象。这种现象仅存在于案卷笔录中心主义的审判模式下。在审判中心主义制度下,如须更换审判庭,则不得再通过审阅之前的庭审记录继续承认先前的证据。

此种现状在短期内难以得到改善,然法院仍应表示出改革的决心与意图,而不是消极地维持现状。笔者认为,案卷笔录中心主义制度的摒弃是确立审判中心主义制度的关键。

四、韩国摒弃案卷笔录中心主义审判的立法过程

韩国刑事诉讼制度是典型的日本殖民统治时期案卷笔录中心主义制度。在解放后,经过多次修改,当事人主义要素被纳入到韩国刑事诉讼制度中。如降低

检察机关的地位，保护犯罪嫌疑人、被告人的人权等。然而这种不触及实质的修改反而妨碍了审判中心主义制度的确立，并导致后来刑事诉讼法第 316 条第 1 项被大法院宣告无效。

进一步而言，当前的混乱局面主要是原来的职权主义刑事诉讼制度和当事人主义要素的混合所造成的。韩国刑事诉讼体系之所以能够运行至今，是法院、检察院和辩护律师三方相互妥协的结果。在实践中，检察机关制作案卷笔录，辩护律师在不存在特定理由时，不对案卷笔录的证明力提出问题，法院也基本认可检察机关案卷笔录的证明力。在过去人力物力资源紧缺的历史环境下，案卷笔录中心主义制度确具备提升侦查和审判效率之功效。然而在法律人数量猛增，公民法律意识日趋增强的今天，该制度很难继续得到维持。

2004 年 12 月宣告的大法院判决[①]导致以检察机关案卷笔录为基础的刑事司法体系的崩塌，同时引发了围绕韩国审判和侦查制度运转模式本质的讨论。大法院判决宣告，在庭审中，不得使用任何案卷笔录形态的公文。这一判决导致韩国刑事司法体系的基础——案卷笔录制度的废弃，检察院、法院、律师一时不知所措。

对此次判决可能存在诸多批判观点，但实际上，该判决也揭露了一直以来公民对韩国侦查制度和审判制度的不满。从日本殖民统治时期开始视为祖传宝刀的案卷笔录中心审判制度虽然在一定程度上完善了有关“真正成立”的规定，但本质上还是对维持案卷笔录中心主义审判起到了支撑作用，事实上曲解了韩国的侦查结构和审判结构。

在投入大量人力物力获取犯罪嫌疑人的坦白后，侦查机关的主要精力集中于案卷笔录的制作，却忽略了犯罪嫌疑人作出坦白的这一事实本身。在法庭上，只要被告人否认坦白，法庭不认可检察机关案卷笔录的证明力，那么，之前在侦查机关作过坦白的这一事实就不复存在，唯有在法庭上进行否认的事实会被记录下来。如此，法庭便成为争论案卷笔录证明力的角逐场。

任何国家都不会仅因犯罪嫌疑人在法庭否认坦白，而将他在侦查机关作过坦白的事实视为没有发生。如果被告人无法解释其为何在侦查机关作出坦白，却在法庭上否认坦白时，其将会失去信任。被告人在侦查阶段的所有行为都会在法庭上成为证据，故裁判的过程将以更加多样而立体化的方式进行。如果犯罪嫌疑人在侦查阶段的陈述是出于刑讯逼供或受到胁迫，其所陈述的内容会被

① 大法院 2004. 12. 16. 2002do537 等判决中撤销了一直以来适用的检察机关制作的犯罪嫌疑人讯问笔录在形式上被认可时实质上也被认可的规定。

视为不存在[①]。

自2004年的大法院判决后，韩国在对案卷笔录中心主义审判制度进行反思的同时，探讨了新的代替方案。2005年司法制度改革推进委员会就搜查制度和审判制度的变革展开了讨论。其中，录像作为一种新的记录方式，成为了推进改革的焦点。虽然，目前对于录像的证据地位尚有争议，但其作为证据的优越性受到了普遍认可。

录像最初以录像磁带的形式出现于英国，主要目的是阻止英国警察采取强制侦查的临时性措施，但后来发现这种方式可以更有效促使警察出庭作证，符合当事人主义要素，之后便被广泛利用。在当事人主义制度下，警察必须如实陈述犯罪嫌疑人在侦查阶段作出的坦白（admission），但辩护律师往往会对警察陈述事实的真实性提出质疑。录像则作为证明警察陈述的证据被引入法庭。录像有效防止了警察蓄意伪造或错误记录犯罪嫌疑人的陈述，减少了在法庭上对于警察陈述的真实性之争。录像之所以能以这种方式在庭审中得到适用，是因为根据英美证据法中的传闻证据规则，被告人在侦查阶段的坦白（admission）不是传闻证据。[②]

然而在以案卷笔录中心主义制度为基础的职权主义模式国家，录像并没有被广泛使用。[③] 因为有案卷笔录就不需要有录音，虽然案卷笔录不会在法庭上作为证据呈现，然审判长在开庭前已经审阅案卷笔录，并形成了心证。在法国和德国，案卷笔录不可以在庭审中直接适用，但事实上也充分发挥了作为证据的作用。

韩国立法已经引入了传闻证据规则，大法院的判决也导致检察机关制作的案卷笔录在法庭上无法获得真实性的认可，因此，在新的刑事诉讼体系中，应当引入录像。

但在案卷笔录中心主义模式中适用的程序无法轻易转变为审判中心主义的当事人主义模式。案卷笔录制度在效率方面具有很大优势，故探索提高案卷笔录可信度的方法，可能成为很好的突破口。

司法改革推进委员会认为，不能按照大法院的判决，全盘否定案卷笔录制度，遂提出了使用录像的两种方法：其一，是强化原有的案卷笔录之认证。即首

---

① 在美国，此种陈述被认为无任意性（voluntariness），故该陈述视为不存在。

② 美国证据法（Federal Rule of Evidence）第801条（d）项（2）。

③ 在职权主义模式国家，如韩国的性暴力犯罪中，与性暴力犯罪和被害者保护有关的法律中第21条第3项规定，性暴力犯罪中的被害人未满16周岁或在身体或精神上存在障碍时，应当使用录像。被害人或在场的有信任关系的人认可时，该录像可以作为证据使用。限有可能在法庭上缺乏陈述能力的情况下，作为例外，一般允许被害人而非被告人使用录像。这与英美证据法中使用的录像是不同的。

先对犯罪嫌疑人在检察机关接受讯问的过程进行录像，其次，在案卷笔录的可信性得到确认之后，将案卷笔录作为被告人的法庭陈述使用。这虽然只是对原有的案卷笔录制度的改进，但实质上却是重大进步。在法庭上无需对录像内容进行辩论，录像内容直接可以代替被告人的法庭陈述。但此方案会引发如下问题，为何不直接对犯罪嫌疑人的陈述进行录像，而是记录被调查的过程？既然两者没有实质性的区别，为何还要制作案卷笔录？此问题的解决方法是：直接将录像作为本证使用。其二，是《刑事诉讼法》第 244 条第二项引入的录像制度是为了将录像作为本证使用①，而不是为了强化案卷笔录的认证。起初，为避免使“庭审电影化”，韩国的法律提案对录像的使用进行了严格限制，包括：其一，将录像作为本证使用前必须穷尽其他证据，录像只能作为最后的手段。其二，必须提交记录所有内容的磁带记录原件。② 此条款不单是对录像作为本证的使用方法的规定，也是实施英美式当事人主义制度和审判中心主义制度的规定。即依据第 312 条的规定，通过录像制作的案卷笔录可以直接在法庭上代替陈述，但依据第 244 条第 2 款制作、第 312 条第 2 款使用的案卷笔录，是被告人的法庭陈述，同时也是案卷笔录制作人在法庭上的陈述。因此，辩护律师可以在法庭上对案卷笔录能否被认可提出反对讯问，由此贯彻了庭审的口头辩论主义。然而此条款因过于限制录像的证明力而被删除，按照现行的一般证据规则，录像被作为本证使用。③

为了恢复 2004 年被大法院废除的检察机关对被告人讯问笔录而使用的录像，由于其可信度和证明力，事实上代替了案卷笔录。录像的引入促成了当事人主义和职权主义之争的终结。当初主张录像会导致“庭审电影化”的担忧也并没有成为现实。事实上，韩国对于将案卷笔录提交法庭的作法有过诸多争议。在所谓的案卷笔录中心主义审判之下，案卷笔录通常并不会在法庭上被全部宣读，大部分是由审判长在法庭外审阅。这违背了“法官只能根据审判庭上发生的情况形成心证”的审判中心主义原则。然而由于作为证据提出的录像必须在法庭

① 李哉相教授在刑事诉讼法学会发表：第 244 条第 2 款规定中的录像具有证明力。有观点认为根据第 244 条，犯罪嫌疑人的陈述必须制作为案卷笔录，故第 244 条第 2 款规定中的录像是不符合法律规定的。这种观点缺乏对法律的体系性理解。第 244 条第 2 款是原 244 条的例外规定，是对原案卷笔录制度的新的修改，故其效力优先于 244 条第 1 款，更不可能是不合法的规定。

② 第 312 条第 2 项(有关犯罪嫌疑人陈述的录像)①在检察机关或公安机关录制的有关被告人坦白的录像，限于被告人在否认坦白时又无法通过检察官或警察在庭审准备程序或庭审期限内的陈述等其他方法进行证明时，可以作为证据使用。②第一项的录像必须通过合法的程序和方法录制。在审判准备程序或庭审期限内，通过被告人、检察官、警察或参与调查的其他人的陈述证明调查过程录制的客观性。还需证明录像在辩护律师参与等可信任的环境下进行。③第一项的录像作为证据提交时应当提交磁带记录原件。

③ 详细内容可参见李哉相教授的论文，此不赘述。

上播放，故只能向审判中心主义制度的方向发展。实践中，倘若播放录像需要的时间过长，以至于审判无法进行，那么只需播放必要部分，剩下的部分可以省略。[①] 以审阅材料需要过长时间为由拒绝审阅的观点违背了证据裁判的基本原则。若法官或检察官在没有认真审阅相关证据之前作出判决或决定，相应的判决和侦查结果很难让人信服。

令人意外的是，这次刑事诉讼法的修改允许调查人员进行作证。此一做法可以视为现行刑事诉讼法在向当事人主义制度转变的证明。虽然刑事诉讼法中规定了传闻证据规则，但一直以来关注的重点都是犯罪嫌疑人讯问笔录的认可问题。根据第 310 条第 2 款规定，犯罪嫌疑人的庭外陈述不是传闻陈述，但由于第 316 条第 1 项规定的调查人证言规定被废止，故直到这次修改之前，都没有在法庭证言部分适用传闻证据规则的案例。

之前在犯罪嫌疑人讯问笔录的认可问题上，只要案卷笔录不被认可，犯罪嫌疑人在侦查阶段的坦白就被认定为没有发生。然而此次恢复调查人证言制度后，传闻证据规则的核心内容明确规定为：犯罪嫌疑人在侦查阶段的陈述不是传闻证据；犯罪嫌疑人的陈述被提交法庭时，应当以法庭陈述方式呈现，并接受辩护律师的反对讯问。

综上所述，以案卷笔录为基础的韩国刑事诉讼体系在 2004 年大法院判决之后宣告终结，录像、调查人证言得到了恢复，此一对策证明了新的刑事诉讼法在向当事人主义和审判中心主义方向转变。虽然韩国刑事诉讼体系仍然存在职权主义的要素，但公民参与裁判制度的确立，更加明确了这一转变。笔者认为，对相关的中立的法律规定解释也应当向当事人主义转变。

五、韩国有关案卷笔录中心主义审判的判例之动向

（一）2007 年以前的相关刑事诉讼法第 316 条第 1 项的判例

1961 年刑事诉讼法新设了第 316 条第 1 项[②]。该内容与原刑事诉讼

① 《美国联邦证据法》第 106 条中有关于只呈现必要部分的证据之规定。

② 1961 年 9 月 1 日（官报第 2946 号）刑事诉讼法第 316 条修改如下：第 316 条（证明力限制）①非被告人在审判准备程序或审判期限内的陈述以非被告人之前的陈述为其内容时，限原陈述人因死亡，疾病或其他事由无法进行陈述的情形下可以成为证据。并且该陈述必须在特殊可信任的状态下进行。②非被告人在审判准备程序或审判期限内的陈述以除非被告人之外其他人的陈述为其内容时，限原陈述人因死亡、疾病或其他事由无法进行陈述的情形下可以成为证据。并且该陈述必须在特殊可信任的状态下进行。

法[①]不同，阐明了以第三者证言的形式向法庭提交被告人陈述的原则。条文修改初期的判例承认了调查人证言的证明力。根据第 316 条第 1 项的规定，被告人的陈述是否在可信任的状态下作出，决定其能否成为证据。[②] 后来的判例虽然仍根据第 316 条第 1 项的规定进行判断，但通过限制“可信任的状态”，对证言的证明力采取了否定的态度。[③] 之后则不再以“特别可信任的状态”作为判断标准，法院的态度转变为：根据同法第 316 条第 3 项，不论被告人的陈述是否在可信任的状态下作出，只要被告人否认坦白内容，之前的陈述都无法成为证据。[④] 此后，只要被告人否认，被告人之前在公安机关所作的所有陈述都无法成为证据。[⑤] 制定《刑事诉讼法》第 312 条[⑥]和 313 条[⑦]是为了在法庭上使用案卷笔录而承认直接审判主义例外的条文，但法院将其解释为被告人和证人在侦查阶段的陈述只能以案卷笔录的形式呈现，故导致同法第 312 条和第 313 条控制了第

---

① 第 316 条(证明力限制)非被告人在审判准备程序或审判期限内的陈述以非被告人之前的陈述为其内容时，限原陈述人因死亡、疾病或其他事由无法进行陈述的情形下可以成为证据。并且该陈述必须在特别可信任的状态下进行。

② 大判 1967.6.13，67do608：“参与调查的警察有关被告人在公安机关坦白罪行的证言是传闻证据，但基于本案被告人的上述坦白无特殊情况存在，故视为在本条第一项所述的特别可信任的条件下进行，上述证言被采纳为证据是合法的。”

③ 大判 1968.11.19，68do1368。

④ 大判 1974.3.12，73do2123：“根据第 312 条第 2 项，认定被告人否认的公安机关犯罪嫌疑人讯问笔录无证明力的同时，又采纳证人关于案卷笔录内容的证言，是相互矛盾的。故即使被告人承认在公安机关进行的坦白，也不应当采纳进行调查的警察有关被告人在公安机关接受调查时坦白罪行的证言。”大判 1983.7.26，82do385；大判 1985.2.13，84do2897；大判 1995.3.24，9do2287；大判 1995.5.23，94do1735；大判 1997.10.28，97do2211：“被告人否认在司法警察面前作的陈述时，侦查被告人的警察作为证人对侦查过程中被告人坦白罪行的经过所陈述的证言，根据刑事诉讼法 213 条第 2 项的规定和主旨认定为无证明力。犯罪嫌疑人在与该被起诉案件无关的案件中接受调查时同样适用上述结论。只要对该犯罪嫌疑人的案卷笔录适用刑事诉讼法第 312 条第 2 项，即使在与该被起诉案件无关的案件中，负责侦查的警察对被告人坦白罪行的经过进行陈述的证言同样无证明力。”

⑤ 大判 1974.3.12，73do2123；大判 1983.7.26，82do385；大判 1984.2.28，83do3232，83kamdo538；大判 1990.9.26，90do1483。“检察机关制作有关被告人的犯罪嫌疑人讯问笔录时，负责调查的检察官在法庭上的证言内容为自己通过讯问被告人制作上述案卷笔录时，被告人坦白公诉事实的内容时，只要犯罪嫌疑人讯问笔录的证明力不被认可，该检察官的证言也无证明力。”对司法警察证言的判决结论同样适用于检察官证言。

⑥ 制定刑事诉讼法第 312 条(证明力)检察机关或司法警察记载犯罪嫌疑人或非犯罪嫌疑人的陈述的案卷笔录、勘验结果或鉴定结果、扣押的文件或物品在审判准备程序或审判期限内根据被告人或非被告人的陈述被认可时，可以成为证据。但除检察机关外的侦查机关制作的犯罪嫌疑人讯问笔录在被告人或被告人的辩护律师在法庭上承认其内容的真实性时，可以成为证据。

⑦ 除制定刑事诉讼法第 313 条(证明力)前二条的规定外，被告人或非被告人制作的文书或记载其陈述的，含有制作人或陈述人的笔迹、签名、或盖章的文书，在审判准备程序或审判期限内，根据被告人或非被告人的陈述得到法庭认可时，可以成为证据。

316 条第一项,继而导致第 316 条第一项的口头主义原则失效。[①]

上述判例的变更,目的在于通过对案卷笔录证明力的限制,进而制约警察在侦查阶段进行刑讯逼供等不法侦查。这看似符合刑事诉讼法的立法宗旨,也符合韩国 1970 年的政治局面和人权状况,但实际上违背了 1961 年修订刑事诉讼法时引入英美式制度(调查人证言)的意图,反而走向了案卷笔录和调查人陈述合为一体的制度。[②]

(二) 大法院 2004. 12. 16 宣告的 2002do537 全员合意判决

该判例中,大法院认为:“印有被告人本人盖章、签字或指印的检察机关对犯罪嫌疑人的讯问笔录,除非未按照《刑事诉讼法》第 244 条第 2 项、第 3 项所规定的程序盖章、签字或按指印,推定该案卷笔录是按原陈述人即被告人所说的内容记录的。原陈述人即被告人在法庭上主张此讯问笔录和自己陈述的内容不同时,鉴于案卷笔录上有盖章、签字和指印,案卷笔录在形式上得到认可。如没有发现盖章、签字和指印的获取违背刑事诉讼法相关程序,案卷笔录根据被告人在审判庭上的陈述得到认可。”[③]即,推定为有形式上的认可即有实质上的认可。

其又写道:“当被告人在法庭上承认案卷笔录,其中记载的被告人陈述不存在丧失任意性的情况时,视为有证明力。”[④]“陈述的任意性是指:无拷问、暴力、胁迫、不当超期拘留、欺骗或其他可能导致丧失任意性的事由。即证据收集过程无违法性,上述事由在宪法或刑事诉讼法中属于例外情况。故不存在上述情况时,可推定为陈述具有任意性。”[⑤]此判决可以理解为:案卷笔录在形式上被认可,会导致实质上也被认可,继而坦白也被推定为具有“任意性”。

然而大法院在该合意判决中提到:“检察机关记载的犯罪嫌疑人或非犯罪嫌疑人陈述的案卷笔录在庭审准备阶段或在庭审期限内依据原陈述人的陈述,在形式和实质上都被认可时才可以成为证据。这符合韩国刑事诉讼法以直接审判

---

① 车东彦:《刑事证据法》(Ⅰ),法文社 2007 年版,第 153 页。

② 李完圭:《有关实质认可的判例理论之批判性检讨》,载《Justice》通卷第 86 号(2005. 8),韩国法学院,第 158 页。

③ 大判 1984. 6. 26,84do48;大判 1986. 3. 25,86do218;大判 1992. 6. 23,92do769;大判 1994. 1. 25,93do1747;大判 1995. 5. 12,95do484;大判 1999. 7. 23,99do1860;大判 2000. 7. 28,2000do2617;大判 2001. 6. 29,2001do1049。

④ 大判 1992. 2. 28,91do2337;大判 1995. 11. 10,95do2088;大判 1996. 6. 14,96do865。

⑤ 大判 1983. 3. 8,82do3248。

和口头辩论为主要内容的审判中心主义理念。”[①]并遵循加重要件说。[②]

又判决:“刑事诉讼法第 312 条第 1 项条文中规定‘检察机关记载犯罪嫌疑人或非犯罪嫌疑人陈述的案卷笔录和记载检察官或司法警察勘察结果的案卷笔录在庭前准备程序或庭审期限内,根据原陈述人的陈述,案卷笔录得到认可时,可以成为证据。’此处所说的认可是指:对盖章、签名、指印等形式上的认可和案卷笔录内容与原陈述人所陈述的内容相符的实质上的认可。上述条文中的认可只能根据‘原陈述人的陈述’进行判断。此规定同样适用于检察机关制作的犯罪嫌疑人讯问笔录。当检察机关制作的犯罪嫌疑人讯问笔录不被认可时,即使案卷笔录中记载的被告人陈述是在特殊可信任的状态下进行的,也不能作为证据使用。”[③]该判决为检察机关和法院推进司法改革提供了突破口。[④]

(三) 2007 年修订刑事诉讼法后相关调查人证言的判例

大法院在大判 2011do5459 判决书中认为:“原审法庭视‘被告人触犯了公诉机关指控的罪行’的被告人陈述为调查被告人的警察在原审法庭上的陈述。上述被告人陈述在特别可信任的状态下进行时具有证明力。但考虑到:第一,被告人就该陈述的经过和过程进行了激烈的辩论;第二,上述陈述是在被逮捕后辩护律师不在场的状态下进行的,无法证明被告人的陈述是在特别可信任的状态下进行。故以该被告人陈述为内容的警察的法庭陈述缺乏证明力。本院将原审判决理由和相关记录进行对照以后,认为原审法庭的判决无不合理之处,不存在上诉理由中所述之对调查人证言理解错误或违反取证规则等情况。”[⑤]并且该判决对《刑事诉讼法》第 316 条规定的“特别可信任的状态”设定了严格的标准。

有观点认为法院的上述态度是以“特别可信任的状态”为由再次限制调查人的证明力,也有观点认为大法院的规定具有前瞻性:“特别可信任的状态的要件”包括:第一,被告人就陈述内容进行辩论;第二,辩护律师没有参与。被告人就

---

① 大判(全合)2004. 12. 16,2002do537。

② 大判 2005. 6. 10,2005do1849。(原陈述人在审判准备程序或审判期限内部分承认检察机关制作的犯罪嫌疑人讯问笔录或陈述时,法院应当采取的措施)侦查机关制作的案卷笔录内容与原陈述人陈述的内容相符是指,案卷笔录内容与原陈述人陈述当时的内容相同。不包括原陈述人如此陈述的理由和陈述的可信性;另外检察机关记载犯罪嫌疑人或非犯罪嫌疑人陈述的案卷笔录中,原陈述人只承认其中部分内容时,法院应当具体审理哪一部分与原陈述人的陈述相符,哪一部分不符后,针对认可的部分承认其证据能力,对不认可的部分否认其证据能力。

③ 大判 2005. 8. 19,2005do3045。

④ 详细内容参考李完主:《修订刑事诉讼法的争议焦点》,2007 年版。

⑤ 大判 2012. 10. 25,2011do5459。

陈述内容进行过激烈辩论的情况可以通过向法院提交证明客观情况的证据，如通过录像等方式进行举证。辩护律师没有参与调查意味着很有可能实际存在任意性丧失的情况。在英美法系得到广泛适用的调查人证言制度已经在韩国立法中确立。韩国将来会如何将其运用到审判中心主义的实践中，有待观察。

六、审判中心主义的核心——陪审制

上文提到审判中心主义核心是将证据分为三类后，通过证据将既定事实呈现给法庭。但其中最关键的是确保审判庭的中立性。公民对侦查制度和审判制度的不信任主要是源于程序的不透明性和不公平性。然而这并非只是法官和检察官的道德性问题。欲恢复司法公信力，法官和检察官不能是运动员的同时又是裁判，法院和检察机关是被监督的对象，无法自己监督自己。即，除在机关内部提高法官和检察官的道德外，还需要采取其他监督措施。

耶鲁大学 Jonakeit 教授曾提出“陪审制是阻止被政府雇用的法官和检察官勾结的被告人的唯一堡垒”的主张(Juries as a check on the corruption of Power)①。说明法官和检察官的相互勾结会导致被告人的人权无法得到保护、实体真实也无法得到体现。例如，因岁月号事件被关押的犯罪嫌疑人能在法庭上进行有效的辩护吗？岁月号事件应当由被告人选出中立的法官进行裁判，如果是美国，可能连审判地都会选择在韩国国土之外的地方，可见审判中立性的重要性。②

陪审制是审判中心主义制度的核心。韩国欲全面引入陪审制度的决定是值得肯定的。那么，陪审制度如何保障审判的中立性？

首先，应避免审判长在案件审理过程中的主导作用。在陪审制下，如果由审判长向证人询问，再向检察官和辩护律师进行补充询问的话，将影响陪审员的心证。因审判长在询问过程中，很可能会表露自己的观点，从而影响审判的公平性。在德国的参审制下，法官可以在庭审结束后，在法官评议过程(deliberation)中阐述自己的行为和心证形成过程。然而在陪审制下，法官进行评议后即定罪量刑，并没有机会对自己的行为进行解释或辩解，故在庭审中只能处于被动地位。如果法院依职权进行证据调查，陪审员亦有可能觉得审判存有不公。

其次，应避免书面材料审。实行职权主义的欧洲国家为了防止纠问式诉讼

① Jonakeit. The American Jury System. Yale University Press, 2003: 29.

② 例如，俄克拉荷马联邦大楼的大爆炸案的被告人麦克维在科罗拉多州的丹佛接受审判。

模式的复苏，曾禁止法院使用案卷笔录，为此也引入了直接证据规则。但陪审制下不需要设立类似规定。因所有陈述人必须在陪审员面前作证，如果检察官用案卷笔录代替陈述，则其无疑将遭受败诉。

韩国经常使用的法院调查制度在陪审制下也是不被允许的。法院不可凭借自己的判断进行调查，其调查结果也不得作为证据使用。法院调查的结果不能以报告的形式提交法庭，而应当传唤制作调查报告的专家出庭，由其向陪审员解释说明。针对其解释，反对方可以提出反对意见，也可以申请持有相反观点的专家证人(expert witness)出庭弹劾法院的调查结果。

如被告人是在侦查阶段坦白，由于被告人无法成为检察机关的证人，所以听取被告人陈述的警察会出庭，为被告人的坦白作证。警察无法记起陈述的内容时，可以通过阅读自己制作的案卷笔录，凭借回忆进行作证。[①] 实在无法记起的，则允许其宣读案卷笔录。在此过程中，辩护律师可以提出反对询问，当警察的陈述丧失可信度时，其陈述的证明力也会丧失。

陪审制度的核心是，陪审员作为观众，形成客观心证。在陪审制下，可根据审判的状况，预测判决。例如在足球比赛中，当最后一分钟的比分为 5 比 0 时，则比赛的结果一目了然。裁判的裁量不会导致比赛结果的改变。在职权主义审判模式下，法官内心心证的形成过程非常重要，但不能为外界所知，其形成的合理性也无法得到检验。针对此，所能采取的措施是：强调审判中心主义，法官只能接触呈现在法庭上的证据，并根据这些证据进行集中审理，审理后立即作出判决。在判决被宣告之前，只有法官知道判决结果。

陪审制下的庭审则截然不同。首先，如果没有客观有力的证据，就无法起诉[②]。检察官和辩护律师在庭外无须对法官作除呈交法庭的材料之外的任何说明。如陪审员发现检察官或辩护律师在庭外与法官接触，其影响可想而知。在审判过程中审判长也不能根据自己的判断传唤新的证人到庭，审判结果在庭审中就能被预知的情况非常常见。这种情况下一方有可能会放弃诉讼，[③]审判就会终结。持续到最后的审判一般是在陪审员看来证据势均力敌、很难下结论的案件。此类案件的审判结果往往都会得到信服。就好比韩日足球赛，在双方都尽力的情况下，最后的输赢都会让人信服。此时，法官是谁或其形成了什么样的

① 这称之为“refreshing memory”。

② 美国联邦只有经过大陪审团的许可才可以起诉。

③ 检察机关提交的证据明显不足时，即使在裁判中，辩护律师会要求终结裁判，在此情况下如检察机关取消公诉时就会收到 dismissal 或 mistrial 裁判。这时有可能发生 double jeopardy 的问题。

心证均不重要，前官礼遇的情况也不会出现。

七、审判中心主义制度的定型

一直以来审判中心主义的讨论主要围绕当事人主义和职权主义，如何处理案卷笔录制度是其核心问题。审判中心主义与当事人主义的哲学基础不同，因此二者无法共存。职权主义制度需要贤明的法官，其他参与者是帮助法官作出裁判的辅助人。当事人主义虽然也需要有贤明、受尊敬的法官，但对判决起决定性作用的应当是经过检察官和辩护律师激烈争论后选出的陪审员。包括法官在内的所有参与者的作用是为陪审员提供能作出正确裁判的环境。

但韩国一直认可这两种制度的并存，所以在实务中，法官、检察官、辩护律师根据自己的立场，有时主张当事人主义，有时主张职权主义。导致的结果就是：公民越发不信任法律界、不尊敬贤明的法官、不信服检察官的决定、不钦佩法律知识渊博的律师，公正的侦查和审判成为奢望。

笔者认为，韩国刑事诉讼法体系以当事人主义为主要方向不断进行调整的做法是正确的。然而一直以来只对刑事诉讼法条文进行部分修改，导致目前的刑事诉讼程序无法满足任何一方。事实上，刑事诉讼程序对世界趋势极其敏感。人权保护的重要性无需再强调，随着恐怖犯罪和大型犯罪活动日益猖獗，保护国家体制、保护公民的需求也日益增强。韩国必须加快整顿相关法律制度，顺应国际趋势。

事实上，当事人主义制度的要求很简单，只要法官、检察官、辩护律师和被告人履行好自己的职责，侦查结果和审判结果的合理性就会提高，也会得到公民的普遍认可。当事人主义制度的真正实现，任重道远。例如美国证据法就有 80 多个条文，而韩国只有 10 多个，检察官和辩护律师的活动必然会受到限制。法律人的主场永远是法庭，希望保障法庭活动的各项制度能够早日得到完善。

关于简易程序的现状和改善方案的考察

李仁荣*

一、序论

简易程序是指地方法院关于管辖案件如果有检察的请求时，不经过公审程序，根据检察官提出的资料进行调查，以简易命令处以被告人罚金、罚款或没收刑的简易的审判程序。但是在简易程序的运用过程中由于没有切实实现向一般国民提供方便、迅速程序的原则，导致程序迟延及简易命令的执行率降低。因此本文考察了现行刑事诉讼法上的简易程序的意义和功能，并通过统计资料考察了简易程序的运用现状，然后指出简易程序的问题并提出了其改善方案。

二、简易程序的意义和现状

（一）简易程序的意义和功能

简易程序是不经过公审，只通过书面审理处以被告人罚金、罚款或没收的简易的刑事程序。[①] 通过简易程序作出判决的审判叫做简易命令。随着我国公共领域的电子化，司法领域也开始了电子化，司法诉讼程序正面临着全面的电子化阶段，部分领域已经实现了电子化。为了更加迅速地进行刑事司法程序，从2010年开始导入了利用电子文件方式的简易程序，根据《刑事司法程序电子化促进法》和《简易程序中利用电子文件的相关法律》执行电子文件方式的简易程序。这种电子简易程序现在仅限于违反道路交通法和酒后驾驶和无照驾驶案件，但是如果电子简易程序的部分施行效果得到一定程度上的肯定评价的话，对

* 李仁荣：韩国弘益大学教授。

① 申东云：《新刑事诉讼法》，法文社，2012年，第1617页。

象案件的范围有扩大的可能性。

简易程序不经过法院的公审，只根据检察官的调查记录发布简易命令，这一点区别于调查证据和传讯被告人的通常的程序。[①] 简易程序来源于德国的简易处罚令程序，它是为了迅速审判轻微案件，减轻公开审判给被告人带来的社会心理负担而导入的制度。这个制度具有诉讼经济和保护被告人利益的功能。[②]

但是也有人批评不进行公审程序以书面审理方式进行审判的简易程序。首先，由于检察官和法官侧重诉讼经济，导致过分依赖简易程序，可能会忽视实现适当刑罚权的要求。而且简易程序中被告人不能在法官面前陈述有利于自己的主张，而且法院为了迅速进行判决和避免复审，法官可能会过于降低量刑。[③] 并且由于被告人明知自己无罪，但由于无知或不安等原因，存在不申请复审的问题。[④]

由于上诉问题，有人质疑简易程序是不是违反《宪法》第 27 条第 3 款"刑事被告人在没有特殊理由的情况下有接受公开审判的权利"的规定。但是简易程序中规定(1)如果不服简易命令可以请求正式审判，而且不能抛弃这种权利；(2)1995年改订的《刑事诉讼法》中关于简易命令，导入了如果被告人请求正式审判时禁止不利变更的原则；(3)简易命令的判断主体是正式职业法官，而且法官可以行使正式审判提交权管理检察的简易命令请求；(4)通过简易程序处理轻微犯罪，使法院更加慎重进行重大复杂案件的正式公审程序。考虑到这些，一般认为简易程序本身没有违反宪法。[⑤]

（二）简易程序的请求和审判

1. 简易程序的请求

申请简易命令的案件是属于地方法院管辖的罚金、罚款或没收案件。(《刑事诉讼法》第 448 条第 1 款)简易命令的请求应该在检察官提起诉讼的同时以书面形式提出，这时检察官在请求简易命令的同时应该向法院提交证据文件和物证。(《刑事诉讼法》第 449 条)一般不另填写简易命令请求书和起诉状，而是采取在起诉状上填写请求简易命令宗旨的方式。[⑥] 检察官对电子简易案件请求简

---

① 金在峰、韩荣洙、赵起莹：《关于简易程序改善方案研究》,《刑事法研究》第 21 卷第 3 号，2009 年，第 24 页。

② 申洋均：《刑事诉讼法》,法文社，2004 年，第 1056 页。

③ 申东云：《新刑事诉讼法》,法文社，2012 年，第 1618 页。

④ 裴钟大等：《新刑事诉讼法》,弘文社，2012 年，第 898 页。

⑤ 申洋均：《刑事诉讼法》,法文社，2004 年，第 1057 页；申东云：《新刑事诉讼法》,法文社，2012 年，第 1394 页；同④，第 898 页。

⑥ 宋广燮：《刑事诉讼法》,萤雪出版社，2010 年，第 882 页。

易命令时，应该向法院发送以电子文件形式填写的起诉状及电子文件形式的案件记录。(《检察案件业务规则》第 65 条 2，2011. 8. 8 新设条款)

2. 简易程序的审判

简易程序以书面审查为原则。因此不适用以公审程序的审判程序或以此为前提的规定。简易程序不适用口头辩论主义、传闻法则、变更起诉状、强制处分等规定，但简易程序适用证据审判主义、证据随心判断论、自首法则。

简易程序中事实调查不受时间限制，在遵循简易、非公开、迅速的简易程序本质的范围内进行。① 如果除了调查证据或强制处分，还需要进行另外的事实调查，就不属于简易程序，应当通过公审程序进行审判。② 另外，法院认为该案件不能适用简易命令③或认为适用简易命令有不妥之处④时，应该通过公审程序进行审判。(《刑事诉讼法》第 450 条)法院审查结果如果不属于公审程序，应该发布简易命令，简易命令应该在请求命令之后 14 天以内发布。简易命令应该明示犯罪事实，适用法律、主刑、附加处分和在通报简易命令 7 天之内可以请求正式审判等内容。(《刑事诉讼法》第 451 条)简易命令不同于一般判决，没有必要记录证据要点。

简易命令在正式审判请求期限过后或者取消请求或驳回请求的决定确定之后，具有和确定判决相同的效力。(《刑事诉讼法》第 457 条)因此其具有已判约束力和执行效力，所以只有通过重审或紧急抗诉才能得到救济。

(三) 简易程序的现状

1. 检察的案件处理现状

2012 年检察处理的所有案件中，被起诉的案件之中请求简易命令的案件数是 631 237 件，占 32.9%。违反道路交通法等的特别法的案件中请求简易命令的案件占 44.8%，比违反刑法的案件中所占比率 22.3%，高出很多。2012 年检察起诉的 769 833 件案件中简易命令所占比率是 82.0%。

---

① 例如，事实调查书上测定的距离或场所形状的错误记载等通过简单的检查就可以纠正的内容，或鉴定书上记载的学术用语通过询问鉴定人可以确定的内容或为了确认赔偿损失询问嫌疑人时，允许进行事实调查。丁雄奭、白承旼：《刑事诉讼法》，大明出版社，2012 年，第 906 页。

② 申洋均：《刑事诉讼法》，法文社，2004 年，第 1061 页；孙东权、申梨澈：《新刑事诉讼法》，世昌出版社，2013 年，第 804 页。

③ “不能适用简易命令的情况”例如法定刑中没有罚金、罚款等规定，对规定为并罚刑的犯罪的请求简易命令、免刑或无罪判决，由于缺乏诉讼条件以形式审判结束程序等情况。

④ “认定不适合适用简易命令”例如要求变更起诉状的、需要进行复杂的事实调查的、认定处以罚金以上刑的，关于量刑跟检察官意见差距大的案件。

表 1　检察的案件处理现状

2012年	计	起诉				移交少年保护	移交家庭保护	移交性交易保护	不起诉	中止起诉	中止参考人	保留诉讼
		小计	求公审		求简易							
			拘留	不拘留								
计	1 918 474 ①100.0	769 833 40.1	273 615 1.4	110 981 5.8	631 237 32.9	37 163 1.9	3 706 0.2	225 0.0	969 093 50.5	123 398 6.4	15 056 0.8	— 0.0
刑法犯	1 012 020 ①100.0	307 760 30.4	20 710 2.0	61 547 6.1	225 503 22.3	31 512 3.1	3 599 0.4	1 0.0	578 122 57.1	79 097 7.8	11 929 1.2	— 0.0
特别法犯	906 454 ①100.0	462 073 51.0	6 905 0.8	49 434 5.5	405 734 44.8	5 651 0.6	107 0.0	224 0.0	390 971 43.1	44 301 4.9	3 127 0.3	— 0.0

＊资料来源：《2013 年犯罪分析》，第 428—429 页。

2. 简易命令案件的比重

法院统计资料“司法年鉴”把刑事案件分为公审案件（合议，独立案件）、治疗监护案件、简易案件、快速判决案件等统计其接收数量。2003 年接收的案件如果是 100 的话，2012 年公审增加到 133.2%，简易命令案件在 2004 年，2008 年都呈现增加趋势，但最近 5 年却呈现减少的趋势。2012 年是 69.2%，减少了 30%以上。与此相比可以视为轻微案件的快速审判在 2004 年、2005 年呈现减少的趋势，但最近 5 年有所增加，2012 年达到 99.6%。

表 2　刑事案件各年度比较-接收

刑事案件各年度比较-接收						
分类 年度	公审案件		简易命令案件		快速审判案件	
	人员数	指数	人员数	指数	人员数	指数
2003	284 318	100.0	1 086 343	100.0	53 285	100.0
2004	311 909	109.7	1 212 324	111.6	42 869	80.5
2005	285 637	100.5	1 012 480	93.2	38 550	72.3
2006	294 537	103.6	900 170	82.9	54 254	101.8
2007	326 140	114.7	1 056 908	97.3	49 967	93.8
2008	358 557	126.1	1 145 782	105.5	62 487	117.3
2009	376 561	132.4	1 028 837	94.7	76 753	144.0

续 表

年度 \ 分类	公审案件		简易命令案件		快速审判案件	
	人员数	指数	人员数	指数	人员数	指数
2010	356 587	125.4	868 901	80.0	61 349	115.1
2011	368 992	129.8	800 357	73.7	56 334	105.7
2012	378 617	133.2	751 823	69.2	53 054	99.6

* 资料来源:《司法年鉴》,2013 年,第 564 页。

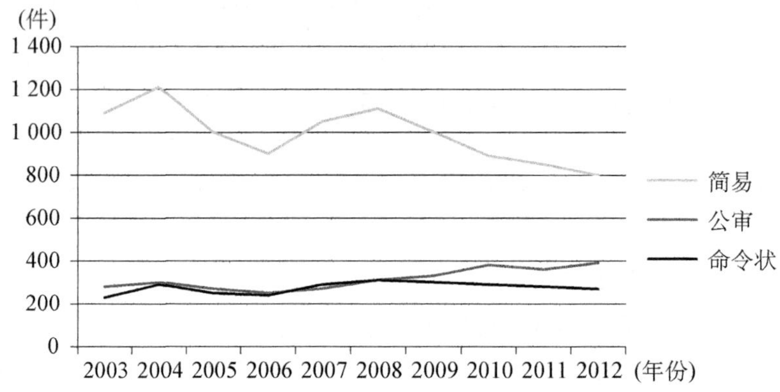

图 1 刑事案件各案件动态-接收

* 资料来源:《司法年鉴》,2013 年,第 564 页。

3. 法院简易命令案件的处理情况

2012 年接收的简易命令案件是 681 990 件,电子简易案件是 69 833 件,一共 751 823 件。2010 年电子简易案件的接收件数是 12 542 件,2011 年增加到 84 168 件,2012 年减为 69 833 件。① 2012 年处理的简易命令案件656 923件中,处以罚金刑的案件是 591 385 件,占 90.0%,65 538 件(10.0%)是利用职权提交到公审等的案件。对 998%的电子简易案件作出了罚金刑判决。

表 3 简易命令案件处理情况

案件 \ 分类	今年接收	处理			正式请求审判	处理比率(%)
		合计	罚金	其他(职权提交公审等)		
简易命令	681 990	656 923	591 385	65 538	90 903	96.3

① 《司法年鉴》,2013 年,第 578 页;《司法年鉴》,2012 年,第 593 页。

续　表

分类 案件	今年接收	处理			正式请求审判	处理比率(%)
		合计	罚金	其他(职权提交公审等)		
构成比率(%)		(100.0)	(90.0)	(10.0)		
电子简易	69 833	69 718	69 589	129	2 292	99.8
构成比率(%)		(100.0)	(99.8)	(0.2)		

* 资料来源:《司法年鉴》,2013 年,第 578 页。

4. 正式审判请求案件处理情况

2012 年一年接收的简易命令案件数是 656 923 件,其中请求正式审判的案件数是 90 903 件。2008 年简易命令接收案件中正式审判请求比率是 7.5%,而 2012 年正式审判请求比率是 13.8%,可以看出最近 5 年请求正式审判的比率增加了不少。

表 4　正式审判请求件数及请求比率

年度	简易命令案件接收	请求正式审判	请求比率(%)
2012	656 923	90 903	13.8
2011	716 189	91 309	12.7
2010	856 359	88 792	10.4
2009	1 028 837	91 839	8.9
2008	1 145 782	86 485	7.5

* 资料来源:《司法年鉴》,2013 年,第 578 页;2012 年,第 593 页。

2012 年简易命令请求正式审判案件及利用职权提交公审案件数是 94 786 件,其中宣告财产刑的案件最多,占 67.3%,其他 23.3%,延期宣判占 4.3%。

表 5　正式审判请求案件处理情况

分类 案件	今年接收	处理								
		合计	自由刑	缓期执行	财产刑	延期宣判	无罪	免刑或免诉	驳回上诉	其他
正式审判	94 786	94 585	229	146	63 757	4 025	2 425	223	1 757	22 023

续 表

案件＼分类	今年接收	处理								
		合计	自由刑	缓期执行	财产刑	延期宣判	无罪	免刑或免诉	驳回上诉	其他
构成比率(%)		(100.0)	(0.2)	(0.2)	(67.3)	(4.3)	(2.6)	(2.0)	(1.9)	(23.3)

＊资料来源：《司法年鉴》，2013 年，第 578 页。

三、简易程序的问题和改善方案

（一）简易案件的推迟处理和其改善方案

简易程序明显减轻了检察官的维持上诉业务和法院的审理业务的压力，从这一点可以说其是实现诉讼经济理念的制度。① 简易程序案件处理过程中，为了方便国民迅速处理案件尤为重要。2008 年法院一年处理的简易命令案件数是 1 143 037 件。考察简易命令案件的处理期限，1 个月内处理的案占 65.7%，数量是 750 432 件；两个月内占 24%，数量是 274 670 件；3 个月内占 7.4%，数量是 84 541 件。处理期限超过 3 个月的占 2.9%，数量是 33 394 件。②

检察进行简易命令请求后，根据《促进诉讼等特例法》第 22 条，法院的书面审理期限是在法院没有提出公审的情况下，进行请求后 14 天以内进行。虽然有这种规定，但简易命令案件中 30%以上超过一个月之后才进行处理。和 2008 年一审公审案件独任审判员案件需要的 103.1 天相比，超过三个月处理的简易案件比一审公审案件独任审判员案件的公审期限还要长。实际工作中对于简易案件的业务分担效率过低，而且没有专门负责简易案件的审判部门、刑法部的陪审法官们处理案件，因此业务量加重，很难达到迅速处理的目标。③ 因此，有必要考虑设置专门负责轻微犯罪的机构。应该摸索像日本那样的设立专门的法院（例如市郡法院）、与此相应的检察厅（例如市郡检察院）、专门负责人员（例如专任法官、专任检察官）的方案。

如上所述，迅速处理轻微案件是简易程序的目标，但其处理过程时间过长，2010 年开始导入的电子简易制度有望解决现存的简易程序迟延带来的问题。

① 裴钟大等：《新刑事诉讼法》，弘文社，2012 年，第 897 页。

② 金在峰、韩荣洙、赵起莹：《关于简易程序改善方案研究》，《刑事法研究》第 21 卷第 3 号，2009 年，第 29 页。

③ 车京焕：《轻微案件迅速处理方案的研究》，载《迅速处理程序研究》，检察未来企划书团，2006 年，第 32 页。

比较简单的简易案件占全部刑事案件的40%，尤其是酒后驾驶占简易案件的50%，电子简易制度的实现，在相当程度上可以缩短简易程序需要的时间。调查过程中由于导入电子简易程序，节省下来的人员可以投入到更加复杂的案件中，简易程序节省的人力还具有节省刑事司法费用的效果。电子简易法的适用对象案件有酒后驾驶、无照驾驶案件。根据制定电子简易法时国会法制司法委员会的审查报告书，该法律的适用对象占全部酒后驾驶、无照驾驶案件的90%，即45万人左右，费用节省金额一年达到约172亿韩元。①

利用电子文件的简易程序虽然可以达到刑事司法程序的迅速处理目标，但是为了嫌疑人和被告人的防御权不受到侵害，有必要努力寻找程序法制主义的界限。电子简易移交的案件中，进行不起诉处分的，例如嫌疑人否认酒后驾驶或少年的无照驾驶或酒后驾驶，有前科、罪情严重的成人的无照驾驶或酒后驾驶不能适用简易程序进行处理。②

（二）由于简易程序导致审判对象的范围狭小

属于地方法院合议部门的案件中，如果可以单独或选择性宣告罚金、拘留或罚款刑的案件可以请求简易命令。但是利用简易命令宣判罚金、罚款或没收以外的刑的案件或和其他刑并处罚金、罚款或没收的案件不能请求简易命令。简易命令不能进行无罪、免诉、驳回上诉或违反管辖的审判。③ 即使从记录上看，简易程序中驳回上诉、免诉、免刑、无罪的理由明确，也必须将该案件提交公审进行正式审判。这种简易审判的审判对象的范围狭小问题应该说违反了被告人的利益和诉讼经济。④

（三）关于导入嫌疑人事先告知制度

简易程序减轻了公审给被告人带来的社会、心理负担，节省了出席公审法庭的时间和精力，是保护被告人利益的制度，是区别于正式公审程序进行的例外的程序。现行的简易程序在没有嫌疑人（被告人）同意的情况下，检察可以单方请求，可能会强制剥夺嫌疑人的最初法官会面权，这一点与最大限度保障被告人的防御权进行迅速审判的刑事诉讼法的理念可能有所冲突。⑤ 实际上被告人在法

---

① 《国会法制司法委员会审查报告书》，2009年12月，第5页。

② 梁宗模，《提高电子简易程序效率性的系统构筑方案》，《法律政策研究》第11集第3号，2011.9，第877页。

③ 裴钟大等：《新刑事诉讼法》，弘文社，2012年，第905页。

④ 金在峰、韩荣洙、赵起莹：《关于简易程序改善方案研究》，《刑事法研究》第21卷第3号，2009年，第33页。

⑤ 孙东权、申梨澈：《新刑事诉讼法》，世昌出版社，2013年，第810页。

院告知简易命令时才知道案件根据简易程序进行处理。[①] 因此检察官有必要在请求简易命令时，为了让嫌疑人理解简易程序，事先说明必要的情况，告知可以根据通常的规定接受审判，另一方面确认是否对简易程序存在异议，如果没有异议，再请求简易命令。[②] 部分学者认为征求每个简易案件对象的同意，有可能会加重业务负担，因此进行一定金额以上处分时，可以摸索征求嫌疑人同意的调整方案，或者为了避免再次到检察厅，如果嫌疑人同意检察官采取任何程序，可以向司法警察官表示同意简易程序的方案。[③]

根据日本刑事诉讼法第 461 条 2 规定，检察官在请求简易命令时，为了让嫌疑人理解简易程序，应说明必要的情况，告知可以根据通常的规定接受审判，如果嫌疑人对简易程序没有异议的话，通过书面形式明确其宗旨。

（四）行使正式审判请求权的问题和局限性

不服简易命令，请求正式审判的案件比重每年都有所增加。正式审判的请求是根据简易程序法院发布简易命令，但不服其审判者通过正式的审判程序请求审判的诉讼行为。上诉是对于原审判决，请求上级法院更正的制度，而正式审判的请求是请求同一审级法院更正原审判决，在这一点上两者存在差异。[④] 根据正式审判请求进行公审程序时，和通常的公审程序相同，因此当然允许变更起诉状和取消上诉。这时公审程序不受简易命令的约束，法院可以自由判断事实的认定、适用的法令、量刑。[⑤]

被告人不服简易命令请求正式审判的案件适用禁止不利变更原则，因此不能判决比简易命令更加重的刑。(《刑事诉讼法》第 457 条 2)但是法院在适用禁止不利变更原则时，不是对此进行个别的形式上的考察，应该从是否给被告人带来实质上的不利来进行判断，[⑥]关于简易命令被告人请求正式审判的案件和提起诉讼的其他案件合并审理后，以数罪并罚犯严惩，判决拘役的不属于不利变更。[⑦]

对于被告人不服简易命令、请求正式审判的案件，也有人认为从一开始就进

---

① 为了解决这些问题，实际工作中发送相当于案件处理结果的“简易命令请求通知书”，通知书上明示罚金的交纳方法，申报住所变更程序等内容。

② 申洋均：《刑事诉讼法》，法文社，2004 年，第 1059 页。

③ 孙东权、申梨澈：《新刑事诉讼法》，世昌出版社，2013 年，第 811 页。

④ 裴钟大等：《新刑事诉讼法》，弘文社，2012 年，第 905 页。

⑤ 宋广燮：《刑事诉讼法》，萤雪出版社，2010 年，第 890 页。

⑥ 大法院 2004.11.11. 宣判 2004 度 6784 判决。

⑦ 大法院 2006.8.25. 宣判 2006 度 5105 判决；大法院 2009.3.12. 宣判 2009 度 445 判决；大法院 2009.5.28. 宣判 2008 度 11857 判决。

行了公审程序，因此不能适用禁止不利变更原则。[①] 其论据是不服简易命令，如果请求正式审判的话，就等于自行抛弃了简易程序的优点，通过公审程序，争论事实关系或焦点。因此正式审判的审判部门，不必考虑其他法官已经进行的书面审理结果（简易命令），发现实质真实，据此判断是否有罪和单独进行量刑，主张排除适用禁止不利变更原则。但是检察处理简易程序案件，没有事先征求嫌疑人同意的程序，而且由于书面审理不完善，有草率审理的忧虑及被告人明知自己无罪，但由于无知或不安不能轻易提出不服[②]的问题，为了保障被告人行使正式审判请求权，排除适用禁止不利变更原则是不妥当的。

四、结论

简易程序是迅速处理轻微案件，减轻被告人由于公开审判带来的社会心理负担的制度，具有诉讼经济和保护被告人利益的功能。因此为了解决程序迟延等不符合迅速判决理念的运用上的问题，有必要检讨并考虑设立专门的轻罪案件负责机构。例如摸索设立专门的法院（例如市郡法院）、与此相应的检察厅（例如市郡检察院）、专门的负责人员（例如专任法官、专任检察官）的方案。

并且关于简易程序审判对象的范围狭小问题，简易程序中如果记录上有明确的驳回上诉、免诉、免刑、无罪理由的话，也应该允许适用简易程序进行审判。

不服简易命令、请求正式审判的案件的比重每年都有所增加。检察官为了通过简易程序解决案件，不设置事先征求嫌疑人同意的程序，被告人明知自己无罪，却由于无知或不安等原因，不容易提出不服，考虑这一点，从保障被告人行使正式审判请求权的角度来看，排除禁止不利变更原则是不妥当的。但是在很多情况下，被告人是在得到法院的简易命令通报后才知道自己的案件根据简易程序进行处理，为了让嫌疑人理解简易程序，应事先说明必要事项，有必要导入可以根据通常的规定接受审判的通报制度。检察阶段有必要在确认对简易程序没有异议的情况下，请求简易命令。征求每个简易案件对象的同意会增加业务负担，因此可以谋求向一定金额以上处分的嫌疑人征求同意的调整方案，以及嫌疑人向司法警察表明自己的意愿的方案等。

---

① 金在峰、韩荣洙、赵起莹：《关于简易程序改善方案研究》，《刑事法研究》第 21 卷第 3 号，2009 年，第 44 页；申东云，轻微犯罪的有效处理方案，刑事政策第 15 卷第 2 号，2003，26 页。

② 裴钟大等：《新刑事诉讼法》，弘文社，2012 年，第 898 页。

修正法上书面陈述的证据能力

丁雄爽*

一、序

书面陈述是指将自己的意思、思想、观念以及事实关系用书面的方式记载，不论是检讨书或是忏悔书，也不论其作出的场所。根据书面陈述作出的主体不同可分为被告人的书面陈述，犯罪嫌疑人的书面陈述以及证人(被害人、目击者、被害人的近亲属等)的书面陈述。根据书面陈述作出的过程不同，可分为公开审判中作出的书面陈述、检察官在搜查阶段作出的书面陈述以及司法警察在搜查阶段作出的书面陈述。现行的刑事诉讼法分别对搜查过程中作出的书面陈述(《刑事诉讼法》第 312 条 5 款)跟搜查过程以外做成的书面陈述(《刑事诉讼法》第 313 条 1 款)进行了规定。反之，书面陈述记载书指不是由法院或检察机关，即辩护人或是第三者将被告人或不是被告人的陈述记载成的文书，并且包括辩护人或者犯罪嫌疑人将第三者的陈述记载成的文书。

二、搜查过程中犯罪嫌疑人作出的书面陈述的证据能力

(一) 检察官在搜查过程中犯罪嫌疑人作出的书面陈述的证据能力

检察官作出的犯罪嫌疑人询问书的认定要件要统一。即，如果原陈述者的构成要件能真正(否定时通过客观的方法证明)确定，证据能力也被确定(《刑事诉讼法》第 312 条第 1 款和第 2 款)。但是书面陈述从实质来说真正构成并没有多大意义，是否根据合法的程序作出书面陈述是判断证据能力的关键。

---

* 丁雄爽：韩国西京大學校法学科教授。

(二)司法警察在搜查过程中犯罪嫌疑人作出的书面陈述的证据能力

2007年刑事诉讼法修订前,犯罪嫌疑人作出的书面陈述的证据能力是根据第312条第2款(《刑事诉讼法》第312条第3款)还是根据第313条第1款(《刑事诉讼法》第312条第4款)来判断曾有过争论,根据判例,大法院支持前者。[①]因为如果根据312条第2款,被告人只有确定内容,该证据能力才能被认定,反之,根据第313条第1款要件构成的真正性只有被确认才能作为证据。但是,2007年修订后的刑事诉讼法规定,犯罪嫌疑人询问笔录和犯罪嫌疑人书面陈述的构成要件不仅要统一,而且原陈述者必须确定内容的真实性,这样才有证据能力。

三、在搜查过程以外作出的书面陈述的证据能力

(一)陈述的任意性

关于书面陈述与陈述记载书的证据能力,《刑事诉讼法》第313条第1款把确定陈述的任意性作为前提。如果陈述记载的内容属于自首,则根据《刑事诉讼法》第309条确认任意性,如果陈述不属于自首,则根据同法第317条确认任意性。

(二)成立的真正确定

1. 认定主体

原陈述者的陈述如果真正成立则需要证明。但是,书面陈述如犯罪嫌疑人询问笔录或是参考人陈述笔录的陈述人同时也是作出人时并无多大意义。并且对于陈述记载书的真正成立的认定主体是作出人还是原陈述者有过争论。

虽然有书面陈述必须亲笔书写并且必须签名或盖章的要求,并且把它们当成记载的书面(陈述记载书面)的看法,但是书面陈述并不一定要求亲笔书写,其他如根据录音所作的陈述也包括在内。陈述作出人亲笔所作的书面陈述即使没有他的签名或盖章,书面陈述的证据能力也能被承认(如日记),即使书面陈述不是作出人亲笔所写,但有作出人的签名或盖章的,其证据能力也能被认定。但是,接受陈述的人或是陈述录音人的签名或盖章的不包括在内。签名或盖章有消除传闻性的机能,即使缺失,如果有《刑事诉讼法》第318条的同意以及真正性被认定时,该文件的证据能力则可以被认定。书面陈述没有作出人的签名或是盖章只有记名之后签字的情况下,该书面陈述如被真正确定并且当事人同意其

① 大法院判例 1982.9.14 82 도 1479.m。

作为证据的，则法源判例同意其作为证据。①

2. 录音带

（1）学说

私人将其与被告人的对话内容录音，或是将其与不是被告人之间的对话内容进行录音的，都要求原陈述人认定该内容真正成立的原陈述人说与将证据能力的构成要件放宽、该作出人只要确认对话内容真正成立就足以的作出人说相对立。

（2）判例

大法院判定①私人将其与被告人的对话内容录音与②将其与不是被告人之间的对话内容进行录音的进行了区分，前项的情况下将被告人与对方之间的对话内容的记录书用作公诉的证据提出，如果法院对记录书中记载内容与录音带的录音内容是否一致进行调查时，那么能作为证据的只有录音带的录音内容，其中被告人的陈述内容实质上是与除《刑事诉讼法》第 311 条、322 条规定以外，记载被告人陈述的其他文书没有不同，只要被告人没有明确不同意将录音带当作证据使用时，该录音带调查笔录中被告人的陈述内容作为证据，根据《刑事诉讼法》第 313 条第 1 款但书的规定，在公审准备期间或是公审期间，根据对方作出人的陈述，录音带里被录音的被告人的陈述，不仅要证明该内容是根据被告人的陈述被录音的，而且，特别是该陈述必须是在有足够理由认定是在可以信任的情况下行使的，并肯定了真正成立是根据作出人成立的。② 反面，对于不是司法机关的第三者与不是被告人的第三者之间的电话录音时，法院考证的内容则是该电话录音是否与考证笔录里记录书上记载的内容一致，如果是，能够成为证据的依然是录音带。这时与不是被告人的第三者之间的对话内容实质上与刑事诉讼法第 311 条、322 条规定以外，因为记载被告人陈述的其他文书没有不同，所以被告人没有明确不同意将录音带当做证据使用时，该录音带调查笔录中不是被告人的其他人的陈述内容作为证据，根据《刑事诉讼法》第 313 条第 1 款的规定，在公审准备期间或是公审期间，根据原陈述人的陈述，录音带里的录音内容必须要证明是根据自身的陈述所录音的，此时，则根据原陈述人的成立则被认定。③

（三）检讨

陈述录音与传闻文件只有记录媒体的方法不一致，因为记录主体或是记录

---

① 大法院判例 1979. 8. 31　79 도 1431。

② 大法院判例 2001. 10. 9，2001 도 3106；大法院判例 2004. 5. 27，2004 도 1449。

③ 大法院判例 1996. 10. 15，96 도 1669；大法院判例 1997. 3. 28，96 도 2417。

状况的构造相同，根据传闻文件的制作主体与制作过程不同，从规定他们有不同构成要件的刑事诉讼法的主旨上来看，对于陈述录用，可以直接适用 311 条至 313 条。对于陈述录音，根据不是作出人的原陈述人的陈述的真正成立需要认定。[①] 但是，为了承认从书面陈述到陈述记载书的证据能力，要求必须有陈述人或是作出人的署名或是印章(《刑事诉讼法》第 313 条第 1 款)，因为认定犯罪嫌疑人询问笔录的真正成立的前提是需要陈述人的署名或是印章，所以录音带作为证据时，针对署名或是印章是否需要有争论。对于这点，《刑事诉讼法》第 313 条不仅规定需要陈述记载文件上有署名或是印章，而且录音带比陈述记载文件更容易伪造，所以有需要署名或印章的必要说。但是，因为录音带本来就是与署名或是印章不符的证据方法，所以不需要署名或是印章的不要说是通说。这时，审核录音带里记录的声音或是根据陈述人或录音人的陈述，认定该声音是陈述人的声音时，其足以作为证据使用。判例也支持这一观点。[②]

四、刑事诉讼法第 313 条与但书的关系

（一）问题点

《刑事诉讼法》第 313 条规定，作为被告人或不是被告人的第三者作出的书面陈述或是记载该陈述的文件，该作出人或是陈述人是亲笔作出或有署名或印章的，在公审准备期间或是公审期间，根据该作出人或是陈述人的陈述必须证明该成立是真实时则可以作为证据。该条第 1 款中作出人从属于书面陈述，陈述人从属于记载书面的陈述，但是关于该条第 1 款但书(根据公审准备或公审期间的作出人的陈述，证明记载被告人陈述的文件的成立，并且该陈述是在可以被相信的状态下行使时，不管是公审准备期间或是公审期间，其都有证据能力)是书面陈述的意思还是陈述记载书的意思，存在争论。即，对于记载被告人陈述的文件，公审期间证明根据不是陈述人的作出人的陈述的成立，并且是可以相信的情况下，如何分析证据能力的认定是个问题。

---

① 《关于性暴力犯罪的惩罚与被害人保护法》第 21 条第 3 款规定，性暴力犯罪的视频里包含被害人的陈述是根据调查过程中可以相信的其他利益关系人作出的，该陈述如果被认定真正成立时，则可以作为证据提交。

② 大法院判例 2005. 12. 23，2005　2945。从录音带的性质上看，考虑到不仅没有作出人或是陈述人的署名或印章，且有录音人意图或是根据特定的技术将该内容修改或伪造的危险性，该对话内容是录音带原件或是复制的情况下，必须证明在复制当中没有认为的改写，是按照内容所复制的。如果没有这样的证明，则很难承认它的证据能力。

(二) 学说

1. 认为是书面陈述的见解(加重要件说)

把记载被告人陈述的文件看作记载被告人陈述的书面书,即使该作出人即被告人在公审程序中对该书面陈述的内容进行否认,陈述的保障的信誉如果被认定,则是意味证据能力被认定的见解。即,第 313 条第 1 款但书的(不管陈述被解释为即使被告人在公审延期中对书面陈述作出否定的立场。据此,该但书对该条文起到一个加重要件的作用。

但是①所谓记载被告人的文件从文理上意味着陈述记载书来看,将其看做书面陈述是不妥当的,②如果书面陈述有真正的形式,实质上真正被认定的情况下,如果有否认书面陈述的情况,并无意义。

2. 认为是陈述记载书的见解(缓和要件说)

(记载被告人陈述的文件)被看作是陈述记载书的见解。这个见解如果是书面陈述的情况,被告人在没有他人介入的情况下自己做成的,而且包含了无利益的内容,因为其真实性较强,只要认定文书的真正成立,推测特信情况成立,虽然证据能力被认定,该陈述记载书里即使包含对被告人无利益内容,但因为有其他第三人的参与,可信性下降,该文件真正成立的前提条件以外的例外要件,则根据可信性的具体情况要求认定其证据能力即,不是法院或是检察机关的其他人作出的陈述记载书(比如记载辩护人与被告人见面之后作出的答辩)的情况下,被告人在公审期间对该陈述内容否认时(公审期间做出的陈述与公审延期期间对第 3 人做出的陈述不一致)放宽认定证据能力的要件,根据该作出人的陈述真正成立或是在可信的情况下认定该证据能力。[①] 该见解与规定的"记载被告人陈述的文件"第 313 条第 1 款规定的但书从文理上看最为妥当。

3. 判例

大法院判定"亲笔作出的书面陈述的情况下,该文件的作出人是陈述人时,则认定其真正成立,根据《刑事诉讼法》第 313 条但书的规定,该陈述,特别是在可以相信的状态下行使时,其有证据能力,该状态下符合证据能力的要件时,检察官对于这样的情况必须具体地证明,但是,因为是诉讼上关于事实的事情,特别严格的证明则不需要,只需要简单的证明就可以,[②]将其看做书面陈述(加重要件说)。

---

① 公审以外陈述的证据能力,刑事诉讼法(下),裁判材料第 23 期,第 203 页;《法院实务概要(刑事)》,第 516 页;反面的,本规定要求根据原陈述人的真正成立于作出人附加的真正成立的见解 1123 页。

② 大法院判例 2001.9.4　2000 도 1743。

4. 检讨

书面陈述的真正成立并无多大意义（只要形式上成立，则实质上认定其成立）。从目的论的角度看，增加关于陈述的可信状态的要件就认定书面陈述的证据能力的见解是正确的。还有，考虑到《刑事诉讼法》第313条第1款的"作出人或陈述人"与"但书的作出人"的意思，书面陈述的真正成立是根据作出人作出的，陈述笔录的真正成立是根据原陈述人作出的。

五、结论

现行刑事诉讼法与传闻法则的构成有着密切的联系，很多分析解释都要靠其完成，其中之一就是关于书面陈述的。个人认为，与犯罪嫌疑人询问笔录一样，否认书面陈述的真正成立时，找到与犯罪嫌疑人询问笔录一样的一种客观的证明方法是妥当的一种选择。

证据开示制度：过去、现在、未来

李润济*

一、意义

证据开示是指诉讼中的当事人，将自己所持有的证据向诉讼相对方公开的制度。证据开示制度可以从当事人的实质性控辩平等原则（武器平等原则）的角度，以及裁判及时性的角度来对制度本身的意义加以考察。如果将证据开示制度引入刑事诉讼程序，诉讼的双方当事人能够在公判开始日前互相公开所持有的证据，无疑将加快公判程序的进程，有利于获得及时的判决。韩国于 2007 年 6 月 1 日颁布的《刑事诉讼法修正案》不仅包括了检察机关的证据开示制度，而且也包括了《刑事诉讼法》第 266 条 11[①] 规定的被告人的证据开示制度。

证据开示制度所带来的集中审判，以及裁判程序的促进作用也被广泛认可。然而，比起被告人的证据开示只限于提出关于不在现场、精神异常等法律上、事实上的主张，还有承认了被告人的沉默权、自己负罪拒否权等制度设计，裁判的及时性的提高就显得不那么重要了。鉴于检察机关搜集证据的优越能力，以及被告人相对低下的证据搜集能力，为使被告人能够获知检察机关搜集的证据和信息、以实现控辩双方的地位平等和保障被告人的防御权，韩国的刑事诉讼程序引入了证据开示制度。本文将以检察机关的证据开示为重点展开论述。

---

* 李润济：韩国亚洲大学校法学专门大学院教授。

① 《刑事诉讼法》第 266 条 11：（被告人或者辩护人所保管的文件的阅览及复印）当被告人或者辩护人在判决开始日，或者判决程序中提出不在现场、精神异常等法律上、事实上的主张时，检察机关可以要求被告人或者辩护人提供阅览、复印、书面交付以下文件。（1）被告人或者辩护人申请认定为证据的文件；（2）记载了被告人或者辩护人申请认定为证人的姓名、与案件的关系等内容的书面文件；（3）证明前两目所包含文件的证明力的文件；（4）与被告人或者辩护人行使的法律上、事实上的主张有关的文件。

韩国刑事诉讼法上，与检察机关的证据开示义务直接相关的规定是从 2007 年刑诉法修正前就沿用的法院保管的“文件的阅览和复印”(《刑事诉讼法》第 35 条)和 2007 年《刑事诉讼法》修正后引入的“提起公诉后，检察机关所持有文件的阅览、复印”(《刑事诉讼法》第 266 条 3、4)[①]相关规定。

二、过去

在 2007 年《刑事诉讼法》修正前，被告人依据《刑事诉讼规则》第 30 条第 1 项[②]的规定，辩护人依据《刑事诉讼法》第 35 条[③]的规定阅览以及复印诉讼相关的文件或者证物。在以上规定的相关解释上，对于提起公诉后检察机关所持有的文件是否能够被阅览和复印，学界有不同观点。考虑到被告人防御权的充分保障、检察机关的公益性地位，以及诉讼过程中并未对文件的保管场所有限制性规定，学界采取肯定说为通说。[④] 而且，检察机关需要将搜查记录和公诉状一并向法院提交。在实务惯例中，除了涉及国家安保问题的特定情况外，提起公诉后，对检察机关所持有文件的浏览、复印是不会引起什么问题的。[⑤]

然而，为了加强公判中心主义(공판중심주의)，适用公诉状一本主义(공소장일본주의)[⑥]和与此相关的证据分离提出制度(증거분리제출제도)，使得情况有所不同。在公判开始日后，进入证据调查的阶段，检察机关才向法院提交证据材料，被告人在证据调查开始后就有权接触证据材料。为了解决上诉问题，

---

① 证据开示制度也被称作“记录、阅览、复印权”。有学者将《刑事诉讼法》第 35 条诉讼过程中的阅览、复印权和《刑事诉讼法》第 366 条 3 的提起公诉后的阅览、复印权合称为记录阅览复印权(이재상,《신형사소송법》 박영사 ,2009,146—151 면)。也有学者将《刑事诉讼法》第 35 条诉讼过程中的阅览、复印一权和《刑事诉讼法》第 366 条 3 的证据开示制度分开来进行说明(신동운,《신형사소송법》, 법문사, 2011, 100-101면, 707면)。

② 《刑事诉讼规则》第 30 条(被告人对诉讼相关文件的阅览等)第 1 项规定，被告人可以阅览、复印与诉讼相关的文件或者证物。

③ 2007 年 6 月 1 日修正前的《刑事诉讼法》第 35 条(文件、证物的阅览复印)规定，辩护人可以阅览、复印与诉讼相关的文件或者证物。

④ 이재상,《신형사소송법》, 박영사, 2009, 148면。

⑤ 이완규,《개정 형사소송법상 증거개시 제도》, 숭실대학교《법학논총》제18집, 2007, 8면。

⑥ 《刑事诉讼规则》第 118 条(公诉状的附加文件)规定：(1)公诉状上要附加的文件包括：提起公诉前有辩护人被选任、辅助人申告时，辩护人选任书以及辅助人申告书；提起公诉前，有选任特别代理人时，特别代理人选任决定副本；公诉提起的时候，被告人被逮捕、拘留或是被拘留后释放时，拘留命令、紧急逮捕书、逮捕命令等文件。(2)起诉状上除了第一项中规定的文件外，与事件相关的、能够对法院的裁判起到影响的文件及其他物件不得被附加或引用。

2007 年修正案中引入了证据开示制度。[①②]

韩国的刑事诉讼采用当事者主义之前，即在职权主义传统中，检察机关将自己持有的所有的证据都提交到法院，法院在讨论了检察机关收集的所有文件后开始诉讼过程，被告人通过法院能够接触到收集的文件。在职权主义诉讼结构中，检察机关虽然充当了起诉被告人的角色，但同时也强调了其作为公益代表的地位。即，检察机关有义务将对被告人不利的、有利的证据都提交至法院，而对被告人利用这些证据进行防御措施并不能进行反对。[③] 进而，被告人可以在法院开始证据调查前，对于检察机关提起公诉时向法院提交的材料进行查阅。

一方面，《刑事诉讼法》和《刑事诉讼规则》只规定了公诉提起后被告人、辩护人的阅览、复印权。在提起公诉前的调查阶段，只有依据公共机关情报公开的相关法律，和宪法裁判所的决定，被告人和辩护人才有权接触到证据。即，调查机关也属于情报公开相关法律规定的机构。因而，被告人可以根据该法律规定的程序申请情报公开。[④] 在关于拘留是否合法的一起案件中，犯罪嫌疑人的辩护人在调查记录中，申请对起诉状和犯罪嫌疑人的询问笔录的阅览、复印，然而警察署长作出了不公开信息的决定。对此决定，辩护人提起了确认违反宪法之诉。宪法裁判所认证了上述案件中辩护人对调查记录中，起诉状和嫌疑人询问笔录的阅览、复印的权利。同时认定，警察署长作出的不公开情报的决定侵害了辩护人的知情权，因而被认定为违宪。[⑤]

三、现在

2007 年《刑事诉讼法修正案》将辩护人和被告人的阅览、复印权一并在《刑事诉讼法》中规定，成体系化地调整了法律规定[⑥]，进而以“提起公诉后，检察机

---

① 《새로 쓰는 증거조사》, 법원행정처, 2007, 30면。

② 修正案中将此制度描述为文件的阅览、复印，多数的学者呼吁使用证据开示(discovery)，并在学术上加以确定。 심희기, 《개정형사소송법의 증거개시 조항에 대한 비판적 고찰》, 형사법연구 제20권 제4호, 2008, 312면 。

③ 《检察厅法》第 4 条第 1 项规定，检察机关是公共利益的代表，依法进行犯罪调查、提起公诉和对法院是否依法适用法律等职务行为。第 2 项规定，检察机关不得滥用职权。《刑事诉讼法》第 424 条规定，检察机关可以为了被告人而申请再审，也可以为了其利益提起抗诉。检察机关作为公共利益的代表，为实现立足于现实的国家刑罚权，除了履行提起公诉的义务，也要在诉讼过程中切实地维护被告人的正当利益。进而，检察机关在调查及公审过程中发现了对被告人有利的证据时，为了被告人的利益，要向法院提交该证据。 대법원 2002. 2. 22. 선고 2001 다 23447 판결。

④ 参照公共机关的情报公开法律第 2 条、第 4 条、第 9 条、第 11 条及第 20 条等。

⑤ 헌법재판소 전원재판부 2003. 3. 27. 자 2000 헌마474 474 决定。

⑥ 第 35 条(文件、证物的阅览、复印)①被告人和辩护人可以在诉讼过程中阅览复印相关文件或者证物。

关所保管文件的阅览、复制”的名目，在《刑事诉讼法》第266条3中以“被告人或者辩护人可以向检察机关申请阅览、复印、交付与已提起公诉的案件相关的文件或者物件的目录，和公诉事实的认定或对量刑有影响的以下材料”加以规定。即，确立了证据开示制度。①

（一）证据开示的对象

检察机关证据开示的对象，即被告人或者辩护人可以申请的证据开示的对象范围如下：(1)与已经提起公诉的案件相关的文件或者物件（下文成为“文件等”）的目录；(2)检察机关申请当作证据的文件；(3)记载了检察机关申请作为证人的姓名、与案件的关系等内容的书面材料或者记载被申请人在公判开始日前陈述内容的文件；(4)与上面(2)、(3)中书面材料或者文件的证明力相关联的文件；(5)被告人或者辩护人行使的与法律上、事实上的主张相关联的文件等（包括相关刑事裁判确定记录、不起诉处分记录等）。这里所说的文件等是指，图纸、照片、录音带、录像带、计算机光盘，及除此之外的为承载信息而制造出的非文件性特殊媒介物，对特殊媒介物的复制要限定在必要范围之内（参照第266条3全文，及第1款第1目到第4、6目）。

文件的目录作为对被告人申请证据开示对象确认所依据的基础资料，成为检察机关无法拒绝的阅览复印的开示对象（第266条3，第5款）。包含检察机关申请的与预定证据的证明力相关的证据，以及弹劾检察机关证据的证明力的证据也包括在开示的对象范围内。②

然而，检察机关没有必要告知申请作为证人者的地址，以及其预计陈述的内容。未对证人的陈述进行录音的情况下，除了证人的姓名以外，通过证据开示制度被告人也无法获取其他特别的信息。

---

① 法务部在与第266条3相关的背景下，为能保证被告人的防御权切实得到保障，并且能够有及时的判决，引入了在公诉提起后证据调查前，被告人可以阅览、复印检察机关所持有的相关文件及证物的证据开示(discovery)制度。《刑事诉讼法修正案》，法务部，2007年，第167页。申东云教授将通过公审前准备程序的时效性，来确保实现的集中审理制度，也看作引入证据开示制度背景中的一个要素。（신동운,《신형사소송법》, 법문사, 2011,707면）公审准备程序被规定为依据裁判长裁量的任意程序（《刑事诉讼法》第266条5），这样的制度设计会在法院的实际运营中得到反映。

② 《刑事诉讼法》第266条3第4目规定了，记载第1目（检察机关申请为证据的文件等）或者第2目（记载了检察机关申请为证人者的姓名、与案件的关系的书面，或者记载被申请者在判决日前陈述内容的文件）相关内容的书面或者文件等证明力的材料。基于检察机关的客观义务、公正义务、实质性当事者对等乃至平等原则，上述规定确立了对被告人有利的文件材料的开示制度。《법원실무제요 형사(Ⅰ)》, 법원행정처, 2008, 634-635면。

另一方面，在"(5)被告人或者辩护人行使的，与法律上、事实上的主张相关的文件等"的解释上，对于法律上、事实上的主张和文件的关联性需要密切到什么程度的问题，可能存在不同意见。这种情况下，要求主张有其自身的合理性，并且能够对下一步的判断产生实质性的推动作用。

（二）证据开示的拒绝和限制

在国家安保、证人保护的必要性、证据销毁的担心、预计将会给相关事件的调查带来障碍等具体事由出现，检察机关认为有充分的理由拒绝时，有权利拒绝或者限制阅览、复印或者书面交付及其范围(第 266 条 3，第 2 款)。[①] 从法律条文来看，存在对于国家安全、证人保护的必要性、证据销毁的担忧时，检察机关不需要具体的理由就可以拒绝或者限制证据开示。[②] 因而，出现了拒绝证据开示的理由过于宽泛、过于统括的批评观点。[③]

（三）法院的证据开示决定

被告人或者辩护人在检察机关拒绝了对文件的阅览、复印或者书面交付，或者对范围进行了限制时，可以申请法院许可对该文件的阅览、复印或者书面交付(第 266 条 4，第 1 款)。法院自受到被告人或者辩护人的申请后，综合考虑许可申请而产生弊端的类型、程度，被告人的阻碍，还有裁判的及时性，以及相关文件的重要性等因素后，才能同意许可被告人对文件的阅览、复印以及请求书面交付的申请。并且要确定阅览、复印的时机、方式，附加相关条件以及义务(第 266 条 4，第 2 款)。法院在作出这样决定的同时，要赋予检察机关提出反对意见的权利。当认为必要时，可以要求检察机关出示相关的文件，也可以审问被告人和其他的利害关系人(第 266 条 4，第 3 款、第 4 款)。

---

① 《刑事诉讼法》第 266 条 3 第 2 款的规定是基于宪法裁判所全员裁判部 1997. 11. 27. 자94헌마60 的判决，是宪法裁判所以阅览、复制权的限制及其他基本权的协调的名义来制定的。虽然阅览、复印调查记录是宪法上保障被告人的获得及时、公正判决的权利，以及辩护人获得帮助的权利，但是这种权利并不是不受限制的，同时要和宪法上规定的其他基本权利相协调适用。即，辩护人的调查记录阅览、复印的权利会因为基本权限制的一般性法律保留条款而受到限制。例如，国家安全保障、秩序维持或者为了公共利益。对于调查记录的阅览、复印，要具体考虑该案件的性质、情况，需要阅览、复印的证据的种类及内容等诸多情况。结合阅览、复印对被告人的重要程度，当确定许可阅览、复制的行为不会导致国家机密的泄漏、证据被销毁、证人被威胁、私生活被侵害、关联案件调查的妨碍等问题出现时，方可许可阅览、复印。 황경환,《형사소송법상 증거개시제도에 대한 법적 소고》, 한양법학 제20권 제1집, 2009, 171면 。

② 对此，有观点认为需要以立法目的和判例为基础，要求具备具体的事由。최승록,《증거개시제도의 시행상 문제와 개선방안, 형사재판의 쟁점과 과제》, 사법발전재단, 2008, 39면 。

③ 손우태,《형사소송법상 증거개시제도》,《외법논집》 제34권 제1호, 2010, 211, 216면。

韩国的刑事诉讼法中，法院为了保证证据开示决定的时效性，当检察机关没有按时履行决定时，不能行使对于相关证人以及文件的证据申请(第 266 条 4，第 5 款)，除此以外并没有其他有关法律效力的规定。对于上诉规定，有观点认为不仅会导致缺乏制裁的实效性，而且有可能导致证据开示制度本身的无效。[①]当检察机关对某证人或证据文件不打算申请为证据时，对于此类证据进行的禁止申请的制裁是没有意义的。[②]

2009 年 1 月，“龙山再开发现场发生的火灾事件”的判决[③]中，辩护人从检察机关得到调查记录的目录。并对调查记录中记载的与被告人法律上、事实上的主张相关，但是检察机关并没有列为证据的部分提出阅览、复印的申请请求。然而，检察机关以该部分内容与案件无关为由拒绝了阅览、复印的请求。[④]

法院作出了证据开示的决定，然而检察机关并没有履行。对此，宪法裁判所作出了如下的判决决定：“《刑事诉讼法》第 266 条 4 和第 5 款规定，当检察机关没有及时履行法院作出的许可阅览、复印调查记录的决定时，将不能作出对相关证人和文件的证据申请。但是，这不意味着只要检察机关能够消除证据申请不能而导致的弊害，就能够不履行法院的决定。为了使检察机关保障被告人的阅览、复印权利，法院一方面要强制阅览、复印决定的履行。当没有得到履行时，消除证据申请不能而导致的弊害。法院认为检察机关没有正当事由拒绝阅览、复印，并且拒绝决定侵害了被告人宪法上的基本权，因而作出许可阅览、复印的命令时，根据法治国家和权利分立原则，检察机关应该毫无迟疑地履行法院的决定。如果这种情况下，检察机关仍然不履行法院的许可决定，那么将导致不能将相关的证人或证据申请为证据，而且，使得被告人的阅览、复印权被侵害，进而侵害被告人获得及时、公正裁判的权利以及辩护人获得帮助的权利。”

(四) 禁止滥用证据开示制度

被告人和辩护人(包括曾经是被告人和辩护人者)不得将检察机关打算阅览、复印的书面文件等的复印件交给或出示给与本案件无关的其他人(包括利用

① 최승룍, 《증거개시제도의 시행상 문제와 개선방안, 형사재판의 쟁점과 과제》, 사법발전재단, 2008, 52면。

② 이호중, 《검사의 증거개시의무와 수사기록 열람・등사의 거부에 대한 규제방안》, 형사법연구 제21권 제2호, 2009, 196-198면, 225면; 심희기, 《개정형사소송법의 증거개시 조하에 대한 비판적 고찰》, 형사법연구 제20권 제4호, 2008, 330면。

③ 2009고합153, 168, 247 특수공무집행치사 등。

④ 이호중, 《검사의 증거개시의무와 수사기록 열람 등시의 거부에 대한 규제방안》, 형사법연구 제21권 제2호, 2009, 197면。

通信设备的情况)。被告人和辩护人违反了此项规定时,将会受到1年以下的徒刑或者是500万元以下的罚金(第266条16,第1款、第2款)。

四、未来

证据开示制度是从英美法,特别是从美国发展而来的。① 职权主义、大陆法系的传统强调检察机关的公益性地位、客观的义务。在现实以及观念上,检察机关要为了被告人而行使必要的诉讼行为。因为要向被告人提供必要的,甚至有利的证据,所以在理解证据开示制度上,比起从被告人对检察机关拥有义务的角度来理解,理解为检察机关自身派生出的义务更为恰当。

在国际人权法的范畴内,并不认为检察机关的证据开示义务是被明确的规定出来的。② 根据联合国关于辩护人职责的基本原则第21条规定,为了保证辩护人能给予他们的委托人有效的法律援助,有关机关有义务确保辩护人能够接触到自己保有、管理的相关信息、文件材料。③ 欧洲人权法院规定,为保障裁判的公正,要求检察机关向被告人出示有利、不利于被告人的一切证据。④ 前南斯拉夫问题国际刑事法庭(UN ICTY)第一审法院认为,被告人询问证人的权利不只限于在裁判中对证人的询问。⑤ 1994年,联合国国际法委员会(UN ILC)提议在国际刑事裁判所(ICC)的裁判规则中规定,在裁判的辩论终结以前,将检察机关可以使用的无罪证据也提供给被告人使用,对此项规定的适用和此类证据的证明力有疑问的,由第一审法院来决定。⑥ 1996年ICC准备委员会为了公正的裁判,认为检察机关完全的证据开示(full disclosure of evidence),包括无罪证据,和对被告人附加相应的义务是必要的。⑦ ICC为了实现裁判的公正和控辩平等原则(武器平等原则),将从英美法发展而来的证据开示制度引入到ICC裁判

① 关于美国法的证据开示制度的规定,参照金熙均:《美国法上证据开示制度的理论和实践——以美国联邦刑事诉讼实务为中心》,载于Justice通卷第87号,2005,第157—173页。

② Otto Triffterer (ed.), Commentary on the Rome Statute of the International Criminal Court, C. H. Beck · Hart · Nomos, 2008, p. 1270.

③ Basic Principles on the Role of Lawyers, Eighth United Nations Congress on the Prevention of Crime and the Treatment of Offenders, U. N. Doc. A/CONF. 144/28/Rev. 1 at 118 (1990).

④ Edwards v. United Kingdom, Series A, No. 247B, 16 December 1992.

⑤ Delalić et al. (IT - 94 - 21), Decision on the Defence Motion to Compel the Discovery of Identity and Location of Witnesses, 18 March 1997.

⑥ 1994 ILC Draft Statute, p. 115.

⑦ 1996 Preparatory Committee I, para 274, p. 58.

程序中。与ICC设立相关的罗马规定第67条，第2款规定："检察机关要将自己持有的或者控制的，能证明被告人无罪，或让人相信被告人无罪的证据、减轻被告人罪行的证据、对检察机关的证据可靠性有影响的证据尽可能及时地向被告人公开。对此项规定的适用有疑问的，由裁判所来决定。"没有及时开示的证据的证明能力有可能不被承认（罗马规定第69条，第4款）。[①] 在托马斯·卢班加·迪伊洛事件中ICC的第一审裁判部认为，如果检察机关没有出示保有的无罪证据，并且该证据对有无罪的判定有重大影响时，对于犯罪事实检察机关负有撤回公诉的义务。[②]

无论是大陆法系的职权主义，还是英美法的当事人主义，无论是国内裁判，还是国际裁判，处于证据收集不利地位的被告人，为了准备辩论需要适用检察机关所持有的证据。问题是当检察机关灵活地规避证据开示的相关规定时，证据开示制度就变得有名无实了。随着当事者主义诉讼结构的深化，作为被告人相对方的检察机关的角色变得突出。检察机关为了公诉的成功，不向被告人提供必要证据、信息的可能性增加了。为了解决此类问题，无疑要完善法律规定，加强法院和宪法裁判所判决的制裁力度。但是仅靠这样的方式，是否能够保证证据开示制度对被告人适用的有效性成为疑问。目前，关于证据开示的法律，没能将多种类型的刑事案件按照类型加以分类，以确定与之相应的证据开示的类型和程序，并且没能发展完善证据开示制度的限制理由。如果想要达到这种程度的立法效果，需要更多的时间和实践积累。

笔者对韩国的证据开示制度的立法方向有如下的建议。第一，完善关于证据开示制度的立法，有规避证据开示的情况出现时，要依照法院和宪法裁判所的判决加以强烈的制裁。目前，韩国的证据开示制度的规定本身较为简略，缺乏实效性。证据开示制度不能只依靠个别检察机关工作人员的善意和自律去施行，而是要设立不受个别检察机关工作人员的个人倾向影响，使被告人能够安全获取必需证据的相关制度规定。第二，向检察机关提供履行证据开示的动机和利益。韩国的情况而言，调查机关的调查资料在判决中占据相当高的比重，判决无法脱离调查机关提供的调查资料而进行。所以，被告人为进行诉讼而去使用调查资料是非常必要的。但是，期望检察机关不从自身控诉方的立场考虑，而没有

① 罗马规定第69条第4款：裁判所要按着程序和证据规则，特别是要考虑到证据的证明力，和该证据对公正的裁判以及对证人的证言公正评价可能造成的侵害，然后再对证据的关联性和证据能力作出判断。

② Thomas Lubanga Dyilo, ICC-01/04-01/06, Decision Regarding the Timing and Manner of Disclosure and the Date of Trial, 9 November 207, para. 28.

保留地向被告人提供文件和信息是不现实的。对具有高度专业性的业务,依照制度和制裁来进行管理是有难度的。越是专业的业务,判断的可能性以及所谓专业性判断就显得很重要。而事后,凭借某专家去评价之前专家的行为也是困难的。如果是这样,证据开示制度的灵活使用与否,取决于制度的完备和为使制度得到完善的其他要素的完备。首先,要强调检察机关的客观义务。如果把检察机关理解成在诉讼中一定要取得胜利的被告人的相对方,证据开示制度只能是检察机关想要规避的负担。[①] 如果社会舆论越发将检察机关的职责理解成与被告人的利益相对立时,检察机关更加可能按着这种思维行动。其次,检察机关的业务中加强公判的比重,在人事评价中要加上关于证据开示中的业务处理所占的比重。即,要积极促进针对证据开示的恰当的业务处理,建立能够反映处理成果的检察机关人事评价体系。

五、结论

随着之前未能成型的起诉状一本主义的实现,以及证据分离出示制度的施行,2007 年,《刑事诉讼法》引入了检察机关在提起公诉后,将所持有的证据出示给被告人的证据开示制度。[②] 鉴于检察机关的国家机关以及法律专家的身份所具有的优越的证据收集能力,如果被告人不能得知调查阶段检察机关收集的证据内容,那么被告人将不能为诉讼的辩论作充分的准备。特别是在加强当事者主义的同时,考虑到在调查阶段大部分证据会被收集完毕,并以此为基础进行裁判的韩国司法制度的现状,证据开示制度需要成为真正保障被告人防御权的有效手段。但是,现行制度存在不少的缺陷。如证据开示的对象比较局限;检察机关有较为全面的拒绝或限制证据开示制度的理由;检察机关不履行法院的证据开示决定时,法院的制裁手段只限于检察机关不得将相关文件申请为证据等。不仅如此,在实际中,检察机关在先天排斥证据开示的前提下,试图规避证据开示制度时,证据开示制度对保障被告人的防御权不会有很大的帮助。

为了克服上述的问题,首先,要改善现行的法律规定,改善制度本身的缺陷;

---

① 《罗马规定》第 54 条第 1 款 a 目规定,检察机关有义务基于中立的立场,为发现客观情况而调查支持有罪和无罪的所有证据。

② 2007 年《刑事诉讼法修正案》引入了证据开示制度,但并不被认为是社会普遍性地,对检察机关将对被告人有力证据隐瞒行为的反省。由此可见,韩国的证据开示制度的引入具有不同于包括美国在内的一般情况的特殊性。当然这并不是说,2007 年《刑事诉讼法修正案》颁布前,韩国的检察机关在事前充分地向被告人出示了证据。对于这个部分,需要日后更深入的研究。

其次，要将检察机关的客观义务转化为内在化的职业伦理，以此促进检察机关证据开示行为的实施；最后，通过提高证据开示的业务在其日常工作中所占比重，并且在检察机关的人事评价体系中反映该业务成果，来促使检察机关充分地履行证据开示制度。

国民参与审判实施六年的经验

金范植*

一、序

在韩国，自2008年1月1日起根据《关于国民参与刑事审判的法律》实施了国民参与审判，至今已经积累了6年的经验。陪审员参与的刑事审判称为国民参与审判。国民参与审判是为了让国民中选定的陪审员参与刑事审判，提出事实认定等与量刑有关的意见，以此提高司法的民主正当性与国民对司法的信赖而引入的一项制度。此项制度是由非法律专家的一般国民参与刑事审判，希望得到被告人和被害人均可以认可的结果，从而增进国民对司法的理解，并提高对审判正当性的信赖。

在此项制度付诸实施的6年之际，剖析国民参与审判制度是否实现了当初所预期的效果以及是否存在问题，对于此项制度的稳定和发展，是非常必要的一项工作。本文依照以上观点，分析国民参与审判，并回顾6年来的实施成果。

二、国民参与审判的概况

（一）对象案件与确认程序

1. 对象案件

根据修订《关于国民参与刑事审判的法律》（2012年1月17日修改），对象案件是指法院组织法第32条第1款规定的合议庭管辖案件及该案件的未遂罪、教唆罪、帮助罪、预备罪、共谋罪相关的案件，以及作为刑事诉讼法第11条规定

* 金范植：韩国西南大学校警察行政法学科教授。

的关联案件合并审理的案件。[①]

2. 被告人的意思确认程序

关于是否适用国民参与审判，首先根据被告人的意思表示决定。如果被告人不愿意或者有法院的排除决定则不适用国民参与审判。[②] 国民参与审判限于被告人选择时适用，所以法院应当确认对象案件的被告人是否愿意适用，被告人应当在收到公诉状副本之日起 7 日内提出记载是否愿意适用国民参与审判的意思表示的书面文件。

3. 排除程序

法院在提起公诉后公判准备日期届满之日次日止，听取检察官、被告人或者辩护人的意见后，如果有以下情形可以决定不适用国民参与审判：①陪审员、预备陪审员、陪审员候补或者其亲属的生命、身体、财产受到侵害或者有受到侵害的危险而难以出席或者有可能无法公正地履行本法的职务时；②共犯中的部分被告人不愿适用国民参与审判而难以进行国民参与审判时；③《性暴力犯罪的处罚等有关的特例法》第 2 条规定的的犯罪中的被害人（以下简称“性暴力犯罪被害人”）或者法定代理人不愿意适用国民参与审判[③]；④存在其他不适合适用国民参与审判的情况时，对此项决定可以提起及时抗告。[④]

（二）陪审员的选任

1. 陪审员的资格

陪审员应当在满 20 周岁以上的大韩民国国民中按照关于国民参与刑事审判的法律规定的方法选定。[⑤] 但是，①属于法律规定的缺格事由的人[⑥]；②大总统、国会议员、法官、检察官、律师及法务师等因职业属于除外事由的人[⑦]；③有

---

① 《关于国民参与刑事审判的法律》第 5 条第 1 款。2012 年 1 月 17 日修改前，采用了法律中明确规定国民参与审判对象案件的具体罪名，并在一定的范围内委托大法院补充的二元化的方式。但为了在法院的审判中反映健全的国民的常识，并提高司法信赖，国民参与审判的对象案件扩大到法院组织法第 32 条第 1 款规定的合议庭管辖案件。

② 《关于国民参与刑事审判的法律》第 5 条第 2 款。

③ 性暴力犯罪的被害人等不愿意适用国民参与审判的情况比较多，如果法律没有明文规定被害人可以反映其意思表示，可能造成二次侵害，性暴力犯罪的被害人不愿意进行国民参与审判或者有必要保护性暴力犯罪的被害人时，通过国民参与审判的排除决定或者通常程序中的回附决定，保障性暴力犯罪被害人的安全，2012 年 1 月 17 日修改时增设了此条款。

④ 《关于国民参与刑事审判的法律》，第 9 条。

⑤ 同④，第 16 条。

⑥ 同④，第 17 条。

⑦ 同④，第 18 条。

可能进行不公正审判的属于除斥事由的人,[①]不适合担任陪审员,不应当被选定为陪审员。并且,对于年满 70 周岁的人,根据法令被逮捕或者被拘禁的人,因病重、受伤或者障碍出席法院困难的人等其他事由难以履行陪审员职务的人,可以免除陪审员职务的履行。

2. 陪审员的选定程序

地方法院院长每年应当根据安全行政部长官送交的管辖区内居住的满 20 周岁以上的国民登录资料,制作陪审员候补预订者名录,[②]在其名录中通过随机抽出的方式确定必要人数的陪审员候补,并应当通知陪审员和预备陪审员选定的日期。[③] 法院应当在选定日期的 2 日之前将陪审员候补名录交付给检察官及辩护人。[④] 法院应当通知检察官、被告人或者辩护人经确定的选定日期,[⑤]检察官与辩护人应定在选定日期出席,被告人得到法院的许可后也可以出席。[⑥] 在选定日期,法院为确定陪审员候补是否存在缺格事由、除外事由、除斥事由及是否有进行不公正判断的可能性,可以向陪审员候补提出询问,检察官、被告人或者辩护人可以请求法院提出必要的询问。[⑦] 如果法院认定陪审员候补存在缺格等事由或者存在进行不公正判断的可能性,可以依职权或者根据检察官、被告人、辩护人的回避申请作出不选定的决定。[⑧] 检察官和辩护人可以对 9 人陪审员中的其中 5 人以下的陪审员;7 人陪审员中的 4 人;5 人陪审员中的 3 人,提出不附理由的回避申请。如果有不附理由的回避申请,该陪审员候补不得选定为陪审员。[⑨] 法院在出席的陪审员候补中根据在该审判中所需的陪审员和预备陪审员的人数随机抽出陪审员候补,并在其候补中依职权或者回避申请、不附理由的回避申请作出不选定决定。如果作出不选定决定,按作出不选定决定的人数重新随机抽出陪审员候补,直到确定足够人数的陪审员候补。如果必要的人数的陪审员和预备陪审员候补确定,法院通过随机的方式确定陪审员和预备陪审员。[⑩]

---

① 《关于国民参与刑事审判的法律》,第 19 条。
② 同①,第 22 条。
③ 同①,第 23 条第 1 款。
④ 同①,第 26 条第 1 款。
⑤ 同①,第 27 条第 1 款。
⑥ 同①,第 27 条第 2 款。
⑦ 同①,第 28 条第 1 款。
⑧ 同①,第 28 条第 3 款。
⑨ 同①,第 30 条。
⑩ 同①,第 31 条。

3. 陪审员的解任与辞任

法院认为陪审员或者预备陪审员违反其义务或者不适合履行职务或者有可能作出不公正的判断等一定的事由时，可以依职权或者根据检察官、被告人、辩护人的申请将其解任，[①]陪审员和预备陪审员认为难以继续履行职务时，也可以辞去职务。[②]

（三）陪审员的权限和义务

陪审员有权在国民参与审判中提出与事实认定、法律适用及量刑有关的意见。[③] 但是，陪审员的评决和意见不能约束法院。[④] 陪审员提出意见的范围不局限于事实认定，对法律适用和量刑也可以提出，其评决和意见不能约束法院，这与英美的传统的陪审制度存在差异。陪审员应当遵守法律，独立、诚实地履行职务，[⑤]不得泄露在履行职务中知悉的秘密，不得作出有损公正审判的行为。[⑥]

法定刑为死刑、无期徒刑或者无期禁锢的对象案件，应由 9 人的陪审员参与相关的国民审判，其他对象案件中应由 7 人的陪审员参与。但是，如果被告人或者辩护人在公判准备程序中承认公诉事实的主要内容，可以由 5 人陪审员参与。[⑦] 法院为了应对陪审员缺人等情况，可以常备 5 人以内的预备陪审员。[⑧]

（四）对陪审员的保护与罚则

1. 陪审员的保护措施

为了确保陪审员高效履行职务，法律规定了对陪审员的保护措施。即，任何人不得以担任陪审员等事实为由被解雇或者给予不利的待遇，[⑨]不得为了影响该审判或者获取陪审员履行职务时取得的秘密为目的故意接触陪审员等，[⑩]禁止公开陪审员等的个人信息，[⑪]如果陪审员等受到侵害或者有可能受到侵害，可

---

① 《关于国民参与刑事审判的法律》，第 32 条。
② 同①，第 33 条。
③ 同①，第 12 条第 1 款。
④ 同①，第 46 条第 5 款。
⑤ 同①，第 12 条第 2 款。
⑥ 同①，第 12 条第 3 款。
⑦ 同①，第 13 条第 21 款。
⑧ 同①，第 14 条第 1 款。
⑨ 同①，第 50 条。
⑩ 同①，第 51 条。
⑪ 同①，第 52 条。

以采取人身保护措施。[①]

2. 罚则

《关于国民参与刑事审判的法律》中规定了对陪审员等的请托罪[②]和威胁罪[③]作为罚则，并规定了陪审员等的秘密泄露罪[④]和金品授受罪[⑤]等处罚规定。

（五）国民参与审判的程序

1. 公判准备程序

如果被告人表示愿意适用国民参与审判，审判长应当开始公判准备程序。但是，存在第 9 条第 1 款的排除决定的除外。[⑥] 即，公判准备程序是必要的程序，不同于一般的刑事案件。如果进入公判准备程序后被告人表示不愿意适用国民参与审判或者有第 9 条第 1 款的排除规定，可以终止公判准备程序。[⑦]

在公判准备程序中检察官、被告人或者辩护人应当进行收集、整理证据等准备工作，协助公判准备程序顺利进行。[⑧]

2. 公判程序

（1）公判日期的通知。公判日期确定后应当通知陪审员和预备陪审员。[⑨]

（2）公判庭的结构。公判庭由法官、陪审员、预备陪审员、检察官、律师出席。检察官和被告人、律师在对等的位置相对而坐。但是，被告人被讯问时应当在证人席，陪审员和预备陪审员在审判长和检察官、被告人和律师中间的左方，证人席在审判长和检察官、被告人和律师中间的右方，与陪审员和预备陪审员相对而坐。[⑩]

（3）公判庭中的速记与录制。如果没有特殊的情况，法院应当委托速记师制作速记录，或者使用录音装置或者录像装置进行录音或者录像，速记录、录音带或者录像带应当与公判调书另行保管，检察官、被告人或者律师在承担费用的

---

① 《关于国民参与刑事审判的法律》，第 53 条。

② 同①，第 56 条。

③ 同①，第 57 条。

④ 同①，第 58 条。

⑤ 同①，第 59 条。

⑥ 同①，第 36 条第 1 款。

⑦ 同①，第 36 条第 2 款。

⑧ 同①，第 36 条第 4 款。

⑨ 同①，第 38 条。

⑩ 同①，第 39 条。

情况下可以要求提供速记录、录音带或者录像带的复制品。①

(4) 陪审员程序上的权力与义务:

① 陪审员程序上的权力。陪审员和预备陪审员有以下权力:第一,可以请求审判长对必要的事项向被告人、证人进行讯问;第二,如果认为有必要,经审判长许可后可以自行进行笔记,用于评议。②

② 陪审员程序上的义务。陪审员和预备陪审员不得实施以下行为:第一,审理过程中离开法庭或者评议和评决、讨议终了之前未经审判长允许离开评议和评决、讨议的场所;第二,评议开始之前发表对该事件的自己的见解或者进行议论;第三,审判程序之外搜集或者调查与该事件有关的信息;第四,泄露本法规定的评议和评决、讨议有关的秘密。③

③ 宣誓等。陪审员和预备陪审员应当宣誓将依法公正地履行职务,审判长应当向陪审员和预备陪审员说明有关权利、义务、审判程序及其他履行职务所必要的事项。④

④ 简易公判程序规定的排除。国民参与审判不适用刑事诉讼法第 286 条之 2 的简易公判程序规定。⑤

(5) 陪审员证据能力判断的排除。陪审员或者预备陪审员不得参与法院关于证据能力的审理。⑥

(6) 公判程序的更新。公判程序开始后,如果有新的陪审员或者预备陪审员加入审判,应当更新公判程序。更新程序应当使新加入的陪审员或者预备陪审员理解争议焦点及调查的证据,但不应增加过多的负担。⑦

3. 评议、评决

(1) 审判长的说明、评议、评决、讨议等:

① 审判长的说明。辩论终结后,审判長应当向陪审员说明公诉事实的主要内容和适用法条、被告人和辩护人主张的主要内容、证据能力以及其他应当注意的事项,并在必要时可以说明证据的概况。⑧

② 评议与评决。陪审员听取审判长的说明后,评议有罪或者无罪,如果全

---

① 《关于国民参与刑事审判的法律》,第 40 条。
② 同①,第 41 条第 1 款。
③ 同①,第 41 条第 2 款。
④ 同①,第 42 条。
⑤ 同①,第 43 条。
⑥ 同①,第 44 条。
⑦ 同①,第 45 条。
⑧ 同①,第 46 条第 1 款。

体一致则可以评决。但是,如果有陪审员过半数的请求,可以听取参与审理的法官的意见。[①] 陪审员无法达成全体一致意见,应当在评决前听取参与审理的法官意见,此时有罪或者无罪的评决按多数人的意见确定。但是,参与审理的法官即使出席评议陈述意见,也不得参与评决。[②]

如果陪审员评决有罪,陪审员与参与审理的法官共同讨议量刑问题,并陈述意见。[③]

(2) 评决的效力。陪审员的评决和量刑意见不约束法院。

4. 宣告判决

(1) 判决宣告期日。判决应当在辩论终结日进行宣告。如有特殊情况可以另行指定宣告日期,但是宣告日期必须是辩论终结后 14 日之内。辩论终结日宣告判决时,判决书可以在宣告后制作。审判长宣告判决时应当将陪审员的评决结果告知被告人,如果宣告的判决结果与陪审员的评决结果不同,应当说明理由。[④]

(2) 判决书的记载事项。判决书应当记载陪审员参与审判的情况,并记载陪审员的意见。如果宣告的判决结果与陪审员的评决结果不同,应当说明理由。[⑤]

三、国民参与审判的实施成果

2007 年 6 月 1 日制定并公布《关于国民参与刑事审判的法律》时,韩国就已确定国民参与审判自 2008 年 1 月 1 日起实施,5 年后分析其实施情况,再制定符合韩国国情的韩国型国民参与审判制度。2012 年为止,是国民参与审判的示范实施阶段。下面根据到目前为止公开的统计资料,分析实施期间的实施成果。

(一) 国民参与审判实施后得到改善的事项

1. 增进了国民对司法的信赖

根据最新调查问卷结果,韩国国民 10 人中有 7 人认为法律受钱和权力的影

① 《关于国民参与刑事审判的法律》,第 46 条第 2 款。

② 同①,第 46 条第 3 款。

③ 同①,第 46 条第 4 款。

④ 同①,第 48 条。

⑤ 同①,第 49 条。

响，执法不公正。① 作为陪审员参与过审判的国民中，96.9%以上的人对直接参与刑事审判并作出评决的经验感到满足，并给予了肯定的评价，总体显示出对审判的满足度较高。②

通过陪审员的参与审判，减少了国民对司法机构的不信任。一般市民作为陪审员参与的审判，"前官礼遇"、"有钱无罪、无钱有罪"等现象无法立足。另外，实施过程中各种情况展示了国民参与审判可以增进国民对司法的信赖。③

2. 增进司法的民主正当性

被任命后不经国民的委托就可以实施审判活动的法官组成的司法机构，在民主主义、国民主义的原理方面相比立法机构和行政机构缺乏民主的正当性。④

作为增进司法的民主正当性的方法，现阶段可以考虑通过国民参与审判让市民作为陪审员直接参与，在审判机构的构成上确保民主的正当性。当然目前实施的国民参与审判止步于职业法官仅参考陪审员的评决结果和有关量刑的意见。即，陪审团的评决只有劝告的效力。合议庭作出与评决不同的判决时需要说明理由，作为陪审员参与的市民的判断虽然无法约束法院，但会在一定程度上起到影响，可以认为国民对司法的监督和控制已经开始，这足以说明司法的民主正当性有了进一步的提高。⑤

3. 对陪审员决定的信赖性的评价

当初对于陪审员能否充分理解复杂的法律争议存在顾虑。但是与此相反，大多数的陪审员都认真投入到了审理，近 87.9%的陪审员理解了全部或者大部分的审判内容。⑥ 并且，在大部分案件中陪审员评决和判决相一致，表现了较高的审理投入度。根据大法院的资料，在 5 年间的 848 件参与审判的案件中，有相当于 92.2%的 782 件的评决和判决相一致。⑦ 国民参与审判的陪审员的意见和职业法官的意见有 90%以上相一致，可以证明陪审员的决定在一定程度上具有信赖性。

---

① 法律新闻：《国民 70%"法偏向于钱和权力"》，2013.2.25。

② 大法院国民司法参与委员会：《2013 年为最终确定国民参与审判制度的听证会资料集》，第 174 页。

③ 例如，法官、检察官、律师努力按照陪审员的知识水平进行说明，法院的高门槛随着市民的参与也按照市民的水平进行了调整（金炳秀：《国民参与审判实施 5 年及其具体的形态》，《刑事法的新动向》（通卷第 38 号）2013.3，第 104 页）。

④ 安庆焕、韩寅燮：《陪审制与市民的司法参与》，集文堂，2005，第 27—28 页。

⑤ 金炳秀：《国民参与审判实施 5 年及其具体的形态》，《刑事法的新动向》（通卷第 38 号）2013.3，第 106 页。

⑥ 大法院国民司法参与委员会：《2013 年为最终确定国民参与审判制度的听证会资料集》，第 174—175 页。

⑦ 同⑥。

4. 民主主义教育的平台

在民主主义社会必然存在着多样性，因此各阶层之间、各地域之间及国民和政府之间的纠葛和对立也会持续不断。解决这个问题的方法之一，就是提高相互之间讨论和对话的内涵。现在国民参与审判成为国民民主主义教育的一个平台，是教育我们的国民通过对话和讨论的方式解决对立和纠葛的一种方法。国民参与审判由多样的市民参与并通过讨论作出判决，因此对判决结果的信服度较高，这将自然而然地成为国民和谐团结的一个大的契机。①

（二）国民参与审判实施后出现的问题

大法院在国民参与审判示范实施期间持续分析了其实施状况，自 2008 年 1 月 1 日至 2011 年 12 月 31 日期间的分析资料②以及其他公开的资料，呈现出国民参与审判的值得肯定的成果，与此同时暴露了需要改善的几个问题。

1. 关于国民参与审判所占比例的问题

国民参与审判所占比率过低，有必要解决其产生的根源问题。在上述期间的共 21 912 件对象案件中，有 574 件是通过国民参与审判处理的，所占比例仅为 2.62%。上述案件中接受申请的国民审判案件有 1 490 件(6.8%)，其中撤回 528 件(2.66%)，排除适用国民参与审判的 274 件(1.25%)。排除决定的大部分是属于《关于国民参与刑事审判的法律》第 9 条第 1 款第 3 项规定的“不适合进行国民参与审判的情形”。

2. 关于不实审判的问题

1 日或 2 日内终结案件所导致的不实审判的忧虑。通过国民参与审判处理的 547 件案件中，有 527 件(91.8%)在 1 日内完成了除了宣告的所有程序，有 47 件(8.2%)在 2 日内完成。

3. 评决的严格性与脆弱性问题

陪审员的有罪或者无罪评决要求全体一致，即使作出评决其效力仅限于劝告。所以有人主张有罪或者无罪的评决应改为由多数表决的方式确立，并赋予评决约束效力。570 个案件中 90.6%(520 个案件)的评决和判决相一致，92.6%的案件中陪审员占多数的量刑意见与审判庭宣告的量刑相接近。如果统计数据增加到 2012 年，2008 年至 2012 年 5 年间的 848 件参与审判中 92.2%的

① 金炳秀，《国民参与审判实施 5 年及其具体的形态》，《刑事法的新动向》(通卷第 38 号)2013.3，第 107—108 页。

② 法院行政处司法支援室：《2008 年—2011 年国民参与审判成果分析》，2012.2。

(782个案件)陪审员评决和审判部的判决相一致。相反,陪审员评决无罪而审判部判有罪的案件2008年有7件、2009年有6件、2010年有13件、2011年有24件、2012年有12件,共62件;陪审员评决有罪而审判部判决无罪的案件共4件。①

4. 关于高的抗诉率的问题

高的抗诉率使国民参与审判的意义大打折扣。因此有必要限制国民参与审判的抗诉。通过国民参与审判处理的514个案件中有491件被提起抗诉,抗诉率(85.5%)高于一般审判的抗诉率(68%)。其中,被告人的抗诉率(含双方均提起抗诉的情况)是66.6%,稍微高于一般审判的抗诉率59.4%。相反,检察机构的抗诉率(含双方均提起抗诉的情况)是50.2%,高于一般审判中检察官抗诉率23.3%的2倍之多。

四、结论

通过国民参与审判消除了国民长期以来对司法机构的不信赖,使国民对司法的民主控制成为现实,在这种意义上可以说国民参与审判打开了司法历史的一个新的篇章。

国民参与审判成为国民民主主义教育的平台,在国民参与审判中基本不会发生"前官礼遇"、"有钱无罪、无钱有罪"等现象,因此值得给予肯定。但是,与当初认为国民参与审判的申请案件将会暴多的预期有相当大的偏差,国民申请案件不但申请率低,撤回率还较高,最后实际判决的案件并不多。另外,还发生了抗诉率高于一般审判的奇怪现象。

国民参与审判实施6年来,强化其优点、克服其缺点,是使韩国型国民参与审判最终稳定下来的重要工作。

① 《新东亚》2013年12月号(第651号),第248—251页(http://shindonga.donga.com/docs/magazine/shin/2013/11/20/201311200500001/201311200500001_1.html)。

关于讯问犯罪嫌疑人时保障辩护人参与权的现状及争议点

权昶国*

一、绪论

纵观韩国的刑事诉讼法实务及学术界，最受关注和颇多争议的内容毫无疑问是被疑者讯问（以下称为讯问犯罪嫌疑人）。众所周知，所谓的讯问犯罪嫌疑人在侦查机关的立场上是属于直接听取犯罪嫌疑人对与案件有关的事实的陈述，继而核实证据的机会；与此同时，从犯罪嫌疑人的立场上则是属于向侦查机关作出有关案件的说明或辩护，继而达到消除自己嫌疑的机会。

但是在实务中，讯问犯罪嫌疑人的内容通常都仅限于侦查机关核实证据的部分，即通过对犯罪嫌疑人的逮捕、拘束等人身拘束而能够长期、集中地讯问犯罪嫌疑人进而取得能够核实证据的嫌疑人自白或陈述。与讯问犯罪嫌疑人的期间较短或根本没有该程序的英美侦查制度相异，韩国需要较长时间的集中讯问犯罪嫌疑人的司法程序。其原因就在于在韩国，由于各犯罪构成要件中法定刑的范围广泛，因此需要对犯罪事实和多种量刑要素事项进行仔细确认，且在分析每个构成要件时除了客观要件还需强调核实主观要件的必要性即重视故意、过失等主观要件。

在审判程序中，侦查机关通过缜密而细致的讯问程序而完成具有任意性的讯问笔录。同时根据传闻证据法则，认定笔录的真实性，笔录中记录的陈述是在特别值得信赖的状态下作出时（警察官制作的笔录是经原陈述者的被告或其辩护人核实的），可以认定其具备证据效力继而采纳为核实公诉事实的证据。在此种情形下，被告可以考虑的辩护方案是就与笔录中记录的陈述相关的任意性；笔

---

* 权昶国：韩国全州大学社会科学学院警察行政学科副教授。

录的真实性;特别值得信赖的状态等情节做出争论,以便达到撤销对自己不利笔录的证据效力的目的。

此时需要考虑到的问题是犯罪嫌疑人讯问过程的状态(犯罪嫌疑人讯问的公开透明性)。由于整个讯问过程中除了侦查机关和嫌疑人外不对外部公开,因此在审判环节就被告人的自白等陈述的任意性做争论基本上是不可能的。美联邦法院所提出的米兰达(Miranda)原则就是针对这类问题的应对方案。20 世纪 90 年代初,韩国大法院对在未告知嫌疑人拒绝陈述权利的情形下制作的嫌疑人讯问笔录的证据能力予以了否定。① 而在 2003 年的判例中,则作出了侦查机关拒绝了嫌疑人提出的在讯问环节要求辩护人在场要求的行为违法的判决。② 经过一系列的判例而确立了所谓韩国的米兰达规则之后,2007 年修订的《刑事诉讼法》在规定嫌疑人讯问程序的同时引入了辩护人的参与③和视频录制内容④,继而保障了嫌疑人讯问过程的公开透明性。

接下来将对通过辩护人参与到犯罪嫌疑人讯问环节而保障公开透明性的问题进行仔细探讨。

二、关于讯问犯罪嫌疑人环节中辩护人参与权理论的讨论

(一) 与保障犯罪嫌疑人讯问公开透明性相关的对立意见

为了保障讯问的公开透明而主张引入辩护人的参与和视频录制内容的意见

---

① 大法院 1992. 6. 23. 宣告 92Do682 判决。“《刑事诉讼法》第 200 条第 2 项规定,检察机关或警察机关听取嫌疑人陈述时须提前告知其具有拒绝陈述的权利。嫌疑人的拒绝陈述权是基于宪法所保护的当事人享有拒绝作出刑事上对自己不利陈述的权利,因此侦查机关在讯问嫌疑人时未事先告知拒绝陈述权利时,该嫌疑人陈述属于违法取得的证据且即便该证据拥有陈述任意性也应该认定其证据效力无效。原审引用的一审判决所依据的证据中的釜山地方法院 90gohap1410 号案件的视频鉴定结论(以下称为审判记录 1284jung)应认定为是在与因该案犯罪团伙的共犯而被另行起诉的被告人进行讯问的过程中,检察人员与上述案件中的被告人就案情进行对话的内容的视频录像的鉴定结论。因此,该视频录像本质上与记录了嫌疑人陈述的讯问笔录相同,应当做讯问笔录来判定证据效力。但是遍观记录资料也未能发现检察人员对上述案件(90gohap1410 号)被告人事先告知拒绝陈述权的内容,因此应认定其为违法取得的证据即不应当作被告人有罪的证据。原审中采纳了上述鉴定结论的行为属于违反证据采纳规则的行为,关于这一问题的争论值得商榷。”

② 大法院 2003. 11. 11. Ja2003Mo402 决定。“《刑事诉讼法》尚未就对被拘禁嫌疑人的讯问时辩护人可以在场的内容作出明文规定,但此类会见权受到宪法和法律的保护,而且宪法也规定了任何人在被逮捕或拘束时即刻享有得到辩护人帮助的权利。基于以上内容可以推断出被拘禁的嫌疑人在讯问过程中可以要求辩护人在场,而侦查机关不得予以拒绝的结论。这样的结论是符合宪法所提出的关于人身拘束和处罚的‘合法程序主义’的。”

③ 参考《刑事诉讼法》第 243 条 2。

④ 参考《刑事诉讼法》第 244 条 2。

认为，若无法保障讯问的公开透明性的话，被告人在审判过程中，通过质疑侦查机关提出的嫌疑人自白及其他陈述的任意性而否定该证据效力的辩论方法将失去意义，甚至还会造成与讯问笔录相关的传闻证据法则[①]也将失去其功能。此外，还会出现被告和检察机关为了核实在讯问中取得的自白等陈述的任意性相关问题而进行无意义的辩论攻防，继而造成争议内容混乱和审判程序的延迟等现象。

以往的大法院判例中，出现就自白和陈述的任意性而争论的事例是极少的。大部分情况下都会认为可以推定陈述的任意性，[②]继而由被告承担陈述的任意性相关的举证责任。只要认定讯问笔录的程序真实则可以推定该笔录实质内容真实，[③]且没有明确区分任意性和特别信赖的状态[④]，继而使得犯罪嫌疑人讯问

① 参考《刑事诉讼法》第 312 条。

② 大法院 1997.10.10.宣告 97Do1720 判决。“陈述的任意性是指没有拷问、暴行、胁迫、长期身体拘束或欺罔及其他造成陈述失去任意性的情形，即在收集证据时不存在违法情节。根据宪法和刑事诉讼法的规定，造成陈述失去任意性的情形属于例外，因此须认定该陈述的任意性属于推定。关于陈述的任意性，应在参考讯问笔录的形式、内容（告知拒绝陈述权后进行讯问，制作笔录之后将笔录的内容告知嫌疑人并确认其无异议后签字盖章等）、陈述者身份、社会地位、学历、智力及其他情节的前提下由法院自由裁量。（参考大法院 1983.3.8.宣告 82Do3248 判决；大法院 1990.6.22.宣告 90Do767 判决等）”但是，随后的大法院判例则改变了态度，即在对陈述的任意性有争议时要求检察机关承担举证责任。大法院 2012.11.29.宣告 2010Do3029 判决。“在具有引发或要挟作出虚假陈述危险的情形下作出的陈述本身就有可能不符合事实继而可能造成误判，同时还为了从根本上杜绝侵害陈述者基本人权的非法压迫，因此在对任意性有争议时不应由被告提出值得怀疑任意性的证据，而是由检察人员提出能够排除疑点的证据。若检察人员无法提出相关证据，该陈述证据则失去证据效力。（参考大法院 2006.1.26.宣告 2004Do517 判决）”

③ 大法院 1995.5.12.宣告 95Do484 判决。“根据《刑事诉讼法》第 312 条第 1 项，检察机关制作的嫌疑人讯问笔录在审判准备期间或审判时由原陈述者的陈述而得以认定其真实性时可以成为证据。认定真实性是不仅包括间印、签字、盖章等形式上的真实性，还包括意味着该笔录是按照陈述者的陈述内容制作成的实质上的真实性。没有特殊情况的前提下，如果认定了形式上的真实性则可以推定该笔录是根据陈述者的陈述制作而成。（参考该院 1984.6.26.宣告 84Do748 判决；1992.6.23.宣告 92Do769 判决）”而在其后大法院则是反过来要求实质上的真实性也应根据原陈述者的陈述而认定。大法院 2007.1.25.宣告 2006Do7342 判决。“《刑事诉讼法》第 312 条第 1 项规定了‘检察人员记录的嫌疑人或非嫌疑人的陈述笔录、检察人员或警察官记录鉴定结果的文书需要在审判准备期或审判之日经由原陈述者的确认陈述后，才可以认定其真实性即具备证据效力’，此处提及的认定真实性是指间印、签字、盖章等形式上的真实性和意味着该笔录是根据原陈述者的陈述制作而成的实质上的真实性。由于上述法条中并未提及除‘原陈述者的陈述’之外的其他依据，应认定实质上的真实性只能根据原陈述者的陈述来判断。上述论断依据同样适用于检察机关制作的被告人的嫌疑人讯问笔录。（参考大法院 2004.12.16.宣告 2002Do537 判决）若无法认定检察机关制作的被告人的嫌疑人讯问笔录实质上的真实性，则即使是该被告人的陈述是在特别值得信赖的状态下作出的，也应将其排除在证据之外。”

④ 大法院 2012.7.26.宣告 2012Do2937 判决。“此处提及的‘特别值得信赖的状态’是指陈述内容或笔录的制作过程中不存在弄虚作假的可能性以及存在可以保证陈述内容的信赖性或任意性的外部环境。（参考大法院 2006.9.28.宣告 2006Do3922 判决）此外，‘特别值得信赖的状态’属于证据能力要件，因此需要检察机关对其存在作出具体的主张和举证。由于这种主张和举证是针对诉讼事实所做出的，因此可以自由证明而不需要严格证明。（参考大法院 2001.9.4.宣告 2000Do1743 判决）”

的公开透明性成了更紧要的问题。

事实上,《刑事诉讼法》在2007年规定嫌疑人讯问时辩护人应在场或须视频录制等内容之前,也有个别的案例中出现了侦查机关允许辩护人参与到嫌疑人讯问环节或对讯问过程进行视频录制的情形。但是在涉及公共安全等更需要辩护人参与的案件,即嫌疑人全面否认嫌疑事实或嫌疑人的陈述内容对案件的核实产生重要影响的案例时,则经常会出现讯问时限制辩护人参与的情况。在这种情况下,保障嫌疑人讯问的公开透明性问题在保障嫌疑人辩护权方面的重要性无疑展现得更为突出。

与之相反,也有反对的意见。在嫌疑人讯问过程中,嫌疑人就将关于自身隐私的内容作出陈述时不只要形成嫌疑人与侦查机关之间的信赖和亲密度还应保证保密性。但是辩护人的在场或视频的录制会直接或间接地造成讯问过程公开的结果,继而使得嫌疑人拒绝陈述。美联邦调查局(FBI)不对嫌疑人讯问过程进行视频录制正是基于对这一问题的顾虑。

与此同时,持反对意见的人们也主张:在审判和侦查实务中已确立的告知拒绝陈述权等保障嫌疑人讯问程序合法性的措施,以及如前文所述在判例中与以往相比更多地要求检察机关积极证明陈述的任意性;强调与笔录的证据能力有关的真实性认定和对特别值得信赖的状态的认定要件等。他们认为,这些都可以说明与被告人的辩护权保障相关的问题得到了一定程度的解决。

(二) 2003年大法院判例对犯罪嫌疑人讯问环节中辩护人参与权的认定

如本文的开头部分所提到的那样,2007年修订《刑事诉讼法》之前的韩国大法院判例认定了嫌疑人讯问环节的辩护人参与权,继而对嫌疑人讯问的公开透明性作出了明确的肯定。

而早于该判例,大法院在处理一个辩护人提出会见嫌疑人的申请在申请期间一直未得到准许的案例时作出了"宪法和刑事诉讼法规定了被告或嫌疑人可以得到辩护人的帮助,即保障其不受程序或时间上的限制而会见辩护人的权利。会见辩护人的权利是保证身体被拘束的被告或嫌疑人的人权保障和辩护准备所不可或缺的权利,除根据法律的限制之外侦查机关的处分甚至法院的决定也不得对该权利作出限制。该案中直到超过会见申请日期也未准许会见申请的情节属于实质上的不允许会见处分"的判定。① 宪法裁判所也以判例的形式明确了

① 大法院1991.3.28.Ja91Mo24决定。

嫌疑人可以得到辩护人充分而又实质性帮助的权利，[①]并以此为基础作出了“现行法中并不存在限制身体被拘束之人与辩护人之间会见权的规定，因此应保障和准许被拘束之人在接受侦查机关的嫌疑人讯问的过程中随时可以会见辩护人。对该会见予以限制或妨碍的行为，应认定其属于限制被拘束之人与辩护人之间会见权利的违法行为。虽然《刑事诉讼法》尚未对辩护人可以参与到对被拘禁嫌疑人的讯问过程作出明文规定，但前述内容中的会见权则是由宪法和法律作出保障的。同时根据宪法的规定，任何人在被逮捕或拘束时可即刻享有接受辩护人帮助的权利，因此应理解成被拘禁的嫌疑人可类推适用上述刑事诉讼法的规定继而要求辩护人参与嫌疑人讯问且此时侦查机关不得拒绝。这种理解也符合宪法所宣告的精神，即关于人身拘束的处罚应适用‘合法程序主义’”的判决。但是从嫌疑人讯问中辩护人的参与权并非能得到无限制保障这一点中可以得知，在具备了相当充足的理由证明存在妨碍、泄露侦查机密的可能时，可以作出限制。

该判例中值得肯定的一点就是，大法院在《刑事诉讼法》中未对讯问嫌疑人时辩护人参与权作出明文规定的前提下，以刑事诉讼的合宪性类推解释为依据对辩护人会见权作出了认定，但其在对讯问未被拘束嫌疑人时辩护人参与权的认定与否没有给出另外的解释，留下了些许遗憾。

三、2007 年修订版《刑事诉讼法》中的讯问犯罪嫌疑人时辩护人的参与权

2007 年修订的现行《刑事诉讼法》第 243 条 2 规定了嫌疑人讯问过程中的辩护人参与权，即在没有特别正当的理由时，辩护人必须要参与到讯问过程。参与了嫌疑人讯问的辩护人在讯问结束后享有意见陈述的机会，且在询问过程中对不当的讯问方法可随时提出异议或取得侦查机关许可后陈述意见。此外，还可以在讯问终结后调阅讯问笔录来确认其内容。该规定对 2003 年大法院判例中所确认的嫌疑人讯问中的辩护人参与权作出了明示，同时由于其并未区分嫌疑人的拘束与否，继而使得该判例所主张的目的得以更加明确。

但实务中还是存在着相当数量在辩护人缺席的状态下进行的嫌疑人讯问，这些现状被有些人解读为是对大法院判例和修订后的《刑事诉讼法》所主张的支持辩护人参与权的反对。此外，还有其他的理由，诸如限制嫌疑人的国选辩护机

① 宪法裁判所 1992.1.28.宣告 91 宪 Ma111 决定；1995.7.21.宣告 92 宪 Ma144 决定。

会;律师受理案件方式的不合理性;侦查机关对辩护人参与权持有消极地认识或了解不足等。

四、结束语

对嫌疑人讯问的公开透明性持否定态度者认为,该陈述环境的隐秘性和私底下亲密性的不足会导致无法有效地进行嫌疑人讯问。此种观点虽有一定的道理,但嫌疑人讯问毕竟不是双方交谈,而是要求嫌疑人将自己不愿或犹豫是否陈述的隐私予以公开的一种强迫性质的措施。事实上,一直以来强调与陈述有关的嫌疑人或被告的自白任意性的理由也正是在于此,且证据法上与陈述证据相关的自白排除法则等诸多原则的目的也是为了抑制自白等陈述的强迫过程中产生的副作用。

基于这些理由,我们有必要更加积极地理解嫌疑人讯问的公开透明性,即不应满足于《刑事诉讼法》中作出的书面规定,而应做出更多努力以便达到实质上的确立状态。

视频录像物的现状及课题

尹智渶*

一、绪论

随着科技的发展,在刑事案件证明事实的过程当中视频录像物的作用逐渐增大。以交通或医疗事故为例,记录了侦查机关的鉴定结论和专业鉴定人员的鉴定结论及其过程的影像物;记录了犯罪现场或做出犯罪行为之后罪犯的外貌或踪迹等影像物等非陈述性证据可以用来客观合理地证明犯罪事实。另外,为了防止出现类似虚假自白或被强迫陈述等对嫌疑人的人权侵害以及提高侦查过程中的公正透明性,在侦查过程中也引入了视频录像制度。当前关于视频录像物的理论和立法上的争议点主要集中在作为侦查过程中所制作的视频录像物是否区别于侦查机关所制作的笔录而具备独立证据效力的问题。接下来,本文先简单介绍侦查环节中引入视频录像制度的过程,随后对现状及其问题点作出探讨。

二、侦查环节中视频录像制度的立法过程

韩国从2004年末开始在侦查环节中引入了视频录像制度,即利用电脑将该视频储存在CD光盘里并与讯问摘要中的关联部分做出链接处理,继而达到了可以随时阅览该视频的效果。最初的视频录像主要集中在案情并不复杂的拘束案件,对嫌疑人否认自己嫌疑的案件一般都是制作了嫌疑人讯问笔录。但是检察机关内部的规章制度中把在进行了采取视频录像手段的调查时要制作笔录等书面资料确认为了义务。视频录像物利用电子媒体将在侦查过程中嫌疑人和参

---

* 尹智渶:韩国刑事政策研究院副研究委员。

考人等陈述者的陈述姿态和内容及其过程如实地记录下来，继而使得侦查过程变得公开透明，而且其还可以用来当作评价侦查机关的讯问程序是否合法的依据。2007 年 6 月 1 日，韩国政府进行了刑事诉讼法的大范围修改，[①]补充了视频录像制度相关的规定以作为引入公判中心主义的法定审理程序的一环，并于 2008 年 1 月 1 日起实行。

三、侦查环节中的视频录像现状

（一）嫌疑人陈述的视频录像

在侦查过程中可以将嫌疑人的陈述予以录像。侦查机关须提前告知嫌疑人要进行录像的事宜，并将自始至终的全部调查过程及客观情况予以录像（《刑事诉讼法》第 244 条 2 第 1 款）。视频录像结束之后应在嫌疑人或辩护人的面前立即将原件封印并要求嫌疑人盖章或签字（同条第 2 款）。嫌疑人或辩护人提出阅览的要求则应为其播放视频，若嫌疑人或辩护人对内容有异议时应把其异议制作成书面资料以当作附件。该嫌疑人被提起诉讼而变为被告人之后不承认自己的陈述与笔录内容的一致性时，检察机关可以为了证明该部分内容的真实性而申请就记录了嫌疑人陈述的视频[②]进行调查（《刑事诉讼规则》第 134 条 2 第 1 款）[③]。此时的视频录像物须满足的条件为可以观察到整个讯问室以及陈述者的容貌（同条第 4 款）；视频录像的播放界面中应出现录制当天的日期和时间（同条第 5 款）。

（二）参考人陈述的视频录像

检察机关或警察官可根据侦查需要而要求非嫌疑人出席并听取参考人的陈述，并在得到参考人的同意后对该陈述过程予以录制（《刑事诉讼法》第 221 条）。

---

① 在刑事程序中为了保障被告和嫌疑人的权益而合理地改善人身拘束制度及辩护权保障制度；引入公判中心主义的法定审理程序；全面扩大裁定申请的对象继而系统地将相关法律规定修订、补充。同时，为了保障国民的知情权和提高国民对司法的信赖度，应将刑事审判记录的公开范围予以扩大。

② 视频录像物是指从调查开始那一刻到结束那一刻即嫌疑人在笔录上盖章或签字的过程进行的视频录像，其应包含①告知被嫌疑人视频录像的目的；②告知开始和结束视频录像的时刻和场所；③告知进行讯问的检察人和参与人的姓名及职位；④告知拒绝陈述权利和要求辩护人参与的权利；⑤中断、重新开始调查的情形下，中断的理由和时刻以及重新开始的时刻；⑥调查终结的时刻等内容（《刑事诉讼规则》第 134 条 2 第 3 款）。

③ 为了申请，检察机关应提交记载了视频录像开始和结束的时刻及调查场所，以及被告或辩护人质疑陈述和笔录中的内容不一致段落的特定时刻的书面材料。

在嫌疑人陈述时只要事先告知其要进行录制的情况而并不需要得到嫌疑人的同意，但是当作为第三者的参考人进行陈述时，则必须得到参考人的同意后才可以进行录制。在检察机关或警察官的当面作了陈述的第三者在审判准备期或审判过程中就自己的陈述内容与笔录中记载内容的一致性不予认可时，检察机关可以为了证明该部分内容的真实性而申请对该视频录像物进行调查(《刑事诉讼规则》第 134 条 3 第 1 款)。此时检察机关应将该参考人同意进行视频录像的盖章或签字的书面资料以附件的形式提交(同条第 2 款)。参考人陈述的视频录像物也应该包含着调查开始到结束的全过程；可以观察到整个讯问室以及陈述者的容貌；视频录像的播放界面中应出现录制当天的日期和时间(同条第 3 款)。

(三) 法院对视频录像物的调查

法院在对检察机关提出的视频录像物的调查申请作决定时，应要求被告或辩护人陈述该视频录像物是否按照合法程序和方式所制作和封印(《刑事诉讼规则》第 134 条 4 第 1 款)。与非被告人的陈述有关的视频录像物则由原陈述者(非被告人)陈述该视频录像物是否按照合法程序和方式所制作和封印(同条第 2 款)。法院采取的调查方式是在审判准备或审判期间将封印解除并播放全部或部分视频内容(同条第 3 款)[①]。调查完毕之后，审判长应立即责令书记员将原件重新予以封印，同时要求原陈述者和被告或辩护人盖章或签字之后交还给检察机关。被告缺席且无辩护人的情形下开庭的，则无需被告或辩护人的盖章或签字(同条第 4 款)。

四、视频录像物的证据效力问题

(一) 讯问笔录的证据效力和视频录像物

2004 年 12 月 16 日，大法院全体合议庭作出了“检察机关制作的笔录中记录了嫌疑人或非嫌疑人陈述时，该笔录的真实性只有在审判准备或审判期间通过原陈述者的陈述并得到了形式上和实质上的真实性认定之后才可以成立，继而具备证据效力”的判决[②]。在庭审中被告以检察机关制作的讯问笔录内容与自己的陈述内容不符为由否认实质上的真实性时，该笔录将不得作为证据而使用(因为除了原陈述者的陈述之外没有其他方法可以证明笔录的真实性)，继而

---

① 此时，视频录像物在法庭之外具备了播放和调查所需的电子设备的场所也可以播放。

② 大法院 2004.12.16.宣告 2002Do337 全员合议庭判决。

造成了难以确认实质真实性的问题。针对于此，出现了除了被告或参考人在庭审中的陈述之外也可以核实陈述笔录的方法，即明文规定了在侦查阶段可以将嫌疑人或被嫌疑人的陈述进行视频录像的内容。简而言之，若检察机关制作的“已成为被告的”嫌疑人的讯问笔录是按照合法的程序和方式制作而成，并在审判准备或审判期间由被告人作出笔录内容与其陈述内容相符的陈述，而且笔录中的陈述是在特别值得信赖的状态下作出时，该笔录则可以作为证据而被采纳(《刑事诉讼法》第 312 条第 1 款)[①]。但是，在被告否认该笔录真实性的时候，若根据视频录像物或其他客观手段可以证明笔录中的内容与被告陈述内容一致且是在特别值得信赖的状态下进行时，该笔录可以被采纳为有效证据(同条第2 款)。

(二) 视频录像物的证据效力认定与否

关于侦查过程中制作的作为陈述证据的视频录像物是否具备独立的证据效力而采纳为本证的问题存在着尖锐的争论。首先，否认说认为《刑事诉讼法》第 244 条第 1 款所规定的嫌疑人的陈述应记录在笔录的内容属于强制性规定，而视频录像物则存在着未包含调查的全部过程或被编辑处理的可能。再者，若视频录像物的独立证据能力得以认定的话，则有可能出现侦查环节变成视频录像环节，审判环节变为视频播放环节的结果。如果出现了审判员的心证被侦查阶段所录制的视频录像物的播放所左右的情形，则会造成公判中心主义的褪色，且也会因对视频录像物的证据调查而造成审判程序过于迟延的结果。肯定说则提出了发达国家为了确保侦查环节的适当性及防止人权的侵害而在侦查过程中扩大实行视频录像的例子，并认为侦查机关所录制的嫌疑人的陈述在其本质上与记录了嫌疑人陈述的嫌疑人讯问笔录相同，因此视频录像物具有与笔录相当的证据效力。与此同时，检察机关把嫌疑人讯问结果记录在笔录的行为属于当事人的证据提交行为，不得被强制要求，所以《刑事诉讼法》第 244 条第 1 款只不过是任意性规定，且由于有关视频录像物的证据调查只是在被告在侦查环节作出自白后在庭审否认的前提下进行，继而并不属于延迟审判程序的情形。

另外，关于将记录了被告或非被告人陈述的视频录像物采用为弹劾证据，也存在着意见的对立。根据《刑事诉讼法》的规定，记录了被告或非被告人陈述内容的视频录像物只有在审判准备或审判期间、在被告或非被告人作陈述时记忆

① 检察机关以外的侦查机关制作的嫌疑人讯问笔录是在根据合法的程序和方式制作而成且在审判准备或审判期间由被告或辩护人承认该内容时才可以采纳为证据(《刑事诉讼法》第 312 条第 3 款)。

模糊的情形时，认为有必要为其唤起记忆的前提下才能让被告或非被告观看。换言之，现行《刑事诉讼法》明确了视频录像物不得作为弹劾证据，只有在帮助陈述者唤起记忆的特殊情形下才能将视频录像物当成辅助资料予以采用。① 否定视频录像物的弹劾证据效力的观点认为，通过视频录像物把因原陈述者在庭审中的陈述而被否认了实质上真实性的讯问笔录的证据效力重新予以认定的行为，属于将有关专门法规例外的例外予以认定的情节，会造成证据法体系的混乱。而对此持肯定意见的观点则认为，应注意到即使弹劾证据本身是缺乏证据效力的，传闻证据也可以将其用于弹劾证人的这一特点。进一步讲，此种观点还认为，现行法律中为防止视频录像物影响到审判员的心证而限制视频录像物成为弹劾证据的内容是不妥当的。批评的理由是公判中心主义在其根本上是一种为了发现实质上的事实的原则，不能以此为由反而不允许使用能为事实的发现提供帮助的科学证据。

（三）特别法中的视频录像物证据效力的认定

关于儿童、青少年性保护的法律和性暴力犯罪的处罚等特别法中对录制了被害人陈述的视频录像物的证据效力的特别性予以了认定。即按照特定的程序摄制的录像物中，记录的被害人陈述在审判准备或审判期间由被害人或共同出席了调查过程的具有信赖关系的人或协助陈述人②作出的陈述而认定其真实性时，可以将该视频录像物当证据采纳(《关于儿童、青少年性保护的法律》第 26 条第 6 款、《性暴力犯罪的处罚等相关的特别法》第 30 条第 6 款)。最近有观点提出了证据效力特别条款侵害了被告人接受公正审判的权利的问题，但宪法裁判所对该条款作出了合宪判决。③ 宪法裁判所认为，证据效力特别条款的立法目的是为了保护性暴力被害人不被因在法庭上的反复陈述被害经验而造成的心理、情绪上的冲击所伤害，因此应认定其正当性。而且，可依据信赖关系人认定事实的陈述而赋予录制了性暴力被害人陈述的视频录像物证据效力，继而将法庭上对被害人的调查和询问尽可能予以简化的措施属于完成此种立法目的的合适手段。此外，在考虑到各种情况的前提下，可根据被告及辩护人的申请或依职权召唤被害人为证人继而对其进行询问，且此时保障被告及辩护人的参与权和

---

① 播放视频录像物应以检察机关的申请为前提，播放的对象仅限为需要唤起记忆的被告或非被告人。(《刑事诉讼规则》第 134 条 5 第 1 款)。

② 被害人陈述视频录像物的真实性根据协助陈述人的陈述而认定的仅限于《性暴力犯罪处罚等相关的特别法》。儿童、青少年性保护相关的法律中并没有关于协助陈述人的规定。

③ 宪法裁判所 2013.12.26.2011 宪 Ba108。

询问权。被告人还可以通过询问共同出席的信赖关系人或弹劾该视频录像物而为自己进行辩护，且享有根据法院的个别判断而行使对被害人反向询问的机会。因此作出了认定证据效力特别条款不违背侵害最小性和法益平衡性原则，且不能认定实质上侵害了被告辩护权的判决①。

五、结论

对嫌疑人讯问或参考人陈述的视频录像制度是作为在刑事诉讼法中引入公判中心主义法定审理程序的一环而被设立的。公判中心主义是指将审判期间之外收集到的证据集中到审判期间审理，且对案件实体心证的形成也应以法庭上的公开审理为依据的原则。作为刑事诉讼原则的公判中心主义的根本目的是为了发现事实，而作为科学证据方法的视频录像物也可以为发现案件的实质真实性作出重大贡献，但现行规定却以播放视频录像物会影响审判员的心证为由，对视频录像物的证据效力予以了严格限制。事实上，作为具有鲜明的证据特性的视频录像物，其对形成心证不可避免地产生了决定性的影响，继而引发了是否会使审理过程变得没有意义的顾虑。当前，视频录像物扮演的角色不是证据，而是确认侦查的透明性和嫌疑人人权保障与否的手段。即使认定视频录像制度的证据效力，也不意味着就轻视了该制度的防止虚假自白或强迫陈述等对嫌疑人的人权侵害或提高侦查过程的公正透明性的作用。既然已经存在可以利用科技手段辨明事实的视频录像制度，那么就应该为其在符合特定要件时可以在法庭辩论中起到相应的作用而提供帮助，而不是不问青红皂白就认定其为侦查机关的反人权性质武器。

① 本案中 3 位审判员提出了反对意见，即在未取得弹劾机会的前提下仅依据被害人一方的陈述而作出有罪判决的特别条款在原则上是不被允许的。其理由为，该条款与宪法所保障的可以得到公正审判的权利以及根据合法程序而得到最低限度公正性和程序正义的要求相冲突。再者，即使是考虑到证据效力特别条款的立法目的的重要性，我国法律中也已具备了采用视频转播设备的询问制度、非公开审理、信赖关系人同席制度等不完全剥夺被告的反向讯问权的同时防止被害儿童二次被侵害的各种措施，因此，该条款缺乏最低限度的程序正义，违背了宪法。

第八届中韩刑事司法学术研讨会论文集

韩国对侦查权的规制和控制

许一泰*

一、序论

中国对刑事诉讼法进行第二次修改，并于 2012 年 3 月 14 日通过，2013 年 1 月 1 日开始正式施行。通过本次修改，加强了对犯罪嫌疑人及被告人人权的保障，还为了规制违法侦查行为，做出不少努力。然而，中国刑事诉讼法第 118 条规定："侦查人员在讯问犯罪嫌疑人的时候，应当首先讯问犯罪嫌疑人是否有犯罪行为，让他陈述有罪的情节或者无罪的辩解，然后向他提出问题。犯罪嫌疑人对侦查人员的提问，应当如实回答。但是对与本案无关的问题，有拒绝回答的权利。"从中可见两个方面的内容：一是对于案件相关内容，不能拒绝回答，应当进行陈述；二是关于犯罪事实，进行有罪或无罪的陈述，而不得隐瞒事实或进行虚假陈述。由于犯罪嫌疑人不享有沉默权，侦查机关在讯问过程中，可能会出现有形或无形的逼供方式，如不让犯罪嫌疑人睡觉等疲劳审讯方式。由此可见，这个条款存在滥用可能性，有必要建立完善措施。中国为了解决此类问题，在《刑事诉讼法》第八条规定："人民检察院依法对刑事诉讼法实行法律监督。"明示检察院的法律监督，防止公安机关的违法侦查行为。

中国的侦查权和起诉权分别于公安机关和检察机关，采取二元化方式，这与韩国截然相反。在中国，侦查权原则上属于公安机关，而在韩国，检察机关不仅享起诉权，还全面地享有侦查权。因此，韩国对规制侦查权的探讨方向与中国有所不同。

刑事程序作为实现国家刑罚权的程序，其中侦查行为就成了走进该程序的第一步。即，通过侦查，有充分证据认为犯罪嫌疑人是犯法者，那么检察官向法

---

* 许一泰：韩国东亚大学法学专门大学院教授。

院提起公诉，法院对案件作出最后判决。韩国刑事诉讼法中的侦查是指侦查机关调查罪犯、犯罪事实及证据的合目的性的活动。换句话说，侦查行为就是为了查明犯罪事实，找出相应证据的活动。为此，侦查机关有权对犯罪嫌疑人采取任意同行、逮捕、拘留或搜查、扣押物证、书证的行为。在这过程中，可能会出现侵犯犯罪嫌疑人的权益的情形，因此我们有必要规制和控制上述侦查行为。

韩国宪法第10条明文规定："一切公民具有人应该所拥有的尊严和价值，享有追求幸福的权利。国家有义务确认和保障个人所拥有的不可侵犯的基本人权。"因此，侦查行为过程中，当然要遵守基本人权保障原则。宪法上的这种规定，为规制侦查权确立了一些制度保障措施。

本文探讨韩国侦查权滥用行为的规制和控制方案，指出相关问题和须改善的地方，并探索如何改善，点明改善方向。由于在韩国，检察官对警察享有侦查指挥权，因此，本文首先检讨检察官享有的侦查指挥权。其次讨论一般侦查行为的规制，在这需要说明的是，这种规制对于侦查前后有所不同。最后讨论对侦查权的事后控制。

二、检察官对警察的侦查指挥权

（一）侦查指挥体系

在韩国刑事诉讼法上检察官是侦查行为的主宰者。检察官作为公益的代表，关于犯罪侦查有权指挥和监督警察。对于警察的所有侦查行为，均受到检察官的指挥，而且必须要服从。

笔者认为，我国之所以这样规定，是为了通过侦查过程的透明性来确保程序的合法运行，从而减少因侦查行为所导致的人权侵犯。侦查行为中，多数为逮捕、扣押、搜查等强制性措施，犯罪嫌疑人极易受到侵害。检察官是法律专家，让警察受其指挥，可以减少侦查过程中可能会出现的不当行为，从而保障人权。

（二）对于侦查指挥权的担保

为了确立检察官对警察的侦查体系，刑事诉讼法赋予检察官要求换任权和监察拘留场所权。另外，为了担保这种体系，刑法还规定了人权维护职务妨害罪。

1. 要求换任权

警正以下封号的警察，在职务过程中有不当行为的，地方检察厅的检察长可以命令其对案件终止侦查，并要求替换该警察，受到命令的警察官无正当理由应替换。地方检察厅的检察长须留意自己管辖内的犯罪。警察没有向其报告或玩忽职守的,应要求该警察惩戒、免职、换任。相应负责人应在两周以内对该警察进行上述处分,并向所被管辖的地方检察厅检察长通知相应内容。

2. 监察拘留场所权

检察机关拥有侦查指挥权,地方检察厅的检察长或支厅长为了调查非法逮捕或拘留的情况,每月一次以上派检察官去监察逮捕拘留场所,并讯问被逮捕拘留者、调查相关资料。当检察官发现未按合法程序被逮捕拘留的,应要求释放或把案件移送检察厅。

3. 人权维护职务妨害罪

进行侦查行为时,检察官应要求警察维护犯罪嫌疑人的权利。侦查过程中,可能存在直接或间接侵犯人权,导致妨害侦查并损害国家权益的情形,则有必要防止人权侵害的可能性。当警察不服从检察官的命令并妨害指挥,根据人权维护职务妨害罪,其应受惩罚。这里所说的人权,是指在侦查中容易被警察侵犯的人权,由宪法第 12 条来保障。检察官的命令是围绕着犯罪嫌疑人、第三人以及其他有利害关系人的人权,主要是身体上的人权,所发出的是防止侵害的命令。

三、刑事侦查程序进行过程中的规制

韩国刑事诉讼法第 199 条规定:“为了达到侦查目的,可进行必要性的调查。但没有法律规定,不得进行强制措施。”在韩国,侦查行为应当以任意性侦查行为为原则,对于强制性侦查行为,只有在法定的情况下才能进行。侦查行为可以发现实体真实,但也存在侵犯人权情形,为了调解这个问题,侦查行为应以犯罪嫌疑为前提,遵守比例原则。即使是要发现实体真实,但其采取方式超出一定的度,那么就是违法侦查,视为被规制的对象。

(一)有关规制任意性侦查行为

任意性侦查行为是指不行使强制力,经过对方的同意所进行的侦查行为。相反,强制性侦查行为是指根据强制性处分而进行的侦查行为。即使有了刑法中违法性阻却事由的被害人承诺,只要是实质上侵害了对方权益,那么就视为强制性侦查行为。

任意性侦查行为以对方同意为要件,但其种类和方式多样,因此在这过程中,也存在实质性侵犯权利的可能性,同时任意性侦查行为毕竟是刑事程序之一,因此按照合法程序之原理,同样受到规制。

1. 任意性侦查行为的界限

(1) 侦查行为的必要性和适当性。侦查行为的必要性是侦查行为要件内容之一，没有犯罪嫌疑就不得允许侦查。有必要进行侦查也不得超出其限度。判例也明示了这一点，即“犯罪侦查的必要性不是无限制的，而是综合考虑来做出判断”。

(2) 根据自由意志的承诺。任意性侦查行为，必须通过对方同意。此处所指的承诺以自发和自由的意思为前提，因此没有得到对方自由意志下的承诺就不得称为任意性侦查行为。原因在于，面对侦查的一般市民，其心理本身处于强制状态，因此很难形成自由意志。

2. 任意性侦查行为的合法性

(1) 任意同行。任意同行能否看作是任意性侦查行为，对这个问题学界有分歧。笔者认为，任意同行是以对方同意为前提的限制性强制侦查行为。原因在于，虽然我国《警察官职务执行法》第三条和《身份证法》第二十六条规定，任意同行具备一定的法定条件，但只要对方自由承诺，就可以同行，这些规定过于笼统。因此，《刑事诉讼法》第一百九十九条详细规定，成立任意同行，应当局限于行为人有犯罪嫌疑，并对其没有实施身体上的束缚和心理上的压迫的情形。判例的观点与此相同。

(2) 承诺留置。如上所述，任意同行其性质上看，与强制性侦查行为相似，应贯彻令状主义。因此，无紧急逮捕情形而放在看守所或有紧急逮捕情形却不签发逮捕拘留令状而放在看守所，都是违反令状主义的违法拘禁行为。判例采取同样的立场。

(3) 承诺搜查和承诺勘验。侦查机关在无令状的情况下进行搜查、扣押，是不得允许的。因为一般的市民不太知悉这些搜查扣押的范围和根据，处于那种情况下个人权利都会变得萎缩。另外对于勘验，即使得到对方的同意，但侵犯其身体，那么就不得允许。总之，不管是承诺搜查还是承诺勘验，这种承诺应在自由的氛围下进行，且不得引起对方的法益受到侵害。

(4) 测谎仪。测谎仪是为了证明犯罪事实，对人的内心世界形成的陈述，用机器来分其真伪。韩国通过 2007 年的刑诉法修改，明文规定违法证据排除法则，即不按照合法程序而收集的证据，否定其证据能力。另外，通过机器来判断人的内心世界这一方法违反了宪法第 10 条规定的人的尊严和价值，其本身就是违反了合法程序原则。因此，即使经过犯罪嫌疑人或其他人同意，测谎仪也是不得允许使用的。

（二）有关规制强制性侦查行为

韩国宪法要求控制侦查机关的强制性侦查行为。由此，宪法明文规定了令状主义和拘留是否适当审查制度。刑事诉讼法根据宪法的要求实行强制侦查法定主义、令状制度、拘留是否适当审查制度，从而规制侦查机关的强制性侦查行为中所出现的违法行为。

1. 强制处分法定主义

强制侦查法定主义是指没有法律明文规定不得实行强制处分。法律之所以规定许可条件，是为了防止强制侦查过程中可能出现的侵犯人权的情形。法律这样明示强制处分的种类和内容，法官就容易对强制侦查的许可与否作出判断。由此可见，强制处分法定主义以令状主义为前提。

2. 对犯罪嫌疑人身体拘留的司法控制

（1）令状主义与拘留前犯罪嫌疑人令状实质审查制度。在韩国，为了防止侦查机关不当的人身拘留，采取令状制度。即侦查机关逮捕拘留犯罪嫌疑人时，事前须获法官签发的令状。但有例外情形，即有适当理由怀疑犯罪嫌疑人犯了死刑、无期徒刑或三年以上有期徒刑及禁锢的，当犯罪嫌疑人毁灭证据、逃避等情况出现的可能性存在时，情况紧急无法事前受法官签发令状，此时可以在没有令状的情况下进行逮捕。但逮捕后应及时向法官请求签发令状。

为了加强法官对拘留令状的审查权，刑事诉讼法采取令状实质性审查制度，即审查令状的法官传唤犯罪嫌疑人后亲自审查的制度。令状实质性审查制度是指收到拘留令状请求的法官亲自讯问犯罪嫌疑人，之后判断是否对其决定拘留的一项制度。对此刑事诉讼法规定依据逮捕令状逮捕（第 200 条之 2）、紧急逮捕（第 200 条之 3）、逮捕现行犯（第 212 条）、受到令状的法官及时讯问犯罪嫌疑人（第 201 条之 2 第 1 项）、没有被逮捕的犯罪嫌疑人有适当理由认为其有犯罪事实的，需签发令状拘留后进行讯问（第 201 条之 2 第 2 项）。

如此，韩国实行拘留前讯问犯罪嫌疑人制度，其背景如下。即为了更好地体现令状主义，我们不能只靠对令状的形式审，还需靠实质审。法官应亲自讯问犯罪嫌疑人是否满足充分的拘留要件。另外，听证权是法治国家的核心权利，通过听证权赋予犯罪嫌疑人辩解的机会，并且保障犯罪嫌疑人的听证权，更好地实现合法程序原则。

（2）对延长拘留期间的许可。为了防止侦查机关自行延长拘留期限，需要延长期限的须得到法官的许可。在此程序中，侦查机关提交相应资料，从而法官更能慎重地作出决定。

3. 对物强制侦查的司法控制

为了发现实体真实，强制性侦查行为是不可缺少的部分，但此过程中不可避免出现侵犯人权的情形。因而需要法律规制来限制强制性侦查行为。

(1) 令状主义原则。侦查机关为了进行搜查、扣押、勘验等措施，原则上应由法官签发相应的令状。对物进行强制措施时，提前这样做可以防止个人财产权、居住权、隐私权受到侵害。如监听，这是侵犯个人隐私权的表现，没有令状的情况下不得允许。法院判例也认为非法监听不得允许，其不具有证据能力。另外，违反对方意志而拍的照片，同样侵犯个人隐私权，须根据令状执行。

(2) 令状主义例外。对物进行强制措施，在例外情况下，可以没有令状而进行强制侦查。这种例外包括两种，即事后须签发令状的和事后并不需要签发令状的。前者为根据刑诉法第二百一十六条第三项规定的犯罪场所中的搜查、扣押。后者为根据《刑事诉讼法》第 216 条第 1 项第 1 号规定的为逮捕犯罪嫌疑人而进行的搜查。

四、侦查行为的事后控制

(一) 程序进行过程中的控制

1. 逮捕拘留是否适当审查制度

韩国宪法和刑事诉讼法规定以非拘留侦查为原则，是比例原则的体现。根据这种原则刑事诉讼法规定逮捕拘留是否适当审查制度，即法院对犯罪嫌疑人逮捕或拘留进行适当性和必要性审查，对不适合逮捕或拘留的，应及时释放的一项制度。

对该制度享有请求权的主体是被受逮捕或拘留的犯罪嫌疑人及其辩护人、法定代理人、配偶、兄弟姐妹、同居者、雇用人。犯罪嫌疑人根据逮捕拘留令状已被羁押的、非法逮捕的、紧急逮捕的、以现行犯被逮捕的、已被逮捕还没有收受令状的犯罪嫌疑人，都可以请求审查。另外，法院结束对犯罪嫌疑人的讯问后 24 小时内决定逮捕拘留适当性与否。法院的决定有两种，驳回和释放。法院认为这种请求没有理由，即作出驳回决定；而认为这种决定有正当理由，那么就决定释放。

2. 取消逮捕拘留

不具有拘留情形或拘留理由消灭的，检察官应以职权或犯罪嫌疑人及其辩护人的要求释放。这种取消拘留制度也具有一定的功能，但由于拘留是否适当制度的存在，其功能发挥得不到位。

3. 证据能力的否定

通过刑讯得到的犯罪嫌疑人自白,因其方式违法而不具有证据能力。还有侦查机关的讯问程序违法时,如不告知沉默权等,即使承认自白的任意性,也不具有证据能力。法院判例也赞同这一观点。不管某项证据是否具有证据价值,只要其违反了法定程序,则不能具备证据能力。对此,2007 年刑事诉讼法修改内容中,新设违法收集证据排除法则,只有这样才能防止违法搜查和扣押。同理,侦查机关所进行的勘验程序违反法律规定的,也否认其证据能力。

4. 准抗告制度

根据刑事诉讼法规定,如果对检察官或警察所作出的决定不服的,可以向其管辖的法院或检察官所属的检察厅提出取消或变更请求。

5. 控制搜查扣押

(1) 对扣押物品的交付制度。搜查扣押行为违反法律规定的,根据对扣押物品的交付制度得到法律救济。

(2) 准抗告制度。当事人对检察官或警察作出的搜查扣押等强制性措施不服的,可向法院请求取消或变更该处分。

(二) 刑事诉讼程序以外的规制和控制

1. 刑事制裁

侦查机关在侦查过程中出现刑讯或暴力情形的,或者以非法方法逮捕犯罪嫌疑人的,应受刑事处罚。例如,没有具备紧急逮捕要件而逮捕的,这不只是单纯的非法侦查行为,而应以刑法第 124 条的规定受刑事处罚。另外,侦查人员渎职的,按照刑法第 122 条规定成立渎职罪,或者侦查机关滥用其职权,让犯罪嫌疑人做其无义务的行为的,以及妨害其行使权利的,按照刑法第 123 条规定,以滥用职权罪受处罚。

2. 作为行政处分的惩戒处分

对犯罪嫌疑人进行刑讯、非法拘留、非法搜查扣押等方式进行侦查的,根据检察官惩戒法和警察公务员法,侦查人员受惩戒处分的制裁。如检察官违反职务上的义务或者玩忽职守的,其行为违反检察官惩戒法第 2 条的规定,受到一定的惩戒处分。

韩国检察制度

朴良浩*

一、韩国检察制度特征

（一）组织特征

检察权以实现国家刑罚为目的，本质上属于行政权，可另一方面，因公诉以及其维持功能与刑事审判作用密切联系在一起，所以同时具备司法的性质。

韩国检察组织为了调和这种检察权的两面性，首先让每个检察官以独立机关的资格独立行使犯罪调查、公诉的提起以及维持等属于检察权本质内容的权限来确保司法功能。同时，为了有效实现维持公共秩序和维护人权等国家目的，形成以检察总长为核心的组织体，来发挥其行政机关的性质。

（二）功能特征

1. 侦查主宰人

韩国的检察制度不仅由检察官主宰侦查(刑事诉讼法第 195 条，以下称刑事诉讼法为法)，而且检察官还有权指挥司法警察进行侦查。

如此，在犯罪侦查中检察官是拥有最终权和责任的机关，司法警察在侦查过程中须遵从检察官的指挥。这一点和检察官只允许调查特定犯罪事件的中国的检察制度有所区别。

2. 起诉垄断主义

韩国否定个人诉讼主义，而采取国家诉讼主义，只允许检察官独占公讼权(法第 246 条)。起诉垄断主义保障公诉的合理性，并且从制度上保障检察官以公益的代表人身份站在国家的立场公平、统一地上诉。

---

* 朴良浩：韩国法务部法务审议官室检察官。

虽然，起诉垄断主义与起诉便利主义结合起来，在实现实质性正义方面起到积极作用，但由于滥用其权，也产生负面影响。所以刑事诉讼法作为其管制装置，其内容包含了申请裁定制度(法第 230 条)、抗告制度(检察厅法第 10 条)等。

3. 起诉便利主义

即使持有维持公诉的充分证据，具备被追诉条件，韩国还例外地采取起诉便利主义，即根据检察官的裁量来决定是否起诉犯罪分子(法第 247 条第 11 项)。虽然有些案件构成犯罪，但如果对所有案件提起公诉，就会将轻微案件以及没必要受刑事处罚的案件都要进行处罚，这样就会导致不合理的结果。因此，对有些案件，酌定情节，允许缓期起诉是比较合理的。

二、检察官的地位

(一) 法律的捍卫者

检察官在整个诉讼过程中拥有“法律的捍卫者”地位。检察官作为侦查程序的主宰者，指挥、监督警察，在侦查过程中起到遵守法律和保障程序顺利进行的作用。同时在审判程序中，可向法院请求适用正当法律，通过对法院的判决的上诉权来实现正确实施法律的目的。

(二) 准司法机关

侦查是检察官业务之一，如同公诉和审判，都是为了查明真相，因此须按照客观正义的司法理念来执行。

另外，检察官作为准司法机关，原因在于侦查与公诉都具备着司法性质，所以一切行动应当按照司法性理念和业务标准来执行。同时，作为行政部的一部分机关，为了实现国家刑罚权，在审判过程中他代表的是政府，因而检察官具有司法和行政的双重性质。

(三) 公益的代表

检察院法第 4 条规定检察官为“公益的代表”“为全国民服务的人员”。检察官在刑事诉讼中不仅仅是当事人，也是按照真实和正义的原则追求实体性真实的公益的代表。因此，检察官不仅有义务维护被害者的利益，还要维护犯罪嫌疑人与被告人的正当利益。

(四) 单独官厅

检察权属于各个检察官,不仅监察厅的总负责人,还有各别检察官作为单独官厅,都拥有行使检察权的权利。检察厅只是一个统辖检察官事务的机关,并不是直接行使检察权的主体。检察厅的总负责人虽有权指挥、监督所属的每个检察官,但这与检察权有性质上的区别。因此,检察官是在行使检察权中,自行决定、表示国家意志的单独官厅。

之所以把每个检察官视为单独官厅,是因为检察官与国民的权利义务有着密切的关系,并与司法作用密切联系,因此其应当不受特定政治势力和外部干涉而公正行使权力。还有,检察权表现为侦查、提起公诉、维持公诉,这些行为都是以实现国家刑罚权为目的。侦查是起初行为,把侦查做好了才能做好下一个环节,这些环节都是连在一起的,所以我们要合法、迅速地行使检察权,并且所做的行为本身要拥有确定性效力。

因此,不按照上级的指挥去行使的检察官的自行决定的处分仍然具有效力,相反,哪怕是按照上级的指挥去行使也不意味着免其责任。

(五) 身份保障

所有检察官的任免都是由总统根据法务部长官的提请而决定,而法务部长官是根据检察总长的意见来提请检察官的任职的(检察院法第 34 条)。

为了确保检察权行使的公正性,防止外来的不正当干涉,检察官拥有准法官之身份。检察官不受弹劾或监禁刑以上的刑事处分,不依惩戒处分或资格审核而受罢免、退职、停职或减薪等处分(检察院法第 37 条),关于检察官的人数规定、报酬以及惩戒的有关事项均由法律决定(检察院法第 36 条第 11 页)。用法律规定上述事项,是为了排除受外部影响,确保检察官的地位和待遇。

三、检察官的功能和作用

(一) 侦查权的主体

刑事诉讼法明文规定检察官具有一切犯罪的侦查权。即,检察官为侦查的主宰者,司法警察官吏须按照检察官的指挥进行侦查。

对于案件侦查,一般情况下检察官不会亲自出手,由司法警察进行首次调查,检察官检讨并补充司法警察移交的侦查结果,之后最终决定起诉与否。

然而,对于重大案件以及疑难复杂案件,检察官最好从头开始亲自侦查。对于那些重要犯罪以及社会影响较大的案件,就算检察官不亲自进行调查,也有必要从侦查初期开始对司法警察进行指导或指挥。

最近，社会现象逐渐复杂多样，犯罪手段也变得越来越智能化、专业化。为了有效地实现国家刑罚权，检察厅设立特别侦查部门，安排法律专家和专业调查人力组来积极调查大型腐败案件、涉毒案件、有关黑杜会案件等。

（二）对司法警察官吏的指挥和监督

韩国检察官作为侦查的主宰者，有权指挥、监督司法警察官吏。司法警察官吏也要按照检察官的指挥进行调查，关于犯罪侦查，须听检察官的命令（法第196条第1项、第3项）。司法警察官吏的身份大多是行政警察官吏或行政公务员，在组织上也大多不属于检察机关。但是，处理案件时，不管其所属哪个部门都必须服从检察官的命令。

（三）提起公诉和维持公诉

检察官作为国家刑事追诉机关，有权决定提起公诉与否。对于提起公诉案件，要维持其公诉，指导审判程序结束。必要的时候可以撤诉。

如上所知，我国采取起诉垄断主义和起诉便利主义，所以公诉的提起与维持均属于检察官的权力。

检察官作为公益的代表，在刑事诉讼程序中，虽然是诉讼当事人，但要超出本位，为了实现正义及发现实体真实发挥适当的作用。必要的时候行使对法院的请求权即适当适用法律（检察院法第4条第1项、第3项），进而制约法院以实现审判的适当性。另一方面，检察官作为公益的代表，也有义务维护被告人的正当利益。在这种情况下，检察官不是被告人敌人，而是要调查并提出对被告人有利的证据，有时还要为被告人的利益提起抗诉或紧急抗诉，或申请法院宣判无罪。在韩国的刑事诉讼程序中，检察官具有维持公诉的当事人的地位，但如上所述，检察官的客观义务不是与当事人主义相反的概念，而是应从实现当事人主义的层面去理解。

（四）指挥和监督判决的执行

执行是指判决确定后国家机关按照判决内容的强制履行。关于执行的主体，有法院执行主义与检察官执行主义之分，韩国采取检察官执行主义。让公益代表的检察官指挥、监督国家刑罚权来保障程序正当和保护人权。

《刑事诉讼法》第460条规定，刑事案件中原则上由检察官指挥、监督其执行。照此规定，检察官执行与指挥拘留令状（法81条），执行与指挥扣押、搜查令状(法第115条),并负责刑罚的执行与指挥(法第460条)等。检察官指挥与监督审判的执行,具体的执行行为由司法警察或专门执行部门来行使。

(五)国家的法律家

检察官也作为法务部的法务室、检察局、人权局、犯罪预防政策局等机关的一员,办理各部门所管的重要国家法律事务,对于国家作为当事人或第三人的诉讼和行政诉讼,在这过程中,直接进行诉讼或对该业务指挥或监督有权直接执行诉讼或指挥。

因为在国家作为当事人或第三人的诉讼中,法务部长官代表的是国家,所以由检察官直接进行诉讼。但在行政诉讼中,原则上被受处分的行政厅作为被告,在这种情况下,给公益代表的检察官赋予权限来指挥、监督。同样,检察官还担任国家赔偿业务的一定部分。

韩国刑事诉讼法中审判中心主义之解释问题

吴庆植*

一、序论

借 2007 年刑事诉讼法的修改之机，法院的审判方式发生了变化，即走向审判中心主义。可见司法制度改革推进委员会反省过去的审判方式，根据时代发展的要求修改刑事诉讼法，并确立审判中心主义的法定审理程序的努力。

那么为什么会发生这样的变化，其原因在哪里？对此问题，我们需要进一步的分析。为此，我们需要研究审判中心主义的概念、目的及功能，还要分析刑事诉讼法上所规定的关于实现审判中心主义的内容，目前是否适当地运行。

另外，要了解审判方式发生变化的理由是什么。根据《宪法》第二十七条第一项的规定，一切公民根据宪法和法律的规定，有受法官审判的权利。第三项规定，一切公民有受迅速审判的权利，刑事被告人有权利受公开审判。从而可以看出，在审判中，事实上宪法没有规定审判中心主义的相关内容。

在审判过程当中最为重要的是形成法官自由心证，那么什么样的审判方式既公正又客观呢，对此，不同学者看法不同，但最终公正性还是最为重要的因素。

2007 年刑事诉讼法是以之前审判程序的不公平为前提而修改的，但它能否有效地发现实体真实从而实现刑事审判的基本理念，对此我们还要作综合性的检讨。

刑事诉讼法的基本理念是程序正当并发现实体真实，在这个过程中要保障被告人的人权。还有，韩国的刑事诉讼法采用混合主义模式，有时检察官和被告人作为诉讼当事人进行对抗，有时法官按照自己的职权指挥诉讼。

---

* 吴庆植：国立冈陵原州大学校法学科教授。

检察官提起公诉表明进入审判程序，审判范围以起诉状里所记载的内容为限，因此被告人只对这些内容作防御，当法官需要针对起诉状记载以外的内容进行审判的时候，必须要求检察官变更起诉状。还有，我们采取起诉状一本主义，通过这种方式防止法官产生预断。审判过程中保障被告人的沉默权，讯问被告人和询问证人时采取当事人主义审判方式中的交叉询问制度。

审判中心主义不管采用什么样的诉讼结构，最终是要确立公正的审判方式，是一种有效地发现实体真实的方案。

二、审判中心主义的概念与刑事诉讼法的关系

（一）审判中心主义的概念

审判中心主义要求法院在法庭上公开审理，其包含了公开审判原则、直接审理原则、言词审理原则等刑事诉讼的基本原则。其功能是确保程序正当、保障人权，为此实现发现实体真实的目标。

有的学者想通过审判中心主义来改变原有的靠笔录来进行审判的模式，从而在法庭上只靠言词来审判。还有的学者主张，由于刑事程序中形成心证的主体是法官和陪审员，因此为了让法官在法庭上形成自由心证，审判中心主义的实质内容应该包括以调查证据为核心的形式上的直接主义和原始证据为核心的实质上的直接主义。这种观点说明，在法官面前其亲自调查的证据以及与案情最为相符的原始证据是审判的基础，原则上传来证据不得允许。然而，这种观点最终也反映了公开审理原则和直接言词审理原则，因而也能成为审判中心主义的基本理念。

在一次学术会议上，法律界人士称，目前，为了更有效地发现实体真实并提高审判的信赖度，应当扩大言词审理原则的审判方式。因为它给予当事人发言的机会，从而能够实质性地保障当事人的权利，同时，它通过充分的讨论来判断案情，能为发现实体真实作贡献。因而美国、德国、法国等国家也采取此种方式。韩国人是个自我表现能力较强的国家，从这种特性上看，言词审理原则适用于我国法庭，它可以增进司法信赖度，因此非常有必要扩大这种审判方式。

审判中心主义不是说围绕着法院所进行的程序，而是说在公开的法庭上所进行的程序。因此审判中心主义以公开审理原则为基础，言词审理原则为辅来实现公正的审判。

（二）审判中心主义与刑事诉讼法的关系

刑事诉讼法修正内容中，审判中心主义相关的内容如下。第一，引进起诉状

一本主义。第二，引进证据开示制度。第三，引进庭前准备程序。第四，规定庭审中被告人的沉默权及审问程序。为了实现审判中心主义，以下对上述刑事诉讼法的规定内容进行解释，并对有关问题提出相关的立法理论。

三、分析刑事诉讼法实现审判中心主义

（一）引进起诉状一本主义之重解

韩国由引进起诉状一本主义，在提起公诉时检察官向法院提出起诉状（刑事诉讼法第二百五十四条第一项），同时起诉状里不能附加可能让法官产生预断的材料以及其他物品（刑事诉讼规则第一百一十八条第二项）。

从当事人主义的角度上看，起诉状一本主义防止由于侦查机关单方面提出材料而给法官产生的预断，然而法官在一片空白的状态下通过双方当事人的对抗来发现实体真实，因此符合审判中心主义的理念。

在庭审过程中，双方当事人在法官面前以言词审理原则为前提进行对抗，从而实现法官的自由心证，在这种层面上，起诉状一本主义起到了其功能。

我国刑事诉讼法修改内容中关于引进起诉状一本主义的规定，意味着我国以当事人主义诉讼模式为前提来实现审判中心主义。相反，德国是职权主义国家，因此在起诉状中应当记载侦查结果以及相关证据，与起诉状一起把案卷材料一并向法院提出。这种规定与修改前我国的诉讼结构相同，因此，这次修改意味着我国从职权主义诉讼模式转变为当事人主义诉讼模式。

但事实上，目前韩国的检察官在第一次开庭之前就已向法院提出案卷材料和证据，法官对此进行审查，这种方式不能实现审判中心主义，更与起诉状一本主义的宗旨不相符。

这种审判方式只能说明我国的起诉状一本主义没有按照原来的宗旨去运行，最终违反了刑事诉讼法修改的旨意。起诉状一本主义要求法官在一片空白的情况下，通过双方当事人的对抗来进行审判，这才能说是符合起诉状一本主义的真正的审判中心主义，也与刑事诉讼法的修改旨意相符。

（二）引进证据开示制度之重解

刑事诉讼法修改中还设了证据开示相关内容，即被告人及其辩护人和检察官可以查阅、复制对方的证据材料，也可以向对方申请书面上的交付。如果对方拒绝或限制查阅、复制，双方当事人可要求法院判断许可与否。

引进证据开示制度是为了确切保障被告人的防御权，即在第一次开庭之前

检察官允许被告人及其辩护人查阅案卷材料。同时引进庭前准备程序,在开庭前开示证据、争点整理、明晰举证计划,从而在合理范围内让被告方提出相关证据。

引进证据开示制度的目的是为了让诉讼一方当事人在法庭证据调查程序之前了解对方所掌握的证据,这样能够实现平等对抗原则,进而实现庭审的有效性和迅速性。

参照日本的开庭前整理程序,我国也引进了相似制度,即在庭前准备程序和开庭中准备程序。实质上,庭前准备程序与证据开示制度是为了国民参与审判制度的顺利进行而引进的,因为陪审员参与审判的情况下,只有审判迅速进行,才能让陪审员早日回到自己的生活。然而,现在这种方式不仅在国民参与的审判中适用,还在一般审判程序中适用,这给我国的审判制度带来了很大的变化。

但问题是,法院所作出的让对方当事人执行证据开示的决定没有有效的制裁手段。只有在《刑事诉讼法》第二百六十六条之四第五项规定了制裁相关内容。根据其规定,检察官如果不及时履行法院作出的决定,那么在庭审中该证据不得作为证据向法官提出。但这种规定不能作为有效的制裁方式,反而这个证据恰恰是证明被告人无罪的证据的话,那么不能实质性地保障被告人的防御权。因此不得限制对该证据的申请。

(三) 引进庭前准备程序之重解

修改后的《刑事诉讼法》内容中,从第二百六十六条之五至十五详细规定了庭前准备程序。庭前准备程序是指法院为了庭审而进行的一系列的准备程序,其中包括庭前调查(刑事诉讼法第二百七十三条)和提出证据(刑事诉讼法第二百七十四条)。它以公开为原则,只对一些能够妨害程序的情况不公开进行,在庭前准备程序中检察官和辩护人必须参与,必要的时候被告人也能参与此程序。庭前准备程序结束后,法院应当制作笔录记载争点及整理证据的结果。在该程序中没有申请到的证据只能在有限的情况下在庭审过程中提出。

另外,被告人及其辩护人收到起诉状副本之日起七日以内,对公诉事实内容承认与否、庭前准备程序的意见等内容制作意见书,应向法院提出。

上述的意见书提出制度原本是在大法院例规中所规定的,但通过修改现在刑事诉讼法中明文规定此项内容。换言之,该制度能早日确认被告人的想法,从而能够保障防御权。

法院根据被告人的基本状况、案情的复杂性、被告人的意见书及辩护人的答辩状等几项内容进行考察之后对案件进行分流,确定是否适用庭前准备程序。

因此，被告人的意见书提出制度作为刑事诉讼的重要制度之一，其作用很大。

问题是在于，意见书提出制度是具有义务性的，那么这种义务性的规定是否符合审判中心主义的宗旨。还有，法院所提供的意见书格式中包括对公诉事实的意见、对程序进行的意见以及对环境等因素的意见。总之，这些意见书是法院提前制作而提供的，这些有可能引起法官的预断，因此，对意见书的提出没有必要义务化。

（四）修改证据调查程序之重解

1. 序言

为了更好地实现审判中心主义，立法者引进了调查员证言制度，并对侦查机关制作的视频录像的证据能力作了修改。这些内容的修改能够和谐实现程序正当和发现实体真实的关系。

我国刑事审判以证据裁判为核心，并明文规定违法收集证据排除法则，修改了对侦查机关制作的犯罪嫌疑人讯问笔录相关内容和其他询问笔录相关内容。还有，对调查员证言制度和讯问犯罪嫌疑人时所作的视频录像的证据能力等传闻法则的例外也作了大幅度修改。

这种制度是为了防止案卷中心主义，从而确立审判中心主义。但该制度实行以后出现很多负面影响。以下对调查员证言制度和视频录像的证据能力问题进行阐述。

2. 引进调查员证言制度之重解

《刑事诉讼法》第三百一十六条第一项规定了相关内容。即起诉之前，对被告人进行调查的侦查人员或参加过有关调查的人员在法庭上作证，该人员如果不真实回答将以伪证罪受处罚。调查员在法庭上所作的证言是在特别可靠的情况下进行的，那么对该调查员的证言赋予证据能力。

此项制度的规定如同美国、德国、日本，其主要是为了保障被告人的人权。该制度要求查明侦查机关所作的讯问笔录是否是在侵犯被告人权益之下进行的，试图在程序正当的前提下承认证据能力。

该项制度引进的时候，本来是将第三百一十二条第三项中所规定的有关讯问犯罪嫌疑人笔录的传闻法则例外内容删除，然后再规定此项内容来弥补前项规定。但最终没有删除前项内容而再引进这项制度，内容上两种规定造成了矛盾。

两种规定在解释上有所矛盾。第三百一十二条第三项规定，检察官以外的侦查人员所制作的犯罪嫌疑人讯问笔录是按照合法程序和方式制作的，并只有曾经为犯罪嫌疑人的该被告人在庭前准备程序上或法庭上承认笔录内容的前提下才能作为证据。这明显与第三百一十六条第一项内容相互矛盾。到底是哪个规定更为优越，现在还不明确。

对此问题大法院的立场如下：对于检察官以外的侦查人员所制作的犯罪嫌疑人讯问笔录，即使在法庭陈述中其内容被承认，但如果该被告人在法庭上否认其内容，则不得赋予其证据能力。这说明，调查员在法庭上所作的证言的效力还不如侦查人员制作的笔录，因此这项制度不能地切实反映审判中心主义。

如果不把讯问笔录作为证据提出，只运用调查员证言制度的话，当被告人否认笔录内容，那么根据什么证据来判断也是个问题。

我国《刑事诉讼法》第二百四十四条第一项规定，必须制作讯问笔录，若无法向法庭提出这一笔录，那么为何立法者规定了此项内容？有的学者认为该项义务对法院起报告性功能，但这是职权主义模式下的观点。相反侦查机关制作笔录后是否向法院提出，这也不能强制。在我国现行法律中侦查机关决定是否要提出讯问笔录，因此两项规定虽有矛盾，我们只能按照侦查机关的意志去决定证据的提出。当然，如果被告人否认其内容，我们根据第三百一十六条第一项的规定，能够证明是在特别可靠的情况下制作的，那么就可以作为证据使用。

有的学者主张对讯问笔录应当适用第三百一十二条第三项内容，但对还没有提出的证据推定其具有证据能力，这显然与合法程序的原则不相符。

3. 引进视频录像制度之重解

刑事诉讼法修改内容中还引进了视频录像制度，根据第二百四十四条之二第一项规定，犯罪嫌疑人所作的陈述可以录音录像，在此情况下，应当告知犯罪嫌疑人。录音录像应该是全程进行，结束后应当在犯罪嫌疑人或辩护人面前密封原件并让犯罪嫌疑人签字或盖章。如果犯罪嫌疑人或辩护人要求视听，就应当播放。当其对内容提出异议，应当让他们书面记载意见。

视频录像制度是为了确保侦查程序的合法性和透明性，并防止侵犯人权而引进的。根据现行《刑事诉讼法》第三百一十八条之二第二项规定，对于视频录像，在庭前准备程序或在庭审中，被告人或其他人进行陈述时，当其记忆模糊，需要提醒他们的时候可以重放。

有的学者主张，这种在封闭式的环境下制作的视频录像与法庭上的陈述不能相同看待。但还有观点说视频录像更为生动，这比讯问笔录更与直接原则相近，因此更接近审判中心主义。笔者认为，第二种观点更具有说服力。

（五）讯问被告人程序之重解

讯问被告人程序可以说是在庭审程序中变化最大的部分。修改前讯问被告人程序放在证据调查之前，修改后顺序恰恰相反，只不过讯问内容与之前相同。即，检察官、辩护人进行直接讯问后法官进行讯问。虽然按照修改后的规定，证据调查之后进行讯问被告人，但在证据调查过程中有必要进行讯问的，通过审判长的许可，可以向其进行讯问。

对检察官的讯问内容，有的被告人拒绝回答。根据现行法的规定，沉默权是对内容不作陈述或对各个事项拒绝陈述。有人认为沉默权包括对讯问的拒绝回答，但沉默权和检察官的讯问权是不同的。因此把这两者探讨在一起与审判中心主义不相符。

四、结论：实现审判中心主义的解决方案

（一）发现实体真实理念与审判中心主义之关系

我们以程序正当为基础，发现实体真实，从而实现审判中心主义，并将对被告人的人权保护作出贡献。但在刑事审判中，审判中心主义到底是否为最佳制度，对此问题还有所疑问。

法官面前所进行的陈述为基础，根据法官的自由心证而得到的证据具有绝对的证据能力。此种证据比侦查机关面前所作的证据更具有优越性和可靠性，并接近真实性。这些前提是审判中心主义的出发点。

问题是很多被告人只在法庭上作真实的陈述，在侦查机关面前却相反。目前，在我国的诬告罪和伪证罪的比率逐步上升的情况下，还能否一如既往赋予法庭上陈述的优越性，这点笔者有所疑问。笔者认为，应当把多种多样的证据都允许带进法庭，让法官的自由心证来判断证明力。这样才能保护被告人的人权，同时能确保程序正当并发现实体真实。

（二）审判中心主义与庭审笔录的运行方案

现行刑事诉讼法区别对待法庭上所作的陈述和在侦查机关面前所作的陈述，可见庭审笔录是直接被当成一项证据来使用的，但讯问笔录需要通过多种方式进行考验。问题是怎样对庭审笔录的真实性进行考验？当双方当事人对此提出疑问的时候，只能按照法官的主观判断来做决定。对此问题，我们可以通过对庭审的整个过程进行视频录像等方案来维持法庭的权威，进而实现审判中心主义。

（三）刑事司法费用的问题以及解除对司法的不信任的问题

审判中心主义的实现以公开审理原则、直接审理原则、集中审理原则以及言词审理原则作为前提。与此同时，我们还要考虑审判期间的长期化、刑事司法费用的增加、解除对司法的不信任等问题。还有，法院作为审判机关，为了实现审判中心主义，不能让侦查机关的功能缩小，应在中间作好协调。

目前，由于国家提倡审判中心主义，而警察和检察等侦查机关面临着提出证据困难等包袱。我们要克服以上问题并实现审判中心主义，需要对刑事诉讼法进行全面的修正。

审判中心主义诉讼程序的理解

李完揆*

一、序

审判中心主义这一词源于日本，即法院对案件的有罪与无罪，应当在公开的法庭上进行审理而判断。

在日本这一词包含了公开审理原则和言词原则，而美国、英国、德国等国家的文献中，并没有直接使用审判中心主义这一词。然而，上述国家也把公开审理原则和言词原则作为审判的重要原则，德国还把直接原则作为一种基本诉讼原则。对于公开审理原则，德国相关文献认为，“法庭审理应将在事实审法院中所进行的言词辩论审理当作刑事程序的核心”，这与日本的审判中心主义内容上相似，但在一表述中，也不直接使用审判中心主义一词，只是说明公开审理原则的旨意。

审判中心主义这一词，从 2000 年初开始由我国大法院所提倡，在 2004—2007 年的刑事诉讼法修改过程中还作为修改的主要理念。直到现在，法院所主张的审判中心主义仍是个重要理念。而今天的中韩学术会议也把审判中心主义作为我们讨论的主题，我想一定是因为中国对此有所兴趣。因而，本文围绕着审判中心主义，对公开审理原则、言词原则、直接原则等内容进行说明，最后探讨韩国的经验和应注意的一些事项，希望本文对中国的研究有所帮助。

二、沿革

（一）大陆法系的方式

1. 引进公开审理原则的背景

公开审理原则作为审判中心主义的背景理念，可视为近代司法的核心。尤

---

* 李完揆：首尔北部地方检察厅副检察长。

其是在大陆法系的刑事司法体系中，公开审理原则是从纠问式程序走向近代的诉讼程序的基本理念。纠问式诉讼时期，侦查程序和审判程序都由法院来主管，在这种诉讼过程中出现密室侦查，甚至出现密室裁判，面对此种现象有人开始主张公开审理。在这启蒙时代，公开审理原则成为改革的基本理念。

在这一期，公开审理原则表现为三个层面：一是法庭的公开；二是证据的公开；三是审判庭的公开。当时大陆法系国家以公开审理原则为基础试图打破纠问式诉讼程序，把采取陪审制的英国作为榜样。原因在于，当时的英国市民参与审判，这种审判方式本身会带来一些法庭公开或证据公开等问题，从而周围的大陆法系国家自然认为陪审制度能够充分体现公开审理原则，因此法国引进陪审制确立公开审理原则，把公开审判作为审判的重要原则之一。

那么法国为什么在革命时期的刑事诉讼程序改革中强调公开审判原则？原因在于，法国采用公开审判原则，让公众监督审判内容，从中得到公平的审判。换句话说，让公众知道审判不是法官的专利，而是通过公众的监督来控制审判的程序。

另外，这种公开审判的理念不是单纯地允许公众旁听的空间上的公开，而是让公众参与审判，把审理方式和内容向旁听的公众公开。因而言词原则以及直接原则都是为了满足公开审判原则而产生的原理。

在这里，我们应当认识到，通过直接言词进行诉讼的方式，让公众参与审判得以控制司法，这是最为重要的根据。我们首先要明确这一点然后接下来继续探讨。在公开的法庭上，所有旁听者都要发挥一种功能，那就是要控制法院的过错。在这过程中被告人可以意识到自己与其他市民伴随，他们通过参与审判的方式监督审判，从而使自己受保护。同理，犯罪人也不能随意避免被受处罚，因为市民是保护社会的一把伞。

2. 言词原则

言词原则是指法庭上的辩论，即主张和证据的提出原则上要口头陈述进行的一种原则。物证直接向法庭提出，但人的陈述作为证据向法庭提出的时候，应当以言词的方式进行。

不仅是审判庭，参与审判的民众也应当知道检察官和被告人所主张的该内容和证据，从而公众可以控制司法，因此言词原则就是为了让公众知道审判的内容。

相反，作为证据向法院提出的卷宗笔录和一些材料，法院通过阅览可以得知其内容，但民众不同，如果在法庭上不以言词的方式进行，哪怕是公开审判，几乎没有价值。

3. 直接原则

直接原则从公众控制角度来看，是要求向公众告知审判的进行过程和所被提出的证据的一种理念，这与公开审理原则相同，也是事实审法院遵守的一种理念。即，事实审法院以民众参与之下所获取的资料为根据进行事实认定。

（1）亲自调查原则。亲自调查原则作为直接原则的内容之一，是指事实审法院应当亲自调查作为审判依据的诉讼资料。因此，原则上不允许委托他人来进行调查证据，否则违背该原则。但也存在例外情形。

（2）经验者直接询问原则（笔录的证据能力相关问题）。法院如果想把某人的经验内容作为事实认定的资料来使用，那么应当在法庭上对其亲自询问，然后再判断是否适用该证据。在这里所说的经验不仅包括直接的，还包括间接的经验。无论是亲自听到看到的人还是从他处获悉的人，只要是知道案情的，都可以作为经验者。则在法庭上询问从他处获悉的人，并不违背直接原则。因此，直接原则并不是说只有在法官面前所述的内容可作为证据使用，而在侦查机关面前所述的不得作为证据使用。例如，在一场交通事故中，目击现场的目击者亲自听到看到的事实可以作为事实认定的根据来使用，而且从目击者处获悉的第三人的陈述也能作为事实认定的根据。

然而，有些学者认为，只有询问亲自听到看到的人的证言才能作为认定事实的根据，但该观点把经验者只理解成亲自受经验的人，就像把直接原则理解为只有在法官面前进行的陈述才能作为证据，而在侦查机关面前所进行的陈述不得作为证据来看待一样。持这种观点只能说明其没有正确理解直接原则。

直接原则尤其是在卷宗笔录的证据能力部分具有一定的意义。法院为了认定事实，应当亲自调查经验者，即除法院的亲自询问以外，禁止通过朗读侦查资料的证据调查方式。例如，对于警察根据被告人的自白为内容而制作的笔录，法官应当向被告人讯问该笔录的自白的内容，只按照讯问笔录来认定事实是不可以的。对于记载有关供述的笔录，对其证据调查方法不能只是朗读该笔录，原则上在庭审中应亲自讯问被告人或询问证人，朗读卷宗笔录的方式不能代替亲自讯问或询问的方式。

但在这里需要我们注意的是，从原则上看，应当庭讯问和询问，这说明这些卷宗笔录不可代替法庭上所要进行的被告人讯问或证人询问，但这含义并不是说法庭以外的陈述不得作为证据使用。如上所述，经验这一概念包括直接和间接，那么法庭上间接经验者的陈述照样可以作为证据来使用。从这一点看，直接原则与英美法系的传闻证据法则有很大的区别。

举个例子，假如有人目击杀人现场，他作为证人向警察陈述自己看到了被告人用刀行凶，警察按照其陈述的内容制作了笔录。如果该证人能出庭作证，那就最好；但如果该证人翻证，此时为了把原先的证人笔录作为证据使用，法院应当传唤调查该证人的警察，并让他作为证人出庭证明该笔录的真实性。这样，原先的证人笔录就具有了证据能力。至于该笔录是否具有证明力，那就靠法官的判断。

再举个例子，在侦查阶段对被告人进行讯问后制作讯问笔录，法庭审理案件时被告人翻供的情况下，法院向被告人朗读讯问笔录，让其回忆讯问笔录内容，当被告人承认笔录上的内容，那么此时的被告人供述可以作为证据使用，如果其拒不承认笔录的内容，那么侦查阶段调查过被告人的警察作为证人出庭，证明被告人在侦查阶段供述过笔录上所记载的内容。此时，该警察的证言同样可以作为证据使用。

4. 集中审理原则

了解公开审判原则，还有个重要的理念就是集中审理原则。按照该原则，审判尽可能不要中止，即审判应当不间断地进行直到终止。如果开庭审理不能当天结束，那么之后的每一天都要天天开庭直到审理结束。现行德国刑事诉讼法规定，有特定事由的情况下，可以中止审理再确定下一次开庭日期，其间隔原则上不得超出三周。如果审理已经超出 10 天，那么在一个月内确定下一次开庭日期。

还有，原则上当庭宣判，但案件比较复杂，评议需要更多时间，可以定期宣告，评议时间最长 10 天，第 11 天必须宣告判决，如果超出期限，那就重新进行法庭辩论。当然，判决书在宣告判决后再制作。

集中审理原则如此重要，是因为有公众监督和控制的情况下，法院根据法庭审理认定事实并得出结果。如果审理间断，那么法官的记忆也会变得模糊，也不能排除法院受外部影响的可能性。

（二）英美法系

1. 陪审制与公开审理原则、言词原则

在英美法系中，随着陪审制度的确立，早就形成了公开审理和言词审理为原则的审判方式。一方面由于民众参与审判，开庭当然需要公开；另一方面双方主张的内容需要说服陪审员，这样言词辩论也自然发达。

2. 经验者陈述的证据使用和传闻证据法则

（1）传闻证据法则的意义

传闻证据法则是英美证据法中重要的法则之一，传闻证据是指证人并非陈述自己亲身经历之事实，而仅就他人在审判外所为之陈述(原供述)，代为提出以作自己之供述。原则上应当否认其证据能力，传闻证据包括记载传闻陈述的书面、录音资料、第三人的证言等。根据传闻证据法则，原则上使用证人的直接证言的审理方式。

(2) 传闻证据法则的特征

即使传闻证据不能使用，但为了发现实体真实，立法者规定了很多例外情形。例如，被告人所述的对自己不利的供述作为传闻证据法则的例外，可以作为证据使用。还有如商业账簿等具有可靠性的文书，即使是间接证据也可以作为证据使用。

英美的传闻证据法则根据陈述进行的情形来判断证据适用与否。只要该陈述能够作为证据来使用，那么在开庭审理中并不限制举证该证据的方法。

例如，英美证据法中，庭外进行的对被告人不利的陈述，作为传闻证据不适用传闻证据法则，允许作为证据使用。英国的惯例中可以看出，他们把这种陈述作为传闻证据法则的例外，而美国的联邦证据法并不把它视为传闻证据，但也允许作为证据来使用。

综上所述，对于被告人的讯问笔录，无论是让警察出庭作证还是记载被告人供述的书面还是录音资料，都可以向法庭提出，这些证据的举证责任在于公诉人。

(三) 在日本论议的过程

1. 废止预审制度与审判中心主义

本文已提到审判中心主义一词源于日本，因此我们有必要谈到这一词在日本的发展状况。

二次世界大战后日本修改刑事诉讼法，1951 年小野清一郎的著作是当时的初期文献之一，该著作中讲解有关废止预审制度部分时提到审判中心主义一词。即“对案件进行审理，重点在于一审，由于没有预审，提起公诉后案件直接到审判。起诉状不得附加或引用可能引起法官预断的案件相关的文节以及其他物品。这样一来法官在开庭审理中，一片空白的情况下，根据案件的审理及辩论的结果来作出最终判断。我们一直以来期盼的审判中心主义或审判集中主义由此实现”。接着说“在审判中要实行直接审理、言词审理和辩论”，进而涉及了直接审理原则和言词原则。

日本此次修改刑诉，其重点为审判和预审的一体。即修改前法院的审理包括预审和审判，但修改后两个部分成为一体。日本原先把预审的卷宗笔录作为审判的证据来使用,但修改后两者成为一体,克服了之前的弊端。

2. 强化直接原则与当事人主义论

接下来再看1960年青柳文雄发表的论文《审判中心主义的课题》。该论文中提到说,对于审判中心主义不同学者有不同看法。他把审判中心主义大致上分为形式上的审判中心主义和实质上的审判中心主义。

形式上的审判中心主义是指法官所采纳的证据必须要通过法庭证据调查阶段。这是大陆法系国家采用的原理,在日本的旧刑事诉讼法中也被采用。反之,实质上的审判中心主义是指亲自经历犯罪事实的人在法庭上作为证人出庭,同时给他机会向对方提问,从而进行充分的对抗,法官在这过程中形成心证。这一原理随着18世纪初形成的陪审制而发展,被日本的现行刑事诉讼法所采纳。目前日本把庭审调查方法作为审判中心主义的重点,这也是实质性审判中心主义的核心内容,是强化直接原则的表现。

问题在于,他们试图把现行状况与英美法系制度相连接。有个公式,即形式上的审判中心主义等同于大陆法系;实质上的审判中心主义等同于英美法系。田宫裕主编的《刑事诉讼法》审判中心主义部分中提到,审判中心主义是指案件的确定尤其是犯罪事实的存在与否,应当在法庭中进行判断。

3. 对日本的评价

(1) 日本刑事诉讼法的解决方法。日本败战后修改刑事诉讼法,废止预审制度,通过审判和预审的一体,并引进英美证据法如传闻证据法则来改变现状。尤其是引进传闻证据法则,根据其一般理论规定证据制度。首先对于被告人庭外进行的对自己不利的供述,应当被视为传闻证据法则例外,检察官或警察制作的讯问笔录,只有被告人签字的才视为证据来使用。其次,对于证人,从询问笔录来看,只有检察官制作的笔录,该笔录具有可靠性的间接标志的情况下,才可以作为证据使用。可靠性的间接标志是传闻证据法则中赋予证据能力的一般条件,只在检察官的笔录中被体现,因为检察官具有法律专门知识,比做现场工作的警察更具有可靠性。总之,战后日本刑事诉讼法的修正被认为走向审判中心主义方向。

(2) 审判中心主义与当事人主义相连接之评价。日本废止预审制度,以法庭审理为中心,这样的变化有利于集中审理。但这种变化只不过是靠近现代刑事诉讼的基本原则罢了。修改刑诉法初期,日本以公开审理原则、言词原则以及直接原则来作为法庭审理的原则。如上所知,公开审理原则和言词原则是大陆法系和英美法系共同所拥有的基本原则,但直接原则是以德国为中心的大陆法系国家的原理,而传闻证据法则是体现当事人主义的英美法系国家的原理。然而，日本引进了英美证据法制度，按照当事人主义的方式大幅度修改了刑诉法。因此他们往往把审判中心主义和当事人主义相连在一起，田宫裕最为典型。

但审判中心主义与当事人主义和职权主义并不相关，在职权主义模式中照样可以充分实现审判中心主义。所以只有当事人主义模式下才可以实现审判中心主义这一说法并不适当。总之，通过何种模式来实现审判中心主义的问题，取决于国家的立法政策。

三、韩国对审判中心主义之混淆

（一）审判中心主义内容之混淆

在韩国，2000 年初开始提倡审判中心主义作为诉讼改革的主要理念。由于笔者参与了刑诉法修订工作，所以对讨论的过程有详细的了解。为了更好地把握审判中心主义，我向大家分析几个难点。法院、检察院、律师等实务界都常常提起审判中心主义，但对这个概念却没有统一的标准，各个机关主张内容并不相同。

1. 审判中心主义等同于当事人主义的主张

对于审判中心主义的性质，在韩国存在着奇怪的逻辑，令人遗憾的是，这个逻辑还具有一定的权威。

2003 年 12 月至 2004 年 12 月，直属于大法院的司法法革委员会以“确立以审判为中心的法庭审理程序”为课题，探讨了刑事诉讼法的修改问题。在探讨审判中心主义与诉讼结构的过程中，一场法官主导的会议资料记载：“不能把被告人作为诉讼程序的客体，而视为当事人，应当保障其准予对抗检察官的防御权，从而实现当事人武器平等，这是当事人主义模式的诉讼原理。反之，在职权主义国家，被告人作为保护的对象，赋予被告人何种权利，由国家决定。因此，职权主义模式很容易与国家中心主义思想相结合。”紧接着说：“我国制定刑事诉讼法的时候，立法者主张采取审判中心主义，明确认识到审判中心主义是通过当事人主义来完成。只不过，当时法官的素质低、数量少，因而在庭审中，只通过检察官和律师的口头辩论是无法正确认定事实的。在当时缺乏律师的情况下，被告人没法受到律师的帮助，很难实现当事人主义。”

可见，有些人试图把审判中心主义和当事人主义连在一起，但笔者并不赞同这种说法。德国是个典型的职权主义国家，其通过公开审理、言词原则、直接原则实现审判中心主义。而美国又是典型的当事人主义国家，其通过言词辩论原则及传闻证据法则实现审判中心主义。因此，笔者认为，有些人把这两者相连在一起，只能说明其想把我国的诉讼构造换成当事人主义模式。

2. 主张审判中心主义等同于当事人主义，但把直接原则作为要素之矛盾

有些人虽然把审判中心主义和当事人主义联系在一起，但又把直接原则作为审判中心主义的内容之一，这种观点表现其不够了解比较法。如上所述，在职权主义国家，法院享有事实认定的调查权，所以在法庭上再调查侦查机关已调查的内容，才是直接原则强调的原理。这与当事人主义的诉讼原理截然相反。因此，从诉讼结构上看，职权主义国家以实现审判中心主义，公开审理原则、言词原则、集中审理原则、直接原则为要素。相反，在当事人主义国家，公开审理原则、言词原则、集中审理原则、传闻证据法则为实现审判中心主义的要素。

（二）侦查阶段卷宗笔录的证据能力

1. 克服卷宗中心主义

（1）卷宗中心主义的弊端。在韩国，目前探讨审判中心主义，最为强调的是要如何克服根据卷宗进行审判的方式。对于审判现状，定罪量刑没有在公开的法庭上进行，而是法官通过侦查卷宗，在自己的办公室进行“审判”。这种方式，审判程序不透明，以至于出现有钱无罪、没钱有罪、前官礼遇等潜规则，从而降低民众对司法的信赖度。

笔者赞同这种看法，因为法官的自由心证不在庭审中形成，显然违背了审判中心主义。并且犯罪嫌疑人的笔录与案卷一并向法院提出，该笔录只有法官能看，公众不知道其笔录内容，这样公众就没法监督法院。这种审判方式源于大陆法系的纠问式诉讼程序，当时纠问法官记载其调查内容，并把它移送法院，法院就只根据该卷宗笔录定罪处罚。后来为了改变这种现状，确立了公开审理、言词原则以及直接原则等，逐步走向近代式的诉讼模式。

（2）克服以卷宗审判的方式和卷宗笔录的证据能力的问题。以卷宗为审判的方式，其弊端就是法官不在庭审中形成心证，而在自己的办公室里进行“审判”。卷宗笔录作为证据向法庭提出，判断其内容的证明力，应在法庭审理中充分调查并辨别出具有证明力的证据。为了有效进行审判，应当庭宣判，即法官对案情最清醒的时候作出判决。

举个例子，根据韩国的现行刑事诉讼法，检察官制作的犯罪嫌疑人讯问笔录在一定情况下具有证据能力。对于这个笔录，法官应在开庭中知悉其内容，然后向被告人提问笔录的内容，当被告人翻供，当问他翻供原因是什么。这接近目前德国采用的直接原则的审判方式。这种方法，不仅适用于犯罪嫌疑人讯问笔录，同样适用于证人、被害人的询问笔录。

对于卷宗笔录的证据能力和以卷宗审判的关系，不是说卷宗笔录引起了审判，而是在审判过程中需要卷宗笔录，进而判断其证明力。有些人说既然采取以审判为中心的方式，就要否认卷宗笔录的证据能力，这种说法混淆了两者的关系，显然是不妥当的。

2. 对于"审判中心主义是侦查阶段收集的笔录不在法庭上使用"的主张

有些人说到审判中心主义，主张在侦查阶段收集的笔录不应在庭审中使用，即只有庭审中所进行的陈述才能作为证据。这种奇怪的逻辑分离了侦查和审判，并认为侦查机关收集的证据只在侦查阶段具有其意义，只有在庭审中收集的陈述才能作为证据来使用。英美证据法中的传闻证据，对于证人的庭外证言，没有经被告方在法庭上的交叉询问，就不得作为证据，从而保障被告人反询问的权利，但也有很多例外情形。然而，上述的主张虽以传闻证据法则为根据，而试图彻底排除侦查阶段笔录的证据能力。

按照英美证据法来实现审判中心主义，我们要正确理解其一般理论。当然，对于各国不同的社会文化背景以及国情，我们应适当地区别看待，同时要维持整体框架。在英美法系中，被告人的供述是传闻证据法则的例外，可以作为证据使用，即不管是侦查机关制作的讯问笔录还是私人制作的书面口供，都能作为证据向法院提出。但在韩国，探讨侦查阶段收集的笔录的证据能力时，有些人主张，在侦查机关面前所进行的陈述或供述不得作为证据来使用。这明显不妥当，这种逻辑混淆了审判中心主义的定义。

到目前，在韩国这种逻辑还存在，我举两个典型的例子。首先，对于侦查机关制作的讯问和询问笔录，有当事人签字的情况下，可以作为证据使用。这样做是为了证明当事人陈述或供述的内容的真实性。反之，对于录音录像这类侦查人员询问和讯问过程的视听资料，我国判例表示，对于这项资料不能作为证据来使用。既然证明的是内容的真实性，那么视听资料此书面笔录更具有优越性，而视听资料反而不能成为证据，笔者对于这种逻辑实在是无法理解。

笔录本身就无法记载当事人所说的一切陈述内容。这说明，当时被遗漏而没在笔录中记载的陈述或供述中，也存在重要的内容。而录音录像是侦查全过程的视听资料，所有的说话内容都在里面，但这又不能作为证据，笔者认为这种方式很不妥当。

其次，对于笔录的质证方法，第三人的证言是否可行的问题。对于检察官制作的犯罪嫌疑人讯问笔录，若法庭上被告人翻供，调查过该被告人的侦查人员在法庭上的证言（以下简称调查员证言）能否作为证明该笔录真实性的证据？多数人主张反对，法院同样也采取否认态度。然而，根据《刑事诉讼法》第三百一个六条第一项的规定，调查员证言可以作为独立的证据，但却不能证明当事人供述的真实性。举一个例子，被告人在侦查阶段，向检察官供述自己用拳头打过被害人，而审判阶段被告人翻供。此时，调查过该被告人的检察官出庭，作为证人陈述该被告人确实供述过暴力事实，那么该检察官的证言可以作为证据使用。而该检察官的证言不能作为证明该笔录真实性的证据。我们该如何理解这样的规定，笔者认为关于这方面的内容非常混乱。

四、实现审判中心主义的正确方向

为了正确理解审判中心主义，要分清它的界限，即什么是审判中心主义，什么是违反审判中心主义等。只有这样才能把握好改善方向，并建立一系列制度去弥补实践中的一些漏洞。根据我们的经验，我想给中国的研究提出两个方面的建议。

首先，对诉讼构造进行充分的探讨，在此基础上实现审判中心主义。即，继续维持职权主义诉讼模式，要加强公开审理、言词原则、集中审理原则以及直接原则。若要转变为当事人主义诉讼模式，那么在此基础上需要引进传闻证据法则。

其次，不管是选择何种诉讼构造，都会带来证据法的修改，尤其是关于笔录的证据能力方面。对此，要充分探讨德国在直接原则下采取的证据使用方式或英美法系在传闻证据法则中的证据使用方法，选择最佳的方式去实现审判中心主义。总而言之，审判中心主义并不是只有在庭审中所进行的陈述才能作为证据，而在侦查阶段的陈述或供述不得作为证据。真诚地希望不要混淆这一点。

公审中心主义理念的实现和刑事诉讼法上的内容考察

李仁荣*

一、绪论

我国宪法保障根据法官和法律接受公正、迅速公开审判的权利(请求审判权),公正审判是由宪法保障的根据合法程序进行的刑事诉讼法的表现形式。① 接受公开审判的权利,是指为了保障审判的公正性,排斥秘密审判,在一般国民的监督下接受法庭的审理和判决的权利,即根据公审中心主义在公开的法庭和法官面前调查陈述所有证据资料,保障被告人进行攻击、防御机会的权利。② 我国刑事诉讼法为了实现宪法第 12 条第 1 款规定的合法程序原则和宪法第 27 条保障的接受公正审判的权利,以公审中心主义、口头辩论主义、直接审理主义为基本原则。

公审中心主义区别于现行的法院根据调查机关拟稿的调查关系判断是否有罪的形式,只以诉状为基础进行判断作为出发点。③ 本论文先考察公审中心主义理念和其适用范围,然后考察公审中心主义的法庭审理程序的变化和动向。

二、关于公审中心主义的时代要求:为什么应该以公审为中心

2007 年刑事诉讼法改订讨论中的核心主题是实现公审中心主义。当时起

---

* 李仁荣:弘益大学校法学科教授。

① 宪法法院 1996. 12. 26. 94 宪巴 1 决定。

② 宪法法院 1994. 4. 28. 93 宪巴 26 决定。

③ 曹光熏:《现行公审中心主义的运用上的问题和改善方案》,《法学论丛》第 18 集第 2 号,2011 年,第 379 页。

司法制度改革中心作用的司法制度改革推进委员会把确立公审中心主义当作刑事程序改革的旗帜，但另一方面却批评没有正确理解公审中心主义含义，并对此表现出反感。① 2007 年之所以改订法律是因为“刑事程序中的坦白为主的犯罪调查和调查报告为中心的审判惯例，不能保障被告人持有的跟检察官相同的作为诉讼主体的法律地位，而且被告人在行使适当防御权时受到相当多的限制，为了解决这些问题，有必要改善公审程序”，因此，需要导入公审中心主义的法庭审理程序。

为什么应该以公审为中心？在这里我们有必要回顾一下过去我国的刑事诉讼法。过去的刑事审判采纳的证据方法主要是调查记录，原陈述者在法庭上的证词只不过是赋予调查关系证据能力的手段。为什么应该导入公审中心的法庭审理？答案是前面提到的改订刑事诉讼法的原因，即要求解决刑事程序中存在的坦白为主的犯罪调查和调查报告为中心的审判惯例存在的问题。刑事实务中存在的公审中心主义的形骸化及调查审判的惯例有以下几种。

“确认被告人身份和被告人传讯结束后，开始进行证据调查。审判长请检察官提交证据。检察官提交本案件的调查记录。审判长问被告人是否有异议。如果没有异议，再次询问是否有其他提交的证据，如果没有其他证据，证据调查就到此结束。……很少以口头形式向审判长陈述案件内容。进行口头辩论，旁听者才能观察反应，但大部分都以书面形式提交证据。像无声电影一样，没有任何声音，只以书面形式进行审判，因此人们讽刺它为‘调查报告审判’。”②

“审判长在公审前并不是完全掌握检察官和被告人(辩护人)的争议，因此不是围绕争议进行审判，原则上不进行对目击者等核心的案件相关人的证人传讯等对直接证据等的证据调查，而是首先接收传闻证据即调查机关拟稿的陈述关系调查证据申请，关于对方同意的证据不进行其他考证，直接采纳为证据，只就有异议的内容召唤原陈述人作为证人。证据调查过程中也不是以争议为主进行集中对质审问，而是间隔相当长的时间进行，公审法庭上不朗读或公布证据关系。”③

如上所述，公审程序开始之前已结束收集和整理证据资料，在法庭上进行的

① 金台明：《从公审中心主义观点考察证据法的合理运用方案》，《刑事法研究》第 26 卷第 1 号，2014 年，第 179 页。

② 申东云：《刑事司法改革的争论点和动向》，载《21 世纪刑事司法改革的方向和关于对国民的法律服务的改善方案(Ⅱ)》，韩国刑事政策研究院，2004 年，第 87—88 页。

③ 朴宇龙：《公审中心主义审判的实践含义和实质性体现方案》，载《水原地方法院亚洲大学法学院学术交流发表论文集》，2010 年 10 月，第 16 页。

公审程序只评价调查结果合理与否。[①] 审判阶段几乎不探讨调查报告的真实性问题，因此审判过程中可能会出现调查报告的错误，它带来了阻碍发现实质真实性的忧虑。[②] 2007 年确立公审中心主义，法庭审理程序成为刑事诉讼法改订的目标，这正表明过去刑事审判不是以公审中心，这次改订提供了自我反省的契机。确立公审中心主义的目标，体现了刑事程序的基本原则，例如遵守直接主义、口头辩论主义、公开主义、集中审理主义等，起到抽象表现合理刑事程序的实践课题的作用。2008 年 1 月施行改订法律之后，公审审理过程中适用了口头辩论主义，出现证据调查过程中证人传讯方式充实等积极变化，但是法庭审理还存在很多不足点，公审中心主义还不是很成熟。

三、公审中心主义的概念和含义

（一）关于概念范围的争议：形式上及实质上的含义争议

历史上公审中心主义为体现自由主义理念，认为刑事程序的中心不应该是调查，而应该放在公审程序上，但在当今实现刑事司法民主化的时代需求下，更加强调了公审应该成为程序的中心。[③] 2007 年刑事诉讼法改订过程中对于是否赋予传闻证据即调查报告证据能力出现了尖锐的对立。检察和法院的立场差异导致对立是众所周知的事实，这种立场对立是因为对公审中心主义存在相当大的理解差异。[④]

公审中心主义分为形式上的含义和实质性含义。公审中心主义的形式上的含义是法院在认定事实时可以利用的证据应通过公审法庭的证据调查，法院对被告案件判断是否有罪的过程应该是通过开庭审理，即以开庭审理为原则。[⑤] 实质性公审中心主义是指在公审法庭上对直接经历事实的人进行调查，充分给予辩护律师提问的机会，进行攻击和防御，在此过程中法官形成心证。[⑥] 如果公审中心主义被解释为在公审日通过对被告案件进行调查、审理，只依据在公审法庭形成的心证解释案件的实质，这属于实质性含义。[⑦] 一般不明确区分形式上

---

① 韩政熏：《通过调查机关的调查报告发现事实关系的局限》，审判资料 110 集，2006 年，第 274 页。

② 金台明：《从公审中心主义观点考察证据法的合理运用方案》，《刑事法研究》第 26 卷第 1 号，2014 年，第 190 页。

③ 金成敦、黄泰正：《公审中心主义的合理运营方向》，大检察厅服务报告，2010 年，第 11 页。

④ 金成敦、黄泰正：《公审中心主义的合理运营方向》，大检察厅服务报告，2010 年，第 65 页。

⑤ 法务部：改订刑事诉讼法，2007 年，第 158 页。

⑥ 金成敦、黄泰正：《公审中心主义的合理运营方向》，大检察厅服务报告，2010 年，第 10 页。

⑦ 申洋均：《合理的刑事审判的方向——为了公审中心主义的重建》，嘉丝蒂第 78 卷，2004 年，第 128 页。

或实质性含义，认为公审中心主义是在刑事法庭的公开法庭上检察官和被告人、辩护人之间进行辩论，并以此为基础法官形成心证，判断是否有罪及量刑问题的原则。① 或公审日集中审理公审日之外收集的证据，对被告案件形成心证的也属于公审形成的心证。②

另一方面，公审中心主义还被分为职权主义的公审中心主义和当事人主义的公审中心主义，前者是审判长主导审问被告人、收集量刑资料、审问证人、朗读证据关系，由审判长展现证据内容。后者则以检察官和被告人或辩护律师主导传讯证人和朗读证据关系，当事人在法庭上展现证据内容，法院持中立态度，以证据为基础形成心证。③ 在职权主义诉讼体系下从理论上或现实中也不是不能实现公审中心主义。公审中心主义无论在当事人主义诉讼体系下，还是在职权主义诉讼体系下，都应该具有理应实现的公审程序运营原则的含义和功能，与其进行区分，不如理解为是弹劾主义为基石的近代刑事诉讼法所指向的价值及理念。④

（二）作为国民能够进行监督和控制的原理的公审中心主义

关于公审中心主义概念的理解存在是强调公开主义还是以直接主义为重点的争议，并且这些争议扩大了对公审中心主义内容的理解。首先，公审中心主义以公开主义为基础，是为满足口头主义和直接主义的必要性产生的原理。公开主义强调国民的监督和根据公审中心主义判断刑事案件实质的过程，从公审前阶段转到公审阶段，从法庭外转移到法庭内。跟审判私人之间权利关系的民事审判不同，实现国家刑罚权程序的公共领域，应该便于国民监督和监视，有必要在法庭这个公共空间进行审判。

作为审判程序的透明化理念讨论公审中心主义时，公审法庭应该向一般市民说明审理过程和证据内容，并以此为基础监督和控制法官的心证形成过程。司法改革委员会在讨论过程中，检察提出的公审中心主义的理论依据是这种市民监督的公审法庭成为审判的中心，最终公审中心主义是确保市民监督法院形成心证，使审判透明的理念。⑤ 即，在公审法庭上为了让群众起监督作用，应该

---

① 金成敦、黄泰正：《公审中心主义的合理运营方向》，大检察厅服务报告，2010 年，第 32 页。

② 李在祥、赵均锡：《刑事诉讼法》(第 10 版)，2015 年，第 425 页。

③ 崔哲焕：《诉讼结构论和公审中心主义的关系》，审判资料第 104 集，2004 年，第 500 页。

④ 韩政熏：《通过调查机关的调查报告发现事实关系的局限》，审判资料 110 集，2006 年，第 191 页。

⑤ 李完揆：《改订刑事诉讼法的争论点》，2008 年，探求社，第 41 页。李完揆检察官认为法院的公审中心主义是“在公审法庭上，只根据陈述进行审判”，指出这是极度以法院为中心的思考方式，是鄙视调查程序的偏见的产物。同书第 27 页。

以群众能够看懂、听懂的方式展现证据，在群众监督下法庭形成心证的判决。[①]公审中心主义体系下使用调查报告等书面证据时，禁止在公审法庭外对证据进行具体调查，禁止法官接到记录后不经过公审法庭的证据调查程序，在法官办公室阅读形成心证，禁止在法官办公室接收不曾在公审法庭提交的资料，作为判决的基础。[②] 例如调查过程中虽然已经进行陈述，但为了便于市民监督，应该以召唤原陈述者到公审法庭为原则。询问原陈述者或调查人员作证等口头陈述的方式展现或有必要时，作为证据使用调查报告时，应该朗读调查报告，以便于市民理解证据内容，监督证据认定事实及判刑。[③] 公审是程序的中心，作为其中心的公审的核心是法官的心证，为了让人们信任通过不能看见、也不能展现出来的法官内心形成的心证、法官判断是否有罪的结论是正当的，有必要在法官形成心证的过程中制定外部控制装置。[④]

（三）要求直接主义的公审中心主义

公审中心主义要求直接审理主义。[⑤] 直接主义是指只有在公审法庭上直接进行调查的证据才能作为审判的基础。[⑥] 直接主义要求法官认定事实时使用的证据应该是在公审法庭上直接调查的证据，即形式直接主义和召唤直接经历事实的人到公审法庭，作为证人进行调查，给予充分的提问机会，进行充分地攻击、防御，在此过程中形成心证的实质性直接主义。

大部分案件刑事审判的核心是事实认定问题，这由证据调查结果决定。尤其是被告人提出异议的案件，应该将通过法庭上的彻底审查和检验取得的证据作为基础认定事实，法官不应该在法官办公室自己阅读形成心证，应该通过对调查机关拟稿的调查报告进行证据调查程序，在法庭上赋予证据能力，并确定证据能力。[⑦] 从公审中心主义理念的体现和要求直接主义具有密切关系的立场上来说，法庭应该是检察官、被告人、辩护人都出席后阐明主张、进行举证的地方，事

---

① 李完揆：《关于改订刑事诉讼法上的国民中心审判》，《刑事法的新动向》第 12 号，2008 年，第 149 页。

② 李完揆：《关于改订刑事诉讼法上的国民中心审判》，《刑事法的新动向》第 12 号，2008 年，第 100 页。

③ 李完揆：《关于改订刑事诉讼法上的国民中心审判》，《刑事法的新动向》第 12 号，2008 年，第 99 页。

④ 李完揆：《关于改订刑事诉讼法上的国民中心审判》，《刑事法的新动向》第 12 号，2008 年，第 13 页。

⑤ 金成敦、黄泰正：《公审中心主义的合理运营方向》，大检察厅服务报告，2010 年，第 767 页。

⑥ 李在祥、赵均锡：《刑事诉讼法》（第 10 版），2015 年，第 430 页；直接主义是指法官在认定事实时应该只以面前的直接调查证据为基础，是克服近代纠问程序阶段出现的，改革后成为刑事诉讼法的基本原则。第 767 页。

⑦ 柳三英：《公审中察官拟稿的嫌疑人传讯调查报告的证据能力》，《警察研究论文集》第 7 号，2010 年，第 140 页。

实判断者和辩论当事人不能以在法庭外取得的信息作为自己的判断资料，[①]主张要坚决切断调查机关形成的心证未经过审判机关的调查进入法庭。而且指出在公开的法庭上起诉机构和被告人之间在平等的地位上通过激烈的辩论，对上诉机关提出的证据进行彻底考证后，审判机关才能对案件形成独立心证。[②]

大法院也宣判“刑事诉讼法采纳的对刑事案件形成是否有罪的心证是法庭审理的公审中心主义的要件之一，只有在法官面前直接进行调查的证据才能作为审判的基础，应该以被证明的事实最接近的原本证据作为审判的基础，原则上不允许使用证据代替物的直接审理主义”。[③] 根据这个原理，没有在法官面前进行调查、陈述，而且没有实质上赋予被告人对此进行攻击、防御提问机会的陈述原则上不能作为证据。[④] 但是刑事诉讼法以一定条件为前提认定调查机关拟稿的调查报告等书面证据能力是考虑实质性真实发现理念和诉讼经济要求的结果，作为例外认定的事项，应该严格解释，适用关于其证据能力认定条件的规定。[⑤]

四、改订刑事诉讼法之后的变化和判例动向

（一）导入证据开示制度和判例动向

改订刑事诉讼法导入了被告人或辩护人关于提起诉讼的案件能够申请阅览誊写物件等的证据开示制度，与此相应，检察官也可以要求被告人或辩护人开示证据。

证据开示的对象不只限定在检察官要申请的证据，还包括有利于被告人的证据，以全面证据开示为原则。检察官在接受阅览、誊写申请后，原则上应该允许阅览誊写，只有极少数有限制因素时，才可以禁止阅览、誊写。限制阅览、誊写时，规定应该及时以书面形式通知（第 266 条 3），为了不使被告方的阅览、誊写申请权形骸化，关于检察官的阅览、誊写拒绝处分制定了其他的不服程序（第 266 条 4）。

大法院宣判拒绝公开调查记录时，应该具体确认、检讨调查记录的内容，证明哪个部分跟法律利益或基本权冲突，不进行举证，关于所有调查记录，不允许

---

① 金显锡：《为实现公审中心主义的法庭程序》，《司法》第 3 号，2008 年，第 80 页。

② 李龙九：《新刑事诉讼法上的调查报告和录像》，《法曹通卷》第 617 卷，2008 年，第 75 页。

③ 大法院 2009. 1. 30. 宣判 2008 度 7917 判决。

④ 《刑事诉讼法》第 310 条 2 及大法院 2000. 6. 15. 宣判 99 度 1108 合议庭判决。

⑤ 大法院 2013. 3. 14. 宣判 2011 度 8325 判决；大法院 2014. 02. 21. 宣判 2013 度 12652 判决。

只列举概括性事由而拒绝公开。[①] 如果检察官不履行关于法院的证据开示决定,宪法上有因为侵犯被告人接受审判的权利或接受辩护人帮助的权利为由,提起宪法申诉的案件,宪法法院对此宣判侵害基本权。[②] 大法院根据刑事诉讼法第266条4第5款,不是说检察官接受损失,就可以不履行法院决定,而是让检察官迅速履行法院决定的强制规定。对于不履行记录阅览、誊写决定的检察官进行损害赔偿的案件,命令检察官支付300万韩元的精神损失、赔偿。[③] 而且大法院根据刑事诉讼法第266条4,法院命令检察官阅览、誊写调查关系等或命令书面交付的决定跟被告案件诉讼程序的证据开示相关的,被视为是第403条中的"关于判决前诉讼程序的决定"。进而对于证据开示决定刑事诉讼法上没有另外的即时上诉规定,宣判不能以第402条的上诉方法申诉。[④]

(二) 导入公审准备程序和交付现状

改订刑事诉讼法为了在公审日前整理争议及确立举证计划导入公审准备程序制度,以便有效进行审理,审理需要2天以上时,除特殊情况,应该连续开庭,以便集中审理。大法院的公审准备程序以实现公审中心主义和集中审理为主要目标,应该在这个阶段对提起上诉的程序是否存在问题进行检察,防止由于违法起诉进行的诉讼程序。[⑤]

但是公审前准备程序的对象是需要进行有效、集中审理的案件。国民参与审判有必要进行公审前准备程序,但没有陪审团的一般案件,如果法院认为有必要时,才进行公审前准备程序。因此,关于公审准备程序交付与否,法院之间存在一些差异,即使是相同的法院,也根据各个审判起作用程度存在差异。根据2009年资料,交付公审准备程序的案件占全部合议部管辖案件的2.2%左右,即414件,占全部独立法官案件的0.2%左右,即只有330件,整体上公审准备程序的利用率很低。[⑥]

(三) 调查报告的证据能力要素变化和判例动向

调查程序中,在公审法庭展现陈述的方法有检察官和司法警察官拟稿的嫌

① 大法院1999.09.21.宣判98度3426判决。

② 宪法法院2010.6.24(全员审判部)2009宪法257。

③ 大法院2012.11.15.宣判2011度48452判决。

④ 大法院2013.01.24.子2012母1393决定。

⑤ 大法院2009.10.22.宣判2009度7436合议庭判决。

⑥ 崔昌永:《评价公审中的刑事诉讼法》,载《现行刑事诉讼法的评价和改订方向(2010年韩国刑事诉讼法学会春季学术大会资料集)》,2010年,第58页。

疑人审问调查报告、相关证人陈述调查报告、调查人证词、录像。这些证据都不是以直接证据形式，而是以传闻证据形式在公审法庭上展现的，因此不能满足直接主义的要求，存在违背公审中心主义法庭审理的问题。改订刑事诉讼法关于调查报告的证据能力规定，如果被告人否认作为嫌疑人时检察官记录的陈述调查报告，但如果可以利用录像或其他客观方法证明其调查报告记录的陈述内容是在可以信赖的状态下进行的，就可以作为证据。记录相关证人陈述的调查报告也适用上诉规定，认定证据能力，但追加了辩护人提问权，作为保障条件。即，过分限制调查机关拟稿的嫌疑人审问调查报告的证据能力的话，考虑到会阻碍实现国家刑罚权，因此明文规定记录变成被告的嫌疑人陈述的调查报告在真实性和信赖性得到保障时才可以作为证据，成立的真实性除了原陈述者的陈述，还可以包括通过客观方法进行认定的。根据刑事诉讼法第 314 条，如果想使用同法第 312 条的调查报告或同法第 313 条的陈述书作为证据，在公审日预定进行陈述的人由于死亡、疾病、居住外国、所在地不明及其他以此为准的原因，不能到公审法庭进行陈述，关于其陈述或关系的拟稿是在可以信赖的状态下进行的，应该具备上述两个条件。宪法法院认为“如果不能保障证人的辩护律师提问权的话，就会导致被告人在公开法庭接受审判的权利形骸化”。并指出：“应该在法官面前直接陈述对被告人不利的证据，保障赋予被告人辩护律师提问机会的权利是属于根据合法程序接受公正审判的权利或实现公开审判的基本权的各种方法之一，不是宪法上明文规定的权利。因此原则上赋予本权利，但如果存在排斥本权利的不得已的因素时，规定其例外和例外范围的立法者应考虑跟整个规范体系的协调问题。”①最近判例对例外因素作出以下严格要求：“应该严格遵守规定直接主义和传闻法则例外的刑事诉讼法第 314 条的满足条件，检察官具有证明传闻证据是否具备证据能力的证明责任，如果想让法院认可由于证人所在不明或其他以此为准的原因不能进行陈述的情形，应该为证人出庭进行充分努力，但即使这样证人不能出庭的话，检察官应该证明这一点。”②

另一方面，关于证人在法庭上作证后，检察官传唤证人到检察厅，以单方审问方式追究证词的真实与否，在此基础上形成拟稿的陈述调查报告，大法院通过 2000.06.15.宣判 99 度1108合议庭判决宣判，若证人推翻陈述的陈述调查报告但被告人不同意，就不能认定其具有证据能力，之后原陈述者即之前的证人应该再次出庭进行作证，认定其陈述调查报告的真实性，即使赋予被告方辩护律师提

① 宪法法院 1994.4.28.宣判 93 宪 R26 决定。

② 大法院 013.04.11.宣判 2013 度 1435 判决。

问的机会，还是认为不具备证据能力。[①] 这种判例的态度变化是以推翻证词的方式拟稿的陈述调查报告作为有罪证据的话，违背当事人主义、公审中心主义、直接主义等现行刑事诉讼法的诉讼体系。[②]

（四）审问过程的录像和视频录像的证据能力和判例动向

视频录像是检察或司法警察官记录的嫌疑人陈述的、记录实际陈述内容的、可以回放的科学的证据方法。[③] 审问过程的录像方式有确保调查过程透明性的公正监督作用，而且可以事先预防调查机关进行强制、怀柔、拷问等违法行为，因此可以作为事件相关人员的人权保护装置。[④] 先确认嫌疑人或相关证人在调查过程的陈述和在法庭上推翻的陈述的差异，可以集中考察争论点，能够正确向公审法庭传达法官的判断资料，即调查过程陈述，因此认为这样能搞活公审中心主义。[⑤] 但是也不能不考虑不应该通过口述进行辩论的法庭，可能会沦落为观看视频录像的剧场，使公审中心主义形骸化。[⑥] 并且，由于视频录像给法官留下的强烈的印象，将对法官形成心证产生莫大的影响，使公审中心主义本身无力化。[⑦]

刑事诉讼法规定记录嫌疑人陈述的视频录像只能作为认定检察官拟稿的变成被告的嫌疑人的陈述调查报告或相关人员的陈述调查报告的成立真实性的方法。在这里否认视频录像的独立证据能力，持否定观点的有第 312 条第 2、4 款和法律第 318 条 2 第 2 款，视频录像只限于作为认定调查报告成立与否的道具或在公审法庭上唤起记忆的道具，此外“没有允许作为证据能力的规定”，主张禁

① 大法院合议庭判决后的公审日作为原陈述者的证人再次作证，并赋予被告人进行反对提问的机会的话，上述陈述调查报告可以作为有罪证据的大法院 1992. 8. 18. 宣判 92 度 1555 判决及认为上选陈述调查报告具有证据能力为前提的大法院 1983. 8. 23. 宣判 83 度 1632 判决. 1984. 11. 27. 宣判 84 度1376 判决、1993. 4. 27. 宣判 92 度 2171 判决的各见解在与此冲突的范围内，对此进行变更。

② 宪法第 27 条保障的基本权，即在法官面前调查、陈述所有证据材料，实际赋予被告人进行攻击、防御的机会的审判的权利也是论据之一。

③ 李在祥、赵均锡：《刑事诉讼法》(第 10 版)，2015 年，第 618 页。

④ 许一泰：《嫌疑人的陈述录像和人权的关系》，《调查研究》第 22 卷 49，2004 年，第 34—35 页。

⑤ 至今为止，在公审法庭上就记录调查过程陈述内容的各种调查报告的真正成立和任意性，展开了长久的法庭争论。关于调查报告的提起伪造文件的上诉，对调查官的证言、起诉伪证、鉴定文件等的法庭争论都属于原始争论，这种争论的增加跟公审活性化或实现公审中心主义无益。录像有助于预防和结束这种原始争论。参见车正仁、闵永盛：《录像作为证据使用的条件和理论》，《法曹》第 58 卷第 11 号，2009 年，第 169—170 页。

⑥ 赵相济：《韩国改订刑事诉讼法上的调查过程的录像制度》，《东亚法学》，2008 年，第 538 页。

⑦ 吴奇斗：《录像和证据使用》，《刑事审判的争论点和课题》，司法发展财团，2008 年，第 215 页。

止用于本证。[①] 与此相反，肯定论认为本规定只是法摘要，只属于证明调查报告真实性的方法的规定，不是限制视频录像的证据能力的规定，此外改订法律条文中“没有排斥视频录像的证据能力的规定”，[②]传闻法则(错误传达的危险与否)中主张，它比其他传闻证据更加优秀，通过跟公审法庭陈述进行比较，能对法官认定合理事实作出贡献。

对此大法院在相关人员调查过程中根据刑事诉讼法第221条第1款拟稿的视频录像是否可以作为直接证明公诉事实的独立证据，作出以下判决：“2007.6.1.改订法律第8496号之前的刑事诉讼法中没有的，新设了调查机关对不是嫌疑人的相关人员的陈述进行录像的规定，并限定其用途为证明相关人员的陈述调查报告实质性成立或唤起记忆，根据现行刑事诉讼法规定调查机关相关人员进行调查的过程中根据刑事诉讼法第221条第1款拟稿的视频录像，在其他法律上没有特殊规定的，解释为不能成为直接证明公诉事实的独立证据，这才合理。”[③]

五、结论

实现公审中心主义应该强调口头主义、集中审理、结束辩论当日宣判等充实公审审理，不能解释为确保公审中心的法庭审理，完全排斥公审外的程序即调查程序中确保的判断资料的排他性公审中心主义。“合理的”公审中心主义，“符合刑事诉讼理念的”公审中心主义是向群众公开的，群众监督的公审法庭成为审判的中心的，不是茫然增加公审法庭上的争议，而是整理争议，使得公审法庭集中审理争议(积极，消极两个侧面)完成实质性发现。

公审中心主义不能只局限在法官认定事实时使用的证据是公审法庭直接调查的证据即形式上的直接主义，应该是传讯直接经验人到公审法庭，作为证人出庭，给予辩护人讯问机会，进行充分的攻击和防御，其过程中形成心证的实质性直接主义。

① 吴奇斗：《录像和证据使用》，《刑事审判的争论点和课题》，司法发展财团，2008年，第226页。

② 李完揆：《改订刑事诉讼法中调查程序上的陈述的证据能力》，《刑事法新动向》，2007年，第53页。

③ 大法院2014.7.10.宣判2012度5041判决。

以审判为中心的公诉与审判关系之调整
——以韩国的起诉状变更为中心

金鲍植*

一、序论

韩国已于1954年9月23日通过法律第341号颁布刑事诉讼法。至今，这50年来刑诉法修正了将近20次。其中，第17次修正案颁布于2007年6月1日，并已于2008年1月1日开始施行。本次修正案根据司法制度改革推进委员会的表决内容为基础而提案，修正案动了196个条文，修改内容较多，修改的量上看非常庞大。

修改的主要内容如下：第一，保障犯罪嫌疑人的防御权。第二，合理地修正人身拘留制度以及扣押搜查制度。第三，全面扩大裁定申请制度。第四，引进审判为中心的法庭审理程序。第五，强化犯罪被害人的保护。尽管如此，本次修正案的核心热点问题为审判中心主义相关内容，即打破卷宗中心主义，走向审判中心主义。很早以前，为了强化审判中心主义，我国已废止预审制度，但实践过程中仍出现依靠卷宗来审判的方式。

审判中心主义是指法官的心证应在开庭审理中得以形成的原则，它以公开审判原则、言词辩论原则、直接原则为基础。换句话说，审判中心主义要求在审判程序过程中，通过当事人双方的对抗而形成的内容为基础，形成法官心证。此处，审判程序以检察官的提起公诉而开始进行，法院的审判范围限定为起诉状中所指控的控诉事实。法院如审判控诉内容以外的事实，那么就需要由检察官的起诉状变更。

韩国的刑事诉讼法以当事人主义为原则，审判对象限定为检察官控诉的事

---

* 金鲍植：西南大学警察行政法学科教授。

实。即使控诉的事实具有同一性，但只有在检察官变更起诉状的情况下，才能作为审判的对象。由此可见，韩国刑事诉讼法实行起诉状变更制度。当检察官没有变更起诉状，而法院为了发现实体真实的情况下，可以依依职权要求检察官变更起诉，这说明我国还具有职权主义因素。

二、审判对象

（一）意义

检察官的提起公诉为刑事诉讼的开端，法院的审判对象以起诉状中所指控的犯罪事实为限。法院只有对检察官起诉的案件进行审判，否则不能启动审判权，这体现了不告不理原则。我们特定控诉事实，并把审判对象写进起诉状，是为了保障被告人的防御权，从而更好地实现当事人主义诉讼模式。

此处，从犯罪事实中我们应明确法院的审判对象，诉讼物论是关于法院审判对象的理论。由于审判对象的范围不同，法院、检察官、被告人的利害关系也有所不同。因此，对于诉讼物论，有着意见分歧。

（二）学说分歧

1. 控诉事实对象说

审判对象为起诉状中所指控的控诉事实以及与该控诉事实内容上具有单一性、同一性的事实。

2. 诉因对象说

记载具体的符合犯罪构成要件的事实，这种诉因才是审判对象。这种观点认为审判对象不是控诉事实，而是诉因。

3. 折中说

诉因是现实性的审判对象，而控诉事实是潜在的审判对象。

4. 二元说

起诉状中所指控的控诉事实为现实性的审判对象，而与控诉事实具有同一性的事实为潜在的审判对象。在韩国多数学者主张这一说，同时也被大法院所采取。

5. 小结

控诉事实对象说缺点在于，它忽视了起诉状变更程序，而诉因制度没有被韩国刑事诉讼法所采纳。二元说可以合理说明潜在的和现实性的审判对象，因此，笔者认为，二元说较妥当。

三、审判对象的调整

如上所选，根据二元说来看，我们应当考虑以下问题。即同一性的判断标准是什么，起诉状变更的界限又如何，这种要求变更起诉状制度具有何种效力。对此，起诉状变更制度与要求变更起诉状制度包含了上述内容，接下来我们探讨这两项内容。

（一）起诉状变更制度

1. 意义

刑事诉讼法第二百九十八条规定了起诉状变更相关内容，根据本条规定，检察官通过法院的许可，可以追加、撤回、变更起诉状中所制定的控诉事实或者适用法条。法院应在不得侵犯控诉事实的同一性范围内允许变更。这一规定一方面说明，与控诉事实具有同一性的事实也视为法院审判的对象。另一方面，尽管具有同一性的事实，只在检察官变更起诉状的情况下才能为审判的对象，从而保障被告人的防御权。

2. 起诉状变更的界限

（1）控诉事实同一性的意义

起诉状的变更只有与控诉事实具有同一性的情况下才能进行，因此，起诉状变更的界限为是否认定控诉事实的同一性。

国内多数学者认为，控诉事实的同一性包括狭义的犯罪事实的同一性，还包括犯罪事实的单一性。这种同一性的认定范围涉及提起公诉、变更起诉状、一事不再理的效力。

（2）控诉事实同一性的标准

案件的同一性以单一性为前提，因此涉及多数案件的情况下，应对各个案件的同一性进行判断。然而，起诉状中所指定的控诉事实与将要变更的控诉事实以何种程度相符的情况下，才可以说是具有同一性，对此，有学说对立。

① 学说

大多数学者认为，只要在基本层面具有同一性，那么就认定为有同一性，即基本事实同一性说。此外还有犯罪性质同一性说、构成要件共同说、诉因共同说。

② 判例

判例一致认为，控诉事实的同一性应看控诉事实的基本层面上同一性是否相同。可见，判例同样采取基本事实同一性说。

3. 起诉状变更之必要性

起诉状变更之必要性，即法院在何种范围内，在没有变更起诉状的情况下，可以认定与控诉事实不同的其他事实的问题。

(1) 学说的对立

对于起诉状变更之必要性的判断标准，有以下几种学说：①同一法条说。即使具体事实关系不同，只要适用同一法条或者没有变更构成要件的情况下，就没有必要变更起诉状。②法律构成说。即使变更适用法条，只要其法律构成要件上没有变化，那么就不需要变更起诉状。③事实记载说。起诉状中所控诉事实与其他事实，即使在法律评价方面没有变化，也要变更起诉状。

目前，韩国多数学者和判例认为，与控诉事实基本上同一的范围内，只要不侵犯被告人行使其防御权的情况下，按照不告不理原则支持事实记载说。

(2) 判断必要性的具体标准

事实记载说还分为两种情形，一是构成要件同一的情形，二是构成要件不同的情形。第一种情况下，只要不对被告人造成不利后果，那么没有必要变更起诉状。而在第二种情况下，原则上需要变更起诉状。但在第二种情况下，只认定被减缩的事实，或者只是法律评价不同的，也不需要变更起诉状。这为通说也是判例采取的态度。

4. 起诉状变更之程序

(1) 检察官申请变更起诉状。

① 申请人和申请方式。根据刑事诉讼法第 298 条第 1 项的规定，依检察官的申请变更起诉状。并根据刑事诉讼规则第一百四十二条第一项、第二项的规定，检察官应向法院提交起诉状变更申请书，该申请书上须添加被告人数相应的副本。第三项规定，法院应向被告人或辩护人及时送达该副本。第五项规定，该变更内容对被告人有利或者经被告人同意的，法院在被告人出席的情况下，当庭按照口头答应的方式，许可起诉状的变更要求。这样做是为了迅速进行开庭审理。

② 申请时间。起诉状的变更应在法庭辩论之前进行。但其后需变更起诉状的，法院可以重新进行法庭辩论。

(2) 法院对变更起诉状的许可。

① 必须许可的情形。检察官的变更请求，只要不侵犯控诉事实的同一性，法院应当作出许可决定。法院须作出免诉裁判、驳回起诉裁判、移送案件裁判的，只要认定控诉事实的同一性，应作出许可决定。

② 对于许可决定的不服及取消许可。法院的许可决定是作出判决之前的诉讼程序，因此对于该决定，只有该决定违反法律的情况下可以进行上诉。当事人不能仅对此决定独立进行上诉。

法院作出许可决定后，发现不具有控诉事实的同一性的，那么作出决定的法院可以取消该许可决定。

（3）许可后的措施。

① 告知变更内容。变更起诉状的，法院应当及时向被告人或辩护人告知其变更事由。法院许可变更起诉状的，在开庭审理时，审判长可以要求检察官根据变更申请书的内容陈述变更要旨。

② 审判程序的中止。法院认为起诉状的变更对被告人不利的，为了赋予被告人充分的防御机会，法院按照其职权或依被告人及其辩护人的申请，可以中止审判程序。

法院即使不中止审判程序，只要不对被告人行使防御权产生实质性不利后果的，不视为违反法律。此时，审判程序的中止期限不得算入拘留期限。

（二）要求变更起诉状制度

1. 要求变更起诉状的意义

法院在审理过程中，必要时，应要求追加或变更控诉事实或适用法条的内容，这种行为是起诉状变更要求。

此项制度反映当事人主义的诉讼模式。一方面承认检察官的变更权利，但从另一方面看，如果检察官应控诉而没有控诉时，没有被控诉的事实不为审判对象，可能错过对罪犯的惩治。为了防止这种情况发现，即为了发现实体真实，韩国在此项制度中添加了职权主义要素。

接下来我们探讨，法院是否有提出起诉状变更要求的义务；法院要求变更起诉状后会发生什么样的法律效果。

2. 要求变更起诉状的法定性质

（1）义务性说。该说主张要求法院负有变更起诉状的义务。该说认为，义务性说是对第二百九十八条第二项进行文理解释而得出来的。同时，这一说也能合理说明韩国在这一制度上带有职权主义因素的旨意。

（2）裁量说。该说认为，此项制度是法院的权利并不是义务。原因在于此项制度的权利在于检察官，法院只对检察官控诉的事实内容进行审判即可。目前，韩国的大法院也采取这一说。

（3）折中说。该说认为，这项制度原则上是属于法院的裁量权。然而，不要求变更起诉状而直接宣告无罪会明显违反正义时，要求变更起诉状将会变成法院的义务。大多数学者支持这一说。判断明显违反正义的标准时应综合考虑，即考虑案件的犯罪性质、行为及结果等因素。

（4）小结。在检察官没有变更起诉状的情况下，法院当然可以要求其变更起诉状。然而，裁量说认为，这是法院的权限也是其裁量。这种说法违反了刑事诉讼法的发现实体真实的目的。同时，该说忽视了此项制度的引进旨意，从而丧失了制度的价值。因此裁量说不妥当。

另外，折中说的理论根据为明显违反正义的情形，折中说似乎看起来很合理，但并非妥当。按照折中说只有犯罪重大的情况下才能够发现实体真实，但我们很难判断什么是重大犯罪，因此这一说也不妥当。

笔者认为，根据《刑事诉讼法》第二百九十八条第二项的规定，法官认为有必要变更起诉状的可以作出变更要求，这既是法院的权利又是其义务。

3. 法律效果

目前，没有学者主张法院要求变更起诉状后会自然产生其变更之效。原因在于，首先法律没有这项内容的相关规定，其次，起诉状的变更权利原则上属于检察官。

那么，我们接下来继续探讨按照变更要求，具体会产生何种法律效果。

（1）命令式效力说。该说认为，根据法院的变更要求，检察官应当服从。因为这种变更要求源于法院的诉讼指挥权，因此检察官就有义务服从。

（2）劝告式效力说。该观点认为，法院的变更要求仅仅是对检察官的一种劝告。其论据为，由于变更主体是检察官，因此检察官不按照法院要求变更起诉状的情况下，法院也无法勉强检察官。

（3）作修改的命令式效力说。该说认为，对于法院的变更要求，检察官当然应服从。除外，还需要认定其不履行义务的制裁方式。这一说从起诉状变更要求的法定性质中的折中说为出发点，试图克服命令式效力说的观点。

（4）小结。尽管有了法院的变更要求，但检察官没有履行就不会发生变更之效，并且实践中也没法强制检察官履行。因此，命令式效力说批判劝告式效力说其形同虚设。然而，即使检察官服从变更要求，从结果上来看，也不能强制其履行。因而，在这种情况下也是一种劝告罢了。总之，法院的变更要求对于检察官来说是一种劝告，实质上命令式效力说和劝告式效力说没有差别。

问题的核心在于，对于法院的变更要求，检察官不履行时应当怎样处理。把此项制度看作为既是权利又是义务的角度来看，与控诉事实具有同一性的范围内法院要求变更起诉状的，被要求的犯罪事实事实上成了审判的对象。再考虑被告人的利益,最终法院可以判断是否变更起诉状内容。

四、结论

本文以上内容探讨了以审判为中心的公诉与审判关系之调整相关内容。目前,韩国研究审判中心主义是为了打破卷宗中心主义的审判方式。总而言之,在韩国,根据不告不理的原则,法院的审判对象限定为检察官的控诉内容。但有必要调整这一关系时,按照当事人主义诉讼程序的起诉状变更程序和职权主义诉讼程序的要求变更起诉状制度来衡量并进行调解。

韩国罪犯引渡制度介绍及关于增进中韩互助的提议

郑镇宇*

一、序论

随着来往各个国家越来越便利,人力物力的交流在全社会领域增进,逃往国外的罪犯数量也呈现着急剧上升的趋势。中韩两国由于地理上和文化上的相似性,这样的现象尤其明显,因此两个国家共同拘留并处罚罪犯的必要性也随之增加。

为了解决此必要性,两国已通过罪犯引渡、刑事司法协助等国际刑事司法互助进行协作,并有了临时引渡等大大小小的成果。同时,两国也签订了中韩自由贸易协议(FTA),并努力使其在2015年生效,为中韩交流的扩大奠定了基础。

对此发表人在对韩国与中国的罪犯引渡制度的相互理解的基础上,想对中韩罪犯引渡发表一些建议。这篇文章将先简单介绍韩国的罪犯引渡制度、相关法律争论以及适用现状,之后关于调查判决将提出一些建议,包括作为重要手段的临时引渡制度的激活、罪犯引渡和协助追缴犯罪收益的必要性。

二、韩国的罪犯引渡制度概要

(一) 韩国的罪犯引渡的法源

1. 罪犯引渡法

(1) 沿革。与美、日、法、英等国家的立法一样,对于罪犯引渡,韩国实行的

* 郑镇宇:韩国法务部国际刑事科科长。

是单行法。[①] 为了应对国际犯罪，保证对海外逃犯的彻底处罚，韩国于 1998 年 8 月 5 日制定了《罪犯引渡法》。之后为了反映该法实行后积累的国际惯例和实务经验，也为了改善适用该制度的过程中出现的一些缺陷，2005 年 12 月 14 日，韩国修改了之前的《罪犯引渡法》，新法一直实行到今日。[②]

（2）主要内容。韩国的《罪犯引渡法》共由四章组成。第一章为总则，规定罪犯引渡的主要概念、专属管辖、互惠主义等罪犯引渡的一般性内容；第二章规定的是根据其他国家的请求，将罪犯引渡到国外的程序；第三章规定对其他国家的引渡请求程序；第四章规定押送引渡、费用、有关出入境的特殊规则等细节事项。[③]

① 罪犯引渡案件的专属管辖。首尔高级法院与首尔高级检察院具有有关罪犯引渡的审查及其请求的案件的专属管辖权。（第 3 条）

罪犯引渡案件并非一般的刑事案件。外国具有其裁判权，它同时也是有关确保罪犯的人身安全，并进行引渡程序的特殊案件。因高级法院同时具有上级法院和特殊法院的性质，根据由高级法院负责此类案件较为合适的观点，首尔高级法院和与其对应的首尔高级检察院具有专属管辖权。[④] 之所以规定专属管辖，是因为其能够在处理对国家外交关系有着重大影响的罪犯引渡案件时具有统一性与专业性，同时联系外交机关也会更加方便。[⑤]

② 互惠主义。在没有签订引渡条约的情况下请求罪犯引渡的国家，如果能保证在同种类的引渡犯罪中，也能答应韩国的罪犯引渡请求时，适用《罪犯引渡法》。（第四条）一般情况下，国家不具有罪犯引渡义务，现代国际法也规定只有根据当事国之间的条约才会发生罪犯引渡义务，没有条约时，根据互惠主义解决问题。

在实务中，对没有签订条约的国家请求引渡罪犯时，需要在请求引渡文书的封面和确认书以及作为外交文书的普通照会（Note Verbale）上标明互惠主义的字句。外国请求引渡的情况下，应要求请求国家标明互惠主义的字句，证明日后

① 德国与瑞士的法律不仅规定罪犯引渡，还包括调查、判决及执行阶段的刑事司法协助。

② 此外有过 5 次修改，但是对实体内容的修改则是 2005 年的修改。2005 年修改的主要内容是，确定条约优先主义（第三条第二项）；除引渡请求犯罪之外，对其他犯罪处罚存在同意请求的情况下的处理（第 10 条第 2 项）；罪犯同意引渡的情况下，迅速的程序进行（第 d—A 条第 2 项）等。

③ 以上内容参见法务部：《罪犯引渡实务》，首尔成镇社，2014 年，第 9—15 页。

④ 对于将罪犯引渡判决规定为一审制，即不允许不服判的情况，有些意见表示需要制度上的改善。有关这些内容将在其他部分说明。

⑤ 千镇浩：《纵观韩国的罪犯引渡制度和国际受刑者移送制度》，《刑事比较法研究》第 7 卷第 2 号（2005），第 137 页。

也将同意同一类型或相似类型的我国罪犯引渡请求。

③ 引渡对象犯罪(双重可罚性原则)。根据韩国和请求国的法律,只有被判处死刑、无期徒刑、1 年以上有期徒刑或监禁的犯罪才能允许引渡。(第 6 条)

也可以说该法条规定了双重可罚性原则。这是国际法中的互惠主义与刑法中的罪刑法定主义在罪犯引渡制度上的表现,而这样的解释是基于以下的观点,即从国家的社会良心角度来看,把一个犯了在本国不会被处罚的罪行的人引渡到他国的行为并不妥当。

实务中,各国的罪行构成要件并不同,因此只要整体行为有同一性就可以被认定为有双重可罚性,并不要求必须是同一罪名或罪行的构成要件完全一致。

④ 特定性原则。法律还规定了所谓特定性原则,即如果不能保证不会处罚除允许引渡的罪行之外的犯罪行为、不会引渡到第三国家的情况下,不能引渡罪犯。(第 10 条)为了防止请求国家滥用刑罚权,同时保护罪犯的人权,条约与罪犯引渡法中都明确表示此规定。

然而,当严格遵守上述原则时,可能会导致除允许引渡的罪行之外的犯罪行为的罪犯被免于处罚,这是违反正义的结果。所以这项规定存在如下四种例外:允许引渡的犯罪事实的范围内,可以被认定为有罪的罪行,或者以被引渡后犯下的罪行处罚罪犯的情况;被引渡的罪犯离开请求国家的领域后又自行入境请求国家的情况;当罪犯可以自由离开请求国家后,45 天内没有离开请求国家的领域的情况;经过大韩民国同意的情况。

⑤ 其他。除此之外,现在韩国的《罪犯引渡法》配合着有关罪犯引渡的国际趋势与惯例,规定了有关政治、军事、财政犯罪的特例、罪犯引渡裁判程序、紧急引渡拘留、临时引渡、简易引渡、押送引渡等事项。

2. 条约与协议

(1) 双边条约(Bilateral Treaty)。韩国的罪犯引渡主要以国家间签订的双边条约为基础。如上所述即使没有签订条约也可以通过互惠主义进行罪犯引渡程序。然而,罪犯引渡程序需要亲自引渡、接收罪犯,所以在没有签订条约的国家之间,进行引渡程序并不容易。

因此韩国也不断在努力扩大范围签订双边条约,并于 1990 年 9 月 5 日与澳洲签订第一个罪犯引渡双边条约,到 2015 年 6 月已与 78 个国家(地区)签订了条约,其中 74 个条约已经生效。

另外,中韩罪犯引渡条约于 2000 年 10 月 18 日被撰写;2000 年 11 月 25 日向国会提交批准同意议案;2001 年 2 月 28 日,韩国国会通过了此议案;2002 年 4 月 12 日起条约正式生效。

罪犯引渡双边条约表(与32个国家(地区)签订,其中已有30个生效)

罪犯引渡双边条约表

序号	缔约国(地区)	缔约日期	生效日	序号	缔约国(地区)	缔约日期	生效日
1	澳洲	1990.09.05	1991.01.16	17	乌兹别克斯坦	2003.02.12	2004.11.23
2	菲律宾	1993.05.24	1996.11.30	18	越南	2003.09.15	2005.04.19
3	西班牙	1994.01.17	1995.02.15	19	哈萨克斯坦	2003.11.13	2012.09.10
4	加拿大	1994.04.15	1995.01.29	20	秘鲁	2003.12.05	2005.11.16
5	智利	1994.11.21	1997.10.01	21	危地马拉	2003.12.12	2006.02.20
6	阿根廷	1995.08.30	2000.11.09	22	印度	2004.10.05	2005.06.08
7	巴西	1995.09.01	2002.02.01	23	哥斯达黎加	2005.09.12	国会批准同意(2006.12.01)
8	巴拉圭	1996.07.09	1996.12.29	24	法国	2006.06.06	2008.06.01
9	墨西哥	1996.11.29	1997.12.27	25	中国香港	2006.06.26	2007.02.11
10	美国	1998.06.10	1999.12.20	26	阿尔及利亚	2007.02.17	2008.10.24
11	泰国	1999.05.31	2001.02.15	27	南非共和国	2007.05.03	2014.06.20
12	蒙古	1999.05.31	2000.01.27	28	科威特	2007.06.14	2013.08.28
13	中国	2000.10.18	2002.04.12	29	保加利亚	2008.10.01	2010.04.08
14	印度尼西亚	2000.11.28	2007.11.16	30	柬埔寨	2009.10.22	2010.10.01
15	新西兰	2001.05.15	2002.04.17	31	马来西亚	2013.01.17	2015.04.15
16	日本	2002.04.08	2002.06.21	32	阿联酋	2014.02.28	未批准

(2) 多边条约(Multilateral Convention)。韩国同时也将多数会员国参与的国际条约当作罪犯引渡的法源。韩国作为会员国加入的条约中具有代表性的是《欧洲引渡公约》,韩国于2011年9月20日提交了条约加入书,同年12月29日生效。

欧盟委员会每年举办两次国际互助专家会议(PC—OC),所有担任会员国互助(包括罪犯引渡)的实务专家都会参与到其中。韩国法务部国际刑事科也一直有参加此会议,与欧盟委员会会员国的负责人保持协作关系,并将它当做解决悬案的实务会议现场。

《欧洲引渡公约》会员国表

阿尔巴尼亚	芬兰	马耳他	斯洛文尼亚
安道尔公国	法国*	摩尔多瓦	西班牙*
亚美尼亚	格鲁吉亚	摩纳哥	瑞典
奥地利	德国	蒙特内格鲁	瑞士
阿塞拜疆	希腊	荷兰	马其顿共和国
比利时	匈牙利	挪威	土耳其
波斯尼亚和黑塞哥维那	冰岛	波兰	乌克兰
保加利亚*	爱尔兰	葡萄牙	英国
克罗地亚	意大利	罗马尼亚	以色列(非会员国)
塞浦路斯	拉脱维亚	俄罗斯	南非共和国(非会员国)
捷克共和国	列支敦士登	圣马力诺	韩国(非会员国)
丹麦	立陶宛	塞尔维亚	
爱沙尼亚	卢森堡	斯洛伐克	

注：保加利亚、法国、西班牙3个国家，除欧洲公约之外还签订了双边条约。

(二) 韩国罪犯引渡制度的相关法律问题

1. 有关罪犯引渡裁判不服判的问题

(1) 争论介绍。有请求国家的罪犯引渡请求后，法务部长官将检验相关材料，如认定应当引渡，就会给首尔高级检察院下达引渡审查请求的命令。这时，法务部长官需要审查引渡请求是否符合相关法条及条约上的要件。之后首尔高级检察院的检察官将被发放引渡拘留证，拘留罪犯，并向法院请求引渡审查。如果法院决定引渡，法务部长官则会给首尔高级检察院检察长下达引渡命令，并将罪犯引渡给请求国的护送公务员。①

而关于上述程序，韩国《罪犯引渡法》第3条规定了首尔高级法院具有罪犯引渡的专属管辖权，但并未规定不服相关决定时的情况。② 关于将罪犯引渡裁判定为一审制的情况，一些意见主张它侵犯了裁判请求权，因此这并不合理。下

① 《罪犯引渡法》第11—18条。

② 《罪犯引渡法》第3条(罪犯引渡案件的专属管辖)：有关该法规定的罪犯引渡审查及其请求的案件，均由首尔高级法院和首尔高级检察院享有专属管辖权。

面将讨论相关内容。

(2) 关于相关争论的韩国法院判例研讨。

① 事实概要关于罪犯引渡不具备发生不服判的情况时的规定，大法院和宪法法院曾经有过相关判决，具体的事实关系如下：

罪犯是韩籍美国人，在美国因有强奸等嫌疑，被美国加州州法院起诉后，1999 年 2 月由陪审团判定为有罪。在宣告判决前的 1999 年 3 月 1 日犯人逃到了韩国，1999 年 6 月 21 日在美国缺席判决中被判处 271 年的有期徒刑。2001 年 6 月 4 日，美国法务部请求引渡犯人。首尔高级检察院的检察官随后向首尔高级法院提出了罪犯引渡许可审查的请求，法院于 2001 年 9 月 2 日作出允许罪犯引渡的决定。对这项决定，请求人向大法院提出了再上诉，在提请违宪法律审判申请被驳回后，又根据《宪法法院法》第 68 条第 2 项请求宪法诉讼审判。

罪犯主张，关于引渡裁判《罪犯引渡法》规定了一审制，即用仅一次的裁判作出最终决定，这有别于普通的刑事裁判，即使高级法院的判决上有所误差，制度却从根源上夺走了提出抗议的机会，因此一审制侵犯了罪犯接收裁判的权利和身体的自由，也违背了程序合法原则和比例原则。

关于这样的主张，有些反对意见表示，罪犯引渡程序只不过是把罪犯转移到外国的法务行政程序，而不是刑侦或刑事诉讼的程序。因此是否允许不服判，是属于立法衡量的问题。

② 大法院及宪法法院的判决。韩国大法院表示，不服判与否和审级制度是属于立法衡量的事项，“接受裁判的权利”的含义也并不一定是指，接受大法院判决的权利。而引渡许可决定并非《刑事诉讼法》上的决定，而是《罪犯引渡法》规定的特殊程序，因此将引渡审查规定为一审制并不违宪。宪法法院持同一态度，称立法者具有关于审级制度的决定权，承认一审制合宪。

(3) 小结——引进不服判方案的相关检讨。是否可以不服法院判决根据各国法律有所不同，中[①]、英、澳、菲等国家就有相关规定。在美国，虽然不能不服联邦法院治安官(Magistrate)的引渡许可决定，但犯人可以提出人身保护令(Habeas Corpus)，这表示实际上也可以申请再审。而日本与韩国一样，并无相关规定。

同时也有意见称，一审制的罪犯引渡裁判中，法院的形式判断也需要不服判

① 中华人民共和国引渡法第 25 条规定，被请求引渡人自法院判决之日起 10 日内，可以向最高人民法院提出意见。

程序，否则就会构成违宪。①

但是，如果考虑到罪犯引渡制度随着国家司法传统与文化呈现多样的形态，必须听取各界不同的意见，慎重检讨完善制度。

2. 关于本国公民不引渡原则

(1) 背景。罪犯为韩国国籍公民，1996 年 8 月在美国菲拉德尔斐亚用手枪杀害了 77 岁的前警察，1998 年 3 月保释在家时，损坏电子脚镣后，用短期签证潜逃到韩国。韩方于 1999 年 3 月 17 日接受美国的罪犯引渡请求后，开始进行罪犯引渡审查请求程序。2008 年 3 月，犯人被拘押后，韩国根据法院的罪犯引渡决定，与同年 9 月，将罪犯引渡到美国。

就此可见，我国在罪犯引渡实务中，不会因为罪犯是本国公民而坚决拒绝引渡，为了实现司法正义，必要时也会将本国公民引渡到国外。对此，国内多少也有争论，讨论其妥当性。

(2) 本国公民不引渡原则的沿革②。从传统的角度来看，大陆法系国家为了保护本国公民，通常在国内法及引渡条约中采取本国公民不引渡原则。此原则的理论根据在于：①对于本国领土外发生的本国公民犯罪，大多数国家都有处罚规定；②由于本国公民对外国的法律及刑事诉讼的程序并不熟，因此可能会发生因不能充分为自己辩护而无法接受公正判决的情况。③

反之，美国和英国等英美法系国家的规定将本国公民也视为引渡对象。这是因为这些国家采取属地主义，因此为了处罚犯下罪行的本国公民，需要将罪犯引渡到犯罪地国家。

但是，如果为了保护本国公民而庇护犯罪潜逃到国内的罪犯并拒绝引渡，极有可能以赋予罪犯免罪符的理由受到指责。同时，犯罪发生后，在确保证人等证据较为容易的国家进行刑事程序，更加有利于司法正义的实现。不仅如此，为了铲除恐怖主义、毒品、网络犯罪等国际犯罪，国家间的协助也越来越被重视，本国公民不引渡原则也随之减缓。现阶段国际上的趋势为，即使接受了本国公民不引渡原则，但如果拒绝引渡，就要像“或引渡或裁判”的标题一样，需承担向被请求国的司法局起诉的义务，以防止逃避处罚。④

(3) 我国法律的态度及实务上的适用方向。韩国《罪犯引渡法》第 9 条第 1

---

① 李英兰：《韩国罪犯引渡法研究》，《刑事比较法研究》(第 6 卷第 2 号)，2004 年，第 488 页。

② 以下内容引用自法务部：《罪犯引渡实务》，首尔成镇社，2014 年，第 16—17 页。

③ 洪奇甲，金永男：《国际法上的罪犯引渡》，远光法学院第 24 卷第 2 号，2008 年，第 115—116 页。

④ 柳亨植：《罪犯引渡和人权保护》，《法学研究》第 28 集。2007 年 11 月，第 371—372 页。

项将“本国公民”规定为任意拒绝理由。此外，也有立法规定条约中须明示被请求国具有拒绝引渡本国公民的权利，就像日韩罪犯引渡条约一样，而且如果是以这项理由拒绝时，还要承担必须通过本国当局进行刑事程序的义务。①

另外，中国也在《中华人民共和国引渡法》第 8 条中规定，“本国公民”可作为拒绝引渡的理由。② 据此，中国若拒绝向国外引渡本国公民，根据中韩两国之间互惠主义，韩国也可不向中国引渡韩国国籍的公民。

关于本国公民不引渡原则也有意见称，不应该将它作为绝对的拒绝事由，而是要与受刑者移送制度相联系，把罪犯引渡的范围限定在裁判和判决，执行则在本国进行。③

可以肯定的是，对本国公民的保护的确无法放弃。但是我们要考虑到，如果仅以此为理由而拒绝遣返罪犯，这也会导致对方国家拒绝遣返加害于我国国民的罪犯。所以在适用原则方面，我们一定要综合考虑，慎重运用。

（三）小结

以上就是有关韩国罪犯引渡制度的法源及相关争论点，还有运用现状的简单的说明。关于罪犯引渡，韩国已根据国际趋势完备了国内立法，同时也通过与其他国家（地区）签订条约等方式进行积极协作，努力对外形成适度的刑罚权。此外，韩国也在慎重检讨多种意见，如有关罪犯引渡的一审制规定、日本国公民不引渡原则等。

三、中韩罪犯引渡现状及有关日后操作方案的提议

（一）问题所在

如上文所述，到目前为止，韩国一直在法律和实务上稳定运用罪犯引渡制度，与中国之间的罪犯引渡也如此。

下面将察看中韩罪犯引渡现状、最近的犯罪动向，特别是在韩国国内发生的有关外国人——尤其是中国人——的犯罪及其类型，并为两国罪犯引渡制度的有效运用提出一些建议。

---

① 韩国政府与日本签订的《罪犯引渡条约》第 6 条：

1. 被请求国并不负担根据条约引渡本国公民的义务，但有权利自行裁量是否引渡本国公民。
2. 如果罪犯的引渡仅以他（她）的国籍为理由被拒绝时，为了应对在本国法律范围内可发生的请求国的起诉，被请求国应将此案件转交给本国有权限的当局。

② 参见《中华人民共和国引渡法》第 8 条。

③ 任河忠：《罪犯引渡法理论》，成文堂，1993 年，第 31 页。

(二) 中韩罪犯引渡请求件数及引渡接收件数

根据中韩罪犯引渡现状可以知道，韩国的引渡请求数量明显多于中国，因此韩国接收的罪犯数量也明显多于引渡到中国的罪犯数量。

中韩罪犯引渡请求件数

年份 区分	2005	2006	2007	2008	2009	2010	2011	2012	2013	2014	合计
韩方请求	11	7	10	13	19	27	15	15	22	29	168
中方请求	1	0	2	2	2	1	0	2	0	1	11

罪犯引渡之引渡接收件数

年份 区分	2005	2006	2007	2008	2009	2010	2011	2012	2013	2014	合计
韩方接收	2	0	0	2	2	3	2	3	2	13	29
中方引渡	0	0	0	0	0	0	0	0	1	0	1

(三) 韩国国内中国籍罪犯及犯罪类型分析①

1. 韩国国内中国及其他国籍的罪犯数量

年份 分类	2004	2005	2006	2007	2008	2009	2010	2011	2012	2013
外国罪犯合计（人）	7 173	8 313	11 421	11 816	19 859	23 418	19 069	33 722	28 120	30 681
中国籍罪犯合计(人)	2 829	4 565	7 804	6 835	13 292	13 639	10 654	14 957	15 593	17 222
中国籍罪犯比例	39. 44%	54. 92%	68. 33%	57. 85%	66. 93%	58. 24%	55. 87%	44. 35%	55. 45%	56. 13%

分析上面的结果可以得知，2004—2013 年的 10 年间，外国国籍的罪犯从7 173 人增加到了 30 681 人，约增加了 4. 3 倍。而其中中国国籍罪犯从 2 829 人增加到

① 大检察院犯罪统计：http：//www,spo. ;o. kr/spo/info/stats,stats02. jsp。

17 222 人，增加了约 6.1 倍，比例也从 39.44%增加到了 56.13%，2006 年和 2008 年高达 68.33%和 66.93%。换言之，以单一国家来讲，中国占的比例最大。

2. 犯罪类型分类[①]

财产犯罪

分类＼年份	2004	2005	2006	2007	2008	2009	2010	2011	2012	2013
外国罪犯合计（人）	1 041	1 080	1 498	2 685	3 658	4 269	3 463	5 471	4 931	5 537
中国籍罪犯合计（人）	221	301	522	1 209	2 151	2 112	1 863	2 050	2 491	2 888
中国籍罪犯比例	21.23%	27.87%	34.85%	45.03%	58.8%	49.47%	53.8%	37.47%	50.52%	52.16%

赌博犯罪

分类＼年份	2004	2005	2006	2007	2008	2009	2010	2011	2012	2013
外国罪犯合计（人）	108	192	181	193	497	1 634	937	2 822	918	716
中国籍罪犯合计（人）	69	160	92	173	449	1 211	671	1 740	770	585
中国籍罪犯比例	63.89%	83.33%	50.83%	89.64%	90.34%	74.11%	71.61%	61.66%	83.88%	81.7%

违反外汇交易法

分类＼年份	2004	2005	2006	2007	2008	2009	2010	2011	2012	2013
外国罪犯合计（人）	117	320	184	270	540	2 232	247	1 120	1 256	1 365

① 盗窃、强盗、恐吓、诈骗、贪污、渎职、损坏、赃物。

续 表

年份 / 分类	2004	2005	2006	2007	2008	2009	2010	2011	2012	2013
中国籍罪犯合计(人)	45	54	82	63	297	1 286	161	547	798	1 023
中国籍罪犯比例	38.46%	16.88%	44.57%	23.33%	55%	57.62%	65.18%	48.84%	63.54%	74.95%

由此可见，上述犯罪类型中，中国国籍的罪犯比例明显居多，且呈继续增加的趋势。

具体来讲，与中国籍罪犯相关的韩国内犯罪中，财产犯罪、赌博犯罪和违反外汇交易法的犯罪较多。可以说中韩两国的人力与物力交流的扩大是其原因，且这样的趋势会持续下去，因此需要有对其对应方案的多方位研究。

3. 小结——激活临时引渡及协助追缴犯罪收益的必要性

根据统计可知，只通过罪犯的引渡无法充分解决财产犯罪、赌博犯罪以及违反外汇交易法的犯罪问题。因为这几项犯罪通常都会反复多次地发生，而且是横跨中韩两国边境。而且上述犯罪基本上都以金钱关系为基础，因此必然会发生犯罪收益。如果不追缴这些收益，就会使得本国的裁判失去力度，同时也会违背刑事正义。即，解决问题并不止于扣押罪犯，还要剥夺犯罪收益才能彻底解决。

因此对这些犯罪，不仅仅是传统的罪犯引渡，还需要激活临时引渡制度和协助追缴犯罪收益制度。下一部分将论述成功运用这些制度的事例，并为此方案提供方向。

(四) 临时引渡及协助追缴犯罪收益的事例分析与评价

1. 临时引渡

(1) 意义与根据。在被请求国当地因新的犯罪而对犯人进行裁判时，或已被裁判、服刑时，应当在裁判或服刑结束后再进行引渡。但是服刑结束后再引渡可能会导致有共犯的犯罪中的证据被销毁，在这种情况下就无法进行实质性的调查与裁判，罪犯也就不能受到相应的惩罚。因此为了请求国家方的调查与裁判，在服刑结束前暂时引渡罪犯，使其接受调查与裁判的方法称为临时引渡制度。

临时引渡制度可以适用于需要能动对应——如请求国与被请求国均可以进行调查和裁判的情况，这样便可以迅速解决事件。中韩罪犯引渡条约第 14 条有相关规定。

（2）与菲律宾成功适用临时引渡的事例。韩国近期与菲律宾进行过临时引渡，具体情况如下：罪犯乙于 2007 年 7 月在韩国抢劫杀人后，经过马来西亚逃到了菲律宾，之后从 2008 年 11 月到 2012 年 5 月，在菲律宾与共犯一起实施了 6 起绑架抢劫案。对此韩国政府请求了罪犯引渡，但由于乙在菲律宾当地因携带非法枪支嫌疑，于 2014 年 9 月被菲律宾法院判处拘役，因此马上进行引渡有些许困难。

同时在韩国，因为抢劫杀人和绑架抢劫的共犯在裁判中否认了部分嫌疑，所以发生了需要乙的陈述来进行举证的情况。为了畅通公诉程序，韩国政府决定请求临时引渡罪犯。

之后通过韩国法务部与菲律宾政府的持续又密切的协商，2015 年 5 月，乙被菲律宾引渡到了韩国政府，同年 6 月被起诉到韩国法院。

（3）评价。所有共犯都在韩国伏法，事情的真相也得以查实，罪犯也受到了相应的刑罚。可以说这一系列事情的基础就在于菲律宾的临时引渡。

而韩国与中国之间也有过这样的成功事例。为了中止在韩国因诈骗罪被宣告拘役后逃到中国的罪犯的刑期时效，与中国政府的紧密协商后，成功将罪犯临时引渡到韩国。与菲律宾的临时引渡之所以能成功，其中一个主要的原因便是这件先例的存在。

临时引渡最大的优点是可以迅速行使处罚权。像菲律宾事例一样，在进行对共犯的裁判时发生了共犯推卸责任的情况，如果可以利用临时制度，就可以一并对所有共犯进行调查和裁判，各国司法局也可以变通处理在各地进行的裁判。特别是跨越国境的超国家组织容易介入的赌博或外汇犯罪，对于这些犯罪可以通过临时引渡，合理适当地行使刑罚权。

2. 协助追缴

（1）意义与根据。所谓协助追缴是指对转移到国外的犯罪收益，可以向被请求国要求追缴的制度。通过这项制度可以彻底回收流落海外的犯罪收益，实现司法正义。中韩罪犯引渡条约第 13 条及刑事司法协助条约第 18 条有相关规定。

（2）韩国与蒙古之间的事例。罪犯丙在 2005 年末到 2008 年 6 月期间，运营大规模企业型非法娱乐室，赚取相当规模的犯罪收益。为了进行洗钱，丙先将钱转到职员的借名账户，再转账到在蒙古的“地下钱庄”，并用这些钱在蒙古建了一家酒店。韩国刑事调查局开始调查后于2009年逮捕了犯人，并着手进行对蒙古酒店的回收。

在对罪犯的判决确定后，2011年3月，韩国法务部向蒙古检察机关发出犯罪收益回收协助请求。对此蒙古检察机关在2011年8月对相关酒店进行扣押，并于同年11月完成了拍卖，12月将3.7亿元的拍卖金额汇到了韩国。

(3) 评价。这件案子属于国际犯罪收益回收事例，它证明了通过两国互助，最终可以彻底回收流失到海外的犯罪收益。

从财产犯罪、赌博、外汇犯罪产生的犯罪收益，也可以通过两国间的协助追缴进行追踪，制定有效对策。

四、结论

为了应对国际化犯罪，韩国以包括《罪犯引渡法》在内的多样的国际网络为基础，适用了罪犯引渡制度。特别是与中国进行的罪犯引渡中，有过临时引渡等大大小小的成果。

但是随着两国交流持续发展，犯罪也随之增加，日后这也将会给中韩两国留下许多实务课题。对此，有效运用临时引渡与协助追缴制度或许会成为对策。

而迅速的罪犯引渡、司法协助便是最主要的基础。上述对策都是为了迅速而彻底地处罚犯罪，如果具体的实务处理体系不能作为坚实的后盾，那么这些制度也无法实现它真正的宗旨。

希望在作为对策提出的临时引渡、协助追缴，和日后两国协助的基础之上可以构建更加具体有效的合作体系。

简论中国对侦查权的规制

卞建林*

侦查权是刑事诉讼中一项十分重要的国家权力。侦查权能否依法适当行使，不仅关乎刑事诉讼活动的成败，更关乎公民的自由和权利保障。正如英国上议院大法官丹宁所说，"每一个社会均有保护本身不受犯罪分子危害的手段。……其一旦被滥用，任何暴政都要甘拜下风"。为防止侦查权被滥用，中国《刑事诉讼法》对侦查权的运行施加了种种程序规制。

一、中国侦查权的配置

（一）侦查权的概念

"侦查权"即依法享有开展刑事侦查活动的权力。根据中国2012年《刑事诉讼法》第106条的规定，侦查是指公安机关、人民检察院在办理案件过程中，依照法律进行的专门调查工作和有关的强制性措施。据此，在中国侦查权是指公安机关和人民检察院为实现侦查目的，依照法定的侦查程序，运用法定的措施和方法实施侦查活动的权力。

（二）侦查权的配置

依据中国《刑事诉讼法》第3条的规定，对刑事案件的侦查由公安机关负责。检察机关直接受理的案件的侦查，由人民检察院负责。根据刑诉法第18条的规定，刑事案件的侦查由公安机关进行，法律另有规定的除外。所谓法律另有规定，是指：第一，检察机关直接受理案件的侦查。具体指贪污贿赂犯罪，国家工作人员的渎职犯罪，国家机关工作人员利用职权实施的非法拘禁、刑讯逼供、报复陷害、非法搜查的侵犯公民人身权利的犯罪以及侵犯公民民主权利的犯罪，由

* 卞建林：中国刑事诉讼法学研究会会长，中国政法大学诉讼法学研究院院长，教授、博导。

人民检察院立案侦查。第二，危害国家安全的刑事案件。刑诉法第 4 条规定："国家安全机关依照法律规定，办理危害国家安全的刑事案件，行使与公安机关相同的职权。"第三，刑诉法第 290 条规定："军队保卫部门对军队内部发生的刑事案件行使侦查权。对罪犯在监狱内犯罪的案件由监狱进行侦查。"第四，2000 年修订的中国《海关法》第 4 条规定，海关走私犯罪侦查局负责对其管辖的走私犯罪案件进行侦查。

（三）侦查权的行使

在中国，侦查机关进行的侦查活动包括依照法律规定进行的专门调查工作和有关的强制措施。

专门调查工作即侦查行为，主要包括：讯问犯罪嫌疑人；询问证人、被害人；勘验、检查；侦查实验；搜查；查封、扣押；查询、冻结；鉴定；辨认；通缉；技术侦查。

强制措施是指，为了保障侦查活动的顺利进行对犯罪嫌疑人、被告人的人身自由采取临时限制或剥夺的强制方法，包括拘传、取保候审、监视居住、拘留、逮捕五种强制措施。

总体而言，为保证侦查机关顺利完成侦查任务，法律赋予其比较广泛的权力。除逮捕这种强制措施需要检察机关批准或者人民法院决定之外，其他各种侦查行为和强制措施，均由侦查机关自行决定是否采取，不存在司法审查和令状许可制度，因此存在侦查权过度膨胀和被滥用的风险。

二、中国法律对侦查权的规制

法国著名思想家孟德斯鸠有一句名言："一切有权力的人都容易滥用权力，这是一条万古不易的经验。有权力的人们使用权力一直到遇有界限的地方才休止。"因此，"要防止滥用权力，就必须以权力约束权力"。侦查权是一项以国家强制力作后盾的权力，其行使往往以限制甚至短期剥夺公民基本权利为代价。一旦该项权力滥用，将会对公民的人身和财产以及其他合法权益造成严重的影响。而且由于侦查不公开原则，使得对侦查权的规范和限制非常重要。在中国，由于侦查行为的申请、审查、决定、执行通常都由侦查机关自行作出，加强对侦查权的规制，加强刑事诉讼中的人权保障，更显重要和迫切。

自 1979 年中国制定第一部《刑事诉讼法》以来，《刑事诉讼法》已先后于 1996 年和 2012 年经历了两次大的修改，这两次立法修改都无一例外将规范侦查行为、加强侦查监督作为重点修改的内容。尤其是 2012 年《刑事诉讼法》，在规制侦查权方面有了很大的进步。

(一) 规范讯问犯罪嫌疑人行为,防范和遏制刑讯逼供

为规范侦查权的行使,防止以非法方法获取犯罪嫌疑人口供,刑诉法修改采取了一系列措施,主要包括:

第一,要求侦查人员必须依照法定程序,收集能够证实犯罪嫌疑人、被告人有罪或者无罪、犯罪情节轻重的各种证据。严禁刑讯逼供和以威胁、引诱、欺骗以及其他非法方法收集证据,不得强迫任何人证实自己有罪。

第二,公安机关拘留人的时候,拘留后应当立即将被拘留人送看守所羁押,至迟不得超过 24 小时。除无法通知或因案件特殊通知可能有碍侦查的情形以外,应当在拘留后二十四小时以内,通知被拘留人的家属。

第三,公安机关对被拘留的人,应当在被拘留后的 24 小时以内进行讯问。在发现不应当拘留的时候,必须立即释放,发给释放证明。

第四,犯罪嫌疑人被送交看守所羁押以后,侦查人员对其进行讯问,应当在看守所内进行。

第五,侦查人员在讯问犯罪嫌疑人的时候,可以对讯问过程进行录音或者录像;对于可能判处无期徒刑、死刑的案件或者其他重大犯罪案件,应当对讯问过程进行全程录音或者录像。

第六,对不需要逮捕、拘留的犯罪嫌疑人,可以传唤到犯罪嫌疑人所在市、县内的指定地点或者到他的住处进行讯问。但不得以连续传唤、拘传的形式变相拘禁犯罪嫌疑人。传唤、拘传犯罪嫌疑人,应当保证犯罪嫌疑人的饮食和必要的休息时间。

(二) 加强检察机关对侦查活动的法律监督

在中国,检察机关是国家法律监督机关。《刑事诉讼法》第 8 条明确规定:"人民检察院依法对刑事诉讼实行法律监督。"对公安机关的侦查活动进行监督,是检察机关刑事诉讼监督的重要内容。

检察机关对于公安机关侦查活动的监督主要表现在审查批捕、监督逮捕执行、审查起诉等方面。首先,检察机关对于公安机关提请批准逮捕犯罪嫌疑人,经过审查,认为不符逮捕条件的,应当作出不批准逮捕的决定。其次,对于检察机关批准逮捕的决定,公安机关应当立即执行,并将执行回执及时送达作出批准决定的人民检察院;如果未能执行,也应当将回执送达人民检察院,并写明未能执行的原因。再次,检察机关在对公安机关侦查终结移送检察机关审查起诉的案件进行审查时，审查的一项重要内容就是侦查机关的侦查活动是否合法。另外，人民检察院对诉讼参与人针对办案机关违法行为提出的申诉要及时进行审查、实施监督；对指定居所监视居住的决定和执行是否合法，实施法律监督。

（三）强化侦查阶段辩护律师的权利

修改后的刑诉法明确规定，犯罪嫌疑人自被侦查机关第一次讯问或者采取强制措施之日起，有权委托律师作为辩护人。辩护律师在侦查期间可以为犯罪嫌疑人提供法律帮助；代理申诉、控告；申请变更强制措施；向侦查机关了解犯罪嫌疑人涉嫌的罪名和案件有关情况，提出意见。辩护律师在侦查阶段介入并开展活动，对制约侦查机关遵守法律程序、慎用侦查权力发挥良好作用。

（四）确立非法证据排除规则

2012 年刑诉法在立法上确立了非法证据排除规则，明确规定："采用刑讯逼供等非法方法收集的犯罪嫌疑人、被告人供述和采用暴力、威胁等非法方法收集的证人证言、被害人陈述，应当予以排除。""在侦查、审查起诉、审判时发现有应当排除的证据的，应当依法予以排除，不得作为起诉意见、起诉决定和判决的依据。"非法证据排除规则的确立和实施，对规范侦查权行使、防范侦查机关非法取证起到了很好的制约作用。

（五）加强对侦查违法行为的救济

为加强对侦查权的规制和对侦查违法行为的救济，2012 年刑诉法修改增加规定，对司法实践中常见的几种严重违反诉讼程序行为，有关诉讼参与人有权提出申诉和控告：(1)采取强制措施法定期限届满，不予以释放、解除或者变更的；(2)应当退还取保候审保证金不退还的；(3)对与案件无关的财物采取查封、扣押、冻结措施的；(4)应当解除查封、扣押、冻结不解除的；(5)贪污、挪用、私分、调换、违反规定使用查封、扣押、冻结的财物的。

三、加强对侦查权规制的若干思考

2014 年 10 月，中共中央召开十八届四中全会，作出《关于全面推进依法治国若干重大问题的决定》，其中要求加强人权司法保障，强化诉讼过程中当事人和其他诉讼参与人的知情权、陈述权、辩护辩论权、申请权、申诉权的制度保障。完善对限制人身自由司法措施和侦查手段的司法监督，加强对刑讯逼供和非法取证的源头预防，健全冤假错案有效预防、及时纠正机制。伴随着中国司法改革的进一步深入，可以考虑从以下方面进一步加强对侦查权的规制，以确保侦查机关严格依法办案，维护司法公正。

（一）探索对强制性侦查行为建立司法审查与令状许可制度

在比较法的视野中，很多国家将侦查行为区分为任意侦查和强制侦查。以任意性侦查为原则，以强制性侦查为例外。实行强制侦查必须经过司法审查，实行令状许可。除现行犯罪等紧急情形外，侦查机关不经相对人同意进行搜查、扣押、查封或冻结、人身检查、拦截或窃听通讯等强制侦查行为必须经过法院事先批准；紧急侦查行为在事后必须经过法院认可，否则无效。

在中国，并没有区分任意侦查和强制侦查，法官也不介入侦查阶段，从而不存在由中立的法院或司法官进行的司法审查机制。无论是公安机关还是人民检察院都可以自行采取几乎所有的强制侦查措施。如果不将侦查行为的合法性问题纳入到司法审查的范围，不通过独立的司法机关对侦查权的行使进行控制，则公民的合法权益保障则很可能出现问题。

（二）大力加强侦查监督，规范侦查权的行使

中国法律在刑事司法职权配置方面，赋予侦查机关广泛的权力。除逮捕需提请检察机关审查批准以外，所有其他侦查行为和强制措施，均可由公安机关自行决定，自己执行。此种权力配置容易使侦查机关权力过于膨胀，产生过度适用甚至异化滥用的风险。近期陆续披露纠正的一些重大冤错案件，究其成因，就与侦查权的异化滥用有密切关系。因此，一定要进一步加强对侦查活动的监督，制约侦查权力的行使。

在中国，检察院为国家的法律监督机关，侦查监督是检察机关的重要内容。中国两次《刑事诉讼法》的修订都以加强检察机关对刑事诉讼公权力监督为重要内容，但是由于检察机关在刑事诉讼中身兼数职，既为公诉机关，又为监督机关，职能之间可能存在矛盾和冲突，影响其诉讼监督职能的发挥。此轮司法改革，强调进一步优化司法职权配置，强调完善对限制人身自由司法措施和侦查手段的司法监督，这对于检察机关有效履行监督职能具有重要意义。

（三）探索公诉指导侦查制度，保证侦查活动依法进行

中国当下正在推进以审判为中心的诉讼制度改革，确保侦查、起诉的案件事实证据经得起法律的检验。保证庭审在查明事实、认定证据、保护诉权、公正裁判中发挥决定性作用。在中国长期的司法实践中，存在着“重侦查、轻审判”的现象。办案人员对法庭审判重视不够，作为侦查机关的公安机关更多地关注侦破案件，抓住嫌犯，不会针对侦查中收集、调取的证据是否符合公诉的要求向检察机关请求业务上的指导和帮助；检察机关也不会主动对公安机关的取证行为进行建议和指导。这导致一些关键证据没有收集或没有依法收集，进入庭审的案件没有达到案件事实清楚、证据确实充分的要求，使审判无法进行。当前，以审判为中心的诉讼制度改革必然要求改革侦查的模式，加强检察机关对侦查人员的培训和指导，以保证侦查活动的顺利进行，为公正审判打下坚实的基础。

总之，中国刑事诉讼立法的修改加强了对侦查行为的规范和对侦查权的制约，当前这些立法的措施正在得到有效的贯彻实施。党的全面推进依法治国的决定又提出了“加强人权司法保障”，“完善对限制人身自由司法措施和侦查手段的司法监督，加强对刑讯逼供和非法取证的源头预防”。在这一新的政治形势下，希冀中国的《刑事诉讼法》在侦查权的规制和公民合法权益保障方面能够取得更大的进步。

“以审判为中心”与诉讼制度改革

陈卫东*

党的十八届四中全会提出要推进以审判为中心的诉讼制度改革。在当前深化司法改革的背景下，可以说，以审判为中心推进诉讼制度的改革具备了一定的前提条件。这就需要我们立足于以审判为中心，厘清各种制度障碍，理顺以审判为中心的制度机制，为推进相应的诉讼制度改革做好充分的规划与准备。

一、“以审判为中心”的内涵

以审判为中心，实际上是“审判中心主义”的体现。综合来看，以审判为中心强调以下几方面的内容：首先，在实体意义上，定罪权属于法院，其他机关都无权决定被告人是否有罪；其次，在程序意义上，所有关涉犯罪嫌疑人、被告人的重大权利的侦查、起诉行为都必须由法院作出裁决；第三，法院裁判的作出必须以“审判”的方式进行；第四，由于一审程序是最为完整的诉讼程序，因此，应当强调一审程序在整个程序体系中的地位。①

对以审判为中心的改革要求，必须结合改革的背景进行。② 当前，制约刑事司法公正的核心要素在于公检法三机关之间关系的失调，公安机关权力过大，检察机关居于其次，法院的核心地位无法显现，无法树立司法权威。司法实践中暴露出的大量冤假错案都与公检法三机关之间的关系失衡存在密切联系。由此可见，以审判为中心作为对当前三机关现状的反思，实际上是要摆正

---

* 陈卫东，中国刑事诉讼法学研究会常务副会长，中国人民大学法学院教授，博士生导师。

① 关于一审为中心的讨论，参见龙宗智：《论建立以一审庭审为中心的事实认定机制》，《中国法学》2010年第2期。

② 关于以审判为中心提出的背景的解读，参见樊崇义：《解读“以审判为中心”的诉讼制度改革》，《中国司法》2015年第2期。

公检法三机关之间的关系,[①]其核心在于构建一个以审判为中心的科学、合理的诉讼构造。

二、"以审判为中心"与"以庭审为中心"的关系

与以审判为中心密切相关的另一个概念是以庭审为中心。以庭审为中心,解决的是庭审的形式化、虚置化问题,其强调的是庭审在裁决作出过程中发挥决定性作用,证据调查、定罪量刑等都必须在"庭审"中进行,法官的裁决必须基于"庭审"中证据调查、法庭辩论的结果而在"庭审"中作出。这就意味着:(1)法庭调查行为必须发生在法庭上,不能在庭审前也不能在庭审后;(2)裁判基础形成于法庭上,不能以庭审以外的因素作为裁判的依据;(3)裁判结果形成于法庭上,不能在庭审之前形成裁决结果。

一般认为,以审判为中心与以庭审为中心之间既有联系也存在着区别。两者的联系在于以审判为中心是以庭审为中心的前提和基础,没有前者也就无所谓后者,前者确立了,后者也就具备了实现的必要条件;而后者则对前者具有促进意义。[②] 例如,以审判为中心,实际上是对侦查中心主义的否定,而对侦查中心主义的否定才有助于我们建立庭审中心主义;而庭审中心主义则通过各种制度的构建避免侦查中心主义,这又有助于确保以审判为中心。两者的区别在于:(1)以审判为中心的侧重点在于解决法院与外部其他机关之间的关系;而以庭审为中心解决的核心问题则是法院裁判权运作机制的问题;(2)尽管后者对于前者有重要意义,但是前者并不必然意味着后者。

三、"以审判为中心"与诉讼制度改革

以审判为中心,要求从构建科学合理的诉讼构造,重新配置司法职权,另外也要求切断那些客观上侵蚀以审判为中心的诉讼制度机制。具体而言,以审判为中心需要对以下多方面的制度变革给予足够关注:

---

① 持有相同观点者,参见陈光中等:《审判中心与相关诉讼制度改革初探》,《政法论坛》2015年第3期。

② 顾永忠:《"庭审中心主义"之我见》,《法制资讯》2014年第6期。

（一）刑事诉讼构造的改革

1. 以审判为中心，要求将法院的职权范围提前到侦查、起诉期间，而不仅限于审理期间，打破过去公检法三机关各管一块的做法

第一，构建强制侦查司法审查制度。以审判为中心的首要要求，在于改变侦查阶段外部司法制约不足的现状，建立对强制性侦查行为的司法审查制度，影响犯罪嫌疑人基本权利的各种侦查行为都必须获得法官的授权。这不仅包括公安机关的侦查行为，也包括检察机关的自侦行为；不仅包括对涉及人身权的强制侦查的司法审查，也包括对物的强制措施的司法审查。

第二，构建起诉司法审查制度。在起诉阶段，也应当建立起法官对起诉正当性的控制。起诉行为直接涉及对公民基本权利的威胁。在国外，一般对起诉决定都有由法院或者法官进行审查的程序。在我国，也应当探索建立类似于预审程序或者中间程序的制度，以构建法院对起诉行为的控制。

2. 以审判为中心，还要求对于刑事诉讼中发生的所有程序性争议，都以法院裁决的形式予以解决

除了强制措施的司法审查、起诉审查之外，对于在审前程序中以及审判过程中发生的其他程序性争议也应当通过司法裁决的形式加以解决。对于刑事诉讼中发生的侵犯辩护权，侵犯犯罪嫌疑人、被告人人身权利、财产权利的行为等也都需要由司法予以救济。例如，律师会见权得不到保障、阅卷难以实现的，应当由法院以裁决的形式予以救济。对于法院的裁决，有关机关必须执行。2012 年刑事诉讼法修改确立的非法证据排除程序也是落实法院的程序性问题最终裁决权的重要机制，实际上就是对侦查中侵犯犯罪嫌疑人权利的违法侦查行为的司法救济。

3. 以审判为中心要求法院对于实体问题具有最终的处理权

这就要求改革那些有悖于法院最终处理权的程序制度：

第一，改革庭审中的撤诉制度①。

《人民检察院刑事诉讼规则（试行）》第 459 条规定了实体审理过程中的检察机关撤回起诉制度。该条规定的情形属于依法应当作出无罪判决的情形。由检察机关作撤诉处理，实际上是剥夺了法院的最终定罪权，也侵犯了被告人获得司法裁决的权利。因此，应当废除已经实体审理的案件由检察机关撤回起诉制度，对于这些情形，包括证据不足的，应当直接宣告无罪。

① 关于撤诉制度的改革，可以参见顾永忠等：《论撤回公诉的司法误区与立法重构》，《法律科学》2007 年第 2 期；龙宗智：《论新刑事诉讼法实施后的公诉变更问题》，《当代法学》2014 年第 5 期。

第二,确立一事不再理原则。应当明确确立“一事不再理”原则。对于已经生效的无罪裁判,检察机关抗诉或者根据新的证据重新起诉不仅在客观上损害了司法的终局性,也在客观上不利于人权的保障。因此,在以审判为中心推进诉讼制度变革的背景下,必须确立一事不再理原则,明确人民检察院对于法院的无罪判决不能够提起抗诉或者重新起诉。

4. 侦检关系的协调

作为科学、合理诉讼构造改革的一环,还需要对侦检之间的关系进行协调。以审判为中心要求构建控诉方和辩护方这两极。而传统上,侦检关系是各自负责,基本没有交叉,只有程序上的衔接关系。这也是导致侦查权力过大,检法权力相对弱势的重要原因。《人民检察院刑事诉讼规则(试行)》中第 361 条中规定了人民检察院对于重大、疑难、复杂的案件侦查的介入权。尽管这与侦检一体化[①]存在着重大差别,但是不失为一种有益尝试。未来应当在此基础上逐步探索有助于推进侦检一体化的制度机制。

5. 律师辩护制度

以审判为中心,还要求对律师辩护制度进行改革。律师辩护是审判中心主义的助推剂。正是辩护律师对诉讼程序的参与及其与控诉方的抗衡凸显了审判作为中立第三方介入的必要性。以审判为中心,要求赋予辩护律师更多的权利与义务。在权利方面,应当明确辩护律师在侦查讯问时的在场权,律师在侦查阶段的调查取证权等等。在义务方面,则应当明确律师进行有效辩护的义务及其附带的法律后果。

(二) 刑事证据制度的变革与完善

强调以审判为中心,除了将司法救济逐步覆盖到侦查、起诉阶段以外,还必须去除侦查中心主义赖以存在的基础,即口供中心主义。正是因为对口供的强调,导致了作为获取犯罪嫌疑人口供的侦查逐步在刑事诉讼中占据了极端重要的位置。因此,以审判为中心还要求对侦查中心主义赖以存在的以口供为核心的证据制度进行变革。其中,最为重要的就是要转变口供中心主义的思想,实现侦查取证“由供到证”向“由证向供”的转变。就具体的制度机制而言,则包括以下几个方面:

1. 明确赋予犯罪嫌疑人以沉默权

2012 年刑事诉讼法第 50 条虽然确立了不得强迫任何人证实自己有罪的原

① 关于侦检一体化的讨论,参见陈卫东:《转型与变革:中国检察的理论与实践》,中国人民大学出版社 2015 年版,第 257—274 页。

则,但是该原则与沉默权并不完全相同。沉默权要求以明示的方式告知犯罪嫌疑人有权保持沉默以及其不保持沉默而进行陈述的法律效果。沉默权对于保障犯罪嫌疑人的权利具有更为积极的效果。因此,从限制口供在侦查中的地位的视角来看,必须赋予犯罪嫌疑人以沉默权。

2. 确立传闻证据规则

传闻证据规则要求除了法定的极少例外情况以外,一切言辞证据必须在法庭上由直接感知案件事实的人以言辞的方式作出,证人在法庭以外所作的陈述不具有证据能力。在我国,作为侦查中心主义的附随结果,卷宗中心主义或者笔录中心主义盛行。卷宗或者笔录当然获得证据能力,并且具有更为优势的证明力。法庭审判只不过是对卷宗或者笔录的审查认定而已。要改变这种状况,以审判为中心,就必须限制卷宗或者笔录的证据能力,构建传闻证据规则。

3. 完善非法证据排除规则

此外,还必须确立侦查机关违法取证行为的制裁机制。对于以非法方式获取的犯罪嫌疑人、被告人的供述,证人证言,物证等应当予以排除。2012 年刑事诉讼法修改构建了非法证据排除规则。但是该规则在实践中运用情况不容乐观。其中的一个重要原因在于非法证据排除规则的程序机制并不畅通,操作性不强。因此,应当着重关注非法证据排除程序的构建,畅通非法证据排除的程序机制,以利于辩护方非法证据排除的申请、审查认定与排除。①

(三) 刑事审判方式的变革

传统上,侦查中心主义赖以实现的一个重要途径即是借助于虚无化的庭审而实现的。因此,构建实质化的庭审是隔断侦查中心主义对审判中心主义影响的重要一环。为此,除了需要在证据制度方面作出调整以外,也需要在审判方式方面作出调整。

1. 卷宗移送制度的改革

卷宗制度构成了侦查中心主义侵蚀审判中心主义的重要信息机制。为了阻断侦查中心主义对审判中心主义的侵蚀,必须切断卷宗向法院或者法官的流转,不论是庭前还是庭后。2012 年刑事诉讼法修改,基于保障辩护方阅卷权的需要,规定了案卷全卷移送制度。因此,在以审判为中心推进诉讼制度改革的背景下,如何协调辩护方的阅卷权以及切断以卷宗制度为基础的侦查中心主义对审

---

① 关于非法证据排除程序的构建,可以参见陈卫东等:《我国非法证据排除程序分析与建构》,《法学研究》2008 年第 6 期。

判中心主义的侵蚀，是需要面对的重大难题。①

2. 完善庭前准备程序

庭前准备程序对于保障庭审的实质化具有重要意义。在此方面，2012 年刑事诉讼法修改构建了庭前会议制度。但是囿于法律对庭前会议功能的限制，使得庭前会议的实践效果大打折扣。未来应当考虑在证据开示、争点整理以及庭前排除非法证据等方面对庭前准备程序进行完善。

3. 确立直接审理原则

直接审理原则包含形式直接性和实质直接性两个方面的内容。前者要求法官亲自参与审理程序并且始终在场，后者则禁止证据替代，即不得以笔录证据代替在法庭上对证人(包括被告人)的询问(讯问)。如前所述，卷宗(笔录)制度体现了侦查中心主义并作为一种实现机制侵蚀了审判中心主义。而直接审理原则则明确要求禁止以宣读讯问笔录代替对被告人的讯问，这对于切断侦查对审判的决定性影响具有重要意义。因此，我国应当确立直接审理原则，并限制证据替代品的证据能力。②

4. 确立交叉询问规则

交叉询问规则不仅是最好的事实发现机制，也是实现言词原则的最好方式。只有借助于发达的交叉询问，才能够提升庭审在审判中的地位，也才能够切断侦查卷宗机制对审理的作用。因此，构建完备的交叉询问规则也是应当予以关注的制度建设之一。

5. 落实证人等出庭作证制度

证人出庭作证问题是一直困扰刑事诉讼的重大难题。证人出庭作证是保障被告人对质权的重要制度。2012 年刑事诉讼法修改对证人出庭作证制度进行了修改。但是对于证人出庭作证的各种保障制度并不完善，可操作性不强。未来应当逐步细化、完善证人出庭作证的保障机制，推动证人出庭作证制度的落实。

此外，对于侦查人员出庭说明情况、鉴定人出庭作证等制度也需要根据司法实践的情况予以改革或者完善。

---

① 关于全卷移送与先入为主的防弊机制的讨论，可以参见程雷：《审判公开背景下刑事庭审实质化的进路》，《法律适用》2014 年第 12 期。

② 关于直接言辞原则的讨论，参见陈卫东《反思与建构：刑事证据的中国问题》，中国人民大学出版社 2015 年版，第 143—147 页。

（四）司法制度改革

需要说明的是，以审判为中心的前提在于裁判者独立裁判。这是以审判为中心能否成功构建的体制性基础。在这方面，党的十八届三中全会已经有所部署，在去除司法行政化、司法地方化等方面已经有所努力。改革审判委员会制度，完善主审法官、合议庭办案责任制，让审理者裁判、由裁判者负责，人财物省级统管，司法人员分类管理，办案责任制等都是确保裁判者独立裁判的有益改革。未来，应当进一步推动此方面的制度改革。

以审判为中心的诉讼制度改革思考

叶　青*

一、问题的提出

党的十八届四中全会将“推进严格司法”作为“保证公正司法，提高司法公信力”的重要抓手，而作为推进严格司法的具体措施，全会文件要求“推进以审判为中心的诉讼制度改革，确保侦查、审查起诉的案件事实证据经得起法律的检验”。

建立以审判为中心的诉讼制度，突出了审判的地位，抓住了司法改革的核心。这既是对我国现行刑事司法中公检法关系的重大调整，也是改革及完善我国刑事诉讼程序的突破口，其对于平衡控辩双方关系、保障当事人诉讼权利、提高司法公信力等都有着重要意义。然而，审判中心主义的确立与推进将对司法工作带来不少现实挑战，如何积极应对这些挑战，关系到刑事诉讼任务的落实。本文拟对审判中心主义的内涵作一探讨，并结合其将对司法工作带来的挑战，提出相关的应对建议，以期对更好地推进以审判为中心的诉讼制度改革有所裨益。

二、审判中心主义的内涵解读

（一）审判中心主义的实质内容

就笔者看来，审判中心主义从本质上体现了以下三个方面的内容：

首先，审判中心主义强调审判阶段的核心地位。即审判阶段是整个刑事诉讼的中心环节，审前阶段应当服从、服务于审判阶段。具体来说，一是审前阶段的诉讼活动应当以审判阶段为标准，服从有罪判决的最高标准，达到“案件事实清楚、证据确实充分”的程度，杜绝案件在没有达到这一标准时“带病”进入审判

---

* 叶青：中国刑事诉讼法学研究会副会长；华东政法大学校长，教授、博导。

阶段；二是对被追诉人的罪责认定，只有在审判阶段才能真正产生法律效果，而在审前阶段对被追诉人的罪责认定仅仅具有程序上的意义。从这个角度来看，审判中心主义也充分体现了无罪推定原则的精髓，“未经审判，任何人不得被认为是罪犯，更不得被迫承受罪犯的待遇”①。

其次，审判中心主义要求审判活动趋于实质化。审判活动的实质化，关键在于发挥庭审的实质功效，确保庭审在查明事实、认定证据、保护诉权、公正裁判中发挥决定性作用。审理过程与裁判结果应当真真正正地呈现于庭审之上，而不是走个过场或进行一次表演。正如最高人民法院第六次全国刑事审判工作会议指出，审判案件以庭审为中心，应当做到事实证据调查在法庭、定罪量刑辩论在法庭、裁判结果形成于法庭。为了避免审判活动虚无化、形式化，其中最为重要的即为贯彻直接言词原则，确保证人、鉴定人出庭。

最后，审判中心主义充分保障当事人及社会公众参与诉讼。审判中心主义的改革势必增强庭审的对抗性，使得庭审成为控辩双方证据及意见交锋最为激烈的场所。作为中立公正的裁判者，法院应当确保控辩双方平等对抗，充分保障当事人的知情权、陈述权、辩护权、申请权等各项诉讼权利；从另一个角度来看，审判中心主义将促使审判过程及结果更为全面地公开。当事人及社会公众广泛参与诉讼，也将充分发挥其对司法活动的监督作用，意味着“我国刑事诉讼所规定的一系列体现司法民主性的原则和重要制度在庭审中得以最为集中、充分地体现和贯彻”②。以司法公开倒逼司法公正，对提升我国司法公信力也有积极作用。

（二）审判中心主义的现实意义

1．对侦查中心主义的纠偏

探讨审判中心主义，不得不提及侦查中心主义。顾名思义，侦查中心主义是与审判中心主义相对的概念。可以说，侦查中心主义既是“学者对我国刑事诉讼现状的一种理论描述”③，也是“反思我国刑事诉讼结构的结果”④。在我国当前刑事诉讼体制及实践之下，侦查阶段实际处于刑事诉讼的中心，案件的调查在这个阶段完成，案件的结论也在这个阶段形成，而审判活动很大程度上仅仅是对先

① 沈德咏：《论疑罪从无》，《中国法学》2013 年第 5 期。

② 陈光中、步洋洋：《审判中心与相关诉讼制度改革初探》，《政法论坛》2015 年第 3 期。

③ 顾永忠：《庭审中心主义之我见》，《人民法院报》2014 年 5 月 16 日。

④ 樊崇义、张中：《论以审判为中心的诉讼制度改革》，《中州学刊》2015 年第 1 期。

前侦查活动的认可。

在侦查中心主义之下，侦查机关必然拥有超强的决定权、自主权。与域外法治国家普遍采用司法令状主义来作为对侦查的控制手段不同，我国侦查程序呈现出行政化、封闭性的特点，整个侦查过程缺乏有力的司法制约，也难有社会力量的介入。由此产生的危害在于，一是人权保障状况恶化。近年来，因刑讯逼供而导致冤假错案的新闻屡被曝光，不仅有悖于诉讼文明及司法民主，也严重损害了我国在国际舞台上的大国形象；二是警民关系紧张。因个别侦查人员的违法行为，加深了社会公众对整个警察队伍的误解。由此埋下了社会不和谐的因子，也加大了侦查人员日后依法履职的难度；三是司法权威难以确立。尤其是在当前司法行政化、地方化倾向较为突出的情况下，司法不公的问题更为严峻，司法权威也就更难获得社会公众的认可和信服。

确立审判中心主义，实际是对侦查中心主义的纠偏。审判中心主义，意味着整个刑事诉讼的制度和活动都是围绕着审判而建立和开展的。一方面，刑事诉讼程序的重心由侦查转向审判，回归审判对案件应有的最终裁判权。而侦查活动对审判活动不能起到决定性作用，只能为审判作好准备、打下基础；另一方，扭转当前侦查权过大而审判权弱化的局面，加强审判权对侦查权的合理制约。最重要的便是发挥非法证据排除制度的功能，尤其是通过排除非法言词证据来制裁警察的非法取证行为，从源头遏制冤假错案的发生。

2. 对案卷中心主义的矫正

案卷中心主义是侦查中心主义的必然后果。所谓“案卷中心主义”，即侦查机关收集的证据材料及制作的案卷笔录是审判活动的主要依据。法官主要通过宣读案卷笔录来主导和控制法庭审判过程，而证人、鉴定人鲜有亲自出庭作证。由于对案卷笔录的依赖，庭审实质上成为法官对案卷笔录的审查和确认程序。

案卷中心主义所造成的最为严重的后果在于，其直接导致了庭审虚化，不仅严重侵害了当事人的诉讼权利，也极易造成法官的预判和误判。在目前侦查程序缺少必要外部制约的情况下，侦查阶段容易产生各种违法行为，甚至是酿成冤假错案。加之当前刑诉法确立的是全案卷宗移送制度，在正式庭审前，法官就能够通过阅卷对案件有了“先入为主”的判断，而庭审调查也基本以复核案卷笔录的形式进行，因而很难在审判阶段发现及纠正侦查阶段的种种问题，难以守住公平正义的最后一道防线。最高人民法院高级法官蒋惠岭即指出，“近年来纠正的重大冤假错案，几乎都与庭审不能正常发挥作用直接相关”①。长此以往，对我

① 参见蒋惠岭：《重提“庭审中心主义”》，《人民法院报》2014 年 4 月 18 日。

国司法公信力的建设及提高是极为不利的。

推动审判中心主义，实际是对案卷中心主义的矫正。审判中心主义力求改变当前法官书面调查的模式，摆脱其对案卷笔录的依赖，切实发挥庭审应有的功效。庭审不再是简单地对案卷笔录进行宣读和确认，而要求法官通过庭审对抗来亲自判断证据、查明事实、确定刑罚。所有证据都要在庭上经过双方举证、质证，也就意味着必须要落实证人、鉴定人出庭制度以及充分运用各种证据规则来作出最终的裁判。

3. 对诉讼阶段论的检讨

诉讼阶段论将刑事诉讼视为一个过程，而审判只是其中的一个阶段，与侦查、起诉、执行一样，有其独立的任务和目的，互不附属。① 我国现行刑事诉讼制度正是以诉讼阶段论为基础构建起来的，从历史渊源来看，这受到了前苏联刑事诉讼理论及实践的影响。然而，这恰与目前大多数国家以审判为中心来建构刑事诉讼制度背道而驰。根据诉讼阶段论，刑事诉讼应当按照诉讼程序的发展顺序构成一个线型结构体系。相应的，刑事诉讼的各专门机关之间是职权分工与配合制约关系，不存在隶属关系，也没有高下之分。也正因如此，我国当前的诉讼构造被学界形象地比喻为"公安机关做饭、检察机关端饭、法院吃饭"；也有学者将此比喻为生产流水线上的三道工序，侦查、起诉、审判都是独立的一道工序，而审判作为最后一道工序，"很大程度上仅是对上游工序的检验或复核"②。

无论怎样描述，不可否认的是，诉讼阶段论所造成的消极后果在于公安机关、检察机关、法院三者关系的错位。一方面，侦查权过于强大，严重侵蚀了检察权及审判权。尤其是审判权，如上文所述，审判权不仅无法对侦查权形成有效的制约，反而沦为侦查机关的"橡皮图章"，导致应有的审判权威无法形成；二是公检法三机关之间配合大于制约，"在办案过程中经常为搞好关系而互相照顾"③，混淆了各自的诉讼职能，尤其动摇了法院应有的中立性。"司法应当具有超越行政的独立性，按照其自身的逻辑运行"④，而不是盲目地配合控诉机关打击犯罪。然而，我国当前的刑事诉讼构造实际有违诉讼规律，对被告人的权利保障构成了重大威胁。

强调审判中心主义，实际是对诉讼阶段论的检讨。从本质上来看，这也是对我国当前刑事诉讼构造的审视，对公检法三机关相互关系的重塑。推进以审判

① 参见周士敏：《刑事诉讼法学发展的必有之路——由审判中心说到诉讼阶段说》，《国家检察官学院学报》1993 年第 2 期。

② 参见何家弘：《从"庭审虚化"走向"审判中心"》，《法制日报》2014 年 11 月 5 日第 010 版。

③ 陈光中、魏晓娜：《论我国司法体制的现代化改革》，《中国法学》2015 年第 1 期。

④ 叶青：《司法公信力建设的"色、香、味"》，《社会观察》2014 年第 7 期。

为中心的诉讼制度改革，最为重要的是理顺公检法三机关之间的关系，强化相互制约，淡化互相配合，尤其是要杜绝实践中三机关联合办案的做法。为此，应当坚持检察机关、法院依法独立行使检察权、审判权，扼住权力伸向司法的任性之手；同时加强对侦查机关的引导和监督，严格检察机关审前把关以及发挥法院在审判阶段的关键性作用，规范和限制侦查权的行使。

（三）审判中心主义的两个误区

1. 审判中心主义并不否定审前阶段的重要性

首先，审前阶段为审判阶段起到了重要作用。案件证据的收集主要在审前阶段完成，证据收集得越多、越充分、越准确，将为正式的审判奠定坚实的基础，有助于在审判阶段更为高效地发现案件真相。相反，审前阶段的错误或纰漏将给审判工作带来困难，也将增加司法成本的支出。从这个角度来看，审前阶段仍然具有重要的地位，不可因确立审判中心主义而否定审前阶段的重要性；

其次，审前阶段可以发挥程序分流的功能，对提高诉讼效率、缓解当前法院“案多人少”矛盾有着积极作用。正如学者所言，“审前的妥善分流是对‘以审判为中心’的诉讼制度的重要补充”[①]。在我国，检察机关在审查起诉阶段可以利用起诉裁量权对案件进行过滤。然而，该机制在实践中的适用率却十分低。因此，完善审前分流机制，就应当适当扩大检察机关起诉裁量权；

最后，充分利用庭前会议制度做好审前准备，是审判质量和效率的有力保障。2012 年《刑事诉讼法》修改后新增了庭前会议程序，该程序旨在改变 1996 年刑诉法“一步到庭”、将所有问题都要集中到庭审活动中解决的模式。审判中心主义的确立，意味着审判阶段的任务必然有所加重。尤其是庭审，在对案件发挥关键性作用的同时，也可能变得更为复杂、更为耗时。那么，能否发挥庭前会议制度的功能就显得至关重要。尤其对于重大疑难案件而言，就更需要通过庭前会议程序为正式庭审扫除障碍，保证正式庭审可以围绕争点及证据进行有针对性的审理，发挥法官的有效引导，以防止庭审拖延、诉讼周期过长、过分耗费有限的司法资源。

2. 审判中心主义并不否定检察机关的诉讼监督

庭审中心主义与检察机关的诉讼监督并不矛盾。在审判中心主义之下，检察机关仍然需要对诉讼活动包括审判活动进行监督。不仅如此，其还对检察机关的诉讼监督提出了更高的要求及标准。四中全会《决定》也明确指出，“完善检

---

① 王守安：《以审判为中心的诉讼制度改革带来深刻影响》，《检察日报》2014 年 11 月 10 日第 003 版。

察机关行使监督权的法律制度，加强对刑事诉讼、民事诉讼、行政诉讼的法律监督”。因此，全方位的诉讼监督将对检察工作带来更大的挑战。更为重要的是，应当加强检察机关的侦查监督，这也是由侦查中心主义向审判中心主义变革的必然要求。作为法律的守护者，检察机关应当努力提高侦查监督的能力，严把审查逮捕及审查起诉关，及时纠正非法取证行为、排除非法证据，确保侦查机关依法行使侦查权。

三、审判中心主义的现实挑战

（一）审判中心主义对检察工作的挑战

1. 工作任务的加重

推进以审判为中心的诉讼制度改革，对检察工作带来的首要挑战便是工作任务的加重。具体而言，一是公诉工作，需要兼顾公诉审查及出庭支持公诉的任务，尤其是出庭支持公诉的工作将变得更为关键。在审判中心主义之下，庭审由虚转实，过程将更具对抗性和不可控性，检察机关的出庭任务及压力也就随之增加。因此，必须尽快适应庭审实质对抗的要求，发挥好当庭示证、质证以及辩论的能力，并做好随时应对庭审突发情况的准备；二是诉讼监督工作，除了需要对法院的行政、民事、刑事诉讼进行全方位的监督以外，还应将诉讼监督的重点放在侦查监督上，着力解决当前侦查监督疲软的难题；三是当事人救济工作，在审判中心主义之下，诉讼当事人将更为全面地参与诉讼活动。与此同时，权利救济的问题就显得更为重要，检察机关有必要完善当前的申诉控告机制，以提供范围更广泛、手段更多元、效力更明确的救济。

2. 工作要求的提高

推进以审判为中心的诉讼制度改革，也将对检察工作提出更高的要求和标准。一是证据方面。从根本上来看，庭审打的就是证据仗。随着审判中心主义的推进，证据裁判原则和各项证据规则将得到更充分的贯彻与落实。因此，检察机关除了注重证据的证明力之外，还应当更加注重证据的合法性以及证据链条的完整性。尤其是非法证据排除制度，可能将成为“辩护律师对抗公诉人的有效武器”[①]。因此，必须尽快破解当前检察机关适用非法证据排除制度的种种难题，确保进入审判阶段的证据具备证据资格，并形成完整严密的证明体系；二是人权保障要求高。随着法治建设的推进，社会公众的法律意识、权利意识逐步提

① 冯英菊、冉婷婷：《“庭审中心主义”尚需制度保障》，《检察日报》2014 年 1 月 15 日。

高,对我国的人权保障事业也提出了更高的要求。作为执政党的中国共产党敏锐地觉察到社会公众的期待,并在2014年党的十八届四中全会通过的《决定》中重点强调了“加强人权司法保障”的要求。审判中心主义的根本落脚点在于发挥审判的关键性作用,确保裁判公正,预防冤假错案。从这一点来看,与加强司法的人权保障具有内在的同一性。对检察机关而言,最重要的就是坚持疑罪从无的司法理念,完善对限制人身自由司法措施和侦查手段的司法监督,加强对刑讯逼供和非法取证的源头预防,健全冤假错案有效防范、及时纠正机制。

3. 传统优势的减弱

推进以审判为中心的诉讼制度改革,必然会减弱检察机关的传统优势,其主要体现为以下两个方面:一是全案移送制度的优势可能丧失。审判中心主义力求摆脱审判对案卷笔录的依赖,推进庭审的实质化。因此,改革检察机关的起诉方式也是审判中心主义的必然要求之一。逐步改革全案移送制度,在起诉时不向法院移送案件的证据材料,而采用起诉书一本主义或主要证据复印件的做法,可以防止法官在审前通过阅卷对案件“未审先定”,进一步强化庭审中心主义。这也就意味着,原先检察机关在证据出示和意见表达上所占的传统优势将会被逐渐削弱;二是控方传统的庭审优势可能被减弱。随着辩方力量的增强,即辩方权利保障更加全面、辩护律师介入更早、辩护能力更为加强、辩护证据更受重视等,辩方地位将相比过去得以显著的提升。尤其是在庭审对抗中,控辩双方的地位将更为平等、力量将更为平衡。对于检察机关而言,不仅其指控将受到更为严格的审视,也将在庭审中受到辩方更为有力的对抗,而不再像过去一样享有绝对的主动权。

(二) 审判中心主义对审判工作的挑战

1. 工作任务的加重

推进以审判为中心的诉讼制度改革,同样也加重了法院的工作任务。一是庭前准备工作。如上文所述,做好庭前准备工作是实现庭审中心主义的重要前提。因此,法院应当充分利用庭前会议制度来保证庭审的质效。不仅要妥善处理程序性事项,以免正式审理被打断,也要通过庭前会议整理好案件的争点,在正式审理时引导控辩双方有针对性地进行举证、质证,避免重复质证以及与案件无关的辩论。然而,当前庭前会议制度的实施效果并不理想,没有达到预期的目的。[①]能否开好庭前会议、完善庭前会议制度也就成了推进审判中心主义的关键一环;

① 具体实施情况的调研与评估,参见陈卫东、赵恒:《刑事证据制度重点问题实施状况调研报告》,《证据科学》2014年第6期。

二是开庭工作。庭审实质化，意味着法官并不是依赖案卷笔录作出最终裁判，也不是机械地走程序，而是让庭审真正有效地开展；三是人民陪审员制度的工作。人民陪审员制度是实现审判中心主义的有效途径，因此，法院必须切实发挥该制度的功能，保障民众可以真正参与审判活动。从另一个角度来看，在以审判为中心的诉讼制度改革不断推进下，法院的压力必然有增无减，而人民陪审员制度恰能“缓解职业法官的社会舆论压力，经受住外界的挑衅和评判”[①]。因此，做好人民陪审员制度的工作，不仅对司法民主有着重要意义，也是法院适应审判中心主义挑战的应有之义。

2. 工作要求的提高

推进以审判为中心的诉讼制度改革，也意味着对审判工作提出了更高的要求。主要可以体现在以下三个方面：一是对法官的庭审驾驭能力提出了更高的要求。审判中心主义对法院审判工作带来的最大挑战，可谓就是改变当前“默读审判”的庭审模式，全面贯彻直接审理原则。这无疑要求法官摆脱对案卷笔录的依赖，落实证人、鉴定人出庭作证的机制，并在控辩双方的对抗中形成心证。因此，由纸证向质证的转变，法官必须提高自身的指挥引导能力、认证分析能力、突发应对能力，否则整个庭审也将变得杂乱无章；二是对法官的诉讼保障意识提出了更高的要求。当前，一些法官将辩护律师视为司法的对立面，轻视辩护证据和辩护意见，甚至有意无意地限制辩方活动。这不仅造成了辩护律师与法院关系的紧张，也侵害了被告人的辩护权。实际上，律师有效参与诉讼将对案件的公正审理起到至关重要的作用。因此，法官应当增强对诉讼权利的保障意识，尤其是加强庭审中对被告人辩护权及其他诉讼权利的保障；三是对法官的裁判文书说理能力提出了更高的要求。裁判文书是审判结果的最终体现，不是对庭审过程的笼统介绍，也不是案件事实及证据的简单堆积，而是要将法官自由心证的过程充分反映出来。尤其要对控辩双方意见采纳与否给出详细的说明及解释。目前，最高人民法院已经建立了“中国裁判文书网”，除了法律另有规定外，四级法院所作出的已生效裁判文书一律要求上网公布。由此，就更应及时提高法官对裁判文书的说理能力。只有将演绎推理过程有理有据地体现出来的裁判文书，才能真正让社会公众对审判结果心悦诚服。

3. 工作压力的增加

推进以审判为中心的诉讼制度改革，也将给法院带来更大的工作压力。一方面，审判工作将伴随着审判中心主义变得更为公开，而借助现代网络技术，也

---

① 叶青：《人民陪审员制度的完善》，《上海法治报》2015 年 5 月 13 日。

将进一步扩大审判公开的影响力。从对法院工作的压力来看,“容易对法官审理案件造成广场围观的舆论负担和心理压力”[①];另一方面,作为刑事诉讼的最终裁判环节,审判阶段将成为所有压力的聚焦点,当前公安、检察机关承受的压力也将逐步转加至法院。关键问题就在于法院能不能顶住各方压力,敢不敢独立公正地作出裁判。如果法院本身欠缺足够的独立性和中立性,实际上将难以抵抗来自权力、舆论、民意和其他外界干预,那么审判中心主义只能沦为一句空话。因此,就应当贯彻党的十八届四中全会《决定》中所提出的“依法独立行使审判权”的要求,厘清院庭长、审委会与法官的关系,取消案件请示批复的做法,摆脱地方权力的掣肘,正确处理社会民众与媒体的关系。同时,也必须明确法官依法履职的保障机制,免除其独立公正办案的后顾之忧。

四、审判中心主义的实践应对

(一) 理念:作为信仰

以审判为中心的诉讼制度改革,要求司法工作人员进一步牢固树立以下几大诉讼理念,并以此作为自己的信仰。

1. 无罪推定原则

守住无罪推定原则的底线,最为重要的就是根除有罪推定的思想根源。从我国当前的司法实践来看,我国《刑事诉讼法》的相关规定吸收了无罪推定的精神内涵,比如“未经法院依法判决,对任何人都不得确定有罪”、“不得强迫任何人证实自己有罪”等,但是无罪推定原则并未得到严格的贯彻。司法实践中仍然存在着“疑罪从有”、“疑罪从轻”、“疑罪从挂”的做法。因此,牢固树立无罪推定的理念,司法工作人员必须破除长期以来形成的“重打击犯罪、轻保障人权”观念,在刑事诉讼各个阶段落实该原则,避免对被追诉人惯性地有罪推定。法院尤其应当担起无罪推定的重任,守住司法公正的最后一道防线;

2. 证据裁判原则

证据裁判原则是刑事诉讼法的黄金准则。没有证据或证据不足,不得立案、起诉、定罪。对于检察机关而言,尤其应当反思当前起诉率畸高背后审查起诉机制的失灵,加强审查起诉阶段对证据的审查,确保进入审判阶段的案件都有强有力证据的支撑。对于法院而言,能否坚持证据裁判原则是案件能否公正裁判的关键。为此,庭审必须以证据为唯一标准,强化证人、鉴定人出庭制度,依法排除非法证据。

① 吴仕春:《信息时代司法公开对庭审中心主义的挑战》,《人民法院报》2014 年 6 月 6 日。

只有证据确实充分的案件才可定罪，而定罪证据不足或不能排除合理疑点的案件，必须坚持疑罪从无，依法宣告被告人无罪，不得降格作出“留有余地”的判决。

3. 控辩平等原则

正所谓“兼听则明，偏听则暗”，控辩平等对于法院正确查明案件真相起到了重要作用。因此，必须保证控辩双方在举证、质证、辩论中享有平等的地位。目前，控强辩弱的问题仍然比较突出。一方面，应当尽快完善我国辩护制度，扩大刑事法律援助的范围，切实保障被追诉人的辩护权；另一方面，检察机关身兼多重职能，造成职能冲突、角色矛盾，如何区分控诉职能与监督职能，是实现控辩平等的重要一环。为此，应当强调检察官的客观义务，保证控辩双方在庭审中能够平等对抗。对于法院来说，就应当确保控辩双方在庭审中都能充分提出证据、发表意见，尤其是要尊重辩方的合法权利，不随意打断或限制辩方发言，这也是正当程序的必然要求。

（二）能力：不断培养

以审判为中心的诉讼制度改革，要求司法工作人员进一步培养及提高以下几方面的能力，以适应新的工作模式。

对检察机关而言，一是侦查能力。目前，检察机关侦查职务犯罪大多仍以被告人供述为突破口。然而，随着审判中心主义改革的不断推进，被告人当庭翻供的可能性将变大。同时，控辩双方的质证，也将降低口供证据的稳定性。尤其是辩方还可能抓住口供证据的瑕疵，一旦借以非法证据排除制度排除案件的关键证据，无疑将对审判结果造成直接的撼动。因此，加强检察机关在职务犯罪中的侦查能力，关键在于降低对被告人供述的依赖，转而强化对物证、书证等客观证据的收集固定，尽快适应“由供到证”向“由证到供”的转变；二是审查证据能力。如上文所述，在审判中心主义之下，检察机关应当更为严格地审查证据合法性，防止不具备证据资格的证据进入审判阶段。因此，目前检察机关仅仅书面审查侦查结论是远远不够的。提高审查证据的能力，说到底是全面审查证据的能力，尤其是要注重听取辩护律师、当事人以及诉讼参与人的意见，全面核实证据、及时补充遗漏，保证证据链条的完整性；三是出庭公诉能力。在逐渐落实证人、鉴定人出庭后，对证人当庭质询的效果如何将直接影响到审判结果。由于缺乏当庭质证的传统，当务之急就是提高公诉人举证、质证能力，以适应庭审的对抗性。同时当庭应变能力也不容小觑，优秀的业务能力和良好的心理素质是应对庭审不确定性的必备能力；四是侦查监督能力。最重要的是在审查起诉阶段，以更为客观公正的态度审查证据，引导侦查机关收集、补充证据。必要时，应当依法适用非法证据排除制度，以此督促侦查机关合法取证。

对法院而言，除了上文已经提及的庭审驾驭能力、裁判文书说理能力之外，还要尽快培养和提高法官运用证据的能力。要改变法官长期以来的阅卷裁判模式并不简单，如果法官在实质庭审中不能领会案件的脉络、抓住关键的证据，并正确适用证据规则，不仅将造成诉讼效率的低下，也将严重危害审判结果的准确性与公正性。然而，实践中法官不熟悉证据规则或不能准确适用证据规则的情况不在少数。如樊崇义教授所言："证据是一门科学。但是对于这门科学，恐怕我国有百分之八九十的人对它感觉陌生，包括法学本科生。在公检法干部中，恐怕也有相当数量的人没有系统研究过。"①因此，在以审判为中心的诉讼制度改革下，法官必须不断强化证据意识，不断学习证据规则，不断培养运用证据的能力，从而有效组织控辩双方进行法庭调查并正确运用证据加以裁判。

（三）机制：内外兼修

以审判为中心的诉讼制度改革，要求司法机关同时完善相关的配套机制，以配合改革的推进与深入。

以审判为中心的诉讼制度，离不开一支职业化、专业化和精英化的司法官队伍。因此，一是要完善法官、检察官的招录、遴选机制，在严格司法人员选任条件的基础上，健全司法人员遴选的准入制度，面向社会公开选拔高层次法律人才，扩大从执业律师和法学教授等其他法律职业共同体成员中的遴选范围，从而优化司法官队伍的整体结构；二是要优化法官、检察官的培训机制，引入第三方独立培训机制，从更客观的角度来分析当前司法工作存在的不足，并有针对性地加以完善。也可以借鉴我国台湾地区"司法官培训所"的做法，改变目前司法机关培训不碰头的现状，丰富培训内容、拓宽培训渠道，尤其是要加大对司法机关工作人员职业伦理操守及综合素养的培训力度，为构建法律职业共同体奠定基础；三是要建立科学合理的法官、检察官办案质量评估体系，废止当前有违司法规律的考评方案，取消任何形式的排名排序。保证考核方案可以真正调动司法机关工作人员的积极性，也同时起到保证办案质量的作用；四是要加大对法官、检察官职业保障力度，构建合理的薪酬待遇与奖惩制度，以此激发职业荣誉感、强化使命感与责任感。至于错案追究制，在严格推行和落实的同时，也要进一步明确错案认定及追究的标准、程序，分清错案产生的不同原因等，否则错案追究制反让法官产生了自危心理，不敢放手判案，效果适得其反。

① 参见杜萌：《非法证据排除规定将成刑诉法修改前奏》，《法制日报》2010 年 5 月 24 日第 004 版。

以审判为中心的刑事诉讼三元结构系统构建

杨建广*

刑事诉讼结构是刑事诉讼法学中的一个基本范畴，对其进行科学研究和合理构建，不仅影响着整个国家的刑事司法系统的顶层设计，还将对刑事诉讼的立法、司法与理论研究产生深远的影响。随着中国新一轮司法改革的开展，如何构筑以审判为中心的刑事诉讼系统成为各界关注的焦点。

一、刑事诉讼三元结构系统

刑事诉讼结构，是指控诉、辩护和审判三方在刑事诉讼过程中的结合方式和相互关系。它是刑事诉讼中的基本框架，反映了刑事诉讼中控、辩、审三方的不同地位以及国家权力与个人权利之间的关系，决定了整个刑事诉讼的基本运行态势。[①]

这种以控、辩、审三方作为刑事诉讼的基本元素，并通过观控其三方在系统中的地位及其相互关系，以达到刑事诉讼的较大功能的有机整体，就是所谓的刑事诉讼三元结构系统。

美国学者赫伯特·L. 帕克认为，在正当程序模式之下，公平与正义是刑事程序追求的首要目标，应当采取各种程序性措施防止出现误判与错案。由于“发现真实”是十分困难的，所以对犯罪嫌疑人权利的程序性保障要求更高，在价值上，程序公正远大于诉讼效率。该理论运用模式分析法，真正从纯粹的“诉讼”、“程序”角度观察刑事诉讼的运行现状，并从诉讼关系中抽象出控、辩、审三方主

---

* 杨建广：中山大学法学院教授，中山大学诉讼法研究所所长。

① 参见龙宗智、杨建广主编：《刑事诉讼法》，高等教育出版社2003年版，第70页。

体作为分析的重心与中心，将三方的相互法律关系作为理论框架。[①]

中国学者对于刑事诉讼结构的理论研究始于20世纪80年代末90年代初。中国学者对该理论的研究主要针对如下几个基本问题展开：

第一，刑事诉讼构造论。李心鉴博士于20世纪80年代借鉴了日本的刑事诉讼构造理论与美国刑事诉讼模式理论，明确提出了"刑事诉讼构造论"。他认为，刑事诉讼构造是由一定的诉讼目的所决定的，并由主要诉讼程序和证据规则中的诉讼基本方式所体现的控诉、辩护、裁判三方的法律地位和相互关系。同时认为，诉讼构造的主体是控诉、辩护、裁判三方，其中，在我国理想中的诉讼构造里，控诉方包括侦查人员、行使追诉职能的检察人员（绝对不包括公诉案件中的被害人），辩护方包括被追诉者和辩护律师，裁判方包括审判前程序的检察人员和审判中的审判人员；刑诉构造的内容是控、辩、裁三方的法律地位和相互关系；控、辩、裁三方的法律地位和相互关系是由一定的诉讼基本方式所体现的。[②] 在此基础上，后来的许多学者都主张中国应确立以审判为中心的"等腰三角形结构"理论。[③]

第二，"双重结构"理论。龙宗智教授提出了"双重结构"理论，他认为中国刑事诉讼中存在两种结构，一是"三角结构"，一是"线形结构"。前者是指在刑事诉讼的控方、辩方、审判方三方组合中，原告方与被告方平等对抗，审判方居于其间、居于其上进行裁判，由此形成正三角形结构。后者是指国家设置的公安、检察院、法院三大司法机关相互配合，分别承担一定职能，刑事案件从立案、侦查、起诉、审判、执行依此传递，上述司法机关实际上存在一种"工序传递"的关系，即"线形关系"。"公、检、法三机关分工负责、相互配合，互相制约"就是我国刑事诉讼特有的基本原则之一。司法实践中常用一句话总结"线形关系"，就是"公安机关负责做饭，检察机关负责端饭，法院负责吃饭"。

"双重结构"理论将审判阶段的内部关系、审判与其他诉讼阶段的外部关系相区别开来，用"三角结构"对审判阶段诉讼结构进行描述，用"线形关系"对审判阶段置于整个刑事诉讼进程中进行描述，注意到了横向的诉讼结构与纵向的行政管理结构的区别，是对中国相当长的一段司法现状的描述。

第三，倒三角结构论。裴苍龄教授从"双重结构"理论出发提出了"倒三角结

---

① [美]虞平、郭志媛编译：《争鸣与思辨：刑事诉讼模式经典论文选译》，北京大学出版社2013年版，第5页。

② 参见李心鉴：《刑事诉讼构造论》，中国政法大学出版社1992年版。

③ 参见马贵翔：《刑事诉讼的"两重结构论"质疑：与龙宗智同志商榷》，《现代法学》1991年第6期。孙长永，《审判中心主义及其对刑事程序的影响》，《现代法学》1999第4期。

构”，他认为审判阶段控、辩、审三方形成的是“倒三角结构”而非正三角形。这一结构有其特点：一是公诉机关与审判机关同处在一条水平线上；二是被告人处于被检法共同指控和审判的位置。由此形成“倒三角形”。[①] 该理论从我国刑事诉讼实际出发，阐述了实然状态下的刑事诉讼结构，也提出了在“线形结构”下形成“倒三角结构”。但众所周知，此种“倒三角状态”并非刑事诉讼结构的常态，因此，该理论仍然忽视了用系统的方法考察该结构的应然状态，以及应当采取何种措施矫正完善“倒三角结构”。

无论是早期的“双重结构”理论，还是此后的“等腰三角结构”理论、“倒三角结构”理论，均以刑事诉讼中控、辩、审三方主体的地位与法律关系为考察对象，讨论的都基本是刑事诉讼三元结构系统。

二、中国刑事诉讼法框架下的刑事诉讼三元结构系统

中国刑事诉讼三元结构系统是伴随着刑事诉讼法律的颁布、实施和多次修正而不断调整的。

1996 年以前，中国刑事审判系统的结构总体上属于“倒三角形结构”，具有典型的强职权主义特征。检察院、法院平起平坐，共同合作审查被告人。被告人的辩方主体地位不明确，诉讼权利不充分，辩护权处于被抑制、被忽视的态势。如图 1 所示：

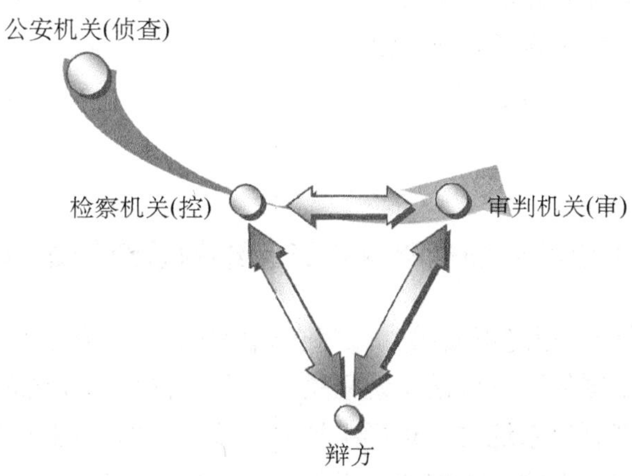

图 1　中国一度出现的刑事诉讼系统结构示意

① 参见裴苍龄：《关于刑事诉讼结构的研究》，《政治与法律》1996 年第 5 期。

1996年刑事诉讼法的修正，引进、吸收了当事人主义的制度内容，刑事庭审“既具备当事人主义诉讼的某些形式特征，又不乏职权主义的技术性因素，同时带有浓厚的中国特色”①。首先，进一步明确了控审分离原则。取消了检察机关的免予起诉权，并将最终认定被告人是否有罪的权力只赋予法院，在程序上削弱了侦查、控诉职权的同时，也进一步划清了控审职能的分界。其次，体现了法官居中裁判的理念。进行庭审方式改革，集中表现在重新配置控、辩、审职能，改变由法官主导庭审、主动调查证据的方式，法官调查职权淡化，裁判作用增强，确立了由控辩双方在法庭举证、质证，法官当庭认证的基本做法。最后，通过提高诉讼参与人特别是被告人的诉讼地位，初步构建出控辩对抗的格局。被告人被侦查机关传讯后，即可聘请律师提供帮助；辩护权的行使提前，被告人自审查起诉之日起可委托辩护律师。案卷与证据全案移送的做法为法律所禁止。

2012年，刑事诉讼法再次修改，更多关注的是解决司法实践中出现的问题，一方面落实“尊重和保障人权”的宪法规定，进一步完善了辩护制度；另一方面明确了控方举证责任，强调非法证据排除，进一步提高刑事被告人的诉讼地位和完善庭审方式，使得控辩对抗和法官居中裁判的格局在法律规范中体现得更为明显，整个刑事诉讼结构及其功能也趋于等腰三角形结构。然而，法律上却恢复了案卷与证据全卷移送的做法。这对正在推进的法官被动居中裁判的格局无疑弊大于利。

从上述中国刑事诉讼法的制定与变迁过程可以看出：由于以审判为中心的司法改革目标一直不明确，影响司法公正、制约司法能力的深层次的问题一直难以解决，使得刑事审判结构中并没有形成稳定的等腰三角形诉讼结构。

三、以审判为中心的中国刑事诉讼三元结构系统构建思路

虽然刑事诉讼法通过不断的修改完善，在法律层面确立了基本等腰的三角形结构，但由于中国的刑事诉讼系统只是更大的中国国家系统的一个子系统，因此，现实中的刑事诉讼系统的三角形结构并不稳定，往往受制于国家系统的顶层设计，受制于执政党在国家治理体系里的作用的发挥程度。

2014年10月，中共中央在《关于全面推进依法治国若干重大问题的决定》

---

① 参见龙宗智：《论我国刑事庭审方式》，《中国法学》1998年第4期。

中强调要“推进以审判为中心的诉讼制度改革”。2015 年 4 月，中央司法体制改革领导小组办公室出台的《关于贯彻落实党的十八届四中全会决定进一步深化司法体制和社会体制改革的实施方案》中也将“推进以审判为中心的诉讼制度改革”作为该实施方案的重点举措之一。最高人民法院在 2015 年 2 月对《人民法院第四个五年改革纲要》进行修订时明确了庭审中心主义的内涵，即“诉讼证据质证在法庭、案件事实查明在法庭、诉辩意见发表在法庭、裁判理由形成在法庭”，并提出“到 2016 年底，推动建立以审判为中心的诉讼制度，促使侦查、审查起诉活动始终围绕审判程序进行”的目标。相应的，2015 年 2 月，最高人民检察院在其修订的《最高人民检察院关于深化检察改革的意见(2013—2017 年工作规划)》中，也将“适应以审判为中心的诉讼制度改革，全面贯彻证据裁判规则”作为检察改革的重点任务之一。此外，2015 年 2 月，公安部在《关于全面深化公安改革若干重大问题的框架意见》及其相关改革方案中也提出了建立受案立案分离、立案归口管理、主办侦查员办案质量终身负责制、刑事案件讯问过程全程录音录像等相应的配套措施。

所有这些，体现的是中国最高领导层自上而下推进以审判为中心的司法改革的思路，而这是有着长期的理论积淀和实践基础的。

从刑事诉讼系统结构理论来看，审判中心主义是调整刑事诉讼纵向结构，即强调侦查、起诉、审判之间应当以法院审判为中心，与侦查中心主义相对的概念。庭审中心主义则更多倾向于以刑事诉讼横向结构为考察对象，即强调审判阶段的法律关系中，控、辩、审三方应当确立以法官居中裁判为中心，以控辩双方平等对抗为基础。因此，庭审中心主义是与卷宗中心主义相对立的。

从刑事诉讼系统结构来看，庭审中心主义符合司法规律，是刑事诉讼三元结构的内在要求。它所形成的控辩审三方的关系有以下显著特征：

第一，诉讼证据质证在法庭、控辩意见发表在法庭。这就要求三元结构中的控方、辩方在平等的基础上进行示证、质证、辩论等庭审对抗活动，只有控辩平等对抗才能保证刑事诉讼等腰三角形结构的完整、平稳。

第二，案件事实查明在法庭。这就要求控辩双方在开庭前充分交换证据，对刑事案件的事实认定，应当以法庭开庭期间的证据调查、质证、诉辩意见充分发表为基础，未经法庭逐一调查的证据，均不得作为定案根据；

第三，裁判理由形成在法庭。这就要求出庭审理案件的法官具有最终定案的职权，并在人、财、物等制度上予以切实保障。法官只能在充分听取控辩双方意见、对证据进行充分调查与辩论的基础上形成判决。只有法官作为裁判者居中裁判，审判中心地位才能凸显。

为确保以审判为中心、以庭审为中心的刑事诉讼三元结构系统持续正常运行并发挥其公正裁判的功能，我们必须将该系统放回到中国当下的政治、社会和经济等司法环境中考察。笔者很赞成龙宗智教授提出的“大系统的方法”[①]，奉行“相对合理主义”的司法改革主张，并就个别司法结构性缺陷提出几点修补意见。

（一）通过司法主体地位和职能的重新定位固化等腰三角形结构

诉讼结构能否保持等腰三角结构的关键是降低控方地位。现有侦控关系、控审关系可以通过公安机关、检察机关和审判机关的内部职能的微调来解决。如可借鉴澳门司法警察局的设置。澳门司法警察局隶属于保安司，其局长同时兼任副检察长。刑事侦查活动中实行检察指挥侦查，检警一体化（实际上司法警察局基本上不需检察官的介入而独立办案）。保安司司长不直接领导刑事侦查工作。

借鉴澳门地区的经验，中国内地完全可以将现在负责刑事侦查工作（包括刑侦、经侦、毒侦等机构）的职能部门从公安机关中剥离出来，成立独立的司法警察局负责所有原公安机关管辖的刑事案件的侦查工作，司法警察局局长的级别相当于副检察长。原有公安机关不再承担刑事案件的侦查工作。同时，各级司法警察局参照法院、检察院正在试行的改革，实行人财物由省级机构统管，不受市、县级政府领导，只依法律履行职责。

检察院的法律监督职能（主要指职务侦查）与公诉职能彻底分离。可参照海关的设置，反贪、反渎侦查机构直接隶属于国家反贪总局、反渎总局，省级以下检察机关不再负责职务犯罪侦查业务。同时，每一个案的公诉业务均由主诉检察官独立负责。法官不再需要为某一具体个案的观点与公诉人相左而担心被检察机关“报复性监督”。

在中国现有体制下，这样的微调就在结构上彻底改变了“大公安，小法院”的现有格局，有利于实行“检察指导侦查”[②]，并最终落实“以审判为中心”和“裁判者居中裁判”。如图 2 所示：

① 龙宗智：《相对合理主义》，中国政法大学出版社，1999 年版，第 3 页。

② 2002 年，中国河南焦作就曾经有过“检察指导侦查”的成功探索，今天回顾起来完全可以作为新形势下的改革基础予以全国推广。

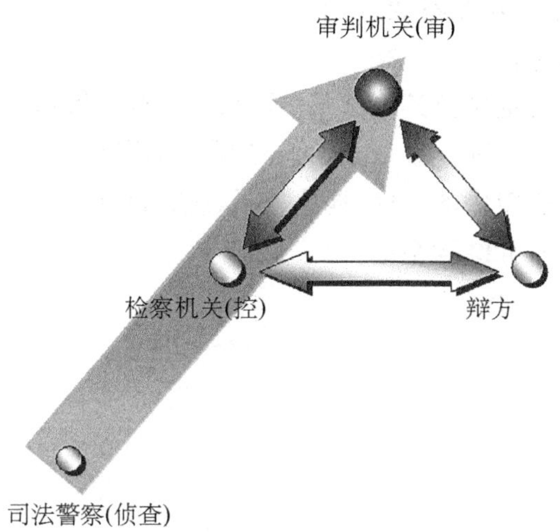

图2　中国应采用的刑事诉讼系统结构示意

（二）通过强化各类程序性违法制裁措施保障庭审的中心地位

由于刑事诉讼的规律决定了在庭审过程无法用案件最终的判决结果来评价具体诉讼行为的对错或必要与否，因此，对各类违反法定程序的诉讼行为予以适当的制裁是确立庭审中心地位、保障诉讼顺利进行的有效措施。如通过完善庭前会议制度坚决排除非法证据，保障庭审实质化；如通过强化羁押必要性审查，依法制裁不当适用强制措施的行为；等等。概言之，就是通过及时有效地制裁程序性违法来排除一切干扰等腰三角形庭审结构的行为，以保证司法裁判的公正。

（三）通过落实证据裁判规则推进以庭审为中心的改革，进而树立司法裁判的权威

证据裁判规则强调将证据作为事实认定的基础。根据该规则，案件事实认定的根据，必须是经过法庭举证、质证和认证后采纳的证据。为了保证法庭质证的充分，法官采信证据的准确，有必要强调两点：

第一，侦查机关获取的证据，不能简单地通过卷宗移送来实现其证明功能，而必须在法庭上充分出示，涉及有争议的破案过程、取证环节，经手的侦查人员还必须出庭作证并接受质证。

第二，涉及技术含量高的证据，不仅证据提供者或鉴定人应当出庭作证，还应当进一步完善保障控辩双方能聘请"有专门知识的人（即"专家辅助人"）出庭参与质证的程序。需要说明的是，这里的专家辅助人只是一方聘请的诉讼参与

人。他既不是证人,也不是鉴定人,更不是科学的裁判者,其意见只能供法庭在认定相关证据时参考。

庭审的诉讼中心地位及其等腰三角形结构系统的维系显然已超出了法律系统。值此中国领导层全面推进依法治国各项改革措施之际,尽快理顺中国的地方司法机关在一审庭审中的角色、地位关系,便有机会真正构建和形成等腰三角形结构的刑事诉讼三元结构系统。

以审判为中心的诉讼制度改革：困境与出路

韩　旭*

党的十八届四中全会作出的《关于全面推进依法治国若干重大问题的决定》提出："推进以审判为中心的诉讼制度改革，确保侦查、审查起诉的案件事实证据经得起法律的检验。全面贯彻证据裁判规则，严格依法收集、固定、保存、审查、运用证据，完善证人、鉴定人出庭制度，保证庭审在查明事实、认定证据、保护诉权、公正裁判中发挥决定性作用。"习近平总书记就四中全会决定的起草情况向全会所作的说明中指出：充分发挥审判特别是庭审的作用，是确保案件处理质量和司法公正的重要环节。我国刑事诉讼法规定公检法三机关在刑事诉讼活动中各司其职、互相配合、互相制约，这是符合中国国情、具有中国特色的诉讼制度，必须坚持。同时，在司法实践中，存在办案人员对法庭审判重视不够，常常出现一些关键证据没有收集或者没有依法收集，进入庭审的案件没有达到"案件事实清楚、证据确实充分"的法定要求，使审判无法顺利进行。从四中全会决定及其说明内容看，我国目前推行的"以审判为中心的诉讼制度改革"是在维持公检法三机关现有职权配置不变情况下对庭审制度的改革，强调庭审对案件裁判的决定性作用。从改革的目标定位看，该项改革在性质上仍属于"技术型"改良，而非"体制型"变革，这与以前法院进行的旨在"强化庭审功能、实现庭审实质化"的审判方式改革在本质上并无区别，从而使该项改革有可能沦为一场法院关起门来"自说自话"、"自娱自乐"的表演。在司法内外体制未发生根本变化的情况下，改革的努力很大程度上局限在提高"四类人"（证人、鉴定人、警察、有专门知识的人）出庭率和提高当庭宣判率这一技术"装置"中，"以审判为中心"的诉讼制度改革在实践中将可能异化为"以庭审为中心"的审判方式改革，依然是"穿新鞋"、"走老路"、"换汤不换药"。上述人员出庭固然有利于"查明事实、认定证据"，从

* 韩旭：四川省社会科学院法学研究所所长、研究员，四川省司法制度改革研究基地主任。

而实现“公正裁判”，但是，这是否意味着建立起了“以审判为中心”的诉讼制度呢？我想答案应当是不言而喻的。

一、对“以审判为中心”的理解

（一）“以审判为中心”不是“以庭审为中心”

“以庭审为中心”是相对于整个审判活动而言的，强调法庭审判这一诉讼行为在审判程序尤其是一审程序中的中心地位和决定作用。以一审程序为例，审判程序包括了以庭前会议为代表的审前准备程序、庭审程序以及庭审后的评议、讨论决定、裁判文书制作等程序，在这些程序当中，无论是法官心证的形成还是裁判结论的作出都应建立在法庭审理的基础上，而非审判前或者审判后的活动中。之所以主张审判“以庭审为中心”，是因为法庭是各类诉讼主体共同到场、各种诉讼职能集中开展、控诉权与辩护权正面对抗乃至激烈交锋、各种争议事项作出权威性解决的场域。“法庭审判才是确认与解决被告人罪责刑问题的最终阶段和关键环节。”①因其具有集中性、连续性、对席性、对抗性、平等性、公开性等特征，决定了在该场域中所作出的结论更具有可接受性。贯彻“以庭审为中心”需要注意以下三个问题：一是在恢复全案卷宗移送的起诉方式后，法官因庭前阅卷所可能导致的预断、偏见等对“以庭审为中心”的事实认定机制的影响。二是庭前会议实质化，以庭前会议弱化甚至架空庭审职能。三是以审判委员会、庭务会议、合议庭扩大会或者上级法院等正式或者非正式审判组织的决定而否认、代替合议庭的决定。

（二）“以审判为中心”不是“以审判阶段为中心”

我国目前的刑事司法体制带有明显的“阶段性”特征，刑事诉讼立法在体例结构上也是按照诉讼阶段来划分，具体体现在公检法三机关“分段包干、各管一段”。在“阶段论”的支配和影响下，“以审判为中心”很容易被误解为“以审判阶段为中心”，即相对于立案、侦查、起诉和执行环节，审判阶段居于中心地位。“刑事诉讼各环节都要围绕审判中事实认定、法律适用的标准和要求进行指控和辩护，取证、举证、质证最后都要落实到审判环节的认证上来，都要以刑事诉讼法规定的证据规则、证明标准被指引。”②“以审判阶段为中心”虽然有助于引导、倒逼

① 沈德咏：《刑事司法程序改革发展的基本方向》，《人民法院报》2014 年 10 月 24 日。

② 同上注。

侦查、起诉活动按照审判阶段的规格、标准进行，但它仍是建立在“分段”的基础上，“引导”也好、“倒逼”也罢，主要是通过事后审查和补救机制而发挥作用，[①]对规范侦查、起诉活动来说，功能非常有限。即便存在违法侦查的情形，也因事过境迁而难以证明，其结果是不但非法证据难以被排除，而且无法有效遏制未来的非法取证行为。

其实，就各个诉讼阶段而言，很难说孰轻孰重。没有立案，就不能开启诉讼的大门；没有侦查结论，起诉将失去依托；无起诉，更无审判；即使裁判结论合法适当，如果不能得到执行，之前进行的侦查、起诉乃至审判活动都将失去意义。因此，“以审判阶段为中心”，将会面临上述质疑，每一类职权主体都可能以此为由强调本“阶段”的重要性。

（三）“以审判为中心”应当是“以审判权为中心”

“以审判为中心”既不是“以庭审为中心”，也不是“以审判阶段为中心”，而是“以审判权为中心”。“以审判权为中心”就是强调审判职能作用的有效发挥，通过审判权的行使能够形成有效的程序控制，实现实体正义，而且可以维护程序正义。审判权本质上是一种判断权、裁决权和救济权，不但具有定纷止争的功能，而且具有权利保障的功能。如果我们将刑事诉讼看作是一场国家与个人之间的纠纷或者争议，那么这种纠纷将伴随着国家发动的追诉活动而一直延续下去，有控诉就会有辩护，控辩双方就可能在某些问题上发生争议，一旦争议出现，就必然要求有裁判。“任何人不得作为自己案件的法官”，这是“自然正义”的基本要求。因此，裁决应当由中立第三方作出。无论是侦查权还是起诉权，均属于追诉权，显然不具有中立的品质，也难以为被侵害的权利提供救济。审判权因其判断权属性和中立性特征，在大多数场合下可以保障控辩双方之间的争议得到公正有效的解决。我国刑事诉讼存在的最大问题就是审判前的侦查、审查起诉程序中尚未形成“控辩审”三方的诉讼构造或者诉讼形态，当辩护方的实体性权利或者程序性权利受到侵害或者控辩双方发生争议时，只能求助于作为追诉主体的公安机关或者检察机关，审判权在审前程序中既不能发挥定纷止争的功能，也不能为被侵害的权利提供救济。正是由于审前程序中审判权的缺位，才导致公权力过于强大而制约不足，辩护权过于弱小而保障不足。“以审判权为中心”要求审判权在侦查权、检察权、审判权、执行权四种权力中居于中心地位并发挥着主导作用，能够对其他三种权力形成有效监督。为此，审判权应当从审判程序“走

① 主要通过非法证据排除规则、瑕疵证据“补正”和“合理解释”规则以及证明标准的适用来实现。

向"审前程序，在发挥争议解决功能的同时，还能预防和制裁公权力违法，为辩护方提供权利保障和权利救济。

二、建立以审判为中心的诉讼制度面临的体制困境

我国刑事司法运行呈现出"多中心"的特征，既有诉讼体制内的中心，也有诉讼体制外的中心。推动以审判为中心的诉讼制度改革必然会面临多重体制障碍。

（一）公检法三机关"配合制约"关系

我国《宪法》第135条规定："人民法院、人民检察院和公安机关办理刑事案件，应当分工负责，互相配合，互相制约，以保证准确有效地执行法律。"我国《刑事诉讼法》第7条将上述规定确立为刑事诉讼的基本原则。依据该原则，我国刑事诉讼中不仅不存在一个所谓的"中心"，而且法院不具有基本的超然性、中立性和独立性等司法品质。公检法三机关只是分工不同，并无主次、高低之分，彼此之间"平起平坐"、地位平等。由于公检法三机关在刑事诉讼中分别行使侦查权、检察权、审判权，因此这种"平起平坐"关系实际上体现为三种权力行使的平等性。相较于侦查权、检察权，审判权不仅不具有优势和主导地位，而且实践中常受到前两种权力的牵制，审判权对侦查权、检察权的监督、制约作用非常有限。因此，建立以审判为中心的诉讼制度面临的最大诉讼内体制障碍是三机关"配合制约"关系。在我国《宪法》和《刑事诉讼法》确立的基本原则未作出修改的情况下，推动以审判为中心的诉讼制度改革不可能取得实质性进展。

（二）检察机关的法律监督地位

检察机关作为我国专门的法律监督机关为我国宪法、法律和党的文件所确认。例如，《宪法》第129条规定："中华人民共和国人民检察院是国家的法律监督机关。"《刑事诉讼法》第8条规定："人民检察院依法对刑事诉讼实行法律监督。"《中共中央关于全面推进依法治国若干重大问题的决定》提出："完善检察机关行使监督权的法律制度，加强对刑事诉讼、民事诉讼、行政诉讼的法律监督。"从当前司法改革精神和动态看，检察机关的法律监督职能有加强之势。然而，根据法学基本原理，监督权属于上位概念，"君临"于各种被监督的权力之上，侦查权、审判权和执行权均属于监督的对象，是一个下位概念。检察机关普遍将检察权解释为监督权，其所开展的一切职能活动，诸如侦查、起诉、抗诉、提出纠正意

见、列席法院审判委员会等构成了监督权的行使方式，检察监督权“主宰”了整个刑事诉讼活动，成了“权力中心”。实践中，许多法官基于对检察监督中职务犯罪案件立案侦查权的恐惧以及为了照顾检察院的情面，“唯检察官马首是瞻”，不敢依法独立办案，检察官俨然成了“法官之后的法官”和“法官之上的法官”。在刑事诉讼中，过分强调检察机关对审判活动的监督制约，例如检察长列席审判委员会、对办案法官动辄采用调查手段等，不但扭曲控辩审三方正常的诉讼格局，加剧了控辩失衡，而且损害了审判的中立性、独立性，使审判活动难以成为诉讼的中心。

（三）公安机关在权力格局中的强势地位

近年来，各级公安机关负责人虽然不再兼任同级党委政法委员会书记，但大多兼任同级政府的副职领导，位列同级法院院长、检察长之前。不仅地位显赫，而且拥有强大的社会动员和协调能力。在法院人财物省级统管改革落实之前，市县两级法院难免不受地方控制。即使将来实现了省级统管，省一级的法院仍会受到同级政府财物上的管控，与地方仍保持着千丝万缕的联系。公安机关负责人同时又是政府副职，决定了公安机关在公检法司中的强势地位，具体体现在侦查权相对于检察权、审判权更加强大而较少受到制约。在公安机关强势地位发生变化之前，我国刑事诉讼运行机制仍将呈现出以侦查为中心的特征，这意味着以审判为中心的诉讼制度难以在短期内建立起来。

（四）以党委领导为核心的“统揽性”政治体制

中国共产党作为执政党，有权领导包括司法工作在内的各项工作，党对政法工作主要是通过党内设立的政法委员会来领导的。地方各级党委政法委书记都是同级党委常委，是党委的核心领导成员，而各级法院院长通常不是同级党委常委，有的甚至不是党委委员。这就决定了政法委书记在党内的政治地位高于同级法院院长。不仅如此，各级党委设立的纪律检查委员会，是反腐败工作的领导协调机构。随着反腐败斗争的深入开展，在查办党员领导干部贪腐案件中，纪委处于强势和主导地位，这种主导地位贯穿于整个办案过程中，即便是进入司法程序后也不例外。在当前反腐败的背景下，就腐败案件尤其是大要案件的办理情况看，是以纪委为中心，远未形成以审判为中心的诉讼格局。

一方面，中国传统上奉行官僚型管理体制和行政化管理模式，党对司法工作的领导因袭了传统的行政化方式；另一方面，在“领导”的边界和方式缺乏明确界定的情况下，通常会发生以“领导”为名行“干预”之实的现象。正如昂格尔所分析的那样：中国形成了主要表现为行政命令方式的官僚法（管理型法），而未形成自主的、普遍适用的现代法律体系和法律至上的观念。[①]“在统揽型体制之下，以‘上令下从’为特征的行政逻辑，才是各种权力运作中共同的根本行为逻辑。”[②]按照这一逻辑，审判权作为国家权力的一部分，自然应当服从并服务于党委中心工作，并按照党委的统一部署开展工作，法院审判工作成为贯彻党的政策、实现党的意志的工具，这为党委领导干预审判工作提供了“正当化”理由。在这种体制下，审判权的运行难以获得独立自治的空间。

三、体制改革的出路

相对于工作机制改革，体制改革阻力更大、困难更多。以审判为中心的诉讼制度改革能否取得实质性进展，关键在于司法改革的主导者是否有勇气进行体制改革以及体制改革的力度大小。既然中央已经将“推进以审判为中心的诉讼制度改革”写入党的文件，那么无论遇到多大的困难和阻力，都要坚定不移地推进，以实际行动来兑现承诺。当前主要应从以下几个方面作出改革努力：一是重新界定公检法三机关的关系。废除“互相配合、互相制约”的立法规定，及时启动《宪法》《刑事诉讼法》的修改程序，为建立以审判为中心的诉讼制度提供宪法和法律依据。二是建立由法院决定的司法审查和令状制度。对公安、检察机关作出的涉及个人基本权益的强制性措施，例如逮捕、羁押、搜查、扣押、监听等事项，均应提请法院进行司法审查，只有在取得法院令状的情况下才可以实施上述诉讼行为。三是建立由法院主导的程序性裁判和救济机制。对控辩双方就程序事项发生的争议，应纳入法院裁判的范围，改变现行的“检察救济”模式，由法院提供权利救济。四是重新定位检察职能。将反贪、反渎等侦查职能从检察机关中剥离出来，与党委纪律检察机关进行整合，建立统一的自上而下独立的国家反腐败机构；改革后的检察机关专司公诉职能，不再承担法律监督职责。五是明确党委政法委的领导事项和领导方式，取消政法委协调个案、公检法三机关“联合办案”的做法，落实领导干部干预司法、插手具体案件处理的记录、通报和责任追究制度。六是改革纪委办案方式，改变“一竿子插到底”的做法，纪委只负责违纪事项的调查和处理，对涉嫌犯罪的案件，应及时移交公安、检察机关侦查，不能越俎代庖，从而实现反腐败斗争的法治化。

---

① [美]昂格尔：《现代社会中的法律》，吴玉章、周汉华译，中国政法大学出版社 1994 年版，第 63 页。

② 龙宗智：《重建民众对司法的信任感》，《南方周末》2010 年 7 月 15 日。

论侦查权规制的基本路径
——以中国侦查程序改革为视角的初步思考

潘金贵*

侦查程序是刑事诉讼中矛盾冲突最为尖锐的阶段——权力行使与权利保障之间的对立在此阶段体现得最为明显。当前中国学界关注的热点是如何推进以审判为中心的诉讼制度改革，笔者认为，该项改革的基本理念是通过诉讼结构的科学化调整，以制度或机制的革新为基本手段，实现确保审判公正的基本目标，其重心有二：一是审判程序的改革；二是审前程序围绕如何推进以审判为中心进行改革，而改革的关键不应是前者，而应当是后者，其中尤以侦查程序的改革为重中之重——简言之，改革的核心应当是实现中国刑事诉讼制度从"侦查中心主义"向"审判中心主义"的转变。应当看到，无论在何种诉讼模式下，虽然形式上审判是决定犯罪嫌疑人、被告人命运的阶段，但实质上真正决定其命运的阶段在于侦查，侦查的质量基本可以决定案件的结果——"中外的历史已经反复证明，错误的审判之恶果从来都是结在错误的侦查之病枝上的"①。在笔者看来，中国的刑事审判程序固然存在一些不足，对其进行改革也有必要性，但中国亟须改革的是侦查程序，而改革的重点应当是进一步强化对侦查权的合理规制。

中国在2012年刑事诉讼法修正案中对侦查程序进行了较大改革，改革的基本态势即是对长期过于强大的侦查权进行了一定的规制。其后，中国对侦查权进行规制的努力一直处于"进行时"，这从中央政法委、"两高"先后出台关于防范冤假错案的系列规定以及最高人民法院正在拟订关于非法证据排除方面的司法解释②等可见一斑。这充分反映出立法者以及相关部门已经认识到侦查权滥用带来的严重危害性和对侦查权进行规制的现实必要性，从中可以看出中国刑事

* 潘金贵：西南政法大学法学院教授，博士生导师，西南政法大学证据法学研究中心主任。

① 李心鉴：《刑事诉讼构造论》，中国政法大学出版社1992年版第179页。

② 王殿学、吴笋林、尚黎阳：《非法证据排除规则有望尽快出台》，《南方都市报》2015年3月12日。

司法理念的重大革新。然而，如何对侦查权进行规制？其基本路径是什么？如何处理侦查权规制中的权力与权利的平衡问题？如此等等，需要从理论上加以提炼和厘清。故此，本文拟结合中国侦查程序改革的相关情况，就侦查权规制的基本路径问题进行探讨，以资有益于立法和实践。

一、侦查权规制的基本路径之一：以权利对抗权力

"权利这个词的历史并不久远，但它蕴含的观念却可追溯到圣经时代。"[①]在侦查阶段，权利与权力之间呈现出典型的此消彼长态势：侦查权强大则权利弱小，权利极易受到践踏；侦查权被规制则权利得到扩张，权利能够得到尊重。由于侦查程序的相对封闭性，侦查阶段是权利最易受到侵犯的危险阶段，因此，如果要规制侦查权的滥用，首要的途径应当是合理地、适度地扩充权利，通过对权利的保障来对抗侦查权力的滥用，从而形成权利对权力的有效制约。具体而言，这种规制主要可以通过两个方面的措施来实现：

其一，扩大侦查阶段犯罪嫌疑人及其辩护律师的诉讼权利。刑事诉讼中的辩方权利包括两个层次的内容：一是犯罪嫌疑人的固有辩护权利，如沉默权、获得律师帮助权等；二是基于犯罪嫌疑人的辩护权而派生的辩护律师的诉讼权利，如会见权、阅卷权、调查取证权等。因此，应当从扩大犯罪嫌疑人的固有诉讼权利和扩大辩护律师的诉讼权利两个方面来实现权利对权力的对抗和约束。中国刑事诉讼法再修正案在扩大侦查阶段犯罪嫌疑人及其辩护律师的诉讼权利方面作出了巨大的努力，取得了长足的进步，值得充分肯定。尤其需要指出的是，在侦查实践中，辩方诉讼权利的保障程度也得到了极大的提高，侦查人员对于权利保障在思想理念上也有了很大的转变和认可。例如，笔者所在的C市F县公安机关规定周六、周日律师也可以依法会见在押犯罪嫌疑人，这更为充分地保障了律师的会见权。

其二，建立侦查阶段犯罪嫌疑人及其辩护律师权利受到侵害的救济机制。法谚称："没有救济就没有权利"。"人类的权利自始就与救济相联系。……在英美国家，'救济先于权利'是英美人士最为得意的法律作品。"[②]由于侦查权力与辩方权利的天然对抗性，而侦查权力较之辩方权利又处于天然的优势，因此，侦查机关滥用权力的现象在各国侦查实践中都是存在的。应当看到，如果仅仅是

① [美]艾伦・德肖维茨：《你的权利从哪里来》，黄煜文译，北京大学出版社2014年版，第13页。

② 程燎原、王人博：《权利及其救济》，山东人民出版社1993年版，第368页。

扩大了权利，却不建立起权利受损的救济机制，则权利极易受到权力侵害而荡然无存，反之权力拥有者会更加滥用权力，形成恶性循环。所以，要实现辩方权利对侦查权力的规制，必须建立辩方权利受到侵害的救济机制，亦即侦查机关必须对其侵犯辩方权利承担不利的法律后果。这种救济可以分为两种方式：一是侦查终结之后的救济，即通过诉审机关的诉讼活动对侦查机关侵犯辩方权利的不当诉讼行为予以矫治来实现救济，这是常见的方式；二是侦查终结之前的救济，即在侦查过程中就通过有关机关或者辩方的相关诉讼活动来实现对权利的救济，这在一些国家的立法中有所体现。例如，2012 年中国刑事诉讼法修正案增加了关于辩护人认为公安机关、人民检察院及其工作人员阻碍其依法行使诉讼权利的，有权向同级或者上一级人民检察院申诉或者控告的内容。人民检察院对申诉或者控告应当及时进行审查，情况属实的，应当通知有关机关予以纠正。就体现了对侦查机关侵权行为及时予以救济的精神。

二、侦查权规制的基本路径之二：以权力调控权力

侦查权作为一种强大的国家权力，仅仅依靠权利保障是无法实现对其有效规制的，另一重要的途径即是通过刑事司法权力的优化配置，通过其他国家权力来对侦查权力的行使进行调控，这是“权力分工与制衡理论”的内在要求。由于国家权力所具有的强制性，这种“以权力调控权力”的模式对侦查权规制的效果无疑更为显著。中国刑事诉讼法所规定的公检法三机关关系中的“互相制约”，在一定意义上也包含了通过检法机关的权力行使来对侦查机关的权力进行规制的应有之义。由于这种模式和前述“以权利对抗权力”的模式均属于对侦查权的外部力量制约，可以合称为侦查权规制的外部模式。具体而言，这种规制主要可以通过两种机制来实现：

其一，建立对侦查行为的司法审查制度来实现对侦查权行使的动态规制。由于侦查行为的实施往往直接关涉到犯罪嫌疑人的基本权利，因此，为了防止侦查机关滥用权力，从国际准则和法治国家的经验来看，对于逮捕、羁押、搜查、扣押等强制侦查行为，原则上都要经过司法官员的审查批准。“司法对侦查程序进行介入对于规范和控制侦查权的行使，保护被追诉方的权利和自由，支撑侦查程序的诉讼构造具有非常重要的意义。”[①]应当看到，这种“事前审查”的动态规制机制较之于违法侦查行为发生之后的“事后补救”机制，其法律效果无疑更好，因

① 陈永生：《侦查程序原理论》，中国人民公安大学出版社 2003 年版，第 327 页。

此，“以权力调控权力”模式的重点应当放在对侦查行为的事前调控机制的构建上。需要指出的是，司法审查制度的确立与西方的“司法至上”理念有很大的关系，牵涉到司法权威、司法权与行政权之间的关系等一系列复杂的法律、政治问题，因此，一个国家能否确立该制度还必须考量该国的法律、政治基础。[①] 这一点对于中国侦查程序的改革来说，尤为重要。2012 年中国刑事诉讼法修正案没有建立对侦查行为进行规制的司法审查制度，这在一定程度上与中国政治格局中长期存在的“大公安、小法院”不无关系。不过，2012 年刑事诉讼法修正案修改、增加的第七十九条、第八十六条关于人民检察院审查批准逮捕的条件、程序细化的规定，即使不能称之为严格意义上的司法审查，但是或许可以视为中国对侦查程序中加强对重大侦查行为进行审查和规制的改革尝试。至于中国刑事诉讼中强调的人民检察院对侦查活动的法律监督权，固然属于外部监督的一种形式，但是并无司法审查的实质，实践中也没有起到动态规制的作用，该权力的宣示意义大于实际价值。

其二，建立对违法侦查行为的程序性制裁机制来实现对侦查权行使的静态规制。任何制裁机制都是一种“亡羊补牢”的举措，只不过鉴于“事前预防”客观上也存在一定的难度，因此，“事后补救”的机制依然是必要的、重要的。如果违法的侦查行为不能受到必要的制裁，其结果就不仅是权利受损，而且是违法加剧，侦查人员实施违法行为更会有恃无恐，滥用侦查权的现象会益加严重。在英美法中，排除规则、撤销起诉制度以及“撤销原判”制度构成了三种最重要的程序性制裁制度。而在大陆法中，有关刑事诉讼行为的无效制度属于其主要的程序性制裁措施。[②] 中国刑事诉讼法再修正在建立对违法侦查行为的程序性制裁机制方面作出了巨大的努力，其中最值得肯定的是在法典层面上对非法证据排除规则作出了明确规定，尤其是规定审前程序中在侦查、审查起诉时发现有应当排除的证据的，应当依法予以排除，不得作为起诉意见、起诉决定的依据，无疑是一个重大创举，虽然与很多国家做法不同，但确有其实践意义，也体现了立法者严格非法证据排除规则的旨意。此外，“两高”关于刑事诉讼法实施的规则和解释中有相当数量涉及的非法证据排除的条文；关涉非法证据排除的“两个证据规定”以及中央政法委、“两高”先后出台的关于防范冤假错案的系列规定中涉及的非法证据排除的相关规定等，进一步细化了非法证据排除规则，增强了其可操作性。侦查程序的基本功能就是收集证据，非法证据排除规则可以说是对侦查机

① [美]基斯·威廷顿：《司法至上的政治基础》，牛悦译，北京大学出版社 2010 年版，第 6 页。

② 陈瑞华：《程序性制裁理论》，中国法制出版社 2005 年版，第 161 页。

关取证过程中的非法行为进行规制的最佳法律装置。中国当前需要重点解决的是如何在司法实践中严格贯彻非法证据排除规则，以防其成为“镜中花、水中月”。总的来看，中国非法证据排除规则的贯彻不尽如人意。例如，笔者曾经对数个基层法院进行过实证调研，结果从刑事诉讼法再修正到笔者调研的两年之间，这些基层法院审判实践中就没有一例非法证据排除的案件。① 不过，也有实务部门的研究成果表明，虽然在批捕阶段尚无非法证据排除的案例，但是在审查起诉和审判中，有的省市的司法实践中也存在一些排除非法证据的案例，这也表明了司法实务部门对于贯彻非法证据排除规则所作的努力，值得肯定。②

三、侦查权规制的基本路径之三：强化权力内部调控

鉴于侦查权的基本特点和侦查程序的特殊性，对侦查权的规制应当以外部规制为主，但是理顺侦查权的内部权力运行机制，强化权力的内部调控，从而形成侦查权规制的内外合力，亦是重要的一环。应当看到，对于侦查机关而言，外部规制具有一定的被动性，而内部规制则是其内部的原因力，具有主动性，有时内部规制的效果可能比外部规制更好。具体而言，主要可以从两个方面强化侦查权行使的内部调控：

其一，强化上下级侦查机关之间的权力运行内部调控机制。侦查权本质上属于行政权，上下级侦查机关之间属于领导与被领导的关系，这可以称之为侦查权的内部纵向调控。这种内部纵向调控由于存在“上命下从”的行政隶属特征，有时比外部控制更为直接有效。内部纵向调控主要通过上级侦查机关对下级侦查机关的重大侦查行为进行领导、指挥、审批等方式来实现。例如，《公安机关办理刑事案件程序规定》要求采取技术侦查措施必须报设区的市一级以上公安机关负责人批准，即是对技术侦查行为的一种纵向调控；检察机关职务犯罪侦查改革中试行的“职务犯罪侦查一体化模式”，即是对职务犯罪侦查活动进行内部调控；职务犯罪侦查中，对犯罪嫌疑人的审查批捕由上一级检察机关来进行，也是对职务犯罪侦查活动进行内部调控的一种体现。

---

① 潘金贵：《基层法院适用非法证据排除规则调研报告——以四个基层法院为样本》，载潘金贵主编：《证据法学论丛》（第三卷），中国检察出版社 2014 年版，第 250 页。

② 参见吴继生、胡红军、王彪：《审判阶段非法证据排除问题的规范与实证》，载潘金贵主编：《证据法学论丛》（第二卷），中国检察出版社 2013 年版，第 199 页；重庆市人民检察院课题组：《检察环节证据合法性审查实证研究》，载潘金贵主编：《证据法学论丛》（第三卷），中国检察出版社 2014 年版，第 262 页。

其二，强化侦查机关自身的权力运行内部调控机制。这种调控首先是通过立法上的制度设计来对侦查机关的权力行使进行规制。例如，中国刑事诉讼法再修正规定公安机关执行拘留后，应当立即将被拘留人送看守所羁押，至迟不得超过二十四小时；逮捕后，应当立即将被逮捕人送看守所羁押；犯罪嫌疑人被送交看守所羁押以后，侦查人员对其进行讯问，应当在看守所内进行；传唤、拘传犯罪嫌疑人，应当保证其必要的饮食和休息时间；侦查人员在讯问犯罪嫌疑人的时候，可以对讯问过程进行录音或者录像，对于可能判处无期徒刑、死刑的案件或者其他重大犯罪案件，应当对讯问过程继续录音或者录像等改革举措，就充分体现了对侦查权行使进行规制的意旨。其次是可以通过侦查机关内部工作机制的建构来加强对侦查部门权力行使的规制，这可以称之为侦查权的内部横向调控。如公安机关的法制部门就负有对侦查部门的侦查活动是否合法的审查职责，在笔者调研时，曾经有法制部门负责人谈到在案件审查中排除了非法证据的案例；再如公安机关的督查部门在一定程度上也负有对侦查活动进行监督的职责，等等。侦查实践中，这种内部横向调控机制尽管效果不如其他调控机制明显，但是有其存在的实际意义。

四、侦查权规制：徘徊在权力与权利之间(代结语)

中国刑事诉讼法再修正对侦查程序的一系列重大改革，无疑是针对长期以来侦查权力过大、侦查权存在滥用现象而对其进行规制，确保侦查权依法行使、加强人权保障的重大进步。当然，中国要健全侦查权行使的规制机制，尚有漫长的改革之路要走。

侦查权规制的难点在于如何处理好权力行使与权利保障之间的冲突与平衡。对于立法者而言，既要实现对侦查权的合理规制，又要实现对犯罪嫌疑人权利的充分保障，或许更多会面临“鱼与熊掌不可得兼”的困境。中国侦查程序改革中的一些制度设计亦可窥见立法者这种“徘徊在权力与权利之间”的矛盾心理。一个国家在不同的历史时期，对于侦查权的规制会在权力与权利之间作出不同的价值选择。因此，侦查权规制的根本路径，或许就是“根据具体的社会条件寻求侦查需要与人权保障的动态平衡”①。

① 孙长永：《侦查程序与人权保障——中国侦查程序的改革和完善》，中国法制出版社 2009 年版，第 5 页。

中国刑事证据法解释上的诸问题*

万　毅**

新刑诉法在刑事证据制度方面的大幅度改革，被公认为是本轮刑诉法修改的“亮点”之一，从对“证据”概念的修订到非法证据排除规则的初步确立，我国刑事证据制度的规范性、科学性和体系性得到极大增强，尤其是非法证据排除规则的确立，可谓是中国刑事证据制度发展史上具有里程碑意义的事件。然而，出人意料的是，新法实施一年多以来的情况却表明，刑事证据制度这一修法“亮点”，却演变成实务操作中的“难点”。由于刑事证据规则本身的规范性和技术性较强，在适用对象和适用条件方面的精确度要求相对较高，尤其是像非法证据排除规则这一类“杀伤力”比较大(证据可能被排除、被告人可能因此被判无罪)的证据规则，更是要求实现“精确打击”，这就高度依赖于精确、精妙的法律解释方法。然而，我国刑事证据法学研究和实务长期以来几乎断绝了法律解释学的传承，缺乏解释刑事证据法的系统方法，这使得实务部门在将抽象的证据规则适用于具体个案时，一再遭遇“解释”上的难题，例如究竟什么才是“非法证据”？怎样才构成“刑讯逼供”？“瑕疵证据”又该如何进行补正？威胁、引诱和欺骗性取证到底合不合法？等等，不一而足。对于实践中遭遇到的“解释”瓶颈和难题，理论界和实务界高层都给予了极大的关注，研究、出台了大量的司法解释和学理解释，试图增强刑事证据法的可操作性。然而，认真审视即可发现，不论是官方的司法解释，还是民间的学理解释，普遍存在着一个共通性问题：不太注重法律解释方法的运用，使得其结论欠缺基本的法理合理性，任意解释甚至“曲意释法”的现象不同程度地存在。更令人担忧的是，“授人以鱼不如授人以渔”，对于基层司法工作者而言，仅告诉其结论而不传授其方法，必然使其“知其然却不知其所以然”，一

* 本文系笔者主持的2014年度国家社科基金重点项目《刑事诉讼法解释学的原理及运用研究》的阶段性成果。

** 万毅：四川大学法学院教授、博导。

旦实践中个案情况发生变化，则又将陷入解释的泥淖。有感于此，本文拟结合实务中反映比较突出的一些证据法问题，对刑事证据法的基本解释方法略作介绍。

一、文义解释

所谓文义解释，是指根据刑事诉讼法条文用语的文义及通常使用方式来阐释刑事诉讼法意义的解释方法。文义解释方法是最常规、最基础的法律解释方法，并在逻辑顺位上具有优先性，对刑事证据法的解释，首先应当进行文义解释，只有在采用文义解释无法阐明刑事诉讼法条文真实含义的情况下，才能动用其他解释方法。

例如，我国传统证据法理论认为，合法性是证据的“三性”之一，所谓合法性，又具体包括四方面内容：(1)证据必须具有合法的形式；(2)提供、收集证据的主体必须合法；(3)证据的内容必须合法；(4)证据必须依照法定程序收集。[①] 据此，实务中有观点认为，凡是不具备上述合法性特征的证据，包括形式不合法的证据、取证主体不合法的证据以及内容不合法的证据等，都是非法证据。然而，根据我国刑诉法第54条对非法证据排除规则的表述：“采用刑讯逼供等非法方法收集的犯罪嫌疑人、被告人供述和采用暴力、威胁等非法方法收集的证人证言、被害人陈述，应当予以排除。收集物证、书证不符合法定程序，可能严重影响司法公正的，应当予以补正或者作出合理解释；不能补正或者作出合理解释的，对该证据应当予以排除。”据此，法条的文字表述是非常清楚的，所谓“非法证据”，是以“非法方法”或“违反法定程序”收集的证据，即取证方法(手段)或程序违法的证据。因此，通过文义解释方法的运用，我们可以得出结论，我国刑诉法上的“非法证据”在概念和外延上均指的是取证方法或程序违法的证据，而不包括取证主体不合法的证据、形式不合法的证据以及内容不合法的证据。实务操作中不应不当扩大非法证据排除规则的适用对象和范围。

二、体系解释

所谓体系解释，是指根据刑事诉讼法条文在整个刑事诉讼法中的地位，即依其编、章、节、条、款、项的前后关系位置，联系相关法条的含义，阐明法律用语意旨的解释方法。体系解释是对文义解释的必要补充，其目的主要是避免仅仅依

① 卞建林主编：《证据法学》，中国政法大学出版社2007年版，第62页。

据文字而对法律条文断章取义。

例如，刑诉法第 50 条明确规定："严禁刑讯逼供和以威胁、引诱、欺骗以及其他非法方法收集证据，不得强迫任何人证实自己有罪。"虽然对于该条款究竟是否赋予了犯罪嫌疑人沉默权，理论上和实务中尚存争议，但在职务犯罪侦查实践中，已经有犯罪嫌疑人据此主张沉默权，以对抗审讯。遇到这种情况，侦查人员要么生硬地予以呵斥、否认其享有沉默权，要么手足无措、不知该如何作答，这两种做法都会使审讯陷入僵局，影响到侦查的成效。

其实，联系相关法条进行体系解释可以发现，不管刑诉法第 50 条是否赋予了犯罪嫌疑人沉默权，都不影响侦查机关讯问权的行使，因为，刑诉法第 118 条同时规定："侦查人员在讯问犯罪嫌疑人的时候，……犯罪嫌疑人对侦查人员的提问应当如实回答。"这就意味着，侦查机关的讯问权，并不因犯罪嫌疑人主张沉默权而受影响，两者并行不悖；即使犯罪嫌疑人依据刑诉法第 50 条主张沉默权，侦查机关仍然可以合法地行使讯问权，而犯罪嫌疑人亦有忍受讯问之义务。据此，在职务犯罪侦查实践中，如果遇到犯罪嫌疑人依据刑诉法第 50 条主张沉默权的情形，侦查人员应当援引刑诉法第 118 条的内容告知犯罪嫌疑人："侦查机关有讯问权，你有忍受讯问的义务；如果你如实回答了问题，交代了自己的罪行，可以得到从宽处理。"①

三、历史解释

所谓历史解释，是指根据立法者在制定刑事诉讼法时所根据的历史背景，包括事实、情势、价值取向、目的等，来推知立法者的意思的解释方法。立法史以及立法过程中有关的资料，如草案、审议纪录、立法理由书等，都是进行历史解释的重要依据。

例如，刑诉法第 187 条明确规定："公诉人、当事人或者辩护人、诉讼代理人对证人证言有异议，且该证人证言对案件定罪量刑有重大影响，人民法院认为证人有必要出庭作证的，证人应当出庭作证。"根据该条规定，证人出庭作证，应当具备三个条件：(1)公诉人、当事人或者辩护人、诉讼代理人对证人证言有异议；

① 负责本次刑诉法修正的全国人大常委会法工委副主任朗胜认为，刑诉法第 118 条的如实陈述义务，应当解释为，"它要求犯罪嫌疑人：如果你要回答问题的话，你就应当如实回答，如果你如实回答，就会得到从宽处理"。参见《法工委：不得强迫自证其罪与如实应讯不矛盾》，见 http://www.chinanews.com/fz/2012/03-08/3729170.shtml，2012－03－08。

(2)该证人证言对案件定罪量刑有重大影响;(3)人民法院认为证人有必要出庭作证的。问题在于,这三项条件之间尤其是所谓"人民法院认为证人有必要出庭作证的"与前面两个条件之间,究竟是并列关系,还是选择关系?

最高人民法院《关于执行〈中华人民共和国刑事诉讼法〉若干问题的解释》第205条对此作出了进一步的解释性规定:"公诉人、当事人或者辩护人、诉讼代理人对证人证言有异议,且该证人证言对定罪量刑有重大影响,或者对鉴定意见有异议,申请法庭通知证人、鉴定人出庭作证,人民法院认为有必要的,应当通知证人、鉴定人出庭;无法通知或者证人、鉴定人拒绝出庭的,应当及时告知申请人。"对于该条司法解释的含义,最高人民法院研究室编著的司法解释理解与适用配套丛书《新刑事诉讼法及司法解释适用解答》中明确提出:"即使控辩双方对证人证言未提出异议,人民法院认为该证人证言存在疑问的,也可以依职权通知证人出庭作证。"据此,所谓"人民法院认为证人有必要出庭作证的"这一条件,与前面两个条件之间被解释为是一种选择关系。

但是,根据全国人大法工委刑法室编的《关于修改中华人民共和国刑事诉讼法的决定:条文说明、立法理由及相关规定》一书对相关立法条文的说明:"根据本款规定,证人证言在同时符合三个条件的情况下,证人应当以出庭的方式作证。"[①]据此,上述三项条件之间系并列关系而非选择关系,只有在同时符合三个条件的前提下,证人才应当出庭作证;如果控辩双方对证人证言未提出异议,即使人民法院认为该证人证言存在疑问的,也不能依职权通知证人出庭作证。由于我国的立法活动一向不颁布立法理由书,因而立法者编著的公开出版物,被视为是解读、推知立法者原意的重要依据。基于此,既然全国人大法工委刑法室在其所编撰的《关于修改中华人民共和国刑事诉讼法的决定:条文说明、立法理由及相关规定》一书中明确指出,只有三个条件同时具备,证人才需要出庭,那么,最高人民法院《关于执行〈中华人民共和国刑事诉讼法〉若干问题的解释》第205条的规定及其解释,就明显违背了立法者的原意。

四、目的解释

所谓目的解释,是指根据刑事诉讼法律规范的目的,阐明刑事诉讼法条文的真实含义的解释方法。

① 全国人大法工委刑法室编:《关于修改中华人民共和国刑事诉讼法的决定:条文说明、立法理由及相关规定》,北京大学出版社2012年版,第222页。

例如,刑诉法第54条后半段针对非法实物证据的排除作了规定:“收集物证、书证不符合法定程序,可能严重影响司法公正的,应当予以补正或者作出合理解释;不能补正或者作出合理解释的,对该证据应当予以排除。”客观地说,这一规定在立法技术上存在着一个明显的硬伤,可以称之为刑诉法第54条的“阿基里斯之踵”(致命缺陷),即将非法实物证据排除规则与瑕疵证据补正规则混淆、杂糅在一起。因为,依据该条规定的字面含义,不可弥补性(“不能补正或者作出合理解释”)是排除非法实物证据的前提条件,换言之,违法收集的物证、书证,即使可能影响公正审判,但只要能够补正或者作出合理解释,对该证据就不应当排除;只有在不能补正或作出合理解释的情况下,才应当予以排除。按照这一规定,所有非法收集的实物证据,实际上都先被假定为是瑕疵证据,允许补正或者作出合理解释,只有无法补正或作出合理解释的,才转化为非法证据予以排除。这就完全混淆了“非法证据”与“瑕疵证据”的概念,进而混淆了非法实物证据排除规则和瑕疵证据补正规则。

在概念上区分“非法证据”与“瑕疵证据”,是2010年颁布实施的“两个证据规定”[①]在证据学理论体系上的一个重要贡献。根据“两个证据规定”的分类和界定,所谓“非法证据”,在概念上是指以非法手段或违反法定程序获取的证据,其基本特征是取证手段或取证程序重大违法,侵犯了公民的宪法性基本权利,正因为其违法情节严重,侵犯了公民的宪法性基本权利,法政策上对非法证据不能容忍,程序上则对其径直予以排除(“不得作为定案的根据”),自始即否定其证据能力;而所谓“瑕疵证据”,在概念上是指取证手段或取证程序等方面存在轻微违法情节(瑕疵)的证据,其基本特征是取证手段或取证程序轻微违法,因为其存在程序违法情节,故该证据不能直接在刑事诉讼中使用,但因为其违法情节轻微,并未侵犯公民的宪法性基本权利,故法政策上对瑕疵证据采取“容忍”的态度,允许其经补正或作出合理解释后继续使用。据此,所谓补正或者作出合理解释,实际上是专门针对瑕疵证据而言的,只有瑕疵证据,才存在补正或者作出合理解释的空间;至于非法证据,一经认定即应排除,根本不存在补正或者作出合理解释的余地。例如,侦查人员对持有重要物证之人使用暴力,以迫使其交出该物证,这种暴力逼取物证的行为,显然属于取证程序重大违法且可能严重影响司法公正的情形,对于该物证,理应直接认定为非法证据而径直予以排除,根本不存在补正或作出合理解释的问题。刑诉法第54条将“补正或者作出合理解释”嵌入

---

① 即《关于办理刑事案件审查判断证据若干问题的规定》和《关于办理刑事案件排除法证据若干问题的规定》。

非法实物证据排除规则之中，作为非法实物证据排除规则的适用条件、先决条件，无疑是套用瑕疵证据的程序处理方式来处理非法证据，可谓是“牛头不对马嘴”。错位的制度安排，不仅使得非法证据与瑕疵证据的概念再度纠缠在一起，更重要的是，可能使得非法证据被当作瑕疵证据处理，应该排除的却没有排除，进而使得非法实物证据排除规则被瑕疵实物证据补正规则所架空。

基于此，笔者主张，从刑诉法第 54 条的规范目的(构建非法实物证据排除规则)出发，在解释上将刑诉法第 54 条后半段拆解为两项证据法规则：一是非法实物证据排除规则。即“收集物证、书证不符合法定程序，可能严重影响司法公正的，对该证据应当予以排除”。据此，非法实物证据的排除条件是“不符合法定程序”且“可能严重影响司法公正”，只要符合这两项条件，对该证据即应视为非法证据而径直予以排除，毋庸再考量是否予以“补正或者作出合理解释”的问题。二是瑕疵实物证据补正规则。即“收集物证、书证不符合法定程序的，应当予以补正或者作出合理解释；不能补正或者作出合理解释的，对该证据应当予以排除”。意即，收集物证、书证虽不符合法定程序，但并未严重影响司法公正的，属于瑕疵证据，应当允许并要求侦查机关对该证据之瑕疵进行补正或者作出合理解释，若能予以补正或者作出合理解释，则该物证、书证仍可继续使用，若不能补正或者作出合理解释，则该证据将丧失证据能力，而不得作为定案根据。

五、扩张解释

所谓扩张解释，是指刑事诉讼法用语的字面意思失之过窄，将本应包含在内的情况排除在外，有违立法原意，于是扩张其字面含义，使其符合刑事诉讼法的真实含义。

例如，刑诉法第 52 条第 2 款规定：“行政机关在行政执法和查办案件过程中收集的物证、书证、视听资料、电子数据等证据材料，在刑事诉讼中可以作为证据使用。”最高人民检察院《人民检察院刑事诉讼规则》第 64 条第 3 款对此作出了进一步的解释性规定：“人民检察院办理直接受理立案侦查的案件，对于有关机关在行政执法和查办案件过程中收集的涉案人员供述或者相关人员的证言、陈述，应当重新收集；确有证据证实涉案人员或者相关人员因路途遥远、死亡、失踪或者丧失作证能力，无法重新收集，但供述、证言或者陈述的来源、收集程序合法，并有其他证据相印证，经人民检察院审查符合法定要求的，可以作为证据使用。”在该条司法解释中，对原法条进行了两项扩张解释，一是将原法条中的“行政机关”扩张解释为“有关机关”，试图将纪检监察机关涵括在内；二是将原法条中的“物证、书证、视听资料、电子数据等证据材料”扩张解释为包括例外情形下的人证(涉案人员供述或者相关人员的证言、陈述)。对于第一项扩张解释,即将行政机关扩张解释为包括纪检监察机关在内的有关机关,笔者认为,并不违背立法原意,毕竟纪检监察机关系“两块牌子、一套班子”,其对违纪案件的查办,形式上亦可归入法条规定的“行政机关查办案件”的范畴。但实践中要注意的是,从法条的内容和要求出发,纪检监察机关对涉嫌犯罪案件的证据收集和移送,应当以监察机关的名义进行,而不宜以纪委的名义直接取证并移送证据。对于第二项扩张解释,即将原法条中的“物证、书证、视听资料、电子数据等证据材料”扩张解释为包括例外情形下的人证,笔者认为符合实践中的办案需要,但是,仅仅因为涉案人员或者相关人员“路途遥远”即可直接使用其供述或证言、陈述,不够慎重,建议将“路途遥远”限缩解释为“因滞留国外且短期内无法回国”的特定情形。

六、限缩解释

所谓限缩解释,是指刑事诉讼法用语的字面意思失之过宽,将本不应适用的情形囊括在内,不符合立法原意,于是将其文义限制在核心部分,使其符合刑事诉讼法的真实含义。

例如,刑诉法第 50 条规定:“严禁刑讯逼供和以威胁、引诱、欺骗以及其他非法方法收集证据,……”由于立法上明确将“威胁、引诱和欺骗”认定为是以“非法方法”收集证据,那么,这是不是意味着职务犯罪侦查实践中不得再运用带有“威胁、引诱、欺骗”性质的侦查谋略?由于我国职侦手段的有限性,实务中侦查谋略的运用一直占有极其重要的地位,而之所以称为“谋略”,自然带有一定的欺诈甚至威胁、引诱的成分,如果将刑诉法第 50 条解释为禁止使用任何带有威胁、引诱、欺骗性因素的侦查谋略来取证,那么,实践中职务犯罪侦查工作将更加举步维艰。

事实上,即便是域外法治国家,除德国等少数国家外,大多在立法上对威胁、引诱、欺骗性取证采取“容忍”的态度,即,立法上并不明确禁止威胁、引诱、欺骗性取证,而是交由司法实务根据“两分法”来权衡、判断,政策上仅对那些严重违反现行法律,有违宗教传统、职业道德和家庭伦理,或者可能导致犯罪嫌疑人违背意愿供述的威胁、引诱和欺骗性取证,才视为非法证据并予以排除。基于此,笔者主张对刑诉法第 50 条的禁止性规定进行限缩解释,即将刑诉法第 50 条的禁止性规定限缩解释为仅仅禁止那些严重侵犯人权的威胁、引诱、欺骗性取证,而非禁止所有带有威胁、引诱、欺骗性因素的侦查谋略。为此,实务中应当划定侦查谋略运用的四项底限：第一，不得严重违反现行法律。例如，可以用吸烟引诱，但却不得以吸毒引诱，因为教唆、引诱他人吸毒严重违反现行法律；第二，不得违背宗教、职业、家庭伦理。例如，侦查人员不得化装成律师与嫌疑人见面，借机套问口供，因为这有违律师职业伦理；第三，不得有损那些具有社会公信力的基本制度面。例如，侦查人员可以谎称“现场遗留的指纹经鉴定就是你的”，但却不得伪造鉴定意见文书，因为鉴定意见是具有社会公信力的法律文书，伪造鉴定意见会破坏社会公信力；第四，不得导致犯罪嫌疑人违背意愿作出供述。例如，侦查人员不得以家属相威胁：“你不说，就把你老婆抓起来。”因为，在心忧亲人安危的巨大心理压力之下，犯罪嫌疑人极有可能违背自身意愿作出虚假的有罪供述。据此，只要侦查实务中所使用的侦查谋略，不逾越上述四条“底线”，即不构成刑诉法第 50 条所禁止的威胁、引诱和欺骗性取证，其取证的合法性应予肯定。

七、当然解释

所谓当然解释，是指刑事诉讼法虽未明示某一事项，但是依形式逻辑、规范目的及事物属性的当然道理，将该事项解释为包括在该规定的适用范围之内的解释方法。

例如，在刑诉法修改之前，行政执法证据、纪检监察证据以及初查证据的效力（即证据能力），在理论和实务中一直是有争议的问题。刑诉法第 52 条第 2 款明确规定，行政机关在行政执法和查办案件过程中收集的物证、书证、视听资料、电子数据等证据材料，在刑事诉讼中可以作为证据使用，由此解决了行政执法证据的效力问题。由于纪检部门与行政监察机关本系“两块牌子、一套班子”，故而纪检监察证据可以同样视为行政监察机关在查办案件过程中收集的证据，其证据效力也得到了解决。但是，初查证据却是检察机关在立案前的初查程序中收集的证据材料，并不在刑诉法第 52 条文义的“射程”（有效字面含义）之内，故无法直接套用该法条解决初查证据的效力问题。那么，这是不是意味着，在新刑诉法实施后，初查证据即不能在刑事诉讼中直接用作证据？笔者认为，不能对法条作僵化的理解和解释。

第一，我国证据法理论和实务一直以来排斥和否定行政执法证据等作为司法证据的资格，主要是基于“取证主体合法性”理论，即认为刑事诉讼证据，必须是由公安、司法机关等法定取证主体在正式立案后依据法定程序所收集，非法定取证主体收集的证据材料（如行政执法证据、纪检监察证据）或者在正式立案前收集的证据材料（初查证据），都不具有证据能力，不能直接在刑事诉讼中作为证据使用，而必须经过“转化”才能在刑事诉讼中使用。但是，新刑诉法第52条既然肯定了行政执法证据的效力，那就表明，立法者已经摒弃了传统的“取证主体合法性”理论。换言之，证据材料的证据能力（资格）问题，不再取决于取证主体是否合法，亦不再局限于时间上是否已经立案，据此，初查证据，作为检察机关在正式立案前收集的证据材料，同样具有证据能力，可以在刑事诉讼中作为证据使用。

第二，从法解释学的角度讲，“举重以明轻、举轻以明重”是法律解释的基本原则和方法，初查证据，本系作为司法机关的检察机关所收集，作为参与刑事诉讼的国家专门机关，检察机关较之行政执法机关，在证据调查和收集业务上更专业亦更有技术优势，由检察机关来收集证据，更能确保证据来源的客观性、真实性，更能确保证据收集的合法性。因此，检察机关收集的初查证据较之行政机关收集的行政执法证据，在证据的客观性、真实性和合法性上显然更有保障，更有资格作为诉讼证据使用。新刑诉法第52条既然连行政执法证据的证据能力都予以了肯定，那么，举重以明轻，检察机关的初查证据也应当可以作为刑事诉讼证据来使用。

八、比较法解释

所谓比较法解释，是指援引外国立法例及判例学说以阐释本国法律的意义内容。广义的比较法解释，也包括援引相关国际公约的规定阐释本国法律的含义。

例如，我国刑诉法第54条虽然明文规定“刑讯逼供”构成非法取证，但却并未进一步解释何谓“刑讯逼供”，而《刑法》第247条虽然规定司法工作人员对犯罪嫌疑人、被告人使用肉刑或者变相肉刑逼取口供的行为，构成刑讯逼供罪，但亦未明确何为“肉刑”、何为“变相肉刑”。因此，所谓“刑讯逼供”一词，虽耳熟能详，但要解释其准确内涵，却并没有明确的国内法上的规范依据，这就迫使我们不得不将目光转向同样作为正式法律渊源之一的国际法体系。其实，“刑讯逼供”纯系我国立法上之用语，国际上更为通用的是“酷刑”，而目前，对“酷刑”最权威的定义，来自联合国《禁止酷刑和其他残忍、不人道或有辱人格的待遇或处罚公约》（以下简称《反酷刑公约》），对此，《反酷刑公约》第1条第1款即明确规定：“‘酷刑’是指为了向某人或第三者取得情报或供状，为了他或第三者所作或涉嫌的行为对他加以处罚，或为了恐吓或威胁他或第三者，或为了基于任何一种歧视的任何理由，蓄意使某人在肉体或精神上遭受剧烈疼痛或痛苦的任何行为，而这种疼痛或痛苦是由公职人员或以官方身份行使职权的其他人所造成或在其唆使、同意或默许下造成的。纯因法律制度制裁而引起或法律制裁所固有或附带的疼痛或痛苦不包括在内。"在此,《反酷刑公约》明确将"酷刑"一语解释为"蓄意使某人在肉体或精神上遭受剧烈疼痛或痛苦的任何行为",而这一定义基本可以覆盖司法实践中常见的"肉刑"、"变相肉刑"以及"精神刑讯"等各种样态的刑讯逼供行为。基于此,笔者建议,借用《反酷刑公约》对酷刑的定义,作为我国司法实践中解释和认定刑讯逼供的规范依据,这在法律解释方法上即属于比较法解释的范畴。

九、反对解释

有时,我们为了更全面地理解法条的含义,不仅需要对法条的文义从正面进行解读,还需要从其正面表述推导其反面含义,这就是反对解释方法。因此,所谓反对解释,是指根据刑事诉讼法条文的正面表述,推导其反面含义的解释方法。

例如,刑诉法第 48 条第 1 款规定:"可以用于证明案件事实的材料,都是证据。"这是刑诉法从功能角度对证据概念所下的定义。据此,只有那些具有能够证明案件事实的功能的材料,才具有证据资格,才能在刑事诉讼中作为证据使用,这是对该法条文义的正面解读。但我们在司法实务中还需要把握哪些证据材料不能作为证据使用,因此,我们还需要对该法条进行反向解读,即凡是不能用于证明案件事实的材料,都不是证据。据此,全程同步录音录像、未成年人调查报告等材料,虽然在理论上可称之辅助证据,但因为并非用来证明案件事实,不符合我国刑诉法对证据的概念定义,而不能作为定罪量刑的依据。

再如,2010 年最高人民法院、最高人民检察院、公安部、国家安全部和司法部颁布的《关于办理死刑案件审查判断证据若干问题的规定》第 2 条规定:"认定案件事实,必须以证据为依据。"学界公认,这是对证据裁判原则从司法解释的层面予以了肯认。但是,《关于办理死刑案件审查判断证据若干问题的规定》第 2 条对证据裁判原则的表述是从正面、肯定的角度展开的,强调的是"当为"("应当以证据为根据");而从实务操作的角度来讲,真正对司法实务界人士具有观念警戒意义和行为指导意义的,却是在没有证据时,审查、判断证据的检察官、法官应当怎么做,因此,对于该条司法解释,我们必须进一步作反对解释,即"没有证据,不得认定案件事实"。

十、类推解释

所谓类推解释，是指由于刑事诉讼法规范本身的漏洞，对某种程序法事实缺乏相应的法律规范，于是类推适用最相类似的法律条文，即所谓“类似案件同样处理”。刑事诉讼法并不禁止类推，只是禁止作不利于被追诉人的类推，换言之，有利于被追诉人的类推，在刑事诉讼法上是允许的。

例如，我国刑诉法第 54 条规定：“收集物证、书证不符合法定程序，可能严重影响司法公正的，应当予以补正或者作出合理解释；不能补正或者作出合理解释的，对该证据应当予以排除。”从该法条的表述来看，因收集程序违法而应当排除的实物证据仅限于物证和书证。但从证据法理上讲，物证、书证、笔录类证据、视听资料、电子数据，皆可归入广义的“实物证据”的范畴，立法者仅规定排除非法物证、书证，而不扩及于笔录类证据、视听资料和电子数据，这种“厚此薄彼”的立法模式，欠缺逻辑的周延性和合理性，在证据法理上难以成立。对于实物证据而言，无论是传统实物证据如物证、书证，还是新型实物证据如视听资料、电子数据，侦查机关在收集证据的手段、程序和方法上如出一辙，搜查、扣押（提取）、勘验、检查等是取证的基本手段，因此，其违法形态往往亦具有同质性和同构性。既然立法上已经将物证、书证的违法形态界定为非法证据，那么，违法收集的笔录类证据、视听资料以及电子数据，同样应当界定为非法证据。因此，笔者主张，司法实务中一旦查明笔录类证据、视听资料、电子数据等系非法收集时，即应类推适用刑诉法第 54 条，启动非法证据排除程序予以排除。

关于我国刑事立案程序的思考

罗海敏*

作为整个刑事诉讼程序的开端，我国的刑事立案程序承载着多项功能。但从实践情况来看，刑事立案程序很难有效实现立法对其预设的各项功能，尤其是防止侦查权随意启动的功能。在推行审判中心主义的诉讼制度改革以及转变人民法院受理案件立案方式等司法改革举措的背景下，探讨、思考我国刑事立案程序的改革完善有了新的依据和意义。

一、我国对刑事立案程序的基本定位

与其他多数国家不存在独立的刑事立案程序不同的是，在我国，立案被认为是刑事诉讼中一个独立、必经的诉讼阶段。从我国 1979 年刑事诉讼法、1996 年刑事诉讼法直至 2012 年新修改的刑事诉讼法，对立案程序的这种基本定位一直得以保持。

对于我国刑事立案程序如此设置的原因，一般观点认为，这是我国移植苏俄模式的结果。在前苏联以及现行的俄罗斯刑事诉讼法典中，都单独设有“刑事案件的提起”编，就提起刑事案件的事由、根据以及提起刑事案件的程序作出专门的规定。根据前苏联学者的论述，“苏维埃刑事诉讼的机构总是把提起刑事诉讼作为它的开始阶段。在尚未按照适当的程序提起刑事诉讼以前，无论是调查，还是侦查都不得进行，当然也就更谈不到进行审判了。在刑事诉讼中，这是保障法制和增强对人身权利的保障的一个重要途径，这种认识是完全正确的”。① 从这一论述可以看出，苏联模式将提起刑事诉讼视为一个独立的诉讼阶段，关注的是其在限制追诉权力、保障人权方面可能发挥的积极作用。

---

* 罗海敏：国家 2011 计划司法文明协同创新中心专职研究人员，中国政法大学诉讼法学研究院副教授。

① [苏]И. В. 蒂里切夫等编著：《苏维埃刑事诉讼》，张仲麟等译，法律出版社 1984 年版，第 204 页。

在我国，通说认为，有关立案程序的规定是我国总结长期司法实践经验的结果，具有以下几方面的积极意义：第一，通过对立案条件的设置，使得不符合追诉条件的行为被排除在刑事诉讼程序之外，从而保障无罪的人不受刑事追究，保护公民的合法权益不受非法侵害。“立案是刑事诉讼的必经程序，公安司法机关只有在审查了有关材料，依法认定有犯罪事实发生并需追究刑事责任而作出立案决定后，其进行的侦查、提起公诉、审判等诉讼行为才具有合法依据，否则便是程序违法。”[①]第二，及时立案有助于督促公安司法机关及时、准确地揭露、证实、打击犯罪。第三，客观立案有利于准确评价社会治安形势，为国家制定刑事法律与政策提供客观依据。

可见，我国也同样强调立案作为侦查启动关口的作用，试图通过对立案条件的设置，防止侦查权的随意启动，防止因刑事诉讼活动的扩张、滥用而危及公民的正常生活。在立案与侦查的关系上，“立案是侦查的开始，也是侦查的前提”[②]。这种强调“先立案后侦查”的理念，事实上也决定了整个立案程序的制度设计。例如，正是因为要发挥立案程序限制侦查权随意启动的作用，所以必须在立案条件上设置高标准、严要求，这样才能使立案这道“门槛”具备足够的拦截和屏蔽功能。也因此，我们在对立案程序的实际运行效果进行考察、探究时，这种“先立案后侦查”的理念在实践中是否行得通，是否能够真正实现限制侦查权随意启动的目的也就成了关注的焦点。

二、我国刑事立案程序实践运作的困境

虽然立法预设了立案程序的种种功能价值，特别是对其在限制侦查权随意启动方面的功效寄予厚望，但实践情况并不乐观，立案程序的功能实现存在诸多困难与阻碍。概括而言，我国立案程序目前面临的实践困境主要表现在以下两方面：

一方面，立案条件过高，不利于对犯罪进行有效追究。我国《刑事诉讼法》第110条将立案的条件表述为“认为有犯罪事实需要追究刑事责任”。根据我国学界的通说，“有犯罪事实”是指有刑法规定的犯罪事实发生，并且该犯罪事实的发生有一定的证据证明；“需要追究刑事责任”是指依照实体法和程序法规定，应当追究行为人的刑事责任。因此，在考虑是否立案时，不仅要对案件线索进行事实

---

① 陈光中主编：《刑事诉讼法(第五版)》，北京大学出版社、高等教育出版社2013年版，第267页

② 胡康生、李福成主编：《中华人民共和国刑事诉讼法释义》，法律出版社1996年版，第103页。

判断，还要在事实判断的基础上进行法律价值判断，而这些判断都要达到相应的客观性要求。但是，对于刚刚接触到案件线索的办案机关来说，这样苛刻的要求明显违背基本的认识规律，往往使得某些应当立案侦查的案件无法及时获得立案，甚至错失立案侦查的时机。例如，在面对人口失踪的报案信息时，办案机关仅仅根据所提供的材料确实很难判断是否具备立案条件。而等到其明确是否具备立案条件时，往往也已经贻误解救被害人、防止危害发生的最佳时机。与此同时，在执法过错责任追究、错案赔偿以及考核评比等因素的作用下，有些办案机关在立案时人为地将立案条件升格，提出“立得了，捕得下，诉得出，判得了”[①]等要求，使得办案人员在立案时就要考虑到案件的最后处理，立案条件甚至被上升为判决要求，大大削减了立案在案件输入方面的应有功能，由此也导致实践中出现“不破不立”、“破了才立”、“以罚代刑”等严重规避法律规定的现象。因此，从实际情况看，由于设置了严格的立案条件，虽然可以使不符合追诉条件的行为被排除在刑事诉讼程序之外，但通过立案程序以“督促公安司法机关及时、准确地揭露、证实、打击犯罪”的目的难以顺利实现。

另一方面，也是更为重要的，通过立案程序防止侦查权随意启动的目的在实践中难以实现。从上述论述可知，对大量刑事案件来说，仅仅通过审查报案、控告、举报和自首等材料，往往难以准确判断事件性质及行为人是否需要追究刑事责任。在这种情况下，如果办案机关想要进一步明确是否具备立案条件，就需要采取审查材料以外的方法进行调查。但是，我国刑事诉讼法并未规定在立案审查阶段能够采取哪些手段，也未明确侦查阶段进行的专门调查工作和有关的强制性措施能否在该阶段适用。由于立法规定的欠缺，追诉犯罪的现实需要逐渐催生了在立案审查手段方面不尽统一的部门之规，立案审查手段和侦查手段之间的区别日渐模糊。

在职务犯罪案件侦查中，检察机关逐步确立了立案之前的“初查”[②]制度，规定“在初查过程中，可以采取询问、查询、勘验、检查、鉴定、调取证据材料等不限制初查对象人身、财产权利的措施。不得对初查对象采取强制措施，不得查封、扣押、冻结初查对象的财产，不得采取技术侦查措施”。2012 年修订的《公安机关办理刑事案件程序规定》第 171 条第 2 款、第 3 款也增设了有关初查的规定：

① 王德光、马明慧：《侦查启动原理分析——兼谈立案程序的取消》，《中国人民公安大学学报(社会科学版)》2008 年第 6 期。

② “初查”一词最早在 1985 年全国检察机关第二次信访工作会议上被提出，在 1993 年 11 月 4 日最高人民检察院发出的《关于进一步加强大案要案查处工作的通知》中正式被确立为全国各级检察机关查处职务犯罪大要案的一个重要程序。

“对于在审查中发现案件事实或者线索不明的，必要时，经办案部门负责人批准，可以进行初查。初查过程中，公安机关可以依照法律和规定采取询问、查询、勘验、鉴定和调取证据材料等不限制调查对象人身、财产权利的措施。”从上述规定来看，其具体列举的初查手段事实上都属于侦查手段的范畴。而由于缺乏对“不限制初查对象人身、财产权利的措施”这一表述的明确界定，初查过程中究竟可以采取哪些手段仍然具有不确定性，带有强制性的询问、检查等手段能否适用仍未可知。而《公安机关办理刑事案件程序规定》上述规定甚至未涉及初查过程中能否采取强制措施、能否采取技术侦查措施等内容。在实践中，由于缺乏适用程序、违法后果等明确规定，同时缺乏有效的监督机制，初查过程中经常出现关押被调查对象、扣押被调查对象财产，使用化妆调查、耳目内线、秘录等技术侦查手段，侵犯被调查对象隐私，造成被调查人员人身伤害、财产损失等情况。[①] 因此，从我国现实情况来看，在立案决定之前禁止适用侦查手段的立法预设事实上已被初查制度的广泛适用所打破。正如有学者所言：“侦查人员进行‘初查’时，不采用侦查手段是无法获取证据的。为了获取证据，侦查人员必须采用相应的侦查手段进行调查，这必然导致侦查手段的非法使用。也就是说，依法应在立案后实施的侦查权，在初查阶段就被使用了，出现侦查行为前置现象，使初查行为已变成事实上的侦查行为。”[②]

在初查制度以外，我国刑事诉讼法的若干规定事实上也包含了在立案前采取某些侦查手段的可能性。例如，《刑事诉讼法》第 108 条第 3 款规定：“公安机关、人民检察院或者人民法院……对于不属于自己管辖而又必须采取紧急措施的，应当先采取紧急措施，然后移送主管机关。”《刑事诉讼法》第 80 条规定：“公安机关对于现行犯或者重大嫌疑分子，如果有下列情形之一的，可以现行拘留：(一)正在预备犯罪、实施犯罪或者在犯罪后即时被发觉的……”依据这些规定，在紧急情况下，办案机关有权在立案前采取拘留等明显带有侦查行为性质的手段。从实际情况来看，公安机关立案侦查的大量案件是派出所民警在“110”接处警过程中通过群众扭送、现场控制、追缉和卡口盘查等方式当场抓获的。[③] 如果一律要求先立案再采取相应措施，在实践中也是不可行的。

从上述分析不难看出，如果坚持设置立案程序以限制侦查权随意启动的立

---

① 卢乐云：《我国现行职务犯罪初查制度的缺陷及其完善》，载《中国刑事法杂志》2010 年第 3 期。

② 王德光、马明慧：《侦查启动原理分析——兼谈立案程序的取消》，载《中国人民公安大学学报(社会科学版)》2008 年第 6 期。

③ 殷小峰等：《规范警察立案前的侦查行为》，载《中国刑事警察》2005 年第 5 期。

法初衷，在高标准的立案条件之下极易导致有案难立的不良局面，显然不利于及时、有效地追诉犯罪；同时，如果任由实质上具有侦查行为性质的初查手段在立案前随意适用，则明显有违"先立案后侦查"、以立案程序限制侦查权随意启动的立法初衷，也不利于实现人权保障的目的。因此可以说，我国目前的立案程序事实上处于对实现控制犯罪与保障人权的目的均显不利的尴尬境地。

三、对改革完善我国刑事立案程序的思考

事实上，早在我国 1996 年刑事诉讼法修改之前，立案与侦查之间的关系问题就已受到学界关注。有学者提出，不能将立案作为一个与侦查程序并列的独立程序，应将其作为侦查中的一个程序加以规定，而在法典条文结构上应设计为"侦查篇"，第一章"立案"，第二章"侦查行为"。① 在此之后，我国诉讼法学界一直存在批驳、质疑乃至建议取消立案程序的观点。例如，有学者提出，"在我国现行制度下，欲图通过立案程序控制侦查措施的扩张适用几乎不具有现实的可行性"，"现行立案制度除在人权保障方面具有较大的缺陷外，其应当具有的犯罪案件输入功能和分流功能也都比较差"。② 有学者认为，立案制度的存在非但没有众多论者所列举的积极意义，反而存在"立案之条件要求背离人的认识规律"、"与无罪推定原则精神相背离，有审前预断之嫌疑"、"侦查机关立案前行为法律性质不明"等不妥之处。③

与此同时，也有一些学者主张保留立案程序，认为其虽然还不甚完善，但对其积极意义，尤其是在限制侦查权方面的积极意义不能全盘否定。例如，有观点认为，"取消立案程序，侦查主体可随意打开'侦查'这道闸门，势必使更多人被不经意地卷入到刑事诉讼中去"，"从我国侦查队伍状况来看，取消立案程序会导致侦查权的异化与滥用"。④

笔者认同不再将立案作为一个独立程序的观点，同时也认为目前正逢对现行立案程序进行全局性改造的良好契机。

一方面，以审判为中心的诉讼制度改革为包括立案程序在内的审前程序改

① 陈光中、严端主编：《刑事诉讼法修改建议稿与论证》，中国方正出版社 1995 年版，第 29—39 页，第 239—240 页。

② 宋英辉、李忠诚主编：《刑事程序法功能研究》，中国人民公安大学出版社 2004 年版，第 255 页。

③ 刘瑞榕、刘方权：《刑事诉讼程序启动研究——对我国现行立案制度的质疑》，《中国刑事法杂志》2002 年第 1 期。

④ 刘志：《侦查程序启动方式暂时不宜变革》，《检察日报》2006 年 6 月 19 日。

革指明了方向。在深化司法改革的背景下，党的十八届四中全会报告明确提出要推进以审判为中心的诉讼制度改革。“推进以审判为中心的诉讼制度改革，其目的，就是要切实发挥审判程序应有的终局裁断功能及其对审前程序的制约引导功能，纠正公检法三机关‘配合有余、制约不足’之偏，纠正以侦查为中心的诉讼格局之偏……”①审判中心主义的诉讼制度改革，不仅涉及审判程序自身的改革，更多地则是理顺审前程序与审判程序之间的关系，运用审判权在整个诉讼过程中动态地制约侦查、起诉过程。实行审判中心主义，必然要求由法院来裁决以干预被适用对象基本权利为手段的强制侦查行为。世界多数国家的经验也说明，对强制侦查行为实行司法审查制度是防止侦查权滥用而侵犯公民基本权利的最有效措施之一。如果能够建立有效的强制侦查司法审查制度，再以立案“门槛”静态地、被动地限制侦查权启动和滥用显然没有必要。

另一方面，我国法院全面实行立案登记制度的改革举措对刑事立案程序完善具有借鉴意义。为了从制度机制上破解“立案难”的问题，保护群众的合法诉权，中央全面深化改革领导小组第十一次会议审议通过了《关于人民法院推行立案登记制改革的意见》。为了落实该意见，从 2015 年 5 月 1 日开始，人民法院对符合法律规定条件的民事起诉、行政起诉、刑事自诉、强制执行和国家赔偿申请，一律接收诉状，当场登记立案；当场不能判定的，应当在法律规定的期限内决定是否立案；在法律规定期限内无法判定的，先行立案。虽然，这种立案制度改革主要着眼于民事、行政诉讼领域，但其对刑事立案程序仍有一定的借鉴作用：其一，人民法院受理案件从立案审查制到立案登记制的转变，体现了对程序启动关口案件输入功能的重视，也是对我们长期以来坚持的立案程序“门槛”作用的重新认识。② 可以说，刑事立案程序目前面临的案件输入难问题也需要同样的解题思路。其二，人民法院受理案件从立案审查制到立案登记制的转变，也包含着对以往在诉讼开始阶段就对实体判决要件或事实要件进行判断，以致架空庭审程序这种做法的反思与纠正。在刑事公诉案件中，立案程序的高标准、严要求，也同样产生了审判程序易受制于侦查机关判断结论的问题。因此，人民法院受理案件从立案审查制到立案登记制的转变，可以给刑事公诉案件立案程序的改革带来启发。事实上，某些刑事案件的立案程序已经开始借鉴这种立案登记制的做法。例如，在实践中，对于儿童或 14 岁以上、18 岁以下少女失踪或走失的，公安部要求警方在第一时间以刑事案件立案调查；如果是 18 岁以上的成年女

---

① 沈德咏：《论以审判为中心的诉讼制度改革》，《中国法学》2015 年第 3 期。

② 长期以来，我国的民事、行政诉讼程序也高度重视立案受理环节，强调立案环节的独立性和重要意义。

性，有被拐嫌疑的，警方也应当在第一时间以刑事案件立案调查。[①]

笔者认为，试图通过立案程序实现对侦查权启动的有效控制实际上是立法者一厢情愿的想法。从实践情况来看，立法程序根本无法肩负这样的重任。在审判中心主义诉讼制度改革的背景下，借鉴人民法院受理案件从立案审查制到立案登记制转变的基本思路，有必要取消现行立案程序的独立地位，取消以立案程序限制侦查权随意启动的立法预设，而是将立案作为启动侦查的一个步骤、一个环节予以设置，同时放宽侦查启动的条件，[②]这样才更符合有效追究犯罪的需要。与此同时，对侦查权进行必要限制的任务则应通过确立强制侦查的司法审查机制来实现，这比立案程序发挥"门槛"作用显然更为有效。

---

① 《公安部打拐办明确儿童少女失踪第一时间立案》，《京华时报》2014 年 10 月 11 日。

② 例如，可以将侦查启动的条件设置为"有犯罪嫌疑，且不存在法律规定的不需要追究刑事责任的情形"。参见宋英辉主编：《刑事诉讼法修改问题研究》，中国人民公安大学出版社 2007 年版，第 283 页。

附录1　第七届中韩刑事司法研讨会议程

会议主题　中韩刑事诉讼法修订与施行经验

主 办 方　中国刑事诉讼法学研究会

韩国刑事诉讼法学会

承 办 方　上海社会科学院法学研究所

协 办 方　华东政法大学诉讼法研究中心

地　　点　上海市社会科学界联合会6楼会议厅

时　　间　2014年7月4日

9:00—9:30　**开幕式**

主 持 人

陈卫东　中国刑事诉讼法学研究会常务副会长，中国人民大学诉讼制度与司法改革研究中心主任，教授、博导

致辞嘉宾

1. 沈羲基　韩国刑事诉讼法学会会长，延世大学校法学专门大学院教授
2. 卞建林　中国刑事诉讼法学研究会会长，中国政法大学诉讼法学研究院院长，教授、博导
3. 许一泰　韩国刑事诉讼法学会顾问，前韩国刑事法学会会长、前韩国比较刑事法学会会长，东亚大学校法学专门大学院教授
4. 叶　青　中国刑事诉讼法学研究会副会长，上海社会科学院副院长、法学研究所所长，博导、教授

9:30—9:40　**合影**

9:40—10:45　**第一单元　公民参与司法、法律帮助制度**

主持人　卞建林教授（中国政法大学）

报告人与报告题目(每人10分钟)

1. 报 告 人　陈卫东教授(中国人民大学)
　　报告题目　公民参与司法研究
2. 报 告 人　金范植教授(西南大学)
　　报告题目　韩国公民参与司法施行六年之经验
3. 报 告 人　宋英辉教授(北京师范大学)
　　报告题目　中国未成年人刑事程序合适成年人在场研究
4. 报 告 人　顾永忠教授(中国政法大学)
　　报告题目　中国刑事法律援助制度的立法演变与实践发展
5. 报 告 人　权昶国教授(全州大学)
　　报告题目　讯问犯罪嫌疑人律师在场权的保障及问题
6. 报 告 人　左卫民教授(四川大学)
　　报告题目　中国需要什么样的刑事法律援助

自由讨论

10:45—11:00　**会间休息**

11:00—12:00　**第二单元　口供问题及未成年诉讼程序**

主持人　樊崇义教授(中国政法大学)

报告人与报告题目(每人10分钟)

1. 报 告 人　卞建林教授(中国政法大学)
　　报告题目　论口供在中国刑事诉讼中的运用
2. 报 告 人　许一泰教授(东亚大学)
　　报告题目　韩国刑事程序中自白的证据地位
3. 报 告 人　吴庆植教授(国立江陵原州大学)
　　报告题目　修订刑事诉讼法上沉默权的范围与课题
4. 报 告 人　尹智渶副研究员(韩国刑事政策研究院)
　　报告题目　录音录像现状与问题
5. 报 告 人　王敏远研究员(中国社会科学院法学研究所)
　　报告题目　我国未成年人刑事诉讼程序完善

自由讨论

12:00—14:00　**午餐、午休**

14:00—15:15　**第三单元　强制措施与证据问题**

主持人：顾永忠教授(中国政法大学)

报告人与报告题目(每人10分钟)

1. 报 告 人　叶青教授(上海社会科学院法学研究所)
   报告题目　中国2012年《刑事诉讼法修正案》对强制措施制度的重大修改与适用
2. 报 告 人　沈羲基教授(延世大学)
   报告题目　电子证据的搜查扣押与传闻证据规则
3. 报 告 人　丁雄奭教授(西京大学)
   报告题目　刑事诉讼法修订后陈述书的证据能力
4. 报 告 人　李润济教授(亚洲大学)
   报告题目　证据开示制度：过去、现在与未来
5. 报 告 人　刘万奇教授(中国人民公安大学)
   报告题目　科学构建中国证据法定形式的应然体系
6. 报 告 人　李建明教授(南京师范大学)
   报告题目　刑事证据开示制度的中国实践与中国问题

自由讨论

15:15—15:30　会间休息

15:30—17:45　**第四单元　起诉与审判程序**

主持人：叶青教授(上海社会科学院法学研究所)

报告人与报告题目(每人10分钟)

1. 报 告 人　樊崇义教授(中国政法大学)
   报告题目　附条件不起诉的立法及适用
2. 报 告 人　龙宗智教授(四川大学)
   报告题目　论新刑事诉讼法实施后的公诉变更问题
3. 报 告 人　赵均锡教授(梨花女子大学)
   报告题目　被害人支援问题
4. 报 告 人　车东彦律师

报告题目　调书裁判的克服与公判中心主义的强化

5. 报　告　人　李仁荣教授(弘益大学)

报告题目　关于略式程序的现状和改善方案的考察

6. 报　告　人　熊秋红研究员(中国社会科学院法学研究所)

报告题目　中国简易程序的主要问题

7. 报　告　人　谢佑平教授(复旦大学)

报告题目　案卷移送制度的恢复与庭前审查程序的完善

自由讨论

总结　17：45—18：00

主持人　叶　青　中国刑事诉讼法学研究会副会长，上海社会科学院副院长、法学研究所所长，教授、博导

发言人　沈羲基　韩国刑事诉讼法学会会长，延世大学校法学专门大学院教授

卞建林　中国刑事诉讼法学研究会会长，中国政法大学诉讼法学研究院院长，教授、博导

附录 2　第七届中韩刑事司法研讨会与会人员名单

韩国与会代表

1. 沈羲基　韩国刑事诉讼法学会会长，延世大学校法学专门大学院教授
2. 许一泰　韩国刑事诉讼法学会顾问，前韩国刑事法学会会长、前韩国比较刑事法学会会长，东亚大学校法学专门大学院教授
3. 赵均锡　韩国刑事诉讼法学会副会长，前韩国被害者学会会长、前 Seoul 南部地方检察厅次长检事，梨花女子大学校法学专门大学院教授
4. 吴庆植　韩国刑事诉讼法学会副会长、韩国被害者学会副会长，前韩国比较刑事法学会会长，国立江陵原州大学校法科大学教授
5. 车东彦　韩国刑事诉讼法学会国际理事，前大检察厅未来企划团长兼国际协力团长，律师
6. 李仁荣　韩国刑事诉讼法学会编辑理事长，韩国医疗法学会会长，弘益大学校法科大学教授
7. 丁雄奭　韩国刑事诉讼法学会研究理事，前大检察厅英美法 Academy 会长，西京大学校法科大学教授
8. 李润济　韩国刑事诉讼法学会总务理事，前法务部检事，亚洲大学校法学专门大学院教授
9. 金范植　韩国刑事诉讼法学会财务理事，西南大学校警察行政法学科教授
10. 权昶国　韩国刑事诉讼法学会总务干事，全州大学校警察行政学科教授
11. 尹智渶　韩国刑事诉讼法学会财务理事，刑事政策研究院副研究委员

中方与会代表

中国刑事诉讼法学研究会

1. 卞建林　中国刑事诉讼法学研究会会长，中国政法大学诉讼法学研究院院长，教授、博导
2. 陈卫东　中国刑事诉讼法学研究会常务副会长，中国人民大学诉讼制度与司法改革研究中心主任，教授、博导
3. 樊崇义　中国刑事诉讼法学研究会顾问，中国政法大学诉讼法学研究院名誉院长，教授、博导
4. 宋英辉　中国刑事诉讼法学研究会副会长，北京师范大学刑事法律科学研究院副院长，教授、博导
5. 龙宗智　中国刑事诉讼法学研究会副会长，四川大学 985 工程法学创新平台首席科学家，教授、博导
6. 王敏远　中国刑事诉讼法学研究会副会长，中国社会科学院法学研究所研究员、博导
7. 左卫民　中国刑事诉讼法学研究会副会长，四川大学研究生院常务副院长，教授、博导
8. 谢佑平　中国刑事诉讼法学研究会副会长，复旦大学法学院教授、博导
9. 刘万奇　中国刑事诉讼法学研究会副会长，中国人民公安大学法学院教授、博导
10. 顾永忠　中国刑事诉讼法学研究会副会长、秘书长，中国政法大学诉讼法学研究院副院长，教授、博导
11. 李建明　中国刑事诉讼法学研究会常务理事，南京师范大学法学院副院长，教授、博导
12. 熊秋红　中国刑事诉讼法学研究会常务理事，中国社会科学院法学研究所研究员、博导
13. 叶　青　中国刑事诉讼法学研究会副会长，上海社会科学院副院长、法学研究所所长，华东政法大学诉讼法学研究中心主任，教授、博导
14. 程　雷　中国刑事诉讼法学研究会副秘书长，中国人民大学副教授

上海社会科学院法学研究所

1. 杜文俊　上海社会科学院法学研究所副研究员
2. 安文录　上海社会科学院法学研究所办公室副主任，副研究员
3. 尹　琳　上海社会科学院法学研究所副研究员

4. 涂龙科 上海社会科学院法学研究所副研究员
5. 王佩芬 上海社会科学院法学研究所助理研究员
6. 陈 玲 上海社会科学院法学研究所助理研究员
7. 陈海锋 上海社会科学院法学研究所助理研究员

华东政法大学诉讼法研究中心

1. 张 栋 华东政法大学诉讼法研究中心副主任、副教授
2. 杨可中 华东政法大学诉讼法研究中心副教授
3. 孙剑明 华东政法大学诉讼法研究中心副教授
4. 周雪祥 华东政法大学诉讼法研究中心副教授
5. 王 戬 华东政法大学诉讼法研究中心教授
6. 盛雷鸣 中华全国律师协会副会长、上海市律师协会会长，华东政法大学诉讼法研究中心博士研究生
7. 王晓华 华东政法大学诉讼法研究中心讲师、博士后
8. 骆绪刚 安徽科技学院副教授、华东政法大学诉讼法研究中心博士生
9. 方 臻 中南林业科技大学讲师、华东政法大学诉讼法研究中心博士生

政法系统

1. 陈辐宽 上海市人民检察院常务副检察长
2. 陈庆安 上海市普陀区人民检察院副检察长、上海社会科学院法学研究所副研究员
3. 徐绍芬 上海市普陀区人民检察院公诉科科长
4. 梁方军 上海市普陀区人民检察院侦检科副科长
5. 张雅芳 上海市普陀区人民检察院法律政策研究室副主任
6. 赵 宁 上海市长宁区人民检察院法律政策研究室副主任
7. 徐晓明 上海市长宁区人民检察院法律政策研究室资深检察官
8. 李 鹏 上海市闸北区人民检察院法律政策研究室副主任
9. 陈历幸 上海市徐汇区人民检察院检察长助理、上海社会科学院法学研究所副研究员
10. 童 君 上海市徐汇区人民检察院法律政策研究室主任
11. 朱以珍 上海市徐汇区人民法院刑事审判庭庭长
12. 戚 俊 上海市徐汇区人民法院刑事审判庭助理审判员
13. 王 超 安徽省滁州市人民检察院法律政策研究室主任
14. 苟小军 江苏省无锡市开发区人民检察院检察长

附录 3　第八届中韩刑事司法研讨会议程

会议主题：以裁判为中心的诉讼理念及制度设计

日期：2015 年 7 月 22 日
场所：首尔大检察厅真理会议厅
主办方：韩国刑事诉讼法学会、中国刑事诉讼法学研究会

会议议程

10:00—10:20
开 幕 致 辞：韩明官律师(韩国刑事诉讼法学会会长)
　　　　　　卞建林教授(中国刑事诉讼法学研究会会长)
贺　　　词：金振焕院长(韩国刑事政策研究院院长)
　　　　　　许一泰教授(韩国刑事诉讼法学会顾问)
　　　　　　李金路检察官(大检察厅企划整合部长)
过 程 报 告：李祥源教授(首尔大学教授，学术大会准备委员长)
总　主　持：丁雄奭教授(西京大学教授)

【第一部分】

主 持 人：赵均锡教授(梨花女子大学)
10:30—11:00
发言主题：论侦查权的规制和监督
发 言 人：卞建林教授(中国政法大学诉讼法学研究院)
　　　　　徐日泰教授(东亚大学)
11:00—11:30
发言主题：以审判为中心与诉审关系调整
发 言 人：金玄默律师(北京北斗鼎铭律师事务所)

发言主题：侦查监督若干问题研究
发　言　人：罗海敏副教授(中国政法大学诉讼法学研究院)
发言主题：大韩民国检察制度
发　言　人：朴良浩检察官(法务部法务审议官室)
11:30—12:00　讨论
12:00—13:00　午餐

【第二部分】
主持人：李祥源教授(首尔大学)
13:00—13:30
发言主题：中国刑事法解释上的诸问题
发　言　人：万毅教授(四川大学法学院)
发言主题：韩国刑事诉讼法上审判中心主义解释的诸问题
发　言　人：吴庆植教授(国立江陵原州大学)
13:30—14:00
发言主题："以审判为中心"与诉讼制度改革
发　言　人：陈卫东教授(中国人民大学法学院)
　　　　　　李完揆检察官(首尔北部地方检察厅)
14:00—14:20　讨论

【第三部分】
主持人：金成龙教授(庆北大学)
14:20—14:50
发表主题：以审判为中心的刑事诉讼三元结构系统构建
发　言　人：杨建广教授(中山大学法学院)
　　　　　　卢明善教授(成均馆大学)
14:50—15:20
发言主题：中国审判中心制度建构的若干问题研究
发　言　人：叶青教授(上海社科院法学研究所)
　　　　　　李仁荣教授(弘益大学)
15:20—15:40　讨论
15:40—15:50　休息

【第四部分】

主持人：李柱元教授(高丽大学)

15:50—16:20

发言主题：以审判为中心的诉讼理念及庭审制度设置

发 言 人：韩旭教授(四川社科院法学研究所所长)

吴永圭法官(昌原地方法院)

16:20—16:50

发言主题：以审判为中心与诉审关系调整

发 言 人：潘金贵教授(西南政法大学)

金范植教授(西南大学)

16:50—17:10 讨论

【第五部分】

主持人：黄喆奎检察长(首尔西部地方检察厅)

17:10—17:50

发言主题：中国引渡制度若干问题研究

发 言 人：吴波检察官(上海市普陀区人民检察院副检察长)

安文录副研究员(上海社科院法学研究所)

郑振宇检察官(法务部国际刑事科长)

17:50—18:10 讨论

18:30 晚餐

图书在版编目(CIP)数据

第七届、第八届中韩刑事司法学术研讨会论文集/卞建林,沈羲基,韩明官主编.—上海:上海社会科学院出版社,2017

ISBN 978-7-5520-1641-3

Ⅰ.①第… Ⅱ.①卞…②沈…③韩… Ⅲ.①刑法—司法制度—中国—文集②刑法—司法制度—韩国—文集 Ⅳ.①D924.04-53②D931.264-53

中国版本图书馆 CIP 数据核字(2016)第 279938 号

第七届、第八届中韩刑事司法学术研讨会论文集

主　　编:卞建林　沈羲基　韩明官
副 主 编:陈卫东　叶　青
责任编辑:袁钰超　应韶荃
封面设计:李　廉
出版发行:上海社会科学院出版社
上海顺昌路 622 号　邮编 200025
电话总机 021-63315900　销售热线 021-53063735
http://www.sassp.org.cn　E-mail:sassp@sass.org.cn
照　　版:南京前锦排版服务有限公司
印　　刷:江苏凤凰数码印务有限公司
开　　本:710×1010 毫米　1/16 开
印　　张:23.75
字　　数:424 千字
版　　次:2017 年 4 月第 1 版　　2017 年 4 月第 1 次印刷

ISBN 978-7-5520-1641-3/D·420　定价:79.80 元